Arabien
0 50 100 200 300 400 500
km
25
50
Isfahan
Schiraso
Nigris See
Buschir
PERSIEN
PERSISCHER GOLF
Bender Abbas
Linghe
Er Riad
Wendekreis des Krebses
Maskat
El Ahkaf
W. Hadramaut
Hadramaut
Makalla
55°
60°
20°
45°
50° östl. v. Greenwich
55°

KARL MAY'S GESAMMELTE WERKE

BAND 25

AM JENSEITS

KARL-MAY-VERLAG BAMBERG

AM JENSEITS

REISEERZÄHLUNG

VON

KARL MAY

390. TAUSEND

KARL-MAY-VERLAG BAMBERG

INHALT

Die vorliegende Erzählung spielt zu Beginn
der 90er Jahre des vorigen Jahrhunderts

Herausgegeben von Dr. E. A. Schmid

Satz und Druck: St. Otto-Verlag, Bamberg
ISBN 3-7802-0025-2

1. *Nach Mekka*

„Sihdi[1], es war doch immer wunderschön, wenn wir beide, auf unseren unvergleichlichen Pferden sitzend, von keinem fremden Menschen begleitet, immer hinein in Allahs schöne Welt ritten, wohin es uns gefiel! Diese Welt gehörte uns, denn da wir keinen Begleiter bei uns hatten, konnte niemand sie uns streitig machen. Wir taten, was wir wollten, und unterließen, was uns nicht gefiel; wir waren unsere eigenen Herren, denn wenn es jemanden gab, dem wir gehorchen mußten, so bestand dieser Jemand aus zwei Personen, nämlich aus mir und aus dir. Ich bin mir da oft als der Gebieter des ganzen Erdkreises vorgekommen und habe die unersteigbaren Höhen meines Ruhms aus den Tiefen meines Selbstbewußtseins hervorgeholt, um in andachtsvoller Bewunderung an ihnen emporzuklimmen und dann fröhlich wieder herabzusteigen. Das konnte ich, weil wir allein waren und es also keinen unwillkommenen Störenfried gab, dem es einfallen konnte, ohne meine Erlaubnis und hinter meinem Rücken mit hinauf- und herunterzuklettern. Ja, das war eine sehr, sehr schöne Zeit, in der wir erlebten, was kein anderer Mensch erlebt, und zwar nur deshalb, weil wir so allein waren und uns nur nach uns selbst zu richten brauchten. Ich sage dir, Sihdi, alle diese Taten und Begebenheiten sind rundum an den Wänden meiner Seele aufgeschrieben und mit unvergänglichen Pflöcken in den Boden meines Gedächtnisses eingeschlagen, wie man Pferde, Kamele und lebhafte Ziegen an Pflöcke bindet,

[1] Anrede = Herr, mein Herr

wenn man befürchtet, daß sie über Nacht den ihnen angewiesenen Ort mit einem anderen vertauschen wollen."

Er machte eine Pause, um nach diesem langen Satz einmal ausgiebig Atem zu holen.

Wer dieser „Er" war? Wer ihn noch nicht an seiner eigenartigen Ausdrucksweise erkannt hat, mag weiter hören.

Er fuhr nämlich fort:

„Also, ich denke noch mit Wonne an die Zeiten zurück, in denen wir uns nur nach uns selbst zu richten brauchten; denn da habe ich empfunden, daß der Mann der wirkliche Beherrscher seines Daseins ist. Aber ebenso schön und in mancher Beziehung noch schöner ist es doch, wenn man einen Tachtirwân[1] bei sich hat, in dem die holdselige Gebieterin des Frauenzeltes sitzt. Meinst du, daß ich da recht habe?"

„Ob du da recht hast, kann ich nicht wissen, mein lieber Halef", antwortete ich.

„Wie? Das könntest du nicht wissen? Warum denn nicht?"

„Weil in diesem Tachtirwân sich die Gebieterin nicht meines, sondern deines Frauenzeltes befindet und es also nur dir, aber nicht mir möglich ist, einen solchen Vergleich zwischen früher und heute anzustellen."

„Ja, richtig! Um meine Frage beantworten zu können, müßtest du deine Emmeh auch mitgenommen haben. Du kannst also nicht wissen, was für ein großer Unterschied darin liegt, ob man die liebliche Behüterin seines Glücks daheimgelassen oder ob man sie mitgenommen hat. Du hast mir einmal gesagt, wie das heilige Buch der Christen das richtige Verhältnis zwischen Mann und Weib erklärt. Kannst du dich noch darauf besinnen, Sihdi?"

„Ja."

„Du sagtest ungefähr: ‚Gott schuf den Menschen ihm

1 Kamelsänfte für Frauen

zum Bild, und zwar ein Männlein und ein Weiblein.' Allah hat zweierlei Eigenschaften, nämlich die Eigenschaften der Allmacht, wozu die Ewigkeit, Weisheit, Gerechtigkeit gehören, und die Eigenschaften der Liebe, die sich auch in seiner Gnade, Langmut, Güte und Barmherzigkeit äußern. Wenn der Mensch, der aus zwei Wesen besteht, ein Bild Gottes zu sein hat, so soll also der Mann ein Bild der göttlichen Allmacht und die Frau ein Bild der göttlichen Liebe sein. Habe ich mir das nicht sehr gut gemerkt?"

„Ziemlich richtig."

„Wenn auch nur ziemlich, für mich genügt es doch. Seit du mir diese Erklärung gegeben hast, bin ich stets bemüht gewesen, ein Bild von Allahs Allmacht zu sein. Du weißt, wie tapfer und umsichtig ich im Kampf und wie weise, klug und gerecht ich in der Führung meines Stammes bin. Diese eine Seite meines menschlichen Wesens läßt also wohl kaum etwas zu wünschen übrig. Und die andere Seite, die dort in der Sänfte sitzt und ihre freundlichen Augen unaufhörlich auf mich richtet, ist auch genauso, wie Allah sie wünscht, nämlich ein Bild der Liebe, die mir jeden Tag zur Wonne und jede Stunde zum Vergnügen macht. Und diese Spenderin des Glücks auch während der Reise bei sich haben zu können ist eine Seligkeit, die mir auf unseren früheren Ritten leider versagt bleiben mußte. Ich habe gesagt, daß es früher schön war, und möchte aber behaupten, daß es jetzt fast noch schöner ist. Verstehst du mich nun?"

„Ja."

„Hast du denn mit deiner Emmeh noch niemals eine Reise gemacht?"

„O doch."

„Da hast du wohl auf dem Pferd gesessen und sie im Tachtirwân?"

„Nein. Tachtirwanat gibt's bei uns nicht."

„Nicht? So hat sie frei auf dem Kamel gesessen?"

„Auch nicht. Im Abendland reist man nicht mit dem Kamel, sondern in der Karôßa[1] oder in dem Katr[2]."

„Allah! Wer darf im Katr fahren?"

„Jeder, der seinen Teskire[3] bezahlt hat."

„Auch Frauen?"

„Ja."

„Aber neben dem Weib eines anderen zu sitzen, das ist doch wohl sehr streng verboten?"

„Nein."

„Unmöglich! Sihdi, sag aufrichtig, ob du auch schon einmal im Katr neben einer Frau gesessen hast, die in den Harem eines anderen Mannes gehörte!"

„Schon oft! Ich bin nicht nur mit fremden Frauen, sondern sogar mit fremden Töchtern gefahren."

„Und wie steht es mit deiner Emmeh, der jugendlich schönen Bewohnerin deines Frauenzeltes? Hat die auch schon neben anderen Männern sitzen müssen?"

„Ja."

„So verderbe Allah eure Eisenbahnen bis in den allertiefsten Abgrund der Hölle hinab! Wenn nicht nur mein Weib, das ich allein besitze, sondern auch alle meine Töchter, die ich glücklicherweise noch nicht habe, es sich gefallen lassen müssen, daß jeder fremde Stadtbewohner und jeder unbekannte Beduine sich im Katr an ihre Seite setzen darf, so mag ich von eurem Abendland kein Wort weiter hören. Sihdi, du weißt, wie sehr ich dich liebe und wie hoch ich dich achte; aber nun ich weiß, daß du neben fremden Frauen und Töchtern gesessen hast, die nicht in deinem Zelt geboren worden sind, und daß du sogar deiner Emmeh erlaubst, mit Männern zu reisen, an die sie kein Akd en Nikâh[4] bindet, nun wird es mir nicht mehr leicht sein, dich als meinen besten Freund, den ich im Herzen trage, mit Anerkennung zu beehren. Die Schienen eurer Eisenbahn haben sich zwischen mich und dich gelegt, und unsere Herzen sind einander so ent-

1 Kutsche 2 Bahnzug 3 Fahrkarte 4 Unterzeichnung des Ehevertrags

fremdet worden, daß sie durch keinen Wâbûr[1] wieder verbunden werden können. Ich lasse dich allein und gehe zu meiner Hanneh, um in meiner großen Betrübnis Trost bei ihr zu finden."

Wer meinen lieben, kleinen Halef kennt, dem kommt dieses Verhalten nicht fremd vor. Für jene, die noch nichts über ihn gelesen haben, seien folgende kurze Bemerkungen bestimmt:

Hadschi Halef Omar, jetzt der Scheik der Haddedihn-Beduinen vom großen Stamm der Schammar, war früher ein bettelarmes Kerlchen gewesen. Er stammte aus der westlichen Sahara, hatte mich als mein Diener nach Osten begleitet und war da so glücklich gewesen, die Enkelin eines Scheiks der Ateïbeh-Araber zur Frau zu bekommen.

Dieser letztere wurde später von den Haddedihn zum Scheik gewählt und bekam, da er keinen Sohn hatte, meinen Halef zum Nachfolger.

Dieser war von Person sehr klein und hager, dabei aber von ungewöhnlicher Tapferkeit und von einem Mut, der sehr gern verwegen wurde und darum von mir oft in die Zügel genommen werden mußte. Ein guter Schütze, auch sonst waffengewandt, ausdauernd, körperkräftig, mäßig, ein vortrefflicher Reiter, pfiffig und mutterwitzig, besaß er ein treues, goldenes Herz, in dem keine Spur von Falschheit entdeckt werden konnte. Früher war ich seine einzige Liebe gewesen; später mußte ich diese Liebe mit seinem Weib und seinem Sohn teilen, wodurch mir aber kein Verlust entstand. Die Zärtlichkeit, mit der er an Hanneh, seiner Frau, hing, war fast beispiellos zu nennen. Sein erster Gedanke früh und sein letzter abends gehörten ihr. Es war ihm unmöglich, ihren Namen auszusprechen, ohne ihm einige der vorzüglichen Eigenschaften anzuhängen, die sie in seinen Augen besaß. Kara Ben Halef, sein und ihr Sohn, beider

1 Lokomotive

einziges Kind, zählte jetzt fast zwanzig Jahre, und die Frauen des Orients altern bekanntlich sehr schnell. Dennoch war „Hanneh, die herrlichste Rose unter allen Blüten des Blumenreichs", für Halef genauso jung und schön geblieben, wie er sie vor dieser langen Zeit bei ihrem ersten Zusammentreffen gesehen hatte.

Sie war aber auch eine Prachtfrau. Ich glaube nicht, daß eine andere den kleinen, voll bunter Raupen steckenden Hadschi so richtig behandelt hätte, wie sie es tat. Sie beherrschte ihn völlig, doch mit einer so liebevollen, stets freundlichen, scheinbar nachgebenden Klugheit, daß er ihr Pantöffelchen nicht fühlte und auch keine Ahnung davon hatte, daß nicht er, sondern eigentlich sie der Scheik des Stammes war, wobei sich die Haddedihn allerdings sehr wohl befanden.

Eine seiner Eigentümlichkeiten war, daß er sich nicht nachhaltig in die Verhältnisse des Abendlands denken konnte. Ich hatte es ihm in unzähligen, verschiedenen Bildern beschrieben, hatte ihm die zwischen dem europäischen und dem orientalischen Leben bestehenden Unterschiede bei tausend Gelegenheiten geschildert, sah aber keinen Erfolg darin. Er sprach trotzdem immer von meinen Zelten, von meinen Kamelen und von meinen Dattelpalmen. Eine weitere Eigenheit von ihm war es, daß er gern sprach, besonders sehr gern erzählte, und zwar in jenen orientalischen Redeblumen, die leicht zu Übertreibungen werden. Wenn ich ihn in dieser Weise sprechen lasse, ohne seine Vergrößerungen auf das richtige Maß zurückzuführen, so geschieht das, um ihn nach der Wahrheit zu zeichnen, keineswegs aber um mich mit seiner Ausdrucksweise einverstanden zu erklären. Besonders wenn er von unseren Erlebnissen erzählte, nahm er den Mund in einer Weise voll, daß ich ihn häufig unterbrechen mußte.

Der Orientale freilich ist das so gewöhnt, daß er nichts Auffälliges daran findet.

Seit Halef wußte, daß ich verheiratet war, sprach er gelegentlich auch von meinem „Harem", von meinem Frauenzelt. Emma, den Namen meiner Frau, hatte er in Emmeh umgemodelt, und es verstand sich bei ihm von selbst, daß die Verhältnisse dieser meiner Emmeh genau die gleichen wie die seiner Hanneh seien. Mein Harem durfte nicht den geringsten Vorzug vor seinem eigenen besitzen, und durch die leiseste Andeutung eines Vorteils des meinigen vor dem seinigen konnte ich ihn, wie man sich auszudrücken pflegt, fuchsteufelswild machen.

Zu erwähnen darf ich nicht vergessen, daß er sich früher alle mögliche Mühe gegeben hatte, mich zum Islam zu bekehren. Aber die von ihm damals nicht geahnte Folge davon war, daß er jetzt Isa Ben Marjam[1] hoch über Mohammed stellte. Er war in seinem Innern Christ geworden und seine Hanneh sowie die meisten Haddedihn mit ihm.

Unsere früheren Reisen hatten wir meist allein oder doch mit nur geringer, gelegentlicher Begleitung unternommen; diesmal aber befanden wir uns in größerer Zahl beisammen, und das war folgendermaßen gekommen:

Der Araber ist der Ansicht, daß die Ehre um so größer sei, je länger der Name ist; darum pflegt er seinem Namen die seiner nächsten Vorfahren anzuhängen. So nannte sich Halef, als ich ihn kennenlernte, Hadschi Halef Omar Ben Hadschi Abul Abbas Ibn Hadschi Dawuhd al Gossarah. Sein Vater hatte also Abul Abbas und sein Großvater Dawuhd al Gossarah geheißen. Ihnen beiden und auch sich selbst gab er den Titel Hadschi, womit man einen Mohammedaner bezeichnet, der in Mekka gewesen ist. Dabei aber waren weder er selbst noch sein Vater oder sein Großvater jemals dort gewesen. Später kamen wir in diese heilige Stadt des

1 Jesus, Mariens Sohn

Islams, aber nur für kurze Zeit. Ich wurde als Christ erkannt, mußte fliehen[1] und kam glücklicherweise mit dem Leben davon.

Seit jener Zeit war es einer meiner größten Wünsche, noch einmal nach Mekka zu gehen. Ich war erfahrener als damals, geübter in der Sprache und bewanderter in den Umgangsformen. Ich kannte jetzt die religiösen Gebräuche und alle darauf bezüglichen Maßregeln und Äußerlichkeiten so genau, daß ich gewiß sein konnte, für einen Mohammedaner gehalten zu werden. Erst jetzt sah ich es ein, welche Verwegenheit es damals von mir gewesen war, eine Stadt zu betreten, in der jeden Christen der fast sichere Tod erwartet, und um so reger wurde das Verlangen, es mit dieser Gefahr noch einmal, und zwar besser vorbereitet, aufzunehmen. Ich hatte den Islam und den größten Teil der von seinen Bekennern bewohnten Länder kennengelernt, ich war zweimal in Kaïrwan gewesen, der den Christen damals noch streng verbotenen heiligen tunesischen Stadt, und hatte das Wagnis glücklich überstanden. Warum sollte ich nicht wenigstens den Versuch machen, diesen meinen Wanderstudien durch einen längeren Aufenthalt in Mekka einen befriedigenden Abschluß zu geben? Freilich wußte ich gar wohl, daß dieses Unternehmen gerade für mich gefährlicher als für jeden anderen war. Die mohammedanischen Gegenden und Orte, wo man mich als Christen kennengelernt hatte, waren gar nicht herzuzählen. Ich hatte mir da viele Freunde erworben, aber auch manchen Schurken zu meinem unversöhnlichen Feind gemacht. Dazu kam, daß meine Gesichtszüge leider so charakteristisch sind, daß sie sich selbst einem gewöhnlichen Gedächtnis für lange Zeit einprägen. Durfte ich erwarten, daß während meiner Anwesenheit in Mekka keiner von den vielen Menschen, die mich kennengelernt hatten, dort sein werde? Also, ich wußte sehr wohl, was

1 Siehe: Karl May „Durch die Wüste"

ich wagte; aber die Gefahr lockte fast noch mehr als der Wunsch selbst, und so nahm der Vorsatz, diesen auszuführen, schließlich eine solche Festigkeit an, daß es weiter nichts als nur der Gelegenheit dazu bedurfte.

Sie ließ nicht auf sich warten; sie stellte sich durch meinen diesmaligen Besuch bei den Haddedihn ein. Halef war gewöhnt, daß ich stets, wenn ich zu ihm kam, einen längeren Ritt mit ihm unternahm. Als er mich fragte, welche Gegend ich jetzt besuchen wollte, und ich ihm nur das eine bedeutungsvolle Wort Mekka sagte, erschrak er zunächst, fühlte sich dann aber, genau wie ich, von der Gefahr doppelt angezogen. Für ihn war die Hauptfrage, was seine Hanneh, die „wohltätige Pflegerin seines Erdenglücks“, dazu sagen werde. Wir besprachen darum erst alles unter vier Augen und begannen dann, hier und da eine vorsichtige Bemerkung fallenzulassen, die auf unseren eigentlichen Angriff vorbereiten sollte. Aber die kluge „Sonne unter allen Sternen des Frauenfirmaments“ durchschaute uns schon nach den ersten, leisen Andeutungen und forderte uns auf, nicht mit ihr Verstecken zu spielen, sondern mit der Wahrheit offen hervorzutreten. Dem Hadschi erschien das doch zu gewagt und er verschwand schleunigst aus dem Zelt, in dem wir mit ihr saßen. Ich blieb und teilte ihr nun aufrichtig meine Absicht mit und den darauf bezüglichen Wunsch, daß Halef mich begleiten möge. Jetzt war ich voll gespannter Neugierde, was sie antworten werde.

Sie sah eine Weile schweigend vor sich nieder und sagte dann:

„Er soll dich nicht allein begleiten, Effendi; ich reite mit.“

Man mag sich mein frohes Erstaunen denken. Sie sah es mir an und fuhr lächelnd fort:

„Das hast du nicht erwartet? Und doch ist der Grund leicht erklärlich. Ich weiß, daß du ein verständiger

Mann bist und will dir darum eine Frage anvertrauen: hast du in deinem Herzen einmal gefühlt, was Ischtijâk el Watan[1] ist?"

„Ja", antwortete ich.

„So darf ich dir gestehen, daß ich diese Sehnsucht schon oft empfunden habe und auch noch jetzt in mir trage. Du weißt, daß ich eine Tochter der Ateïbeh bin, und hast mich und meinen Stamm in der Nähe Mekkas kennengelernt. Dort sind die lichten Tage meiner Kindheit verflossen. Ich weiß nicht, ob du es glaubst; ich aber halte es für wahr, daß das Herz des Menschen, je älter es wird, um so mehr nach den Orten verlangt, die seine Jugend gesehen haben. Ich liebe meinen Halef und auch Kara Ben Halef, meinen Sohn; ich bin glücklich in dieser meiner und in ihrer Liebe; aber neben diesem Glück wohnt das Verlangen, die Matârih el Watan[2] einmal wiedersehen zu dürfen. Ich bitte dich, Halef nichts davon zu sagen, denn es würde ihn betrüben zu erfahren, daß ich Sehnsucht leide. Für diese Verschwiegenheit sollst du Erfüllung deines Wunsches haben. Er darf dich begleiten, und ich reite mit."

„Und Kara Ben Halef, euer Sohn?" fragte ich.

„Ihn hier zu lassen wäre mir unmöglich, er geht auch mit. Ja, ich glaube, daß du noch größere Begleitung bekommst. Du weißt zwar, daß unsere Haddedihn den Propheten längst nicht mehr so verehren wie zu der Zeit, als sie dich noch nicht kannten, aber Mekka selbst ist vielen von ihnen doch noch eine wichtige Stadt, und wenn sie erfahren, daß wir hinwollen, wird mancher sich bereit erklären, mitzureiten. Wirst du etwas dagegen haben?"

„Nein. Ich kann als Christ im Gegenteil nur wünschen, möglichst viele Freunde bei mir zu haben, die im Augenblick der Gefahr an meiner Seite stehen."

„So sind wir also einig, und ich werde jetzt gleich

1 Heimweh 2 Stätten der Heimat

Halef suchen, um ihm zu sagen, daß er seine Vorbereitungen beginnen könne."

Das war ihre mir wohlbekannte Entschlußkraft. Wenn sie einmal einen Plan gefaßt hatte, so ließ sie mit seiner Ausführung nicht auf sich warten. Wie glücklich sie den Hadschi mit ihrer so unerwartet schnellen Einwilligung machte, das bekam ich nach kurzer Zeit zu hören, als er freudestrahlend mich aufsuchte und mir sagte:

„Sihdi, sie hat ja gesagt, sie, die liebenswürdigste unter allen irdischen Liebenswürdigkeiten. Wir gehen nach Mekka! Ich habe es soeben öffentlich verkündigen müssen. Da werden wir wieder einmal große Taten der Tapferkeit verrichten und Werke der Kühnheit vollbringen, die unseren Ruhm in alle Länder tragen. Unsere Kindeskinder werden uns ehren und unseren Enkels- und Urenkelsnachkommen unser Lob verkünden vom Aufgang bis zum Niedergang der Sonne. Habe ich nicht ein herrliches Weib, Sihdi?"

„Ja", bestätigte ich. „Deine Hanneh ist gewiß die herrlichste aller Frauen."

„Ganz gewiß! Aber deine Emmeh auch. Und damit es zu keinem Streit und Zusammenstoß zwischen ihnen komme, wollen wir vorsichtig sein und folgendermaßen beschließen: meine Hanneh ist die herrlichste Frau des Morgen- und deine Emmeh ist die herrlichste Frau des Abendlands. Bist du damit zufrieden?"

„Ja."

„Du kannst da aber auch wirklich zufrieden sein, denn wenn du dadurch von mir ohne alle Widerrede die herrlichste Frau des Abendlands bekommen hast, darf keine andere dort von nun an wagen, sich mit ihr zu vergleichen. Sag ihr das, wenn du in dein Duar[1] heimkehrst, damit sie erkenne, was für ein Freund ich von dir bin und also auch von ihr! Allah erhalte sie jung;

1 Zeltdorf

er gebe ihr schwarzgefärbte Augenwimpern, seidene Bänder in die Zöpfe und die schönsten, roten Fingernägel!"

Es meldeten sich auch wirklich so viele Haddedihn, daß sie nicht alle mitgenommen werden konnten, sondern eine Auswahl getroffen werden mußte. Der Ritt durch die großen arabischen Wüsten wäre des Wassers wegen um so schwieriger gewesen, je mehr Personen sich daran beteiligten. Und bei einer so großen Schar, wie sich gemeldet hatte, hätten wir an einen längeren Aufenthalt in Mekka nicht denken können. Darum wurde bestimmt, daß für jetzt nur fünfzig Krieger teilnehmen durften; den anderen wurde es freigestellt, dann wieder eine Auswahl unter sich zu treffen und die durch sie bestimmten nachfolgen zu lassen. Es war nämlich jetzt noch nicht die Zeit der eigentlichen Hadsch, des großen Pilgerzugs. Da bei diesem die Scharen der Mohammedaner zu vielen Tausenden aus allen Himmelsrichtungen in Mekka zusammenströmen, so war zu dieser Zeit die Gefahr des Erkanntwerdens am größten. Darum wollten wir jetzt schon hin, wo der Andrang nicht so groß war und ich meine Studien mit mehr Muße machen konnte. Waren wir dann bei der Ankunft der großen Hadsch noch dort und ich fand Grund, mich schnell in Sicherheit zu bringen, so konnte ich das in dem befriedigenden Bewußtsein tun, meinen Zweck trotzdem und schon vorher erreicht zu haben. Es zwang uns nichts, zur eigentlichen Pilgerzeit in der Stadt der Kaaba einzutreffen, weil der Moslem auch zu jeder anderen Zeit, während des ganzen Jahres, seinen religiösen Obliegenheiten dort nachkommen und die dafür gebotenen geistlichen Vorteile sich aneignen kann. Über die von der mohammedanischen Priesterschaft verbreitete Annahme, daß eine Minute Aufenthalt in Mekka während der Hadsch wertvoller sei und mehr Segen bringe als ein ganzer Tag zu gewöhnlicher Zeit, waren Halef und seine Haddedihn schon längst hinaus.

Einige der Männer, die uns begleiteten, wollten ihre Frauen mitnehmen, wozu wir aber unsere Einwilligung nicht gaben, weil uns schon die Rücksicht auf Hanneh allein genug hinderte, so zu reisen, wie wir es ohne sie hätten tun können. Bemerken will ich, daß auch Omar Ben Sadek, den die meisten meiner Leser schon kennengelernt haben, mit bei den Auserwählten war.

Zu meiner Sicherheit wurde beschlossen, daß ich während dieser Reise nicht Kara Ben Nemsi genannt werden sollte. Dieser Name war so bekannt, daß er mir jetzt nur Verlegenheit bereiten konnte. Halef machte da in seiner eigenartigen Weise die Bemerkung:

„Da siehst du, Sihdi, wie sehr wir beide den großen berühmten Herrschern der Erde gleichen: wir müssen den Abglanz unserer Herrlichkeit hinter einem fremden Namen verstecken. Zwar ist das diesmal nicht auch bei mir, sondern nur bei dir der Fall, aber wie du dich in meinen Strahlen sonnen darfst, so muß auch mich der wohltätige Schatten deines Madschûl[1] treffen. Wie aber sollen wir dich nennen? Hast du vielleicht schon über einen anderen Namen nachgedacht?"

„Nein. Es handelt sich auch nicht nur um den Namen."

„Ja, richtig. Wir müssen auch wissen, wie wir antworten sollen, wenn wir gefragt werden, was du bist."

„Am einfachsten wäre es, mich für einen Haddedihn auszugeben."

„Nein, das geht nicht, Sihdi, denn da würde deine Herrlichkeit so völlig verschwinden, daß sie später vielleicht nicht wiederzufinden wäre. Auch will ich stolz darauf sein können, daß du bei uns bist. Darum müssen wir dir einen Namen und eine Würde erteilen, die unbedingt Achtung fordern. Am besten ist es, wir geben dich für einen großen Gelehrten aus. Ist dir das recht?"

„Ja."

„Woher bist du?"

1 Unbekannt, Inkognito

„Aus irgendeinem mohammedanischen Land, aber ja nicht aus einer großen Stadt, weil jeder, der von dort nach Mekka kommt, diesen Gelehrten kennen müßte."

„Erlaubst du, im fernen Maghrib[1], der meine Heimat ist, geboren worden zu sein?"

„Ja."

„Du hast dort im Wadi Draa das Licht der Welt erblickt?"

„Sehr gern!"

„Und von welcher Art ist deine Gelehrsamkeit?"

„Das überlasse ich dir, lieber Halef."

„Gut! Weil du so bescheiden bist, werde ich dich sehr hoch erheben. Du beschäftigst dich nämlich nicht mit einer einzigen Art der Wissenschaft, sondern deine unendliche Weisheit ist in die Höhen und in die Tiefen aller 'Ulûm[2] eingedrungen. Oder ist dir das noch zu wenig?"

„Es genügt einstweilen."

„Schön. Ein solcher Mann muß sehr berühmte Ahnen und also einen langen Namen haben. Ich werde dir ihn jetzt ansagen. Schreib ihn auf, damit wir ihn festhaben und ihn auswendig lernen können!"

Ich folgte mit stillem Vergnügen dieser Aufforderung. Er ging sinnend hin und her und brachte nach und nach, Glied für Glied, folgenden Bandwurm zum Vorschein:

„Hadschi Akil Schâtir el Medscharrib Ben Hadschi Alim Schadsî er Ghâni Ibn Hadschi Dâim Maschhûr el Azîm. Ich hoffe, daß dieser schöne Name deinen Beifall hat."

In deutscher Sprache würde diese Riesenschlange heißen: Hadschi Vernünftig Klug, der Erfahrene, Sohn des Hadschi Weise, Tapfer, der Reiche, Sohn des Hadschi Unsterblich, Berühmt, der Herrliche. Das war doch wohl mehr als genug? Dennoch hatte er noch ein übriges getan und mir und meinen mir bisher völlig unbekannten

1 Westliche Sahara 2 Wissenschaften

Vorfahren den Ehrentitel Hadschi verliehen. Mehr konnte ich doch unmöglich verlangen. Trotzdem antwortete ich, in der Absicht, ihn zu necken:

„Du scheinst zu glauben, mich mit ihm sehr zufrieden gestellt zu haben, irrst dich aber; er könnte länger und besser sein!"

„Länger — — — besser — — —?!"

Sein Mund blieb vor Verwunderung offen. Er sah mich eine Weile mit großen Augen an und brach dann zornig los:

„Wie — — wie könnte er sein? Länger könnte er sein, und besser könnte er sein? Soll ich ihn etwa von hier bis hinauf zum Mond und dann wieder herunter dehnen? Soll ich alle sieben Himmel Mohammeds plündern, um noch mehr Worte der Pracht und der Erhabenheit für dich zusammenzustehlen? Wie kommst du zu dieser beleidigenden Unzufriedenheit? Hast du den Namen bei mir bestellt, oder habe ich ihn dir freiwillig gegeben?"

„Freiwillig."

„Du mußt also zugeben, daß er ein Geschenk von mir ist?"

„Ja."

„Gut, so hast du deine Undankbarkeit in ihrer ganzen riesenhaften Größe eingestanden. Ich mache dir aus eigenem Antrieb, aus der Tiefe meines mildtätigen Herzens heraus einen neuen Namen zum Geschenk. Ich suche in allen Winkeln und Ecken der menschlichen Sprachfertigkeit herum, um das Beste, was dort hingelegt und an den Wänden aufgehängt worden ist, herauszufinden. Ich wählte die glänzendsten Worte, die prächtigsten Ausdrücke und füge sie für dich mit einem so tiefen Verständnis, mit einer so bewundernswerten Sachkenntnis zusammen, wie der Dschauhardschi[1] die seltensten Edelsteine und die köstlichsten Perlen zu einer Halskette

1 Juwelier

zusammensetzt. Ich überreiche dir dieses unübertreffliche Geschenk, indem ich es dir mit meinem eigenen Mund mühsam vorsage. Und nun du es empfangen hast, was tust du? Du drehst es in deinen Gedanken und in deinen Händen unzufrieden hin und her; du wirfst die Nichtwohlgewogenheit deiner unfreundlichen Blicke darauf und beleidigst den Hintergrund meiner Seele und den Vordergrund meines Herzens durch die schreiende Ungerechtigkeit des unsachgemäßen Vorwurfs, daß dieses unbezahlbare Geschmeide länger und auch besser sein könne. Wenn das nicht eine Undankbarkeit ist, die dich um meine ganze Achtung und Gegenliebe bringen muß, so habe ich noch nie gewußt, was überhaupt Undank ist. Du hast mit der Hacke deiner Unerkenntlichkeit und mit der Schaufel deiner Unzufriedenheit zwischen mir und dir einen tiefen Abgrund gegraben, dessen Breite ich nicht überspringen könnte, wenn ich hinüber wollte. Das Schicksal hat unsere Trennung beschlossen; das Kismet reißt uns für ewig auseinander, und wir werden, ich hüben und du drüben, von jetzt an einsam durch das Leben gehen und beide für alle Zeit auf dich verzichten. Lebewohl, Sihdi, lebewohl!"

Halef verließ das Zelt, und ich prägte mir in größter Seelenruhe den Namen ein; ich wußte ja, wie es kommen würde. Und es kam wirklich so. Nach vielleicht einer Viertelstunde zog er den Vorhang, der den Eingang bildete, auseinander und steckte den Kopf herein.

„Sihdi!" sagte er.

„Was?" fragte ich.

„Ich war bei Hanneh, der trauten Krone aller Weiber!"

„So!"

„Ich habe es ihr erzählt."

„So!"

„Weißt du, was sie machte?"

„Ja. — Sie hat dich ausgelacht!"

„Nein, nicht ausgelacht, sondern sie lächelte nur. Dann

gab sie mir den allerbesten Rat, den es geben kann; denn du mußt wissen, daß Hanneh, mein Stern im Wachen und im Träumen, stets nur den besten Rat zu finden weiß. Sie fand den Namen nämlich für dich auch zu kurz."

„Das war klug von ihr."

„Und sagte, ich solle noch den Großvater deiner Urgroßmutter hinten anhängen."

„Schön! Hast du den gekannt?"

„Nein; aber nimm das Papier und schreib ihn noch hin! Sein Name war Ben Hadschi Takî Abu Fadl el Mukarram."

Ich schrieb die Worte, die in deutscher Übersetzung „Sohn des Hadschi Fromm, Vater der Güte, der Ehrwürdige" heißen.

„Hast du nun den ganzen Namen?" fragte Halef jetzt.

„Ja."

„Lies ihn vor!"

„Hadschi Akil Schâtir el Medscharrib Ben Hadschi Alim Schadschî er Ghâni Ibn Hadschi Dâim Maschhûr el Azîm Ben Hadschi Takî Abu Fadl el Mukarram."

„Schön! Was sagst du nun dazu?"

„Er gefällt mir außerordentlich."

Da hellte sich sein Gesicht schnell wieder auf, und er sagte in frohem Ton:

„Hamdulillah! Allah sei Lob und Dank gesagt, daß es mir gelungen ist, diesen deinen Abgrund wieder zuzuschaufeln! Nun sind wir die alten Freunde und können wieder, wie vorher, in Wonne miteinander verkehren. Ich sage dir, daß ich es hüben auf meiner Seite nicht ausgehalten hätte, wenn du immer hättest drüben bleiben müssen. Ich werde es mir zur Warnung dienen lassen und nie in meinem Leben wieder so unvorsichtig sein, die Namen von verstorbenen Personen zu entdecken, die gar nicht gelebt haben. Jetzt bitte ich dich, mit herauszukommen. Die Dschemma"[1] tritt zusammen, um dar-

1 Versammlung der Ältesten

über zu beraten, wer und in welcher Weise er während meiner Abwesenheit den Stamm regieren soll. Da mußt du auch dabei sein; denn sooft du bei uns bist, giltst du genauso, wie wir alle als mitten zwischen unseren Herden geborenes Mitglied der Haddedihn vom großen, berühmten Stamm der Schammar."

Das war richtig. Ich mußte, wenn ich mich bei diesen guten Leuten befand, an allen ihren Beratungen teilnehmen und wußte die Ehre, die mir dadurch erwiesen wurde, wohl zu schätzen. Die Schammar haben ihren Namen von dem in Arabien südlich von der Wüste Nefud liegenden Dschebel[1] Schammar, den sie als Mittelpunkt ihres ausgedehnten Gebiets betrachten. Als Angehörige dieses Stammes hätten wir eigentlich jetzt dorthin reiten sollen, zumal der nächste und auch beste Weg nach Mekka über den Schebel Schammar führte. Aber ich war mit Halef und seinem Sohn dort gewesen; man kannte mich als Christ, und es wäre nicht zu verheimlichen gewesen, daß ich auch mit nach Mekka wollte. Das hätte sehr wahrscheinlich zu Verdrießlichkeiten und ernsten Auftritten Veranlassung gegeben, die zu vermeiden wir lieber einen Umweg machen und den Dschebel Schammar gar nicht berühren wollten. Leicht war das freilich nicht, besonders der uns unbekannten Wasserverhältnisse wegen. Fünfzig Mann mit Pferden und Kamelen wollen trinken, und in der arabischen Wüste, ebenso wie in der Sahara, kann der Wassermangel leicht verderblich werden. Glücklicherweise hatte ein Krieger vom Beduinenstamm der Beni Harb sich eines Haddedihnmädchens wegen, das er liebte, aber nicht dazu bewegen konnte, ihm zu seinem Stamm zu folgen, in den ihrigen aufnehmen lassen. Er war ein ernster, zuverlässiger junger Mann, der die Gegend, durch die wir reiten mußten, genau kannte. Dieser behauptete, genug Bijâr[2] und 'Ujûn[3]

1 Berg, Gebirge 2 Mehrzahl von Bîr = Brunnen
3 Mehrzahl von Ain = Quelle

zu kennen, wo wir Wasser finden würden; er werde unser Führer sein, und wir könnten ihm getrost unser Vertrauen schenken. Wir beschlossen, uns an diese seine Versicherung zu halten, worauf er nicht wenig stolz war, und haben es dann auch nicht zu bereuen gehabt.

Für Hanneh wurde ein großer Tachtirewân bestimmt, den zwei Kamele tragen mußten. Er war sehr geräumig und bequem. Hanneh konnte sitzen oder liegen, wie sie wollte, und sich sogar auf den Kissen ausstrecken. Ein Dach aus bunten, reichbestickten Stoffen bot ihr genügenden Schutz vor den Sonnenstrahlen. Da unser Weg durch die Wüste führte und wir fünfzig Krieger zählten, verzichteten wir darauf, diese Leute mit Pferden beritten zu machen, die täglich trinken müssen. Die Haddedihn sind berühmt wegen ihrer Zucht vortrefflicher Reitkamele; sie besitzen große Herden dieser Tiere, und so konnten wir eine gute Auswahl treffen. Das Reitkamel wird Hedschîn genannt, während das Lastkamel Dschemal heißt. Die besten Reitkamele sah man früher beim Stamm der Bischari, weshalb sie Bischarihnhedschihns genannt wurden. Die Mehrzahl lautet Hudschun. Die Schammar und also auch die Haddedihn sind so klug gewesen, sich dieses vorzügliche Material zu erwerben, und züchten nun Reitkamele, die denen der Bischari wenigstens gleichkommen, aber meiner Ansicht nach sie sogar übertreffen.

Also solche Hudschun wollten wir reiten. Die mausgrau gefärbten hält man für die besten und ausdauerndsten Renner. Halef suchte deren mehrere für sich und mich und auch als Ersatz aus. Außerdem war es uns beiden, aber keinem anderen Haddedihn gestattet, unsere Pferde mitzunehmen. Der Hadschi behauptete, daß dies zu Zwecken unseres Ansehens notwendig sei. Da er der berühmte Scheik der Haddedihn sei und ich der ebenso berühmte Gelehrte Hadschi Akil Schâtir el Medscharrib aus dem fernen Wadi Draa, so gehe es nicht anders, als daß wir in der heiligen Stadt und deren Umgebung auch sonst bei wichtigen oder festlichen Gelegenheiten vorzügliche Pferde von reinstem Blut reiten müßten. Sein Rappe hieß Barkh[1] und war ein vorzüglicher Hengst. Mein Pferd, auch ein Rapphengst, war Assil[2] Ben Rih, ein gleichwertiger Sohn meines herrlichen Rih, der unter mir erschossen wurde. Die Kugel, die ihn traf, hatte eigentlich meinem Herzen gegolten. Zahllose Briefe meiner Leserinnen und Leser sprechen von den Tränen, die beim Lesen seines Todes vergossen worden sind[3]. Man braucht sich ihrer nicht zu schämen. Mir selbst werden noch heute die Augen naß, wenn ich an diese ergreifende Szene denke. Jetzt ritt ich, wie schon gesagt, Assil, seinen ebenbürtigen Sohn, der mich schon mit hohen Ehren durch Persien getragen hatte und ein edles Pferd war, auf das ich mich in jeder Beziehung verlassen konnte. Er war mir lieber als Halefs Barkh.

Noch kurz vor unserem Aufbruch konnte Halef den dringenden Bitten seines Sohnes, doch auch für ihn ein Pferd mitzunehmen, nicht mehr widerstehen. Es wurde für ihn die herrliche Schimmelstute Kawâma[4] bestimmt, eine Enkelin von jener weißen, berühmten Stute, die das Pferd Mohammed Emins, des früheren Scheiks der Haddedihn, gewesen war.

Als wir dann unterwegs waren, bildeten wir mit den Kamelen, die die Wasserschläuche und andere notwendige Sachen zu tragen hatten, eine hübsche Gruppe. Selbst bei Kamelen sehen Rassetiere anders aus als gewöhnliche, abgetriebene Stücke. Hierbei will ich die Bemerkung machen, daß man die Unwahrheit sagt, wenn man behauptet, das Kamel könne über eine Woche lang dürsten, und es komme vor, daß die Wüstenreisenden dadurch vor dem Tod des Verschmachtens gerettet werden, daß sie ein Kamel erstechen und das in seinem Magen befind-

1 Blitz 2 Der Edle 3 Siehe: Karl May, „Der Schut"
4 Die Schnelle

liche Wasser trinken. Die Wahrheit ist, daß das Kamel in Beziehung auf das Futter genügsam ist und mit dornigen und stacheligen Gewächsen vorlieb nimmt, die kein Pferd fressen würde; es zeigt sich auch in dieser Hinsicht als brauchbares Wüstentier. Sodann kann es infolge seines weiten Magens eine ungewöhnliche Menge Wasser zu sich nehmen, die länger reicht als beim Pferd. Aber schon am zweiten Tag hat es wieder Durst; am dritten wird es schwach und am vierten hinfällig, wenn es Lasten zu tragen hat. Es kommt ja auch auf die Leistungen an, die man von ihm verlangt. Auch daß das Magenwasser genießbar sei, ist eine alte, unbegründete Fabel. Ich habe oft gesehen, wie Kamele kurz nach dem Tränken geschlachtet wurden. Das Fleisch wird gern gegessen; aber schon zwei Stunden nach der Annahme hat das Magenwasser das Aussehen von Urin und einen geradezu widerlichen Magengeruch. Dann wird es schnell dicker und dunkler, bis es nach kurzer Zeit den Gestank von Jauche hat. Ich würde selbst im höchsten Durst keinen Schluck von diesem Mistwasser trinken können, weil ich überzeugt wäre, daß ich an dieser Jauche noch eher als infolge des Durstes sterben müßte. Leider wird die alte, wie es scheint, unausrottbare Fabel noch heute in Schul- und anderen Büchern weiterverbreitet.

Unser eigentlicher Weg wäre bei Hit über den Euphrat und dann in gerader Linie durch die Wüste nach El Djuf und von da nach Haïl, dem Hauptort des Dschebel Schammar gegangen. Eine südlichere Linie geht von Hille aus um den Nedschef-See herum und später über den Dschebel Daharah nach Haïl. Wir hielten die Mitte zwischen beiden ein, gingen an dem Daharah weit vorüber und suchten das berühmte Wadi Rumem zu gewinnen. Wadi heißt Flußbett und kann nach den dortigen Verhältnissen ein fließendes Wasser, aber auch eine ausgetrocknete Mulde bedeuten.

Hier, also südlich vom Dschebel Daharah war es, wo

ich mit Halef voranritt und das am Anfang dieses Kapitels erwähnte Gespräch über die abendländischen Eisenbahnen mit ihm führte. Ich hatte ihm, wie von so vielen unserer Einrichtungen, auch schon wiederholt von unseren Bahnen erzählt; ich hatte sie ihm beschrieben und ihm ausführlich erklärt, welchen Segen sie bringen und daß sie nicht zu entbehren seien. Ich hatte, um ihm das an einem Beispiel zu verdeutlichen, ihn auf die Pferdebahn hingewiesen, die der so viel und so unschuldig verkannte Midhat-Pascha in Bagdad gebaut hatte, doch das alles vergeblich. Er, der sonst so kluge und einsichtsvolle kleine Mann, konnte sich aus seinem Gesichtskreis nicht herausfinden und hielt alles für unpraktisch oder verwerflich, was nicht mit seinen Gewohnheiten und Erfahrungen übereinstimmte.

So war es heute seinem morgenländischen Gewissen geradezu als Sünde erschienen, daß es bei uns im Bahnwagen den beiden Geschlechtern erlaubt ist, beieinander zu sitzen. Das war doch ein Verbrechen gegen die allererste Haremsregel. Die Sache an sich verurteilte er bloß, sie brachte ihn nicht in Aufregung, aber daß ich sie guthieß und mich selbst an dieser Sünde beteiligt hatte, das erregte seinen Zorn und trieb ihn fort von mir.

Ich ließ ihn ohne Sorge zu seiner Hanneh gehen, der er nun sein Herz ausschüttete. Sie rückte ihm den Turban wieder auf die richtige Stelle. Als ich mich einmal umdrehte, sah ich, daß er, neben dem Tachtirewân reitend, sehr angelegentlich mit ihr sprach. Seine Gebärden waren dabei äußerst lebhaft; er schien seinen Standpunkt verteidigen zu müssen, also war anzunehmen, daß sie zu meinen Gunsten sprach. Nach einiger Zeit lenkte er sein Hedschîn wieder an meine Seite, doch sagte er noch nicht gleich etwas, denn die Strafpredigt, die er mir vorhin gehalten hatte, war so nachdrücklich gewesen, daß es ihm jetzt nicht leicht wurde, in Freundlichkeit wieder einzulenken. Er hustete, er räusperte sich wiederholt; endlich begann er:

„Sihdi, du scheinst tief in Gedanken zu stecken. Darf ich erfahren, was für welche es sind?"

„Ich denke an die Unzuverlässigkeit der Freundschaft."

„Das geht auf mich?"

„Ja."

„Meine Freundschaft ist gar nicht unzuverlässig; aber sie kann sich nicht gut an die Wagen bei euch gewöhnen, in denen Frauen, Mädchen und fremde Männer beisammensitzen. Das Allerschlimmste ist, daß du selbst auch mit dabeigesessen hast."

„Glaubst du, daß mir das geschadet hat?"

„Dir? O nein, gewiß nicht!"

„Oder den Frauen und Mädchen?"

„Denen? Gewiß auch nicht, denn du bist ein vornehmer Effendi, der sehr gut weiß, wie er sich zu benehmen hat."

„Nun, wenn es weder ihnen noch mir etwas geschadet hat, warum bist du da so erzürnt darüber?"

„Weil — — hm! — — weil es sich nicht schickt."

„Wer behauptet das?"

„Jeder vernünftige Mann."

„So? Ich behaupte aber das Gegenteil, bin also ein unvernünftiger Mensch. Ich danke dir, Halef!"

„Sihdi, so darfst du es nicht nehmen. Ich kenne dich und weiß also, daß gerade du so viel Vernunft besitzest, daß sie für zehn andere Personen mehr als ausreichen würde. Dich habe ich am allerwenigsten beleidigen wollen."

„Nun, wenn ich eine so bedeutende Menge von Vernunft besitze, so bin ich wohl auch befähigt, über unsere Eisenbahnen zu urteilen. Ich nehme an, daß du mit Hanneh darüber gesprochen hast?"

„Ja."

„Was sagte sie?"

„Sihdi, ich kann dir fast nicht wieder sagen, was ich aus

dem Munde meiner Hanneh hörte, die doch der Inbegriff aller weiblichen Klugheit ist. Sie — gab dir nämlich recht."

„Das dachte ich."

„Wirklich? Du dachtest es? Ich dachte es nicht."

„So scheine ich deine Hanneh besser zu kennen als du. Sie will nicht, wie andere Frauen des Orients, nur die willenlose Spielpuppe ihres Mannes sein, die er vor anderen Leuten nicht sehen läßt."

„Spielpuppe! Sonderbar! Ganz genau dasselbe sagte sie auch. Sie fragte mich, ob sie nur mein La'abe[1] oder meine Kukla[2] sei, die kein Mensch sehen dürfe als ich allein. Ja, denke dir, sie drohte mir, nach unserer Rückkehr ein Männerzelt, ein männliches Harem zu bauen und mich da einzusperren, damit mich keine andere Frau betrachten dürfe. Dann sprach sie sogar von einer ‚ganz armseligen Haremswirtschaft', die eine unverzeihliche Beleidigung aller Frauen sei."

„Da hat sie recht."

„Recht? Sihdi, willst du haben, daß Hanneh eine Empörung gegen mich unternimmt?"

„Nein, ich gebe ihr nur recht; was sie macht, das ist ihre Sache."

„Ich wollte das, was sie eine Beleidigung aller Frauen nannte, nicht einsehen, da erklärte sie es mir."

„Und dann begriffst du es?"

„Du scheinst wieder einmal alles vorherzuwissen, ehe ich es dir sage. Und es ist auch wahr: Hanneh, die schönste Blume im Garten meiner Glückseligkeit, hat eine ganz besondere Weise des Erklärens; sie bringt nämlich keine anderen Gründe als solche, denen man nicht widerstehen kann. So brachte sie mir auch jetzt zwei Beispiele, mit denen sie mich so überwältigte, daß ich wirklich nicht wußte, was ich weiter sagen sollte."

„Darf ich erfahren, was für Beispiele das waren?"

1 Spielzeug 2 Puppe

„Es war die Rose und — und die Retschîna fena[1], denke dir!"

Ich mußte über diesen kräftigen Vergleich der guten Hanneh unwillkürlich lachen; da fiel er schnell ein: „Warum lachst du da? Etwa über mich? Ich kann doch nichts dafür, daß Hanneh, die Wonne meiner Augen, gerade auf diese stinkende Retschîna fena gekommen ist! Sie fragte mich, ob man jemand eine Rose zeigen dürfe, und ich mußte dies bejahen. Hierauf wollte sie wissen, ob es die Höflichkeit gestatte, jemand ein Stück Retschîna fena vor die Nase zu halten, und ich verneinte es. Kaum hatte ich das getan, so warf sie mir vor, daß sie von mir nicht wie eine duftende Rose, sondern wie stinkende Retschîna fena behandelt werde. Sie behauptete, die Frauen des Orients würden von ihren Männern genauso eingewickelt, wie man die Retschîna fena einwickelt, damit keine Nase von ihr beleidigt werde; das sei die größte Kränkung, die es geben könne, das müsse anders werden, denn so eine Entwürdigung des weiblichen Geschlechts könne unmöglich länger geduldet werden. Ich sage dir, sie verlangte in ihrem Zorn auch Eisenbahnen und Lokomotiven hierher zu uns; sie wolle sich nicht länger als Retschîna fena behandeln lassen, sondern auch im Wagen sitzen wie die Frauen des Abendlands, die dieselben Rechte wie ihre Männer hätten. Denke dir: Rechte! Meine Hanneh, die sanfteste, die geduldigste aller Liebenswürdigkeiten, sprach von Rechten, von denselben Rechten, wie die Männer haben! Was soll daraus werden, wenn die Frauen nicht mehr so zurückgehalten werden, wie es jetzt geschieht?"

„Zurückhalten? Meinst du vielleicht, daß sie dann wie wilde Tiere über uns herfallen, um uns zu verschlingen?"

„Nein, du mußt nicht gleich das Allerschlimmste sagen. Ich war aber der Ansicht, daß man ihnen sehr enge Grenzen ziehen muß."

1 Asa foetida, Teufelsdreck

„Welche Grenzen zum Beispiel?"

„Es muß ihnen verboten sein, auszugehen, sobald es dunkel ist!"

„Gut, weiter!"

„Sie müssen es vermeiden, mit einem Mann, der nicht ihr Mann ist, allein zu sein."

„Das verlangst du im vollen Ernst?"

„Jawohl! In dieser Beziehung verstehe ich keinen Spaß. Gegen eine Frau, die diese Gesetze übertritt, muß man sich so wie der Padischah gegen seinen Harem verhalten."

„Wie?"

„Er läßt solche Frauen in einen Sack binden und ins Wasser werfen."

„Lieber Halef, hast du vielleicht einen solchen Sack mit?"

„Nein."

„Jammerschade!"

„Warum?"

„Wir hätten deine Hanneh in einen solchen Sack gesteckt und in das erste Wasser geworfen, das wir antreffen."

„Meine Hanneh? Die allernotwendigste Notwendigkeit zum Glück meines Erdenlebens?" fragte Halef erstaunt. „Warum? Sag schnell, warum?"

„Weil sie gegen die beiden Gesetze gehandelt hat, die du vorhin aufstelltest."

„Du scherzt, Sihdi, du scherzt."

„Nein. Ich bin Zeuge, daß sie es getan hat."

„Sihdi, mach mich nicht unglücklich. Meine Hanneh wäre mit einem Mann, der ich nicht war, ganz allein gewesen?"

„Ja, sogar in tiefer Dunkelheit, beim Neumond, hinter den Zelten eures Lagers."

„Ich sterbe vor Trauer, obgleich ich es für völlig unmöglich halte, daß sie dieses größte aller Verbrechen begangen haben kann. Aber du sagst es, Sihdi, du, der mein erster und bester Freund ist und mir so etwas nicht mitteilen wird, ohne es beweisen zu können."

„Ich habe dir schon gesagt, daß ich Zeuge bin, und ich teile dir jetzt mit, daß es noch einen zweiten Zeugen gibt."

„Wer ist das? Heraus damit! Diesen Halunken bringe ich um, weil er es mir verschwiegen hat."

„Lieber Halef, das wäre Selbstmord."

„Selbst — — — —?"

„Ja, denn du selbst bist dieser zweite Zeuge."

„Sihdi, du wirst mir immer unbegreiflicher."

„Du scheinst es vergessen zu haben, darum will ich deinem Gedächtnis zu Hilfe kommen. Erinnerst du dich jener Neumondnacht vor unserem Aufbruch zum Tigris, als wir unsere Reise nach Persien antraten?"

„Ja."

„Da hat nach Mitternacht deine Hanneh mit einem Mann, der nicht Hadschi Halef war, eine lange Zeit hinter euren Zelten gesteckt[1]."

Da warf er beide Arme freudig empor und rief, indem er tief Atem holte, in frohem Ton aus:

„Hamdulillah! Da wird mir das Herz wieder leicht! O Sihdi, was für eine Bangigkeit hattest du in meine Seele gelegt! Es war, als solle mir das ganze Glück meines Lebens zertrümmert werden. Hätte ein anderer so zu mir gesprochen, gleich wäre ihm mein Messer in den Leib gefahren, zur Strafe dafür, daß er es wagte, Hanneh, das köstliche Ebenbild der reinen Sonne, mit seinen Verdächtigungen zu beschmutzen. Da du es aber warst, der also sprach, so konnten die Worte, die mir so tiefen Schmerz bereiteten, keine Lüge sein. Darum fühlte ich mich niedergeschmettert wie ein kleiner Käfer, auf den ein großer Berg herabgefallen ist. Nun ich aber höre, daß du jene Nacht vor unserem Aufbruch meinst, ist dieser Berg wieder verschwunden, und der Käfer zappelt

1 Siehe: Karl May, „Bei den Trümmern von Babylon"

lustig weiter, denn ich weiß, daß du selbst der fremde Mann gewesen bist, der damals mit ihr gesprochen hat."

„Und das macht dich nicht unglücklich?"

„Unglücklich? Wenn ich tausend Hannehs hätte, die alle so unvergleichlich wären, wie diese eine, dir könnte ich sie alle anvertrauen."

„Ich glaube es dir. Aber weißt du, was du mit dieser für mich so ehrenvollen Versicherung getan hast?"

„Ich habe dir ein beispielloses Vertrauen erwiesen."

„Allerdings, aber zugleich hast du deine Anklage gegen das Abendland zurückgezogen und dich mit unseren Eisenbahnen einverstanden erklärt."

„Ist mir nicht in den Sinn gekommen, Sihdi! Eure Eisenbahnen haben es mit mir völlig verdorben. Es fällt mir nicht ein, mich mit ihnen auszusöhnen."

„Du hast es aber doch getan."

„Wieso?"

„Paß auf! Ich frage dich: du hältst es für verboten, daß Frauen mit anderen Männern im Wagen der Eisenbahn beisammensitzen?"

„Ja, streng verboten."

„Du hältst es ferner für verboten, daß Frauen mit anderen Männern, zumal in der Nacht und hinter den Zelten beisammenstehen?"

„Eigentlich ja; doch wenn du es bist, so ist es erlaubt, weil ich weiß, daß ich sie dir anvertrauen kann."

„Aber auch wenn du dich in einem solchen Wagen befändest, dann würde jeder Mann seiner Frau oder seiner Tochter erlauben, sich in deine Nähe zu setzen."

„Meinst du?" fragte er geschmeichelt.

„Ja, denn man sieht dir die Ehrlichkeit und Zuverlässigkeit gleich beim ersten Blick an."

„Hm! Würde ich auch mit ihr sprechen dürfen?"

„Gewiß!"

„Ihr sogar helfen, wenn sie meiner Hilfe bedarf?"

„Gewiß! Das ist der große Vorteil, den unsere Frauen

und Töchter während der Reise genießen können, daß sie von jedem Mitreisenden unterstützt und beschützt werden."

„Du, Sihdi, das finde ich reizend. Du weißt, wie gern ich meine Nebenmenschen beschütze. Es ist das schon bei Männern schön; wie schön muß es da erst bei Frauen sein! Denke dir, wenn ich als Dank ein freundliches Lächeln dafür bekäme!"

„Das wäre dir gewiß."

„Sihdi, ich bitte dich, von diesem freundlichen Lächeln des Dankes mußt du gegen Hanneh schweigen, sonst bekommt sie einen falschen Begriff von eurer Eisenbahn, und das sollte mir leid tun."

„Leid? Dir? Ich denke, du magst nichts von der Eisenbahn wissen?"

„Ganz richtig! Eigentlich mag ich sie nicht leiden; aber wenn die Frauen bei braven, dienstbereiten Männern sitzen, die mit einem Lächeln der freundlichen Anerkennung belohnt werden, so sehe ich keinen vernünftigen Grund, warum es gerade mir verboten sein soll, auf der Eisenbahn zu fahren. Ich sage dir, wenn so eine Eisenbahn von hier nach Mekka ginge, ich würde wahrscheinlich nicht auf dem Kamel sitzenbleiben."

„Sondern fahren?"

„Ja. Dürfte ich denn einer solchen Frau auch von unseren Reisen und unseren gefährlichen Taten des Mutes und der Tapferkeit erzählen?"

„Ja. Sie wäre dir sogar dankbar dafür; denn durch diese Erzählungen würdest du die Langeweile von ihr fernhalten."

„Nicht nur das, sondern ich würde bedeutend zu ihrer Bereicherung in den Kenntnissen der Dscheghrâfia und Tarîch[1] beitragen, wofür ich wahrscheinlich auch ein freundliches Lächeln zu sehen bekäme. Du, Sihdi, das mit euren Eisenbahnen ist ganz anders, als ich dachte.

1 Länderkunde und Weltgeschichte

Warum hast du mir das von dem Lächeln nicht sogleich gesagt? Du pflegst aber immer gerade die Hauptsache zu vergessen; das ist es, was ich an dir aussetzen muß. Und wenn ich dadurch zu einer irrigen Ansicht verleitet werde, so wirfst du die Schuld auf mich, der ich doch gar nichts dafür kann. Jetzt sehe ich ein, daß eure Einrichtungen doch nicht so verwerflich sind, wie ich bisher gedacht habe, und — — — Da, schau empor, Sihdi! Siehst du die beiden Nußûr[1]?"

„Ja", erwiderte ich. „Ich habe sie schon eine ganze Weile beobachtet."

„Sie schweben jetzt gerade über uns; sie scheinen uns also zu belauern."

„Ja. Sie wollen sehen, ob sie von uns irgendeine Beute erwarten dürfen. Wenn sie über uns bleiben und uns begleiten, können wir überzeugt sein, daß wir uns allein in dieser Gegend befinden. Übrigens hast du dich in diesen Vögeln geirrt; es sind keine Nußûr. Unter Nißr versteht man den weißköpfigen Geier; aber der mit seinem Weibchen da über uns schwebt, ist ein Bartgeier, el Büdsch genannt. Man sieht ihn häufiger in Ägypten und den Maghribländern; hier ist er sehr selten. Ich sah diese beiden vorhin aus Südwesten kommen. Sieh, da entfernen sie sich wieder in dieser Richtung! Das ist höchst merkwürdig."

„Warum?"

„Weil sie glauben, dort leichter Fraß zu finden als hier bei uns. Diese Vögel sehen außerordentlich weit. Sie haben uns aus großer Entfernung erblickt und sind gekommen, uns zu betrachten. Da sie sich jetzt wieder entfernen, dürfen wir annehmen, daß es dort, woher sie kamen, mehr Beute zu erwarten gibt als bei uns. Unsere Tiere sind gesund und kräftig; darum bewegen wir uns rasch; das wissen diese Vögel wohl zu beurteilen. Dort im Südwesten von uns muß es leidende Wesen

1 Mehrzahl von Nißr = Geier

geben, deren Haltung und Bewegungen den Geiern Hoffnung auf baldigen Fraß machen."

Wir verfolgten die Vögel mit unseren Augen. Als Halef sie nicht mehr erkennen konnte, sah ich sie noch als kleine Punkte, die sich nicht mehr weiter entfernten, sondern über einer bestimmten Stelle schwebten.

„Siehst du sie noch?" fragte Halef.

„Ja", erklärte ich. „Es muß dort irgendein gebrechliches Geschöpf oder auch mehrere geben."

„Vielleicht gar Leichen?"

„Möglich; dann befinden sich aber lebende Personen dabei, vor denen die Geier sich fürchten; denn sonst würden sie schon längst niedergestoßen sein."

„Du sprichst von einem gebrechlichen Geschöpf. Wäre es da nicht unsere Pflicht, Hilfe zu bringen?"

„Allerdings."

„Vielleicht aber handelt es sich bloß um Tiere?"

„Das ist möglich; dann müßten es jedoch große Raubtiere, Löwen oder Panther sein; aber die laufen doch nicht jetzt am hellen Tag auf der Ebene herum. Wären es keine Raubtiere, so hätten sich die Geier niedergelassen und säßen, ruhig wartend, in der Nähe ihrer Beute. Ich bin daher der Ansicht, daß es Menschen sind, die aus irgendeinem Grund nicht mehr fort können. Wir sind verpflichtet, ihnen Hilfe zu bringen, werden das aber in vorsichtiger Weise tun. Erkundigen wir uns also bei dem Ben Harb, ob es hier in dieser Gegend einen Weideplatz eines Beduinenstammes gibt!"

Als wir den schon erwähnten Führer fragten, teilte er uns mit, daß wir uns mitten in der Sandwüste befänden, in der es keinen einzigen Brunnen, also auch keine Weide gebe; das nächste Wasser liege so weit von hier, daß sich sein Einfluß bis hierher nicht geltend machen könne.

Da es nicht geraten war, unsere ganze Karawane ihre Richtung ändern zu lassen, ritten wir langsam weiter und beauftragten Omar Ben Sadek und einen Haddedihn, zu der Stelle zu reiten, über der die Geier standen. Um, wenn nötig, gleich Hilfe bringen zu können, nahmen sie einen vollen Wasserschlauch mit. Die Wüstenebene war nur scheinbar glatt, in Wirklichkeit aber so gewellt, daß wir die beiden Reiter schon nach kurzer Zeit nicht mehr sehen konnten. Es dauerte weit über eine Stunde, bis sie zurückkehrten. Omar Ben Sadek rief uns schon von weitem zu:

„Effendi, ihr müßt abschwenken und mit uns kommen! Es gilt, fünf Menschen zu retten."

„Wer sind sie?" fragte ich.

„Wahrscheinlich Leute aus Mekka."

„Wahrscheinlich? Haben sie nichts Bestimmtes gesagt?"

„Nein. Du weißt, daß hier in der Wüste jedermann vorsichtig ist. Wir könnten ja zu einem ihnen feindlichen Stamm gehören."

„Hast du ihnen nicht erklärt, daß wir Haddedihn sind, die so weit von hier wohnen, daß sie hier unmöglich eine Târ[1] haben können?"

„Das habe ich wohl; aber sie glaubten es nicht. Du würdest auch nicht sofort alles glauben, sondern vorher die Personen und das, was sie sagen, einer Prüfung unterwerfen."

„Es sind also fünf Männer?"

„Fünf Lebende und ein Toter."

„Erzähl doch lieber zusammenhängend!"

„Ich tu es. Wir ritten nach Südwest und sahen bald die Geier wieder, die unbeweglich in der Luft zu schweben schienen; aber je näher wir kamen, desto deutlicher bemerkten wir, daß sie nicht schwebten, sondern langsame Kreise zogen. Später sahen wir dann die Gegenstände ihrer Aufmerksamkeit. Es waren sechs Hudschun, die auf dem Boden lagen, neben ihnen ihre Reiter, Tiere und Menschen, unbeweglich wie Leichen. Als wir nahe

1 Blutrache

herankamen, hoben die Kamele die Köpfe, ließen sie aber gleich wieder sinken. Sie sahen abgetrieben aus, wie nach einem angestrengten Eilritt, und waren halb verdurstet. Drei von den Männern standen in mittleren Jahren; einer war jung und einer alt. Der Alte schien am wenigsten erschöpft zu sein; er bat sogleich um Wasser, das wir ihnen auch sofort gaben. Sie tranken die Kirbe[1] fast ganz leer."

„Und die Leiche?"

„Wir konnten nicht sehen, was für eine Person es war, denn sie war mit dem Haïk zugedeckt."

„Was gab es für Fragen und Antworten?"

„Der Alte erkundigte sich, wer wir seien, und wir sagten es ihm; er aber ließ die zweifelnden Worte ‚Allah weiß es!' dazu hören. Als ich ihn nach seinem Namen fragte, sagte er, sie alle seien aus Mekka, wozu ich ihm nun auch ein ‚Allah weiß es!' zu hören gab. Er bat um Wasser für Menschen und Tiere, auch um etwas Futter für die Kamele; Mehl und Datteln hätten sie noch."

„Woher kommen sie?"

„Das sagte er nicht. Er meinte, er habe uns auch keine Frage vorgelegt; der Gläubige müsse seinem Bruder helfen, ohne nach seinem Namen und nach seinem Ausgang und Eingang zu fragen."

„Entweder hat dieser Mann kein gutes Gewissen oder er ist ein eingebildeter Muslim in hoher Stellung in Mekka. Vielleicht ist auch beides gleichzeitig der Fall; aber recht hat er doch gehabt: er bedarf unserer Hilfe, und wir müssen sie ihm bringen, ohne ihn vorher nach allem ausgefragt zu haben. Glücklicherweise sind wir mit Wasser so reichlich versehen, daß diese Wohltätigkeit uns nicht selbst in Gefahr bringen wird. Reiten wir also hin!"

Wir bogen von unserem Weg ab und ließen uns von Omar Ben Sadek zu der betreffenden Stelle führen, die

1 Schlauch

wir nach drei Viertelstunden erreichten. Da lagen die Kamele noch so, wie sie sich vor Erschöpfung niedergeworfen hatten; die Höcker waren abgezehrt; man sah nicht die geringste Lippenbewegung des Wiederkauens. Die fünf Männer hockten in einem engen Kreis, in dessen Mitte man den noch immer verhüllten Toten in sitzende Stellung aufgerichtet hatte, in der er durch die in den Sand gesteckten, langläufigen Gewehre gehalten wurde. Sie beteten laut. Als wir nahe herangekommen waren, unterbrachen sie sich, und der Vorbeter, dem die anderen Satz um Satz nachsprachen, sagte in mehr befehlendem als bittendem Ton:

„Ich sehe, daß ihr Wasser und trockenes Maisstroh habt. Gebt den Kamelen zu saufen und zu fressen, und laßt uns einige volle Schläuche hier. Dann aber stört uns nicht weiter im Gebet für den, den Allah abgerufen hat!"

Das war ja außerordentlich bescheiden von diesem Mann! Hier, wo das Futter und noch viel mehr das Wasser so kostbar waren, sollten wir zunächst seine Tiere tränken und sättigen und dann gleich mehrere volle Schläuche hergeben, ohne ein Wort des Dankes abzuwarten, da er uns ja die Weisung gab, gleich wieder fortzureiten!

Halefs Hand zuckte nach der Peitsche aus Nilpferdhaut, die er stets im Gürtel hängen hatte. Ich winkte ihm aber ab und flüsterte ihm zu:

„Du befindest dich hier unter stolzen, rachsüchtigen Arabern und nicht bei geknechteten Fellachen, bei denen man die Peitsche schwingen kann, ohne später blutig bezahlen zu müssen."

„So sag, was wirst du tun?"

„Wir geben den Pferden Wasser und Stroh; die armen Tiere sollen nicht unter der Unverschämtheit ihrer Besitzer leiden."

„Und diese?"

„Bekommen weiter kein Wasser, außer sie bitten uns höflich darum. Wir bleiben hier lagern."

„Hier? Bei diesen Kerlen? Hamdulillah — Preis sei Allah, der dir diesen kostbaren Gedanken eingegeben hat! Denn wenn wir hier bei ihnen bleiben, werden wir wahrscheinlich etwas erleben, sie aber auch."

„Wir hätten überhaupt nicht viel weiter reiten können, denn bald wird es Nacht, und da wir hier doch einige Zeit versäumen, halte ich es für das beste, wir bleiben gleich da. Gib also deinen Leuten die nötigen Befehle!"

Da wir die Haddedihn bei uns hatten, brauchte ich mich um nichts zu kümmern. Ich stieg also vom Hedschîn, gab die Stelle an, wohin ich meinen Teppich gelegt wünschte, und ging dann zu meinem Hengst, um ihn zu liebkosen und dabei einige Datteln knuspern zu lassen. Er war diese Aufmerksamkeit von mir gewohnt. Hierauf machte ich es mir auf meinem Teppich bequem.

Ich hatte mich absichtlich in der Nähe der Fremden, dem Vorbeter gegenüber, niedergesetzt, den Omar Ben Sadek „den Alten" genannt hatte. Er hatte ein listiges Gesicht. Der „Junge" saß an seiner Seite und war ihm so ähnlich, daß ich ihn für seinen Sohn halten mußte. Er hatte etwas Unstetes, Ruheloses, Unzuverlässiges in seinen Augen. Die anderen drei hatten nichts an sich, wodurch sie eine besondere Erwähnung verdienten. Gemeinsam war ihnen allen die große Hinfälligkeit; wahrscheinlich waren wir gerade zur rechten Zeit gekommen, sie vor dem Tod des Verschmachtens zu erretten. Ich glaubte ihnen anzuhören, daß ihnen das laute, lange Beten schwer wurde. Warum schwiegen sie da nicht, zumal sie diese Litanei doch gar nicht nötig hatten? Die Stimme des Alten klang dumpf und mit müdem Zittern:

„O du, den unter sämtlichen Geschöpfen der Schöpfer

am meisten ehrt[1]. Beim Eintritt des Ereignisses, das alle trifft[2], habe ich keinen, zu dem ich meine Zuflucht nehmen kann, als dich allein!“

Die anderen beteten es ihm nach, und dann fuhr er fort:

„Und wenn der Gnädige sich als strafender Vergelter offenbaren wird, wird es deiner Macht, du Gesandter Gottes, nicht unmöglich sein, mir zu helfen.

Denn zu der Fülle, die du gespendet hast, gehört diese Welt und jene Welt, und du weißt alles, was auf der Tafel des Jenseits geschrieben steht und was die Feder geschrieben hat.

O meine Seele, keines schweren Fehltritts wegen verzweifle an Allahs Gnade; denn wo es sich um die Vergebung handelt, da sind die schweren den leichten Sünden gleich.

Das Erbarmen meines Herrn, so hoffe ich, wird zu der Zeit, wo er es verteilen wird, in den einzelnen Spenden sich nach dem Maß der Sünde gestalten.

O mein Herr, gib, daß meine Hoffnung bei dir bestehe und meine Rechnung sich als richtig erweise!

Und verfahre in dieser und in jener Welt gelinde und gnädig mit deinem Knecht, denn ihm ist eine Festigkeit verliehen, die fliehend davoneilt, wenn die grausigen Schrecknisse ihn herausfordern.

Und laß die Wolken deiner Erbarmung für und für Güsse jeder Art auf den Propheten herabsenden — —!“

Als er so weit gekommen war, hatten unsere Haddedihn seinen Kamelen Wasser und Maisstroh gegeben und begannen nun, sich mit der Vorbereitung des Lagers zu beschäftigen. Da unterbrach er sich, indem er die hastigen Worte an mich, den er für den Anführer halten zu müssen glaubte, richtete:

„Was sehe ich? Ihr sattelt eure Kamele ab. Das sieht so aus, als ob ihr hier bleiben wolltet.“

1 Mohammed ist gemeint 2 Der Tod

„Es ist wirklich so: wir bleiben da“, antwortete ich ruhig.

„Dazu habt ihr kein Recht.“

„Warum? Die Wüste ist Allahs Eigentum. Wir brauchen niemand zu fragen.“

„Wir waren eher da als ihr.“

„So bleiben wir um gerade so viel länger; dann sind die beiden Zeiten gleich.“

„Wir wünschen aber, allein zu sein.“

„Wir werden so tun, als wärt ihr gar nicht vorhanden, und kein Wort mit euch sprechen.“

„Aber, ihr seht, daß wir einen Toten hier haben. Leichen aber verunreinigen.“

„Uns nicht, denn wir werden ihn nicht berühren.“

„Allah gebe mir die Beherrschung meines Zorns! Du siehst und hörst doch, daß wir eure Entfernung wünschen.“

„Und du siehst, daß unsere Wünsche das Gegenteil erstreben; darum kann Allah nur die Erfüllung der Wünsche für die eine Partei im Buch des Lebens verzeichnet haben, und diese Partei sind wir. In das aber, was im Buch des Lebens verzeichnet ist, müßt ihr euch fügen.“

Ich hatte in meinem freundlichsten, er aber zuletzt in einem sehr zornigen Ton gesprochen. Ich war neugierig, was sich aus diesem unerquicklichen Verhältnis entwickeln werde. Halef ging es ebenso wie mir; er hatte die Herunternahme des Tachtirewân und die bequeme Unterbringung seiner Hanneh unter ihr kleines, schnell aufgeschlagenes Frauenzelt beaufsichtigt und kam nun herbei, ließ einen Teppich neben mir ausbreiten und setzte sich darauf nieder.

Dann sagte er leise:

„Warst du auf einen solchen Empfang vorbereitet, Sihdi?“

„Nein“, erwiderte ich.

„Ich auch nicht. Eine solche Undankbarkeit ist geradezu beispiellos. Was wirst du tun?"

„Zunächst ruhig abwarten. Ich möchte hören, was sie beten."

Der Vorbeter begann nämlich jetzt wieder:

„Das ist Mohammed, der Herr dieser und jener Welt, der Herr der Menschen und der Dschinn[1], der Herr der beiden großen, voneinander gesonderten Scharen der Menschenkinder: der Araber und der Barbaren.

Unser Prophet, den, wenn er gebietet oder wenn er verbietet, im Neinsagen wie im Jasagen niemand an Wahrhaftigkeit übertrifft.

Er ist der Geliebte, auf dessen Fürsprache wir hoffen bei jedwedem grauen Schrecknis, dessen Gewalt wir anheimgefallen sind.

Wer sich an ihn anklammert, klammert sich an ein Seil, das nimmer reißt.

Er übertraf die anderen Propheten sowohl an Körpergestalt wie auch an Seelenadel, und sie kamen ihm weder an Wissen noch an Tugend nahe.

Sie, die alle von dem Gesandten Allahs bittend die Erlaubnis begehrten, aus dem Meer mit der Hand zu schöpfen oder das Wasser der anhaltenden Regengüsse schlürfen zu dürfen.

Und neben ihm den unterscheidenden Punkt seines Wissens oder die tonangebende Bezeichnung seiner Weisheit zur äußersten Grenze hatten, an der sie dastanden, ohne sie überschreiten zu können.

Ihn erkor der Schöpfer der Menschen sich zum Geliebten, nachdem Inneres und Äußeres bei ihm zur vollendeten Vollkommenheit gediehen war.

Er hat keinen neben sich, der an seinen Vorzügen teilhat, und das Wesen seiner Schönheit ist ungeteilt.

Was die Christen von ihrem Propheten behaupten, das behaupte du ja nicht, sondern erkenne getrost an

1 Geister

Lob ihm zu, was ihm anzuerkennen dir nur immer beliebt.

Und lege seiner Person jeden Adel bei, den ihr beizulegen dir in den Sinn kommt, und lege seiner Würde jede Größe bei, die ihr beizulegen du das Verlangen hast.

Denn die Vortrefflichkeit des Gesandten Gottes hat keine Grenze, so daß irgendein mit dem Mund Redender sie nicht in ihrer ganzen Grenze aussprechen könnte.

Wenn seine Wunderzeichen der Größe seiner Würde entsprechen, so wird sein Name, wenn man ihn nennt, die hingeschwundenen Totengebeine beleben.

Mit Dingen, die der Verstand nicht begreifen kann, hat er, getrieben vom Eifer für unsere Wohlfahrt, uns verschont, und so sind wir weder dem Zweifel noch dem Wahn anheimgefallen.

Sein inneres Wesen aufzufassen ist eine Aufgabe, die das Vermögen der Sterblichen übersteigt, und weder in der Nähe noch in der Ferne siehst du einen, der nicht ratlos dasteht, wenn es gilt, diese Aufgabe zu lösen.

Sein inneres Wesen gleicht der Sonne, die in der Ferne sich dem Auge in verschiedener Kleinheit zeigt, in der Nähe aber das Auge blendet.

Jede Reihe von Wunderzeichen, die die hohen Gesandten Allahs zutage treten ließen, ist nur von seinem Licht her zu ihnen gelangt.

Denn er ist eine große Vortrefflichkeitssonne; sie aber sind die Sterne dieser Sonne und strahlen nur als seine Sterne ihr Licht den Menschen in die Finsternis."

Obgleich ich befürchten mußte, den Leser zu langweilen, habe ich dieses Gebet doch hierhergesetzt, weil es aus Stellen der Burda, eines der berühmtesten mohammedanischen Gedichte, besteht, das zum Lob Mohammeds verfaßt ist und bei Begräbnissen gesprochen wird. Es wird vielleicht manchen fesseln, ein berühmtes islamitisches Gedicht, wenn auch nur einen Teil davon, kennen zu lernen, mit dessen Schönheiten sich, wie die Mohammedaner behaupten, kein Erzeugnis irgendeines andersgläubigen Dichters vergleichen läßt.

Der „Alte“ schien die Burda auswendig zu können, denn er trug diese Stellen ohne Hilfe eines Buches vor; er war also kein gewöhnlicher Araber. Während des Betens machte er überhaupt den Eindruck eines fanatischen Muslims, der mit den Obliegenheiten eines Geistlichen wohlvertraut ist. Dabei schweiften seine Blicke oft zu uns herüber, und zwar mit einem Ausdruck, der nichts weniger als freundlich genannt werden konnte. In den Augen seines Sohnes aber wohnte gar der offenbare, vor uns nicht im geringsten verheimlichte Haß.

Auch jetzt wieder hatte das Gebet auf mich den Eindruck gemacht, als ob es nicht aus innerem Bedürfnis, sondern aus einem anderen Grund gesprochen werde. Es klang so müde, so abgespannt; die Leute sprachen langsam, als ob es ihnen schwer werde; sie ließen Stellen aus, die der Vorbeter nicht ausgelassen hatte, und nun, da er eine Pause machte, legten sie sich nieder, was er als Veranlassung nahm, nicht wieder anzufangen.

Ich dachte mir, daß sie nur beteten, um uns keine Zeit zu lassen, mit ihnen zu sprechen. Sie waren wahrscheinlich gesonnen, uns keine Auskunft über sich zu geben, und da dies doch einen Grund haben mußte, glaubte ich annehmen zu dürfen, daß es kein für ihre Beurteilung vorteilhafter sei.

Während sie nun, bewegungslos wie Tote, dalagen, brach die Dunkelheit herein, und von unseren Haddedihn wurde das Maghrib gebetet, das für kurze Zeit nach dem Untergang der Sonne vorgeschrieben ist. Als es dann vollständig Nacht geworden war, wurde das Aschîja oder Nachtgebet gesprochen. Bei beiden Fällen richteten sich die Fremden auf und beteten mit, was sie als Mohammedaner trotz ihres sonstigen Verhaltens zu uns unbedingt tun mußten. Doch taten sie es leise, ohne uns ihre Stimmen hören zu lassen; das bedeutete eine Mißachtung, die wir aber ruhig hinnahmen. Dann ging ich mit Halef zum Zelt seiner Hanneh, um ein Feuer zu machen, zu dem wir heute unterwegs gelegentlich dürres Gezweig geschnitten hatten. Die „lieblichste und wohlschmeckendste unter allen Köchinnen des Erdkreises", wie Halef sein Weibchen nannte, wenn von ihrer Kochkunst die Rede war, wollte uns Kaffee kochen und dann in der heißen Asche Kurß tari backen, das ist frisches Brot in kleiner Kuchenform. Wir hatten zum edlen Werk des Kaffeekochens eine Kanne mitgenommen, und die Haddedihn hielten ihre auch für heiße Flüßigkeiten haltbaren Lederbecher bereit, um sich ihren Anteil des duftigen Getränkes geben zu lassen.

Als sein Wohlgeruch sich vom Feuer aus verbreitete, wurden die Fremden wieder lebendig. Sie hielten eine kurze, leise Beratung, nach der der „Junge" aufstand und zu uns kam.

„Wir wollen auch Kaffee!" sagte er, indem er uns ein nicht zu kleines Kürbisgefäß hinhielt.

Er hatte das in einem Ton gesagt, als brauche er nur zu fordern. Halef machte Miene, aufzuspringen und ihn zornig zurechtzuweisen; ich hielt ihn aber am Arm nieder und übernahm die Beantwortung selbst, die sehr kurz und bestimmt klang:

„Der ist nur für uns."

„Bekomme ich welchen?" fuhr der Unverschämte mich an.

„Nein, nein, nein, und zum vierten-, zehnten- und hundertstenmal nein!" krachte jetzt der kleine Hadschi los, der seinen Zorn nicht länger beherrschen konnte.

Da drehte sich der Mann scharf auf der Ferse um und ging fort.

Seine Leute hatten jedes Wort gehört; sie steckten die Köpfe zusammen. Was sie sagten, konnte uns gleichgültig sein.

„Sihdi, meinst du, daß wir uns vor diesen Leuten in acht nehmen müssen?" fragte Halef.

„Nein", erwiderte ich; „gar nicht".

„Ich auch nicht. Wir sind zweiundfünfzig wohlbewaffnete Männer und sie nur fünf verschmachtete Personen. Trotzdem aber denke ich, daß wir während der Nacht nicht alle schlafen dürfen."

„Das ist auch meine Meinung. Bestimme also von deinen Leuten einige, die einander bis früh ablösen!"

Später, als der Duft des Brotes sich bemerkbar machte, wurde der „Junge" wieder zu uns geschickt.

„Gebt uns Brot!" forderte er in dem Ton, in dem er vorhin Kaffee verlangt hatte.

„Eßt das, was ihr habt!"

Er mußte ohne Erfolg wieder fortgehen, kehrte aber bald mit einem neuen Verlangen zurück:

„So gebt uns Wasser, einen vollen Schlauch!"

„Es ist alle geworden."

„Ich sehe doch da die Kirbât[1] liegen."

„Die sind nur noch für uns. Was wir übrig hatten, habt ihr schon bekommen."

„Kennt ihr die Gebote der Wüste und der Gastfreundschaft so wenig, daß ihr uns sogar das Wasser vorenthaltet, das wir verlangen müssen?"

„Wir kennen alle Gesetze, sogar die Vorschriften der Höflichkeit, die aber euch unbekannt zu sein scheinen. Und nun mach dich fort von uns, sonst — — —"

„Sonst fahr ich dir in die Beine, daß du in alle Winde fliegen lernst!" schrie ihn Halef zornig an. „Wasser, Brot, Kaffee! Vielleicht verlangt dieser Kerl auch noch Kawuara[2] und eine Istridîja[3], die so groß wie eine sahlafe kebîre[4] ist!"

Der kleine Hadschi hatte nämlich Schildkröten, Austern und Kaviar als Leckerbissen kennengelernt, als er mit

1 Mehrzahl von Kirbl = Schlauch für Wasser 2 Kaviar 3 Auster
4 Riesenschildkröte

mir in Konstantinopel war. Der Mekkaner, wenn er wirklich einer war, drehte sich mit einer stolzen, wegwerfenden Handbewegung um und kehrte zu seinen Angehörigen zurück, die längere Zeit miteinander berieten. Als sie zu einem Entschluß gekommen waren, stand der Alte auf und kam langsam und trotz seiner sichtlichen Schwäche in einer Haltung herbei, als sei sein Haupt gewohnt, eine Krone zu tragen.

„Ihr habt meinen Sohn dreimal von euch gewiesen", sagte er, indem er auf jedes Wort einen schweren Nachdruck legte. „Ich frage euch: warum?"

Eigentlich war er keiner Antwort wert; da man aber wohltut, wenn man mit solchen Leuten so deutlich wie möglich ist, so zog ich es vor, ihn nicht warten zu lassen, und entgegnete also:

„Mit dieser Frage gestehst du ein, daß du an Einsicht ein kleines Kind, an Unverstand und Unwissenheit aber ein Riese bist."

„Beleidige mich nicht! Ich bin gewohnt, daß man sich der größten Höflichkeit gegen mich befleißigt."

„Bist aber doch selbst ein Ausbund der Unhöflichkeit. Wir sind berechtigt, wenigstens die gleiche Achtung und Ehrerbietung zu verlangen, die du für dich in Anspruch nimmst."

„Ihr — — —?!" dehnte er so hochmütig, daß ich ihm am liebsten eine Ohrfeige gegeben hätte. „Doch ja, ihr wißt nicht, wer ich bin. So hört es denn, und beugt dann in Demut eure Häupter! Mein Ahne ist Qatadah; ich bin ein Nachkomme des berühmten Mohammed Abu Numehjj, der hellsten Leuchte unter allen Großscherifen der heiligen Stadt Mekka. Wenn wir, seine Abkömmlinge, sterben, werden unsere Leichen in einem feierlichen Umgang siebenmal um die Kaaba getragen. Welcher andere Mensch auf Allahs weiter Welt kann sich einer solchen Auszeichnung rühmen?"

„Bist du schon gestorben?"

„Nein“, antwortete er verwundert.

„Also auch noch nicht um die Kaaba getragen worden?“

„Nein.“

„So warte, bis das geschehen ist; dann sind wir vielleicht bereit, deiner Leiche mit Achtung zu gedenken.“

„Mensch, wage nicht — —! Doch, du kennst ja auch meinen Namen nicht; ich will also meinen Zorn bemeistern. Es ist auch gar nicht nötig, diesen Namen mit dem verstopften Eingang deines Ohrs zu belästigen; es genügt vielmehr, dir zu sagen, daß man mich El Ghâni[1] nennt und daß ich der Liebling 'Aun er Rafiqs, des jetzigen Großscherifs von Mekka, bin. Nun weißt du, wie du dich gegen mich und uns alle zu verhalten hast.“

Anspruchsvoller und eingebildeter zu sein als dieser Mann war nicht möglich. Um zu erfahren, wer der Tote war, hielt ich mich noch zurück und fragte:

„Auch gegen die anderen? Wer sind sie?“

„Der eine ist Ben Abdallah, mein Sohn; die übrigen drei sind Männer aus der heiligen Stadt, wo ihre Namen zu den angesehensten gerechnet werden.“

„Und der Verstorbene?“

„Der war ein Lieblingskind Allahs und des Propheten. Er wurde El Münedschi[2] genannt, woraus du die unvergleichliche Höhe seiner Vorzüge erkennen kannst. Seiner Seele war die Gabe verliehen, den Körper zu verlassen und nach entfernten Orten und in entfernte, längst verschwundene und auch zukünftige Zeiten zu gehen, um zu sehen und zu hören, was kein anderer Sterblicher erfährt. War sie dann in den Körper zurückgekehrt, so konnte El Münedschi alle Geheimnisse dieser Zeiten und Orte mitteilen. Er sprach mit den Dschinn und Melâjik[3] wie mit seinesgleichen und hatte darum Macht über den Willen und die Taten aller, mit denen er verkehrte. Nun ist er hingegangen in den Himmel

1 Der Reiche 2 Der Wahrsager 3 Geister und Engel

Allahs, zu denen, mit denen er schon während seines irdischen Lebens verkehrte. Ich war sein bester Freund. Er wohnte in meinem Haus, wo ich ihm eine Freistatt gab, weil er blind geworden war. Ich übe die Barmherzigkeit, die Allah seinen Bevorzugten geboten hat, und er vergilt sie wieder. Nun weißt du, wer wir alle sind, und wirst mich und meinen Sohn um Verzeihung bitten."

„Um Verzeihung bitten? Wenn du glaubst, daß —"

Ich konnte nicht weitersprechen; denn Halef drückte mir die Hand auf den Mund und sagte:

„Schweig, Sihdi, ich bitte dich, schweig! Ich koche nämlich so, wie vorhin der Kaffee gekocht hat, und wenn du mir nicht erlaubst, an deiner Stelle zu sprechen, so zerplatzt die Kanne. Darf ich?"

„Gut ja! Zerplatzen lassen darf ich dich doch nicht."

Er war aufgesprungen; jetzt wendete er sich von mir zu El Ghani und fragte ihn in jenem scheinbar ruhigen, aber verhaltenen Ton, in dem er nur im Zustand der zornigsten Aufregung zu sprechen pflegte:

„Du denkst also, daß wir euch um Verzeihung bitten werden?"

„Ja", lautete die Antwort.

„Und vorhin hast du verlangt, wir sollen in Demut unsere Häupter beugen?"

„Ja."

„Hundesohn! Was bildest du dir ein? Wir beugen unsere Häupter nur vor Allah, aber vor keinem Menschen, und wenn es der Padischah selbst wäre. Vor dir aber — — — —? Ich sage dir, daß ich lieber vor der häßlichsten Kröte anbetend niederfallen würde, als daß ich meinem ehrlichen Haupt die allergeringste Neigung vor dir erlaubte. Wenn du wirklich der Liebling des gegenwärtigen Großscherifs bist, so werde ich ihn schleunigst aufsuchen, um ihm zu sagen, daß er sich einen anderen Liebling anschaffen möge, wenn er nicht den Gläubigen allen das unwürdige Schauspiel bereiten wolle, sich in Zeit von fünf Minuten totschämen zu müssen. Ihr Hunde und Söhne von Hunden und Urenkelskinder von Hundeahnen und Hundenachkommen wart fast verschmachtet, als wir kamen. Eure schmutzigen Seelen hingen nur noch am alleräußersten Barthaar mit euren verdursteten Gliedern zusammen. Da gaben wir euch Wasser, das Kostbarste, was man in der Wüste besitzt; ihr trankt einen großen Schlauch voll, ohne ein Wort des Dankes zu sagen. Dann verlangtet ihr Kaffee, ohne zu bitten; später warft ihr uns den Befehl, euch Brot zu geben, ins Gesicht, und endlich schicktest du uns den Auftrag, euch noch einen ganzen vollen Schlauch Wasser zu spenden, obgleich wir auch eure Kamele getränkt hatten. Wo soll dieses Wasser und immer wieder Wasser herkommen? Glaubst du denn, wir können Quellen aus der Wüste stampfen? Und das alles verlangst du in einer Weise, als ob wir deine Sklaven seien. In der Albernheit deines Hochmuts meintest du, wir würden vor Erstaunen über deinen Namen sämtliche Mäuler aufsperren. Wie nennt man dich denn? El Ghani, den Reichen! Kannst du uns beweisen, daß du deinen Reichtum auf ehrliche Weise erworben hast, daß er nicht mit Diebs- und Betrügerhänden zusammengestohlen wurde? Und wenn es ein rechtmäßiger Besitz wäre, so solltest du doch wissen, daß man sich auf den Reichtum nichts einbilden darf, weil man ihn von Allah nur für einstweilen geliehen bekommt, um denen wohlzutun, die nichts besitzen. Wir sind auch reich, jedenfalls zehnmal reicher als du, aber wir brüsten uns nicht damit und lassen uns noch viel weniger einen Namen daraus machen, der doch weiter nichts wäre, als wie bei dir, ein untrügliches Zeichen dreifach aufgeblasener Dünkelhaftigkeit. Eigentlich sollte ich dir nicht mit dem Mund, sondern hier mit dieser Nilhautpeitsche antworten; aber deine Jammergestalt ist so mitleiderweckend, daß mir die Barmherzigkeit aus allen Fingerspitzen niedertropft; darum sollst du jetzt noch ohne Hiebe davonkommen. Aber solltest du nur noch ein einziges Mal wagen, dir den Anschein zu geben, als ob wir nicht neunmal himmelhoch über dir stünden, so zerhaue ich dir das Hundefell, daß im ganzen Erdkreis nicht genug Platz für die davonfliegenden Fetzen zu schaffen ist. Nun pack dich fort, und komm uns nicht wieder! Und damit du weißt, wer jetzt in so liebreicher, geduldiger Freundlichkeit mit dir gesprochen hat, so mögen dich unsere Namen zu deinem Sitz begleiten. Ich bin Hadschi Halef Omar Ben Hadschi Abul Abbas Ibn Hadschi Dawuhd al Gossarah, der Scheik der Haddedihn von dem großen Stamm der Schammar."

Er machte das Wort von der Begleitung wahr, denn die Peitsche drohend in der Hand, trat bei jedem Einzelnamen den Mekkaner so auf die Zehen, daß dieser zurückwich. In dieser, für uns köstlichen Weise folgte er ihm Schritt um Schritt, oder vielmehr Fußtritt um Fußtritt, indem er, immer die Peitsche schwingend, fortfuhr:

„Und da sitzt der erleuchtete und in aller Welt hochberühmte Hadschi Akil Schâtir el Medscharrib Ben Hadschi Alim Schadschî er Ghâni Ibn Hadschi Dâim Maschhûr el Azîm Ben Hadschi Takî Abu Fadl el Mukarram."

Man sieht, daß er meinen neuen Namen sehr gut auswendig gelernt hatte. Jedes Glied desselben ergab einen Tritt auf die Zehen El Gaânis, der, weil diese Schritte zu schnell aufeinander folgten, sich ihnen nicht entziehen konnte. An seinem Platz angekommen, sank der Mekkaner erschöpft nieder, ohne während des ganzen Leidensweges Gelegenheit gefunden zu haben, auch nur ein Wort hervorzubringen.

„So, da sitzest du nun in deiner ganzen, unbegreiflichen Herrlichkeit!" meinte Halef jetzt befriedigt.

„Wenn dir der Hochmut wieder in den Füßen juckt, so brauchst du es mir bloß zu sagen; ich trete ihn dir gern aus allen Zehen."

Er kehrte zurück und setzte sich wieder neben mich nieder.

„Sihdi", fragte er leise, „habe ich das gut gemacht oder nicht?"

„Ich bin mit dir zufrieden", antwortete ich.

„Und du, Hanneh?"

Sie, die an seiner anderen Seite saß, erwiderte:

„Mein Halef ist gleich tapfer in Worten wie in Taten; ihm kann nicht einmal der Liebling des Großscherifs widerstehen."

„Nein, der am allerwenigsten. Und du", wendete er sich an seinen Sohn, der seinen Platz neben der Mutter hatte, „folge für dein ganzes Leben dem Beispiel deines Vaters, der keine Beleidigung seiner Ehre duldet und der selbst Mohammed, dem Propheten aller Muslimin, auf sämtliche Zehen treten würde, wenn diesem der Gedanke beikommen sollte, dem Scheik der Haddedihn die schuldige Achtung zu verweigern."

Das für uns andere so belustigende Verhalten des Hadschi hatte die Mekkaner so eingeschüchtert, daß sie nicht laut miteinander zu sprechen wagten. Sie saßen oder lagen still beisammen, und wenn einer etwas sagte, so geschah es so leise, daß wir es nicht hören konnten.

Das Viertel des Mondes war aufgegangen und übergoß die beiden Gruppen, die kleinere der Mekkaner und die größere der Haddedihn, mit genügend Licht, um uns alles, was die ersteren taten, deutlich sehen zu lassen. Die verhüllte, gen Mekka gerichtete Leiche machte einen eigenen Eindruck auf mich. Seit wann war der blinde Münedschi schon tot? Wir wußten es nicht. In der Wüste pflegt man, wie in mohammedanischen Ländern überhaupt, Verstorbene sehr schnell zu begraben. Wir mußten darauf verzichten, etwas darüber zu erfahren, denn nach dem Vorgefallenen konnte es uns nicht einfallen, ferner ein Wort mit diesen Leuten zu sprechen. Ebenso würden, so glaubten wir, sie sich völlig schweigend gegen uns verhalten. Darum waren wir nicht wenig erstaunt, als nach einiger Zeit el Ghâni aufstand, bis zur Hälfte zu uns herüberkam und mir die Worte zuwarf:

„Dein Name ist Hadschi Akil Schâtir, wie ich gehört habe. Darf ich mit dir sprechen?"

„Ja", antwortete ich, verwundert darüber, daß der Anfang meines Namens trotz der Fußtritte in seinem Gedächtnis haften geblieben war.

„Ich möchte gern wissen, ob ihr uns richtig gesagt habt, wer und was ihr seid."

„Wir haben die Wahrheit gesprochen", erklärte ich.

„Darf ich prüfen, ob du wirklich ein so großer Gelehrter bist, Effendi?"

„Ich habe nichts dagegen, obgleich du jedenfalls nicht der Mann bist, mich zu prüfen."

„Was haben wir vorhin gebetet?"

„Einen Teil der Burda."

„Von wem ist dieses Gedicht?"

„Von El Busiri."

„Sage mir seinen vollständigen Namen!"

„Scharaf ed Dîn Abu Abdallah Mohammed Ben Saîd Ben Hammâd Ben Muchsin Ben Abdallah Ben Schamhagh Ben Hilal as Sanhâdschi. Das ist der Name, den du wahrscheinlich selbst nicht auswendig gewußt hast."

„Ich wußte ihn, denn jeder Gelehrte kennt ihn genau; darum weiß ich jetzt, daß du wirklich ein Gelehrter bist. Aber wie beweisest du mir, daß diese Leute auch wirklich zum Stamm der Haddedihn gehören?"

„Ich habe dir nichts zu beweisen; es ist uns gleichgültig, ob du es glaubst oder nicht."

„Dieses dein Verhalten beweist, daß es wahr ist. Nun will ich fragen, ob es euch stört, wenn wir die vorgeschriebenen Gebete über den Toten weitersprechen?"

„Die Vorschriften des Islam muß man erfüllen."

„Werdet ihr uns noch Wasser geben?"

„Nur dann, wenn ihr uns darum bittet."

„Geht euer Ritt nach Mekka, der heiligen Stadt?"

„Ja."

„Der unsrige auch. Wir werden jetzt den Toten begraben und dazu beten. Dann brechen wir auf. Da ihr unsere Kamele getränkt habt, halten sie es nun bis zum Bir Hilu aus; wir aber würden verdursten, wenn wir nicht noch hier unterwegs trinken könnten. Darum bitten wir euch noch um einen Schlauch."

„Gut, weil du bittest, werdet ihr ihn bekommen. Ihr habt Schläuche bei euch, von denen einer gefüllt werden mag."

„Ich — — danke — — dir."

Er dehnte die Silben weit auseinander und legte einen ungewöhnlichen Nachdruck darauf, was mich aber nicht veranlassen konnte, mein Wort zurückzunehmen. Als er an seinen Platz zurückgekehrt war und sich dort niedergesetzt hatte, begannen sie, die Haschrije, ein Begräbnislied zu singen, worin der Jüngste Tag beschrieben wird. Es beginnt:

„Ich preise die Vollkommenheiten dessen, der alles geschaffen hat, was Gestalt besitzt. Er unterwarf seine Diener dem Tod, der alle Geschöpfe samt den Menschen zur Vernichtung bringt."

Als dieser in Fisteltönen vorgetragene Gesang beendet war, wühlten sie, etwas entfernt von ihrem jetzigen Platz, mit ihren Händen im lockeren Sand eine Grube auf, holten den Toten und legten ihn hinein. Dann knieten sie dort nieder mit Ausnahme des Vorbeters, der stehen blieb und rief:

„Kommt herbei, ihr Gläubigen, denn ich habe das Leichengebet über einen verstorbenen Muslim zu sprechen.

Diese Aufforderung ist Vorschrift. Wir gingen zwar

nicht hin, standen aber auf, weil es nach den Regeln des Islam eine unverzeihliche Sünde gewesen wäre, sitzenzubleiben. Jetzt erhob er die Hände bis zum Kopf, berührte mit den Daumen die Ohren und rief:

„Gott ist groß; Gott ist sehr groß."

Die Mekkaner wiederholten diese Worte laut. Er trug hierauf die Fatîha vor, das erste Kapitel des Koran, rief nochmals „Gott ist sehr groß", was wiederholt wurde, und fügte hinzu:

„O Gott, sei günstig unserem Herrn Mohammed, dem Propheten, auch seiner Familie und seinen Gefährten, und behüte sie! — Gott ist sehr groß!"

Nachdem auch dieser Ruf wiederholt worden war, betete der Ghâni:

„O Gott, sei günstig unserem Herrn Mohammed, dem deines Dieners. Er ist weggegangen aus dem Schlaf der Welt und ihrer Geschäftigkeit und von allem, was er liebte, und von denen, die ihn hier liebten, in die Finsternis des Grabes und zu dem, was er erfährt. Er bekannte, daß es keinen Gott gibt, als dich allein, daß du keinen Genossen hast, und daß Mohammed dein Diener, dein Gesandter sei, und daß du allwissend seiest. O Gott, er ist hingegangen, zu wohnen bei dir, denn du bist der Beste, bei dem man wohnen kann. Er bedarf deines Erbarmens, und du bedarfst seiner Strafe. Wir sind zu dir gekommen, flehend, daß wir für ihn eintreten möchten. O Gott, wenn es einer war, der Gutes tat, so rechne ihm seine guten Taten an; wenn er aber einer war, der übel tat, so rechne ihm seine bösen Taten nicht an! Gewähre in deinem Erbarmen, daß er deinen Beifall finde, und spare ihm die Prüfung des Grabes und dessen Qual; mache ihm sein Grab weit, und halte ab die Erde von seinen Seiten, und gewähre in deinem Erbarmen, daß er Sicherheit finde vor deiner Qual, bis du ihn wohlbehalten sendest zu deinem Paradies! O du Erbarmendster unter denen, die sich erbarmen! — — — Gott ist sehr groß! — — — O Gott, verweigere uns nicht unseren Lohn für den Dienst, den wir ihm erwiesen, und führe uns nicht zur Prüfung nach ihm! Vergib uns und ihm und allen Muslimin, o Herr aller Geschöpfe!"

Nach diesem Schluß des eigentlichen Gebets verneigte er sich nach rechts und nach links und sagte dabei zweimal:

„Friede sei über euch und das Erbarmen Gottes!"

Dieser Gruß gilt den Engeln, die nach mohammedanischem Glauben unsichtbar zu beiden Seiten stehen. Dann forderte er seine Leute nach der Vorschrift auf:

„Gebt euer Zeugnis über diesen Toten!"

„Er war einer von den Tugendhaften", antworteten sie.

Als nun der Tote mit Sand bedeckt worden war, folgte die Fatîha wieder und hierauf das Schlußgebet, das aus den drei letzten Versen der Sure Bakara besteht:

„Alles, was im Himmel und auf Erden ist, gehört Gott. Er wird euch über das, was sich in eurem Herzen befindet, möget ihr es veröffentlichen oder verheimlichen, zur Rechenschaft ziehen. Er verzeiht, wenn er will, und er bestraft, wenn er will, er, Gott, der über alle Dinge mächtig ist. Der Prophet glaubt an das, was ihm von Gott geoffenbart worden ist, und alle Gläubigen glauben an Gott, an seine Engel, an seine Schrift und an seine Propheten. Wir machen keinen Unterschied zwischen seinen Propheten. Sie sagen: ‚Wir hören und gehorchen.' Dich aber, o Herr, bitten wir um Gnade, denn zu dir kommen wir einst. Gott zwingt niemand, über seine Kräfte zu tun, aber den Lohn dessen, was man Gutes oder Böses getan hat, wird man erhalten. O Herr, bestrafe uns nicht, wenn wir ohne oder mit Absicht gesündigt haben! Lege uns nicht auf das Joch, das du denen auferlegtest, die vor uns lebten! Lege uns nicht mehr auf als wir tragen können! Verzeih uns; vergib uns; erbarme dich unser; du bist unser Beschützer! Hilf uns gegen die Ungläubigen!"

Hiermit war die Feierlichkeit beendet, die bei Begräbnissen in bewohnten Orten ganz anders ist.

Nun schickte El Ghâni einen seiner Leute mit einem leeren Wasserschlauch zu uns, den wir füllen ließen; dann rüsteten sie sich zum Aufbruch. Als sie die Kamele bestiegen hatten, ritten die anderen fort, ohne uns zu beachten; El Ghâni aber lenkte das seinige nahe zu uns heran und rief uns zu:

„Ihr habt nicht laut mitgebetet, obwohl das eure Pflicht gewesen wäre. Darum haben wir das Angesicht des Toten unbedeckt gelassen, damit er euch im Jenseits verfluche, wenn ihr nicht dadurch Teil an seiner Bestattung nehmt, daß ihr ihm die noch fehlende Erde gebt. Eure Beleidigungen habe ich behalten, ich nehme sie mit mir; aber sobald ihr nach Mekka kommt, rechne ich dort mit euch ab. Es bleibt euch keines eurer Worte geschenkt. Allah verfluche euch!"

Da sprang Halef auf, riß die Peitsche heraus, sprang dem Mekkaner nach und zog ihm zwei oder drei so kräftige Hiebe über, daß der Getroffene vor Schmerz brüllte. Er hatte bei der außerordentlichen Behendigkeit des Hadschi keine Zeit gefunden, sich schnell davonzumachen. Der rief ihm noch zu:

„Hund, Hundsgroßvater und Urhundsenkel! Da hast du einen Teil der Abrechnung schon heut mit! Den Rest werde ich dir in Mekka ehrlich zahlen. Mach dich gefaßt! Was ich verspreche, halte ich gewiß."

Es klangen noch einige Flüche zu uns her; dann war der „Liebling des Großscherif" mit seinen Leuten verschwunden.

2. *Der blinde Münedschi*

Die Haddedihn tauschten sehr lebhaft ihre Meinung über unsere Begegnung mit den Mekkanern aus. Halef beteiligte sich daran; ich war still. Als ihm das nach längerer Zeit auffiel, fragte er mich nach dem Grund meines Schweigens. Ich mußte die Antwort für später aufheben; mein Schweigen sollte eine Strafe für ihn sein, ich wußte, wie empfindlich er dafür war. In Gegenwart seiner Frau und seines Sohnes konnte ich ihm doch nicht sagen, daß er zwei unverzeihliche Fehler begangen hatte. Er hätte den Mekkanern unsere Namen nicht sagen und dann zuletzt El Ghâni nicht schlagen dürfen; denn wenn dieser wirklich ein angesehener Bürger der heiligen Stadt war und in persönlicher Beziehung zu dem Großscherif stand, so konnte er uns beträchtliche Ungelegenheiten bereiten, zumal ich ja nicht Mohammedaner und darum auf die größte Vorsicht angewiesen war.

Das Wort Scherif bedeutet soviel wie edel, adlig, erhaben. Unter einem Scherif versteht man einen unmittelbaren Abkömmling Mohammeds durch dessen Tochter Fatima, die die Frau Alis war. Den Scherifs steht es allein zu, einen grünen Turban und ein grünes Oberkleid zu tragen. Die kleinste Beleidigung eines solchen Edlen wird sehr streng geahnet. Die Scherifwürde überträgt sich sowohl durch männliche wie auch weibliche Personen. Man hat, besonders in Persien, mehrere Zweige der Aschrâf, so die Aliiden, Fatimiden, Dschafariden; doch gibt es auch Familien, die sich als scherîf bezeichnen, es aber nicht sind; dies kommt vor, obwohl in fast jeder

1 Mehrzahl von Scherif

mohammedanischen Stadt von besonderen Beamten, die Nakîb el Aschrâf heißen, Listen über die zu diesem Titel berechtigten Familien und Personen geführt werden. Diese Listen werden alljährlich mit der großen Pilgerkarawane nach Mekka gebracht und dem dortigen Großscherîf zur Ansicht und Bestätigung vorgelegt. Er ist der Stammfürst für sämtliche Nachkommen des Propheten, der Statthalter von Mekka, oberster Hüter der Kaaba und sämtlicher Heiligtümer und bekommt jährlich vom Sultan reiche Geschenke geschickt. Das Scherîfat ist eigentlich nur eine geistliche Auszeichnung oder Würde, und ein Scherîf soll durch seine Abstammung von Mohammed nicht weltliche Vorteile genießen, aber in der mohammedanischen Welt herrschen in jeder Beziehung die geistlichen Verhältnisse vor, und so glauben auch die Aschrâf das Recht zu haben, in Beziehung auf die materiellen Güter ebenso wie in geistlicher Hinsicht den Nichtabkömmlingen des Propheten weit voranzustehen. Diesen Standpunkt nimmt besonders der Großscherîf, der Scherîf el Aschrâf[1] ein. Er dünkt sich, nicht niedriger zu stehen als der Sultan, der doch der Kalif, also der Oberhirte und Beherrscher aller Gläubigen ist. Die Geschichte hat schon wiederholt Beispiele davon gebracht, daß der Herr der Kaaba gar wohl imstande ist, dem Padischah die Faust zu zeigen, zumal der Weg von Stambul nach Mekka weit ist und es also seine Schwierigkeiten hat, die Zügel zwischen dort und hier so straff zu halten, wie es eigentlich geschehen sollte. Den Millionen mohammedanischer Pilger, die nach Mekka und Medina kommen, erscheint der Großscherîf näher als der von den Heiligtümern so ferne Sultan, und so ist dies nicht zu verwundern, daß sie glauben, mehr unter dem Einfluß des ersteren als des letzteren zu stehen.

Dies also ist über den Großscherîf zu sagen, dessen Liebling sich El Ghâni genannt hatte. Obwohl ich nun

1 Scherif der Scherifs

annahm, daß diese Bezeichnung auch in der bekannten orientalischen Übertreibung gebraucht worden war, so mußte etwas Wahres doch daran sein. Er stand in irgendeiner Beziehung zu dem Beherrscher der Orte, die ich besuchen wollte, und konnte mir bei jeder Gelegenheit Fallstricke legen, denen trotz aller Vorsicht und allen Mutes nicht zu entgehen war. Und das hatte ich dann der Unüberlegtheit Halefs zu verdanken, dessen heißgeliebte Peitsche in Bewegung gesetzt worden war, obgleich der grüne Turban, den El Ghâni trug, bewiesen hatte, daß er auch zu den Abkömmlingen Mohammeds gehörte, deren Beleidigung zehnfach gefährlicher als jede andere ist. Mit der sehr kräftigen, aber doch bloß wörtlichen Zurückweisung der Anmaßung des Mekkaners durch den Hadschi war ich vollständig einverstanden gewesen, weil dies kein herausfordernder Angriff, sondern eine berechtigte Abwehr gewesen war; aber Prügel, mit der Peitsche, einem Araber, der die Würde eines Scherîf begleitet, das war eine Übereilung, die ich unmöglich gutheißen konnte. Ich nahm daher die Gelegenheit wahr, dem Hadschi zu folgen, als er vor dem Schlafengehen noch einmal nach seinem Pferd sah. Da waren wir allein. Mein ununterbrochenes Schweigen hatte die beabsichtigte Wirkung nicht verfehlt. Er empfing mich mit den Worten:

„Du bist zornig auf mich, Sihdi, weil ich diesem hochmütigen Menschen meine Kurbâtsch[1] zu schmecken gegeben habe; aber er hatte es verdient."

„Die Klugheit verbietet häufig, den Menschen nach dieser Art von Verdienst zu behandeln. Du hättest schon unsere Namen nicht sagen dürfen; es war auf alle Fälle besser, wenn er über uns im unklaren blieb. Aber du mußt jedem unbekannten Menschen gleich sagen, was für ein berühmter Kerl du bist."

„Bin ich das etwa nicht?"

1 Peitsche

„Nein!"

„Aber du?"

„Auch nicht. Wir sind in gewissen Gegenden bekannt; das ist alles. Wir beide brauchen uns nichts einzubilden; es gibt über Tausende von Menschen, die ganz andere Kerls sind als du und ich. Du aber denkst, ein Scheik der Haddedihn und ein hier im Orient herumkrabbelnder abendländischer Dudet el Kutub[1] seien die hervorragendsten und gewaltigsten aller Erdenbewohner, weil sie einmal einen Löwen geschossen haben oder vor einigen Kurden nicht gleich ausgerissen sind. Für so hochwichtige Leute darfst du uns denn doch nicht halten. Ich sage dir, wenn eine ganze Million Menschen unserer Sorte plötzlich stürbe, die Weltgeschichte würde ihren Gang ruhig weitergehen."

„Das glaube ich nicht, Sihdi."

„Es ist aber so."

„Nein, denn meine Haddedihn gehören doch auch zur Weltgeschichte, und wenn ich jetzt plötzlich stürbe, so würde die Haddedihnsche Abteilung der Geographie und Geschichte in die bittersten Tränen ausbrechen und sehr traurig werden. Und was soll aus dem Stamm der deutschen Beduinen werden, wenn du hier stirbst und nicht zu ihnen wiederkehrst? Zunächst würde in deinem Harem sich ein großes Weinen und Klagen erheben, und von deinem Frauenzelt aus würde sich dann eine niemals versiegende Flut der Tränen ergießen über alle Berge, Täler und Ebenen deines Vaterlandes. Die Palmen eurer Oasen würden eingehen vor Schmerz und die Herden der Kamele hinsinken durch die Seuche unheilbarer Traurigkeit. Es würde ein unendlicher Jammer ausbrechen — — — —"

„Sei still!" unterbrach ich ihn. „Meine Emmeh würde trauern und mir sehr bald nachfolgen; davon bin ich überzeugt; sonst aber dürfte deine niemals versiegende

1 Bücherwurm

Tränenflut nur deine Phantasie überschwemmen. Wir sind nichts Besseres als andere und haben keine Ursache zu solchen Posaunentönen, wie du immer erschallen lässest, wenn von dir und mir die Rede ist. Hörst du wohl, ich sage ‚dir und mir'. Weißt du, was ich meine?"

„Nein."

„So oft ich von uns beiden spreche, bin ich so höflich, dich zuerst zu nennen. Du aber sagst stets ‚mir und dir' oder ‚mich und dich', stellst also immer dich voran. Das habe ich jahrelang beobachtet und niemals eine Ausnahme bemerkt."

„Sihdi, davon weiß ich ja gar nichts."

„Das ist es eben. Wenn ich mit dir von uns beiden spreche, so denke ich nicht nur an die dir schuldige Höflichkeit, sondern auch an meine Freundschaft und Liebe zu dir, die mich bestimmen, dich stets voranzusetzen. Du aber denkst nicht daran, und weil du dich für einen ungeheuer bedeutenden Menschen hältst, bringst du dein liebes Ich ohne alle Ausnahme stets zuerst."

„Das möchte ich aber doch kaum glauben."

„Ich könnte es dir beweisen, wenn auch nur mittelbar."

„Wodurch?"

„Du weißt, daß ich in meinen Büchern auch unsere Reisen und Erlebnisse beschreibe. Du hast mich gebeten, dich genauso zu schildern, wie du bist. Das habe ich getan, und nun kann jeder, der ein solches Buch in die Hand bekommt, sich überzeugen, daß du mich immer hinter dich stellst."

Da faßte er mich erschrocken am Arm und fragte hastig: „Du, Sihdi, steht das wirklich in den Büchern?"

„Ja."

„Sei barmherzig und sag, daß es nicht so ist!"

„Das kann ich nicht, denn es ist wirklich so."

„Allah kerîm! So sei Allah mir gnädig! Was müssen diese Leute von mir denken? Für was müssen sie mich halten, den Scheik der Haddedihn vom großen Stamm der Schammar? Mein Mich ist stets vor deinem Dich zu finden, ohne daß ich deinem Dir vor meinem Mir den Vortritt lasse! Mein ganzer Ruhm ist hin! Man wird mein Ich für ungeheuer rücksichtslos halten und mit Recht der unverzeihlichen Zurückstellung deines Dir mit vollstem Recht gehörenden Du beschuldigen. Die Ehre meiner bescheidenen Unterwürfigkeit ist hingeschwunden und der Glanz meiner schönen Umgangsform in Finsternis verwandelt. O Sihdi, warum hast du das mir, deinem treuen Halef, angetan?"

„Du hast es so gewollt. Ich sollte dich nicht anders beschreiben, als du bist."

„Das ist wohl wahr; aber als ich diesen Wunsch aussprach, war mir das Mich und Dich unbekannt. Nun ist dein Hadschi Halef im ganzen Abendland ein anrüchiger Mensch geworden, und all mein einstiger guter Ruf hat sich in Schimpf und Schmach verkehrt. Ich bin eine verdorbene Wassermelone, ein fauler Apfel, eine wurmstichige Buchecker geworden, den kein Sindschâb[1] verzehren mag. Sei gütig gegen mich, Sihdi, und sag, ob das nicht noch zu ändern ist!"

„Was einmal im Buch steht, kann leider nicht daraus entfernt werden."

„Aber wie da, wenn du ein neues schreibst?"

„Da will ich dir gern deinen Wunsch erfüllen und zeigen, daß du dich geändert hast. Nur muß diese Änderung auch Wahrheit sein."

„Sie wird es sein; das verspreche ich dir. Da du mein Freund bist, muß es doch wohl mich und dich betrüben, wenn — — —"

„Halt!" unterbrach ich ihn. „Da eben hast du wieder ‚mich und dich' vorangestellt."

„Sihdi, glaube mir, ich wollte hinterherkommen, bin mir aber in der Eile so verkehrt aus dem Mund gefahren,

1 Eichhörnchen

daß du keinen Platz gefunden hast, vor mir zu erscheinen. Ich bitte dich, mich stets zu erinnern, wenn du den Vorrang nicht bekommst, der dir gebührt. Also diese Zurücksetzung des Dich hat mich bei dir um meinen Ruhm gebracht?“

„Nicht um deinen Ruhm gebracht; ich habe nur sagen wollen, wie bezeichnend sie für dich und deine Art und Weise ist. Das war die Bestrafung deiner Unüberlegtheit im Verhalten zu El Ghâni. Deine Peitsche heute kann uns sehr viel, sogar das Leben kosten. Er ist Araber, also rachsüchtig, und sodann gar Scherîf. Hast du denn die grüne Farbe seines Turbans nicht beachtet?“

„Sihdi, es wurde mir vor Zorn so grün vor den Augen, daß die Farbe des Turbans sich nicht eigens unterscheiden ließ. Ich hoffe doch, daß du, wenn du unser Zusammentreffen mit den Mekkanern beschriebst, mich und die Kurbâtsch nicht mit erwähnst?“

„Hm! Diesen Gefallen möchte ich dir wohl gerne tun, glaube aber, daß es mir nicht möglich sein wird.“

„Warum nicht?“

„Weil sich wahrscheinlich die Folgen deiner schnellen Handlungsweise einstellen werden, und wenn ich von diesen erzähle, muß ich auch die Ursache, deine Peitsche, erwähnen.“

„Das tut mir sehr leid. Du kannst dir doch denken, daß ich nicht gern als ein Mensch beschrieben sein will, der Dummheiten macht.“

„So hüte dich, solche zu begehen!“

„Das mir zu sagen, ist wohl leicht; aber wenn es mir in der Zunge oder in den Gliedern zuckt, so springt die Katze heraus, ehe ich sie festhalten kann. Es ist mir aber ein gutes Mittel der Bedachtsamkeit eingefallen, vorhin, als du die Bücher erwähntest. Ich habe mir vorgenommen, in diesen Büchern von jetzt an als leuchtendes Vorbild reiflicher Überlegung und ernster Behutsamkeit zu glänzen; ich werde keinen Finger mehr eher bewegen, als bis ich mir genau berechnet habe, welcher von den zehn es sein muß. Dabei aber mußt du mich als Freund unterstützen, indem du mich sofort an die Bücher, die du noch schreiben willst, erinnerst, falls ich mich in Gefahr befinde, etwas zu sagen oder zu tun, was ich verschweigen oder unterlassen soll."

„Da bin ich einverstanden."

„Aber das braucht keiner, der dabeisteht, zu bemerken. Darum mußt du vermeiden, mir eine lange Rede zu halten, Sihdi, Sage einfach ‚Kutub'[1], so weiß ich, was du meinst, ohne daß ein anderer es erfährt. Dieses Wort wird mich im größten Zorn beruhigen, indem es meinen Grimm mit Sanftmut übergießt, es wird mich in jeder Aufregung zur Besinnung dessen bringen, daß der Teil der Weltgeschichte, der von mir, von meinen Worten und Werken handeln wird, nichts enthalten darf, wodurch der Glanz meines Ruhmes verdunkelt werden könnte. Also nur dieses eine Wort ‚Kutub' brauchst du zu sagen, wenn du den wütenden Löwen, der ich zuweilen bin, schnell in ein stilles geduldiges Lamm verwandeln willst. Dafür bin ich aber auch überzeugt, zur Besänftigung deines Zornes nun alles getan zu haben, was du von mir verlangen kannst, und bitte dich, den überflüssigen Schwung, den ich mit meiner Peitsche gegeben habe, nicht wieder zu erwähnen."

Mit diesen Worten war für ihn die Sache abgemacht, für mich freilich noch nicht, denn ich war überzeugt, daß die Folgen nicht auf sich warten lassen würden.

Jetzt war es Zeit, uns schlafen zu legen; ich sah also noch einmal nach dem Hedschîn, das ich während dieser Reise ritt, und rief dann meinen Hengst Assil zu mir, denn er war jetzt genauso mein Schlafkamerad, wie sein Vater Rih es früher gewesen war. Sein Hals diente mir als Kopfkissen, und vor dem Einschlafen sagte ich ihm die für ihn bestimmte Sure an das Ohr. Dann wurde

1 „Bücher"

es rundum still. Außer dem einen Haddedihn, auf den die Wache gefallen war, hatten sie alle sich zur Ruhe gelegt. Später wurden wir durch einen Schuß aus dem Schlaf geschreckt; die Geier hatten sich zu nahe an den Toten gewagt und waren von dem Wächter vertrieben worden. Als ich später wieder aufwachte, war es um die Zeit des Fadschr, des Gebetes um die Zeit der Morgenröte. Die meisten der Haddedihn waren schon munter. Hanneh hatte das Feuer wieder angezündet, um den Morgenkaffee zu kochen, zu dem die gestern übriggebliebenen Brotkuchen verzehrt werden sollten.

Hierbei will ich bemerken, daß der Beduine äußerst mäßig lebt und nur bei festlichen Schmausereien von dieser Regel eine Ausnahme macht. Der Fremde, der sich den gleichen Anstrengungen wie der Einheimische unterwerfen will, muß sich auch der gleichen Mäßigkeit befleißigen, wenn er nicht von Krankheiten schnell dahingerafft sein will. Ich gedenke da noch heute mit großem Vergnügen eines Zusammentreffens mit einem Wüstenreisenden, dessen Werke nicht unbekannt sind. Er erzählte mir mit sichtlicher Befriedigung, daß er „in der Wüste" stündlich mehrere Glas Wasser getrunken habe. Er reiste mit vierzehn Zelten. Sobald diese aufgeschlagen waren, nahm er ein Frühstück zu sich, das aus einer Flasche Wein, Sardinen, kalter Zunge und Biskuit bestand. Zu Mittag aß er eine Hühnersuppe mit Ochsenschwanz- oder Schildkrötenkonserven; hierauf folgten Schafs- oder Lammbraten, eine Eier- oder Reisspeise, Biskuit nebst Wein und Kaffee. Dieser Herr versicherte mir im Ton stolzer Genugtuung, daß er „in der Wüste" niemals einen Beduinen besucht habe, ohne Handschuhe anzuziehen. Und das, was er mir erzählte, hat er auch geschrieben und durch den Druck veröffentlicht. Wenn es Europäer gibt, die in südlichen Ländern in dieser ausgiebigen Weise für das Wohlbefinden ihres Körpers sorgen, so ist es kein Wunder, wenn die durch diese

Völlerei erzeugten überschüssigen Säfte sich auf dem nicht ganz ungewöhnlichen Weg des Tropenkollers Luft machen. Ich habe stets genau in gleicher Weise wie die Eingeborenen gelebt und bin nie der Ansicht gewesen, daß ich mich durch den Genuß von Extraspeisen und Delikatessen vor ihnen auszeichnen müsse. Was sie aßen, das aß auch ich, und da ich diesen Grundsatz auch in jeder anderen Beziehung verfolgte, so bin ich mit ihnen, auch ohne Tropenkoller, sehr gut ausgekommen.

Als wir den Morgenkaffee zu uns genommen hatten, durften wir an unseren Aufbruch denken. Vorher aber mußten wir die Leiche des Münedschi vollends mit Sand bedecken, wenn wir uns nicht einer unverzeihlichen religiösen Unterlassungssünde schuldig machen wollten. Es wurden einige Haddedihn damit beauftragt, denen Halef befahl, es nicht bloß bei dem einfachen Zudecken zu lassen, sondern einen hohen, festen Grabhügel aufzubauen, damit die Wüstentiere nicht zu der Leiche könnten. Meiner alten Gewohnheit folgend, mich womöglich um alles selbst mit zu bekümmern, ging ich mit diesen Leuten zu der Stelle, wo die Mekkaner ihren Toten liegen gelassen hatten; Halef war auch dabei.

Der Körper der Leiche war im Sand eingegraben, der Kopf noch nicht; das Gesicht hatte man mit einem Zipfel des Gewandes bedeckt. Ich schlug diesen Zipfel zurück.

„Allah, Allah!" sagte Halef. „Welcher Ausdruck der Ehrwürdigkeit! So wie diesen Mann habe ich mir die Propheten vergangener Jahrhunderte vorgestellt."

Er hatte recht; es ging mir genauso wie ihm. Ich hatte wohl noch selten ein so schönes, ehrfurchtgebietendes Greisenangesicht gesehen.

„Er hat das Aussehen eines Schlafenden", fuhr Halef fort, „der von Allahs Himmel träumt. Sieh, wie er selig lächelt."

Es ist nach meinen Erfahrungen mit diesem sogenannten „seligen Lächeln" der Verstorbenen eine eigene Sache, denn ich habe es am ergreifendsten bei Personen gefunden, deren Ende gewaltsam gewesen war.

Während ich die Züge des Münedschi betrachtete, fiel mir die Färbung des Gesichtes auf; sie war blaß und totenähnlich, dabei aber von einem so eigentümlichen Ton, daß ich aufmerksam wurde. Ich legte die Hand an seine Wange und fühlte, daß sie kalt war. Ich entfernte den Sand von den Armen und Händen. Sie hatten gleichfalls die Kälte des Todes. Nach der Trübung der Augen sah ich nicht, da ich ja gehört hatte, daß der Münedschi blind gewesen war. Leichengeruch gab es nicht, doch war die Todesstarre vorhanden, die aber ebenso wie die Kälte und Veränderung der Hornhaut des Auges kein unzweifelhafter Beweis des wirklich eingetretenen Todes ist. Ich forderte einige Haddedihn, die bei uns standen, auf, den Mekkaner ganz vom Sand frei zu machen.

„Warum das?" fragte Halef überrascht.

„Ich habe das Gefühl, als läge auf dem Gesicht noch ein leiser Lebenshauch, der nur auf Ohnmacht schließen läßt."

„Nur ohnmächtig? Also scheintot? Sihdi, wir haben schon viel erlebt, was kein anderer erleben wird, aber einen Scheintoten wieder lebendig zu machen, dazu haben wir doch noch keine Gelegenheit gehabt. Was für ein großer Ruhm wäre es für uns, wenn wir sagen könnten, daß sogar die Macht des Todes nicht vor uns standhalten könne."

„Nur langsam, nicht wieder so vorschnell, lieber Halef! Ich habe noch nicht behauptet, daß es sich hier nur um Scheintod handle. Ich täusche mich jedenfalls, halte es aber doch für meine Pflicht, diesen Mann nicht eher vollends zu begraben, als bis ich mich überzeugt habe, daß der Tod wirklich eingetreten ist."

„Wie kannst du zu dieser Überzeugung gelangen?"

„Indem ich seine Atmung und den Puls untersuche."

„Die Atmung? Er holt keinen Atem mehr, das muß jeder erkennen."

„Das Atmen eines Scheintoten geht so leise vor sich, daß es nur bei der größten Aufmerksamkeit zu bemerken ist. Wollen sehen!"

Die Haddedihn hatten den Sand entfernt und den Körper neben die Grube gelegt. Ich kniete bei ihm nieder, schlug die Kleidung von der Brust zurück und hielt die Augen auf den Brustkorb gerichtet. Halef ließ sich zu gleichem Zweck neben mir nieder. Alle anderen Haddedihn waren nun auch herbeigekommen und standen in höchster Spannung im Kreis um uns. Noch war kaum eine Minute vergangen, so rief Halef:

„Jetzt hat er Atem geholt! Hast du es gesehen, Sihdi?"

Auch mir war es so gewesen, als ob eine ganz leise und sehr flache Bewegung des Brustkorbs stattgefunden hätte. Ich ließ mir ein Stück Leder geben, rollte es zum Rohr zusammen und setzte es, die Haddedihn zum Schweigen auffordernd, dem Mekkaner auf das Herz. Es verging wohl über eine Minute, da glaubte ich, ein Geräusch gehört zu haben, sagte aber nichts; dann hörte ich es wieder. Es waren die Diastolgeräusche, die zweiten kürzeren und helleren Herztöne, die ich bemerkt hatte; die ersten Herztöne sind zwar stärker und länger, aber dumpfer und an Scheintoten nie zu hören. Jetzt war ich meiner Sache sicher. Ich sprang auf.

„Halef, dein Wunsch ist erfüllt, dieser Mann lebt, er ist nur scheintot, und mit Gottes Hilfe wird es uns gelingen, seine Seele zurückzurufen."

„Hamdulillah! Wir werden den Tod überwinden und dem Leben befehlen, wieder dahin zurückzukehren, wohin es rechtmäßigerweise gehört! Aber da ich nicht weiß, wie das zu machen ist, so fordere ich dich auf, Sihdi, uns zu sagen, wie es geschehen soll!"

„Das wird durch den Tanaffus maßnû[1] geschehen.

1 Künstliches Atmen

Wir dürfen keinen Augenblick verlieren, wenn wir mit unserer Hilfe nicht zu spät kommen wollen. Ich werde dir zeigen, was du zu tun hast.“

Der Oberkörper des Mekkaners wurde entkleidet und, etwas erhöht, auf den Rücken gelegt. Ich zog seine Arme in regelmäßigen Zwischenräumen vom Brustkorb ab, langsam im Bogen über den Kopf und drückte sie ihm dann wieder an den Körper. Halef mußte in den gleichen Abständen ihm den Unterleib nach oben drücken, wodurch eine regelmäßige Erweiterung und Verengerung des Brustkorbs entstand, durch die die Lunge gezwungen wurde, abwechselnd Luft aufzunehmen und wieder abzugeben. Ich hatte ihm vorher die Zunge so weit vorgezogen, daß ein Haddedihn sie festhalten konnte, weil durch sie sonst der Atmungsweg verschlossen worden wäre. Während wir in dieser Weise beschäftigt waren, wurde der Körper des Münedschi, auch an den Beinen, von noch zwei Haddedihn unausgesetzt stark gerieben.

Es braucht wohl kaum gesagt zu werden, daß der kleine, gesprächige Hadschi sich während dieser Arbeit fortwährend in Bemerkungen erging, die nicht zur Sache gehörten, von mir aber nicht zurückgewiesen wurden, weil das auf seinen Eifer abkühlend gewirkt hätte. Der mußte im Gegenteil erhalten werden, denn unsere Bemühungen schienen lange Zeit ohne allen Erfolg zu sein.

Es war wohl schon eine Stunde vergangen, und ich wurde von der einförmigen Bewegung erschöpft. Eben wollte ich mich für einige Zeit ablösen lassen, als ich bemerkte, daß der Scheintote Farbe bekam; da war nun freilich von Ermüdung keine Rede mehr. Schon nach kurzem holte er selbständig Atem und öffnete die Augen.

Ich habe viele Reimereien gelesen, in denen von herrlichen blauen oder gar himmelblauen Augen die Rede ist, aber noch nie ein himmelblaues Augenpaar gesehen. Ich behaupte darum, daß es gar kein rein blaues Auge gibt. Hat es aber jemals wirkliche himmelblaue Augen gegeben, so sind es die des Münedschi gewesen, die sich jetzt mit einem unbeschreiblichen Ausdruck voll auf den Hadschi richteten. Das war ein mir völlig unbekannter Glanz, ein Blick, der aus dem Jenseits zu kommen schien.

„Sihdi, er ist wach! Er atmet und schaut mich an", rief Halef überglücklich.

„Durst!" hauchte der Kranke.

Es wurde Wasser gebracht; wir setzten ihn aufrecht und flößten es ihm vorsichtig und tropfenweise ein. Durch diese regelmäßigen Schlingbewegungen wurde sein noch schwaches Atmen unterstützt. Es besserte sich.

„Danke!" sagte er, als der ärgste Durst gelöscht zu sein schien. Dann sank er um, schloß die Augen wieder und schlief ein, wodurch aber das Atemholen nicht gestört wurde. Die Züge wurden im Gegenteil immer kräftiger.

„Hast du seine Augen gesehen, Sihdi?" fragte mich Halef.

„Ja", erwiderte ich.

„Und dich über sie gewundert?"

„Nein. Diese Augenfarbe hat nicht bloß der Norden. Ich habe sie sogar im Süden der Sahara an ganz dunkelgefärbten Leuten bemerkt."

„Das ist es nicht, was ich meine. El Ghâni hat doch behauptet, daß El Münedschi blind sei, das halte ich aber, seit ich diese Augen gesehen habe, für eine Lüge."

„Auch ich neige mich dieser Ansicht zu, doch ist es nicht unmöglich, daß wir uns täuschen. Warten wir es ab!"

„Aber was tun wir nun? Wir müssen doch aufbrechen, und er schläft."

„Wir dürfen ihn jetzt nicht stören, werden also bleiben, bis er erwacht."

„Und dann?"

„Dann werden wir ja mit ihm sprechen und also erfahren, was er zu tun beschließen wird."

„Gut, warten wir also! Es zwingt uns nichts zur Eile, und so können wir, während er im Schlaf neue Kräfte sammelt, uns über die Kijâme[1] freuen, durch die wir seine abgeschiedene Seele aus dem Land des Todes zurückgerufen haben. Hast du schon einmal von einer solchen Kijâme gehört, Sihdi?"

„Ja. Ich habe sogar eine Auferstandene sehr gut gekannt und außerordentlich lieb gehabt; ich liebe sie noch heute, obwohl sie nun nicht mehr zu den Irdischen gehört."

„Wer ist das gewesen?"

„Meine Großmutter, die Mutter meines Vaters, die der irdische Engel meiner Kindheit gewesen ist und jetzt sicher bei den Engeln weilt. Sie war, gerade wie auch meine Mutter, so reich an Liebe, daß ich noch heute von diesem Überfluß lebe; es ist das der größte Reichtum, den es gibt, mein lieber Halef. Die Verletzung eines Nervs war schuld, daß sie in Starrkrampf fiel und für tot gehalten wurde. Man bettete sie in den Sarg, und erst kurz vor dem Begräbnis, als die Leidtragenden den letzten Abschied von ihr genommen hatten, wurde entdeckt, daß sie noch lebte."

„Durch einen Zufall?"

„Halef, du weißt, daß es für mich keinen Zufall gibt. Wenn die allmächtige Weisheit Gottes Ursachen und Wirkungen miteinander verknüpft, deren Verbindung das schwache Auge des Menschen nicht zu erkennen vermag, so wird zur Erklärung das mir so unleidliche Wort Zufall hervorgesucht. Es ist das eine Kantara el humâr[2], über die sogar kluge Leute reiten."

„Lebtest du damals schon, als deine Großmutter scheintot war?"

„Nein. Sie ist zu jener Zeit noch jung gewesen, hat aber bis in ihr hohes Alter oft von der entsetzlichen Angst gesprochen, die ihr durch den Gedanken, durch

[1] Auferstehung [2] Eselsbrücke

die Vorstellung, lebendig begraben zu werden, verursacht worden war."

„Hat sie denn diese Angst empfunden? Ich habe nämlich gehört, daß der Scheintote nichts von sich weiß, weil seine Seele den Körper verlassen hat und außerhalb desselben wandelt."

„Die Gelehrten behaupten allerdings, daß beim wirklichen Scheintod das Bewußtsein und die Empfänglichkeit der Sinne vollständig erloschen sei. Das ist bei meiner Großmutter zwei Tage lang der Fall gewesen; als ihr dann am dritten Tag die Besinnung zurückkehrte, hat sie sich im Sarg liegend gefunden. Doch hat sie das nur aus den Reden der um sie Stehenden schließen, nicht aber sehen oder fühlen können, weil es ihr unmöglich war, die Augen zu öffnen oder überhaupt mit irgendeinem Glied die geringste Bewegung zu machen. Sie fand später keine Worte, die entsetzliche Angst, die Verzweiflung zu beschreiben, mit der sie sich angestrengt hatte, ein Lebenszeichen zu geben, aber ihr Wille, die ganze Summe ihrer geistigen Spannkraft war ohne Einfluß auf den Körper gewesen. Da hatte sie eingesehen, daß ihre einzige Rettung nur noch im Gebet liege. Sie war eine sehr fromme Frau, und du kannst dir denken, daß sie nie so inbrünstig gebetet hat wie damals vor der dunklen Pforte des Grabes, in das sie bei vollem Bewußtsein gebettet werden sollte. Unsere Heilige Schrift sagt: ‚Das Gebet des Gerechten vermag viel, wenn es ernstlich ist.' An diesem Ernst hat es bei Großmutter nicht gefehlt, und so sind diese Bibelworte auch ihr zur Wahrheit geworden. Als ein Kind zum Abschied ihre Hand faßte, hat sie endlich die Finger bewegen und den Druck erwidern können. Das Kind hat vor Schreck laut aufgeschrien und zitternd die Mitteilung gemacht, daß die Tote ‚noch nicht ganz gestorben, sondern in der Hand noch lebendig sei', worauf man sich von der Wahrheit dieser Behauptung überzeugte und um den Arzt schickte, unter dessen Behandlung die Kranke langsam wiederhergestellt wurde."

Hanneh hatte vorhin ihr Zelt verlassen und sich uns zugesellt. Sie verfolgte das, was ich erzählte, mit großer Aufmerksamkeit und fiel jetzt mit der Frage ein:

„Du bist der Ansicht, Sihdi, daß die Seele der Mutter deines Vaters ihren Körper verlassen hatte?"

„Ja", erwiderte ich.

„Das ist mir von großer Wichtigkeit! Aus dem, was du erzähltest, folgt, daß deine Großmutter eine Seele gehabt hat?"

„Allerdings."

„Glaubst du, daß sie die einzige Frau auf Erden war, der Allah eine Seele gab?"

„Nein, denn jedes Weib erhält dies Gottesgeschenk."

„Und der Islam lehrt, das Weib besitze keine Seele und könne also auch nicht teilnehmen an den ewigen Freuden des Paradieses. Der Islam sagt, das Weib sei nur zu dem Zweck geschaffen, mit ihrem Körper Dienerin des Mannes zu sein, und darum habe mit dem Tod dieses Körpers für sie alles Leben aufgehört. Ich habe mit dir, Effendi, in jener Nacht hinter den Zelten über diesen beleidigenden Mißglauben gesprochen. Du erfülltest mein Herz mit Beruhigung, indem du mir die Überzeugung gabst, daß wir Frauen auch eine Seele besitzen und also ebenso wie ihr zur Seligkeit berufen sind. Meine damalige heiße Bitte hast du erhört und auch Halef, den Begründer meines irdischen Glückes, zum Glauben an diese meine unsterbliche Seele gebracht. Heute, wo du von der Seele deiner Großmutter erzählst, muß auch bei all den Männern, die deine Worte gehört haben, der letzte Zweifel an unsere Unsterblichkeit schwinden. Ich möchte nun noch eins wissen. Wenn die Seele deiner Großmutter damals ihren Körper verlassen hat, so muß sie während der Zeit bis zu ihrer Wiederkehr an einem anderen Ort gewesen sein. Weißt du, wo?"

„Nein."

„Hast du sie nicht gefragt?"

„Als Kind nie, weil mir die dazu nötige Einsicht fehlte. Später begann ich nach den Geheimnissen des Glaubens zu forschen, die es für den, der wirklich glaubt, gar nicht gibt, weil die Erleuchtung die erstgeborene Tochter des wahren Glaubens ist; da erkundigte ich mich allerdings sehr oft und angelegentlich bei ihr, ob die zwischen dem Schwinden und der Wiederkehr ihres Bewußtseins liegende Lücke nicht vielleicht durch irgendeine wenigstens später erwachte Erinnerung auszufüllen sei. Sie wußte aber nichts."

„Das kann ich nicht begreifen. Nach dem, was ich von dir über die Menschenseele gehört habe, kann in ihrem Leben und in ihrem Bewußtsein niemals eine Pause eintreten."

„Pause? Das ist das richtige Wort. Du gibst mir da das Gleichnis in die Hand, das dir, obgleich es nicht ganz treffend ist, doch wenigstens einigermaßen die Erklärung bringt. Du wirst mich verstehen, weil du die 'Ud[1] zu spielen verstehst. Es waren während der Abwesenheit der Seele im Gehirn der Scheintoten Pausen entstanden, leere, unempfindlich gewordene Stellen, die sich auch später unempfänglich für die Töne der Erinnerung zeigten. Aber wenn sie sich auch nicht klar entsinnen konnte, ein nach rückwärts gerichtetes heiliges Ahnen, das fromme Gefühl eines gehabten, seligen Schauens war geblieben, und infolgedessen sah ich die größte Hoffnung ihres Erdenlebens, das ein Leben in Armut und in Sorge war, auf das einstige Wiedererwachen der Herrlichkeit gerichtet, das ihr schwaches, irdisches Gedächtnis nicht hatte festhalten können. Sie lebte bis zu ihrem Tod ein doppeltes Leben, indem sie in aufopfernder Treue und Selbstentsagung für die Ihren arbeitete und jeden von dieser Arbeit freien Augenblick dem Trachten nach der himm-

1 Gitarreähnliches Saiteninstrument

lischen Klarheit widmete. Die ist ihr, wie ich überzeugt bin, nun schon längst geworden."

„Wie fest du glaubst, Sihdi!" meinte Hanneh, indem sie in tiefer Rührung die Hände faltend ineinanderlegte. „Es gibt wohl nichts, was dich in diesem Glauben irremachen könnte?"

„Nichts! Ich habe mit allen möglichen Unholden des äußeren und des Seelenlebens um ihn gerungen und bin auch jetzt noch in jedem Augenblick bereit, für ihn zu kämpfen und mein Leben einzusetzen. Glaube mir, die in Menschengestalt sichtbaren Feinde sind nicht die stärksten und die schlimmsten Gegner dieser meiner seligmachenden Glaubenszuversicht; die heißesten Kämpfe werden vielmehr im Innern ausgefochten, wo der Einfluß dunkler Mächte größer ist als im sichtbaren Leben, das nur die Wirkungen dieses Einflusses zeigen kann. Wohl dir, meine liebe Hanneh, wenn deine Engel die Hände über dich breiten, um solche Mächte und solche Kämpfe von dir fernzuhalten! Nicht jeder besitzt die Überzeugungskraft, die erforderlich ist, siegreich aus ihnen hervorzugehen."

Da lächelte sie mich herzig an und sagte:

„Sihdi, warum sollte ich kämpfen, also etwas so Schweres tun, was ich gar nicht nötig habe? Du hast mir deinen herrlichen Glauben gebracht und ihn in mein Herz gelegt. Was du mir gibst, ist gut. Da liegt er nun wie eine Sonne, die mich und mein Leben hell erleuchtet und erwärmt, und wo es eine solche Sonne gibt, da können finstere Mächte doch nicht sein. Wir haben jetzt hier eine irdische Kijâme erlebt, die Auferstehung eines Leibes von den Toten, du aber hast mir durch deinen Glauben schon längst eine herrlichere Kijâme gebracht, eine Auferstehung der Seele von dem Tod, ein Hervorsteigen aus dem Grab des Irrtums, in dem es für mich kein Wiedererwachen, sondern nur Verwesung gab. Diese Kijâme ist für dich im Buch des Lebens aufgezeichnet und wird für dich zeugen, wenn einst deine Taten, Worte und Gedanken abgemessen werden."

„Sie hat in Gottes Willen gelegen und ist das Geschenk seiner Liebe, die alle Menschen selig machen will; ich besitze kein Recht, mir einen Dank dafür anzumaßen. Es ist so leicht, den Glauben in ein Herz zu legen, das ihm so willig und voll Vertrauen offen steht. Zwar ist dieses Sehnen in jede Menschenbrust gelegt, aber zugleich wohnen da auch die Geister des Hochmuts, der Selbstgefälligkeit, der Genußsucht, des Ungehorsams und noch viele andere, die es nicht zu Worte kommen lassen."

Da nahm Omar Ben Sadek das Wort:

„Effendi, du sagst die Wahrheit, wenn du von diesen Geistern redest. Was war ich für ein Mann, als du mich kennenlerntest! Ein nach Rache, nach blutiger Vergeltung schnaubender Mensch, ein Anhänger des Islam, der nur sich selbst liebte, seine Feinde haßte und gegen alle anderen Personen nichts als stolze Gleichgültigkeit empfand. Du warst der erste unter allen Leuten, der mich zur Achtung zwang. Darum wünschte ich, ebenso wie Hadschi Halef, unser jetziger Scheik, daß du Mohammedaner werden möchtest, denn wir hatten dir soviel zu verdanken und wollten dir den Himmel gönnen, den wir nur für die Anhänger des Propheten offen glaubten. Wir arbeiteten an dir ohne Unterlaß, du sagtest nichts dazu; ein Lächeln war alles, was dir unsere Bemühungen entlocken konnten. Ein anderer an deiner Stelle hätte uns mit den Lehren des Christentums bekämpft, und es wäre ein unerquicklicher Wortstreit entstanden, der uns verfeindet und unsere schließliche Trennung herbeigeführt hätte. Du aber warst zu klug, in das Verhalten der Prediger zu verfallen, die, ohne unsere Lehren zu kennen, uns zumuten, die ihren als richtiger und besser anzunehmen. Du brachtest keine Lehren, du sagtest keine Worte, aber du sprachst in Taten. Du lebtest ein Leben, das eine überzeugende Predigt deines Glaubens war.

Wir waren deine Begleiter und lebten also dieses dein Leben mit. Der Inhalt des deinigen war Liebe. Wir lernten diese Liebe kennen und liebten zunächst auch dich. Wir konnten nicht von dir lassen und also auch nicht von ihr. Sie wurde größer und immer mächtiger in uns, sie umfaßte dich und nach und nach auch alle, mit denen wir in Berührung kamen. Jetzt umfängt diese unsere Liebe die ganze Erde und alle Menschen, die auf ihr wohnen. Wir haben den Koran vergessen und sind gleichgültig geworden für die Gesetze des Propheten, durch die die Geister, von denen du sprachst, ihre Macht über uns gewannen. Unser Stamm ist groß und berühmt geworden durch das Beispiel, das wir befolgten, weil es uns von dir, den wir liebten, gegeben wurde. So hast du in uns den Geist der Selbstsucht, des Hasses, der Rache besiegt, so hast du aus uns Menschen gemacht, die die Friedenspfade Allahs wandeln, und so bin auch ich durch dich aus einem unerbittlichen Bluträcher ein folgsamer Anhänger des Gottessohnes geworden, der seine Lehre von der ewigen Macht der Liebe durch sein ganzes Leben und dann durch seinen Tod besiegelt hat. Hanneh, die Beglückerin unseres Scheiks, ist es nicht allein, die von einer Kijâme sprechen kann, sondern wir alle haben eine Kijâme gehabt, eine Auferstehung. Das, Effendi, mußte ich dir sagen, weil mein Herz mich dazu treibt, jetzt, wo wir auch eine Kijâme vor uns haben, die der Schärfe deines Auges zu verdanken ist."

„Und noch eine Frage", fiel Hanneh wieder ein. „Besitzt Emmeh, die freundliche Spenderin deiner Behaglichkeit, auch einen so festen Glauben wie du?"

„Ja", antwortete ich.

„Hat sie ihn stets gehabt?"

„Sie hatte diesen Glauben schon, als ich sie kennenlernte, er lag in der Tiefe ihres Gemütes aufbewahrt."

„Und da brachtest du den Sonnenschein, der ihn hervorrief an das Tageslicht? Du hast ihn gepflegt mit liebevoller Hand und nun deine Freude daran, wie an einem Baum, an dessen Früchten man sich doppelt erquickt, weil man ihn mit eigener Hand emporgezogen hat. Sihdi, wie gern möchte ich deine Emmeh kennenlernen! Ich würde ihr zuliebe alles tun; ich wäre sogar bereit, mich mit ihr, wenn sie es wollte, in einen Wagen eurer Eisenbahn zu setzen, um mit ihr soweit zu fahren, wie es ihr beliebt."

„Ich aber mit!" bemerkte Halef schnell. „Frauen bedürfen stets der Unterstützung und des Schutzes, und das freundliche Lächeln, das sie dann dafür geben, ist dem eigenen Mann mehr als einem fremden zu gönnen."

„Lächeln?" fragte Hanneh. „Ein freundliches Lächeln? Was meinst du damit, lieber Halef?"

„Weil der — — — der Schutz — — — der Schutz, dessen sie bedürfen", stotterte der kleine Hadschi verlegen. Dann wendete er sich kurz entschlossen an mich: „Sage du es ihr, Sihdi! Ich habe mich verritten, und du verstehst dich auf eure Eisenbahnen doch besser als ich, der ich noch gar keine gesehen habe."

Das Gesicht der ‚lieblichsten unter allen Lieblichkeiten' hatte einen ernsten Ausdruck angenommen. Nun sah sie mich erwartungsvoll an. Darum erklärte ich ihr, die von dem Lächeln nichts hatte erfahren sollen, an seiner Stelle:

„Ich habe mit Halef von unseren Eisenbahnen gesprochen, auf denen auch unsere Frauen und Töchter fahren dürfen. Ihnen gefällt es in diesen Wagen so sehr, daß sie vor Vergnügen freundlich lächeln."

„Und das gefällt ihm wohl nicht?" fragte sie. „Warum soll eine Frau nicht lächeln dürfen, wenn ihr etwas Vergnügen macht? Ich würde auch lächeln. Hast du vielleicht etwas dagegen, Halef?"

„Nein, gar nichts!" antwortete er, sehr erfreut darüber, daß es mir gelungen war, dieser ‚lächelnden' Angelegenheit eine unverfängliche Wendung zu geben. „Ich würde im Gegenteil sehr glücklich sein, die Strahlen deines Lächelns auf meinem Angesicht zu fühlen, das weißt du doch. Doch seht, ob ich mich irre! Der vom Tod Errettete scheint sich zu bewegen."

Er hatte recht, und das Erwachen des Mekkaners kam seinem Wunsch, den jetzigen Gesprächsgegenstand fallen zu lassen, sehr gelegen.

„Wasser!" klang es wieder wie vorhin leise von den Lippen des Münedschi, der sich mit dem Oberkörper aufzurichten versuchte, wobei ihn zwei Haddedihn schnell unterstützten.

Es wurde ihm gegeben, und er trank diesmal mit vollen Zügen. Dann saß er da, ließ seine herrlichen Augen im Kreis gehen, holte tief Atem und sagte dann langsam und wie geistesabwesend, indem er die Hände faltete: „Die Menschen schlafen; wenn sie aber sterben, dann wachen sie auf."

Nun schloß er die Augen und legte sich wieder zurück, wozu er keiner Unterstützung bedurfte. Seine Stimme hatte tief, aber doch tonvoll geklungen, wie von einem inneren Widerhall verstärkt. Die von ihm gesprochenen Worte mögen einem Nichtkenner des Arabischen nichtssagend erscheinen, auf mich aber machten sie einen ungewöhnlichen Eindruck, und daß sie dieselbe Wirkung auch auf die Haddedihn übten, belehrte mich ein leises andächtiges „Amîn!"[1], das die meisten von ihnen dazu sagten. Diese Worte waren einer der berühmten „Hundert Sprüche" Alis, des Kalifen. Warum der soeben vom Tod Erstandene sie ausgesprochen hatte, ob aus Überlegung oder infolge eines plötzlichen Antriebes, das wußte ich nicht; aber sie paßten so genau zur gegenwärtigen Lage und den durch sie hervorgerufenen Gefühlen, daß ich von ihnen ergriffen wurde.

Wir standen stumm im Kreis um den Münedschi und warteten, was er nun tun werde. Er lag einige Zeit be-

1 Amen!

wegungslos, regelmäßig Atem holend. Dann richtete er sich wieder in sitzende Stellung auf, behielt die Augen noch geschlossen und sagte, mit der Hand neben sich deutend:

„Setz dich zu mir!"

Wir wußten nicht, wen er meinte, aber es schien allen anderen selbstverständlich zu sein, daß ich es war, der dieser Aufforderung folgte.

„Hast du gehört, was ich vorhin sagte?" fragte er jetzt.

„Ja", erwiderte ich.

„Kennst du die Worte?"

„Es war der zweite von den hundert Sprüchen des Kalifen Ali Ben Abu Taleb."

Er neigte den Kopf leicht auf meine Seite, als lausche er, nachdem ich schon gesprochen hatte, noch auf meine Stimme. Dann sagte er, die Augen immer noch geschlossen:

„Der zweite? Es stimmt! Die Erklärungen dieses Spruches aber kennst du nicht?"

„Ich kenne sie."

Er neigte den Kopf noch weiter her zu mir, und sein Gesicht nahm während der folgenden Fragen und Antworten den Ausdruck immer größer werdenden Erstaunens an. „Alle beide?"

„Die arabische und die persische."

„Wer hat sie gegeben?"

„Der persische Dichter Raschîd ed Din, der den Beinamen Watwat bekommen hat."

„Wie? Du kennst ihn so ausführlich?"

„Er lebte an den Höfen dreier Herrscher und starb im Jahre 578[1] der Hedschra[2].

„Maschallah! Wie lautet die arabische Erklärung dieses zweiten Spruches des vierten der Kalifen?"

„Solange die Menschen in dieser Welt leben, sind sie

[1] 1182 n. Chr. [2] Juni 622 n. Chr.

ohne Sorge. Sie scheinen in einem so tiefen Schlummer zu liegen, daß sie darüber die Wonnen des Paradieses und die Flammenpein der Hölle vergessen. Wenn sie jedoch sterben, dann wachen sie auf von diesem Schlummer der Sorglosigkeit und bereuen ihre Saumseligkeit im Dienst dessen, der sie geschaffen hat; sie machen sich selbst Vorwürfe über ihre Nachlässigkeit im Dank gegen den, der ihnen alles gespendet hat, aber erst dann, wenn die Reue zu spät kommt und die Selbstvorwürfe nutzlos sind."

„Und die persische Erklärung?"

„Die Menschen sind während ihres Aufenthaltes auf dieser Erde unbekümmert um die Angelegenheiten der anderen Welt. Erst wenn sie sterben, erwachen sie aus dem Schlaf der Gleichgültigkeit. Dann erkennen sie, daß sie den Wert des Lebens nicht beachtet haben und nicht den rechten Weg gegangen sind, und bereuen ihre schlimmen Reden und verwerflichen Taten, aber dann nützt ihnen dies nichts mehr."

Jetzt war der Zug seines Gesichtes zum sprechendsten Ausdruck aufmerksamen Lauschens geworden. Er wartete eine Weile und fragte dann:

„Bist du El Ghâni, mein Wohltäter, von dem ich dachte, daß er jetzt bei mir säße?"

„Nein."

„So sage, ob du mit diesen beiden Erklärungen einverstanden bist!"

„Sie haben meinen Beifall nicht, denn sie sind zu oberflächlich. Den tiefen Sinn des Spruches lassen sie unberührt liegen."

„Und welches ist dieser Sinn?"

„Die Menschen schlafen, wenn sie aber sterben, dann wachen sie auf. Das heißt: Die Menschen leben wie Schlafende, mit geschlossenen Augen; sie sehen nicht die Beweise eines ewigen Lebens, und wenn sie die Stimmen Allahs und seiner Boten hören, so glauben sie, zu träumen, und folgen ihnen nicht. Aber dann, wenn der Tod sie aus diesem Schlaf rüttelt und sie die Augen öffnen müssen, dann sehen sie sich unvorbereitet jenseits der großen Grenze, über die sie nicht zurückkönnen, um das Versäumte nachzuholen. Dann wird ihr Erwachen ein Beben und ihr Segen ein Erschrecken sein."

„Allah, Allah!" rief er da aus. „Ich glaubte, auf die Erde zurückgekehrt zu sein, und befinde mich doch noch bei dir, der du mich geleitet hast! Nein, du bist nicht El Ghâni, der niemals solche Worte hat. Nimm mich wieder bei der Hand und sage mir, ob ich auch zu denen gehöre, die mit geschlossenen Augen leben und deren Erwachen so schrecklich sein wird!"

„Hast du die Liebe?"

Warum tat ich gerade diese Frage? Wohl weil ich kurz vorher mit den Haddedihn von der Liebe gesprochen hatte. Das Verhalten und die Worte des Arabers waren mir nicht klar. Ich wußte nicht eigentlich, wen er mit ihnen meinte. Die Szene war überhaupt eigenartig. Rings um uns die unbegrenzte Wüste, über der auch noch jetzt die Geier hungrig schwebten, die während der Nacht wohl in unserer Nähe gesessen hatten, die absonderlichen Formen der hochbeinigen, höckerigen Kamele, der andächtige Kreis der phantastisch gekleideten Beduinen, der rätselhafte fremde Mann hier neben dem offenen Grab mit seinen mir unerklärlichen Reden, unser vorhergehendes religiöses Gespräch und die Stimmung, in der ich mich infolgedessen befand, dazu die Bedeutung des wie mit aus dem Grab auferstandenen Ali-Spruches; das alles zusammen mochte als Ursache wirken, daß ich diese Frage stellte.

„Die Liebe?" erwiderte er. „Wird gerade sie so wichtig für den Augenblick des Erwachens aus dem Schlaf sein?"

„Nur sie allein ist wichtig. Sie ist das Öl der Lampe, ohne die du den rechten Weg nicht finden kannst."

„Das Öl? Der Lampe?" fuhr er aus seiner noch immer

wie lauschenden Haltung empor. „Das klingt wie der Gang der Jungfrauen zur Nikâh[1]!"

„Ja", fiel ich unter dem Druck dieses Wortes schnell ein, ohne zu bedenken, daß ich einen Muslim vor mir hatte, der nicht wissen durfte, daß ich Christ war. „Das Himmelreich wird gleich sein zehn Jungfrauen, die ihre Lampen nahmen, um auszugehen, dem Hochzeitszug entgegen. Fünf von ihnen waren töricht und fünf aber klug; die fünf Törichten nahmen zwar ihre Lampen, aber sie nahmen kein Öl mit sich, die Klugen indes nahmen samt den Lampen auch Öl in ihren Gefäßen mit. Als nun der Bräutigam verzog, wurden alle müde und schliefen ein. Um Mitternacht aber erhob sich ein Geschrei: ‚Siehe, der Bräutigam kommt, gehet heraus, ihm entgegen!' Da standen alle diese Jungfrauen auf und richteten ihre Lampen zu. Die Törichten aber sprachen zu den Klugen: ‚Gebt uns von eurem Öl, denn unsere Lampen verlöschen!' Da antworteten die Klugen und — — — —"

Weiter kam ich nicht. Während ich erzählte, ging mit dem Münedschi eine ungewöhnliche Veränderung vor, ungewöhnlich wenigstens in Beziehung auf seinen Schwächezustand. Es war, als ob seine Adern sich mit neuem Blut füllten und seine Nerven neuen Lebensreiz bekämen. Er hob seinen Oberkörper. Seine Augen öffneten sich und richteten ihren strahlenden, unbeschreiblichen Blick auf mich, die Falten seines Gesichtes schienen sich zu füllen, und das Spiel der Mienen wurde von Satz zu Satz immer lebhafter, bis er, beide Hände gegen mich ausstreckend, mich mit dem ängstlich abwehrenden Ruf unterbrach:

„Halt ein! Ich mag nichts weiter hören. Ich habe mich in dir geirrt. Du bist nicht der, der vorhin noch bei mir war und für den ich dich bis jetzt gehalten habe."

„So sage: was dachtest du, wer ich sei!"

„Ben Nûr[2], der Bote des Propheten."

1 Hochzeit 2 Sohn des Lichts

„Der bin ich nicht und ich kenne ihn auch nicht. Sein Name steht in keinem Buch verzeichnet, das vom Propheten handelt."

„In keinem irdischen Buch, aber im Kitâb et Tûbânijîn[1] ist er zu finden. Nun weiß ich nicht, wo ich jetzt bin; denn du bist nicht Ben Nûr und bist auch nicht El Ghâni. Bin ich noch im Land der Verstorbenen, oder kehrte ich schon wieder auf die Erde zurück?"

Sonderbar! Hatten wir es etwa mit einem Irren, einem Wahnsinnigen zu tun? Er schaute mit glänzenden Augen um sich, an deren Blindheit man nicht glauben konnte. Und im Land der Verstorbenen wollte er gewesen sein? Er wurde El Münedschi[2] genannt, der Wahrsager. Dieses türkische Wort bedeutet auch Sterndeuter. Wahrsager, Stern- und Zeichendeuter, diese Worte haben selbst für jemand, der sonst nicht nach biblischen Verboten fragt, einen warnenden Beigeschmack. Ich mußte an den Hokuspokus der südafrikanischen Regenmacher, der Jahrmarkt-Astrologen und ähnlichen Gelichters denken. Einen so tiefen, ehrfurchterweckenden Eindruck dieser Mann zuerst auf mich gemacht hatte, jetzt fühlte ich nur noch die Notwendigkeit, vorsichtig gegen ihn zu sein. Hanneh war weit zurückgetreten; Halef sah ihn mißtrauisch von der Seite an, und die Haddedihn schienen sich nicht im klaren darüber zu sein, ob sie sich wundern oder über ihn lachen sollten.

„Du bist auf der Erde", beantwortete ich seine letzte Frage.

„Wo da?"

„Wo du vorher warst."

„Ich war bei El Ghâni. Wo ist er? Ich höre ihn nicht."

„Aber du siehst doch uns?"

„Sehen? Allah wallâhi! Deine Worte sagen mir, daß ich mich bei Leuten befinde, die mich nicht kennen. Merkt ihr denn nicht, daß ich blind bin?"

1 Buch der Seligen 2 arabisch: munadschdschim

„Nein! Du scheinst vielmehr vortreffliche Augen zu besitzen.“

„Du irrst. Ich weiß, daß meine Augen glänzen, aber dieser Glanz ist Täuschung. Ich höre deiner Stimme an, wie weit du dich von mir befindest, aber ich kann dich nicht erkennen. Nur wenn du nahe zu mir herankommst, kann ich dich wie die verschwimmende Schattengestalt eines Geistes wahrnehmen.“

„Du scheinst solche Geister gesehen zu haben?“

„Oh, sehr oft! Aber wo ist El Ghâni? Ich bin besorgt um ihn. Er ist der einzige, der mich verstehen und behandeln kann, er, mein Wohltäter, ohne den ich längst gestorben und verdorben wäre. Sagt es mir! Ich bitte euch.“

Das schien ungeheuchelte Angst zu sein. Ich mußte ihn prüfen. Darum legte ich die Hand um den Griff meines Messers, das ich im Gürtel stecken hatte, zog es plötzlich heraus und stieß damit nach seinem Gesicht, als ob ich ihn ins Auge stechen wollte. Er zuckte, obgleich dieses letztere fast von der Spitze der Klinge berührt wurde, doch mit keiner Wimper. Ein Sehender hätte sich anders verhalten, er schien wirklich blind zu sein. Darum entgegnete ich freundlicher als zuletzt:

„Du wirst die gewünschte Auskunft erhalten, wenn du vorher uns solche über dich gegeben hast. Vor allen Dingen will ich dir sagen, daß du dich nicht zu ängstigen brauchst. Du befindest dich bei guten Menschen, die dich als Freund und Hilfsbedürftigen behandeln werden. El Ghâni ist ein Mekkaner?“

„Ja, wir alle sind aus Mekka. Aber ich bin blind, ich weiß also nicht, wie ich euch antworten darf. Ich bitte euch, nachsichtig gegen meine Unbehilflichkeit zu sein und mir zuerst zu sagen, wer ihr seid.“

„Komm erst zu unserem Lagerplatz! Du hast nur höchstens fünfzig Schritte weit zu gehen.“

„So führe mich!“

Ehe ich ihn bei der Hand nahm, wiederholte Halef meinen vorigen Versuch mit seinem Messer. Der Blinde bemerkte es wirklich nicht, der Blick seiner schönen Augen blieb leer und seelenlos und unbeweglich. Dann, als wir gingen, nahm ich ihn so, daß das Grab genau vor ihm lag. Drei Schritte, und er wäre unbedingt hineingelaufen, wenn ich ihn nicht auf die Seite gezogen hätte. Der Ortswechsel wäre nicht notwendig gewesen, ich schlug ihn nur vor, um den Gang des Mannes zu prüfen. Er bewegte sich mit einer Unsicherheit, die gewiß nicht bloß eine Folge der ausgestandenen Anstrengungen und Entbehrungen war. Obgleich er von mir geführt wurde, waren seine Schritte so vorsichtig suchend, wie man es nur bei Blinden beobachtet. Wir hatten es also nicht mit Verstellung zu tun.

Die guten Folgen dieser bestandenen Prüfung gaben sich sofort im Verhalten der Haddedihn zu erkennen, die nun herzliches Mitleid für ihn fühlten. Sie bereiteten ihm einen weichen Sitz und fragten ihn nach seinen Wünschen Er bat wieder um Wasser.

Als er nun zum drittenmal seinen Durst gelöscht hatte und wir forschten, ob er nicht auch Hunger habe, antwortete er:

„Ich weiß nicht, wie lange ich nicht gegessen habe; denn ich war nicht in meinem Körper und habe keine Augen für den Unterschied zwischen Tag und Nacht. Als ich zum letztenmal aß, wird es am Jôm el Dschuma[1] früh gewesen sein."

„Und heute ist Jôm el Etnên[2]", rief Halef. „Du hast also drei volle Tage nichts genossen."

„Ich habe dennoch keinen Hunger. Aber Tabak gebt mir, wenn ich euch darum bitten darf!"

Da hatte er auch schon eine alte Pfeife mit kurzem Rohr und ungewöhnlich großem Kopf aus der Tasche gezogen und steckte sie in den Mund. Seine Bitte wurde

1 Freitag 2 Montag

in, ich möchte sagen, inbrünstigem Ton ausgesprochen, und in seinem Gesicht drückte sich eine Sehnsucht aus, die die Erfüllung des Wunsches kaum erwarten konnte. Und als dies geschehen war, qualmte er mit einem Eifer, als hänge sein Leben daran, die Pfeife sobald wie möglich wieder stopfen zu können.

„Der arme, blinde Mann!“ raunte Hanneh mir mitleidig zu. „Soeben erst vom Tod erstanden, von seinen Freunden verlassen, mitten in der Wüste. Was hast du über ihn beschlossen?“

Ich winkte ihr beruhigend zu und öffnete schon den Mund zum Sprechen, als Halef, der meine Absicht erriet, mir schnell die leise Frage vorlegte:

„Sihdi, du willst ihm sagen, wer wir sind?“

„Ja“, erwiderte ich ebenso leise.

„Erlaube, daß ich das tue! Ich kenne uns ja ebenso gut wie du.“

Er setzte sich an die andere Seite des Blinden, zu dessen Linken ich saß, und erklärte ihm:

„Du wirst jetzt zwei sehr berühmte Männer kennenlernen, höre also mit Aufmerksamkeit, was ich dir sagen werde! Ich bin Hadschi Halef Omar Ben Hadschi Abul Abbas Ibn Hadschi Dawuhd al Gossarah, der oberste Scheik der Haddedihn vom großen Stamm der Schammar. Und der Mann an deiner anderen Seite ist der größte Gelehrte des Morgen- und des Abendlandes. Es ist eigentlich der 'Alim el 'Ulema[1], denn in seinem Kopf befinden sich tausend Fächer, und in jedem Fach stecken über hundert vollständige Wissenschaften, die er auf zweihundertsechzig Medâris[2] studiert und überwunden hat. Er stammt aus dem Land des äußersten Maghrib und ist im Wadi Draa geboren, woher bekanntlich die klügsten Leute kommen. Sein Name — — —“

„Kutub!“ unterbrach ich ihn.

„Was? Was meinst du?“ fragte er mich, in seinem

1 Gelehrte aller Gelehrten 2 Universitäten

Eifer nicht an die zwischen uns vereinbarte Bedeutung dieses Wortes denkend.

„Kutub!" wiederholte ich.

„Wahajâti!" rief er aus, sich jetzt besinnend. „Bei meinem Leben, jetzt habe ich mich versprochen gehabt! Ich hätte mich hinterher und dich voransetzen sollen."

„Gewiß, lieber Halef."

„Wallahi fasl[1] — das ist eine sonderbare Geschichte, bei Allah! Verzeih' mir, Sihdi! Ich werde es sofort besser machen und wieder von vorn anfangen, indem ich zunächst deinen Namen und dann erst den meinigen nenne.

„Das ist nun nicht nötig. Nenne zuerst meinen, und dann laß den deinigen weg, weil du ihn schon genannt hast!"

„Aber er muß doch hinterherkommen, sonst beleidigt es dich."

„Wenn du ihn noch einmal sagst, so hast du den meinigen nur einmal, den deinigen aber zweimal genannt, was doch noch viel beleidigender ist."

„Gut, du sollst deinen Willen haben, weil du aus dem äußersten Maghrib stammst und im Wadi Draa das Licht der Welt erblickt hast. Also dein hochberühmter Name lautet Hadschi Akil Schâtir el Medscharrib Ben Hadschi Alim Schadschî er Ghâni Ibn Hadschi Dâim Maschhûr el Azîm Ben Hadschi Takî Abu Fadl el Mukarram."

Es war wirklich lustig anzuhören, wie schnell und fehlerlos er diese Schlange herunterleierte. Und ebensoviel Spaß machte mir dabei der Anblick der fünfzig Haddedihn, die die zwei Dutzend Worte leise mitsagten und dabei die Lippen wie kauende Kaninchen bewegten. Da der Münedschi ein Beduine war, hatte ich nicht zu befürchten, daß der Name und die vorhergehende Zurechtweisung ihm lächerlich vorkommen würden. Er hatte mit Aufmerksamkeit zugehört und fragte nun:

1 Bei Gott, schlecht

„Bist du vielleicht jener Scheik Halef Omar der Haddedihn, der vor einigen Jahren den Schatz der Schmuggler in den Ruinen des Birs Nimrud im alten Babylon entdeckt hat?"

„Ja, der bin ich allerdings", erwiderte der kleine Hadschi mit Selbstbewußtsein. „Du weißt also von dieser meiner Ruhmestat? Wo hast du denn davon gehört?"

„In Meschhed Ali, der heiligen Stätte der Schiiten."

„Wann?"

„Jetzt, als El Ghâni und ich dort waren."

„Aber ihr seid doch nicht Schiiten?"

„Nein. El Ghâni ging als Gesandter des Großscherîfs hin und nahm mich mit."

„Darf ich fragen, was er dort sollte?"

„Das weiß ich nicht, er hat es mir nicht gesagt. Es scheint eine religiöse Angelegenheit gewesen zu sein, von der nur der Großscherif und sein Bote wissen durften."

„Und dort habt ihr von mir gehört?"

„Ja. Es waren Perser da, die euer damaliges Erlebnis genau kannten[1]. Die Schmuggler, die von euch ergriffen wurden, sind, anstatt Strafe zu bekommen, mit der Anstellung als Zollbeamte begnadigt worden. Darum verkünden sie euren Ruhm, so oft und so weit sie nur können. So haben auch wir davon erfahren."

„Du sagst ‚euer', sprichst also nicht von mir allein?"

„Weil noch jemand bei dir gewesen ist, ein Effendi aus dem Abendland. Er war Christ und hat Kara Ben Nemsi Effendi geheißen. Ist das richtig?"

„Ja."

„In welchem Reich des Abendlandes ist er geboren?"

„In Almanja."

„War er wirklich ein Christ?"

„Der beste, den es geben kann."

„Es wird von ihm erzählt, daß er, obgleich ein Christ, den ganzen Koran auswendig könne. Ist das wahr?"

1 Siehe: Karl May, „Bei den Trümmern von Babylon"

„Ja."

„Auch sollen ihm dessen Auslegungen völlig bekannt sein?"

„Auch das ist richtig."

„Ich bin ein armer Mann und habe keinen Besitz; aber wenn ich reich wäre, würde ich gern die Hälfte meines Vermögens dafür geben, wenn ich ihn einige Tage bei mir haben und mit ihm sprechen könnte."

„Warum?"

„Weil ich die Heilige Schrift der Christen so kenne, wie er den Koran kennt. Es wäre mir eine Wonne, mit solch einem Mann die Wahrheit zu ergründen und ihn zu den Lehren des Islam zu bekehren."

Als er das sagte, holte er tief Atem wie einer, dem die Sache, von der er spricht, außerordentlich am Herzen liegt und viele Sorgen bereitet hat. Schon das war für seinen Koranglauben kein günstiges Zeichen. Dazu kam, daß er erst mit mir die Wahrheit zu erforschen wünschte, sich also noch nicht in deren Besitz wußte. Wenn er trotzdem davon sprach, mich zum Islam bekehren zu wollen, so war das wohl nur eine Redensart und dazu bestimmt, seine eigene Unsicherheit zu verhüllen. Dieser Mann schien zu den vielen Dürstenden zu gehören, die die Quelle niemals finden, weil sie blind an ihr vorübergehen. Er kannte ja nach seiner eigenen Behauptung die Heilige Schrift und also auch das Wort „Ich bin die Wahrheit und das Leben", und doch war er bei diesem Brunnen der wahren Weisheit nicht geblieben. Halef zog meine Folgerungen nicht, er sprach meist nach seinem Gefühl; das tat er auch jetzt, und zwar in einer für ihn recht bezeichnenden Weise.

„Wünsche das nicht!" warnte er.

„Weshalb nicht?" erkundigte sich der Münedschi.

„Du würdest gerade das Gegenteil von dem, was du hoffst, erreichen."

„Wieso?"

„Ich bitte dich, es dir durch ein Beispiel erklären zu dürfen. Wir waren in Erbil, einer in der Dschesireh liegenden Stadt, die du vielleicht nicht kennst, und gingen in die Moschee, um zu beten. Kara Ben Nemsi Effendi hält es nämlich für keine Sünde, auch in einem mohammedanischen Gotteshaus ein christliches Gebet zu sprechen; er meint sogar, daß die Moschee dadurch nicht geschändet, sondern geheiligt werde. Man dürfe nur dabei seinen Glauben nicht verleugnen. Niemand kannte ihn, auch der Mufti[1] nicht, der neben uns kniete. Später erfuhr dieser, daß der Effendi ein Christ sei, und zeigte ihn wegen Entweihung des Heiligtums an. Wir wurden vor das Gericht beordert, wo der Kadi sich bemühte, das Verbrechen so streng wie möglich zu nehmen. Aber Kara Ben Nemsi gab solche Antworten, daß der Richter immer mehr in Zorn geriet und ihn endlich grimmig andonnerte: ‚Du hast dich wohl vor keinen Kadi zu fürchten?' Der Effendi entgegnete ruhig: ‚Nein, sondern der Kadi hat sich vor mir zu fürchten!' Hierauf berief er sich auf eine vor kurzem erlassene Fetwa[2] des Scheik ul Islam[3], nach der studierte Christen die Moscheen betreten dürfen, wenn es in frommer, andachtsvoller Weise geschieht, um die nachzueifernden Gebräuche unserer Anbetung kennenzulernen. Du ersiehst aus diesem Beispiel, daß es nicht geraten ist, mit ihm etwas vorzunehmen, was ihm nicht behagt. Er pflegt es ins Gegenteil zu wenden. Ich kenne Muslimin, die ihn zum Islam bekehren wollten, aber damit nur erreicht haben, daß sie selbst Christen geworden sind."

„Diese Gefahr würde es für mich nicht geben, selbst wenn seine Gelehrsamkeit noch größer wäre, als sie ohnehin ist."

„Du würdest sie nicht bemerken; er sagt, Gott wohlgefällig zu leben, das sei seine Wissenschaft, und er höre

1 Beamter für religiös-juristische Angelegenheiten 2 Entscheidung
3 Oberste geistliche Behörde der Muslimin

ein frohes Lachen viel lieber als die trockenen Ghutab[1] aller Ulema[2] des ganzen Morgenlandes."

„Dann ist es gut, daß er sich nicht hier befindet."

„Warum?"

„Weil du mir gesagt hast, daß dein hier neben mir sitzender Gefährte Hadschi Akil Schâtir der größte Gelehrte des Morgen- und sogar des Abendlandes ist."

„Oh, sie würden sich sehr gut zusammen vertragen, denn trotz der unzähligen Wissenschaften, die im Kopf dieses meines Freundes Unterkunft gefunden haben, ist ihm niemals etwas davon anzumerken."

„Ich habe es aber vorhin bemerkt, als er die Erklärungen zu dem Spruch Alis, des Kalifen, gab."

„Ja, so eine Erklärung entschlüpft ihm wohl zuweilen; gewöhnlich aber behält er sie für sich, und das ist lobenswert von ihm, weil es so viele Erklärungen gibt, die man, um sie zu begreifen, sich wieder erklären lassen muß. Jetzt weißt du nun wohl, wer und was wir beide sind. Allah ist dir wohlgeneigt gewesen, indem er dich mit uns zusammenführte. Wir haben fünfzig tapfere Krieger der Haddedihn bei uns, und außerdem wirst du zuweilen auch eine weibliche Stimme vernehmen. Die, die du dann sprechen hörst, ist Hanneh, die wohlerzogene Gebieterin meines Frauenzeltes, deren Schönheit und Leutseligkeit zu den größten Vorzügen der Türkei und aller persischen Provinzen gehört. Allah gebe ihr ewige Jugend und hierauf ein mir und ihr gefälliges Alter! Was du sonst noch wissen willst, können wir dir später sagen. Jetzt nun sprich auch du! Oder soll ich lieber fragen?"

Der Münedschi zögerte eine Weile mit der Antwort. Dann, als er an einem wiederholten Husten des Hadschi hörte, daß dieser ungeduldig zu werden begann, sagte er:

„Meine Rede über mich kann sehr kurz sein. Man zählt mich auch zu den gelehrten Leuten. Ich war ein wohlhabender Mann, als ich vor mehreren Jahren nach Mekka

1 Vorträge 2 Gelehrten

kam. Mein Vermögen wurde mir von fremden Pilgern gestohlen. Ich wohnte bei El Ghâni. Er nahm sich meiner an und behielt mich selbst dann bei sich, als ich erblindete. Jetzt lebe ich nur allein von seiner Güte. Als er vor zwei Monaten nach Meschhed Ali mußte, nahm er mich mit, weil dort meist Perser sind, deren Sprache er nicht versteht. Jetzt befanden wir uns auf dem Rückweg. Das Wasser ging uns aus, und fast verschmachtet mußten wir mitten in der Wüste halten bleiben. Wir waren überzeugt, daß Allah unseren Tod beschlossen habe. Das andere wißt ihr."

Ich sah Halef an, daß er wieder fragen wollte, winkte ihm aber ab. Es gab einige Punkte, über die ich trotz der Schweigsamkeit des Mekkaners Auskunft zu haben wünschte. Er war unser Gast und dabei ein unglücklicher, blinder Mann; gegen solche Leute ist man nicht gern zudringlich, aber ich hatte hier sehr triftige Gründe, es nicht bei dem bisherigen unzureichenden Aufschluß bewenden zu lassen. Deshalb erkundigte ich mich in rücksichtsvoller Weise:

„Möchtest du uns wohl sagen, welchem Beruf El Ghâni angehört?"

„Er ist Schech el Hâre[1]", antwortete er.

„Und wie lautet sein eigentlicher Name?"

„Hat er euch diesen nicht genannt?"

„Nein."

„So erlaube, daß ich ihn auch zurückbehalte! Er ist mein Wohltäter, dem ich zur Dankbarkeit verpflichtet bin; ich habe kein Recht, das zu sagen, worüber er wohl absichtlich geschwiegen haben wird."

„Ich achte diese deine Dankbarkeit, obwohl ich der Ansicht bin, daß ein ehrlicher Mann seinen Namen nicht zu verheimlichen braucht. Du hast den deinen auch noch nicht genannt."

„Effendi, willst du mich der Unehrlichkeit zeigen?"

1 Oberster eines Stadtviertels

„Nein. Es genügt mir, von El Ghâni erfahren zu haben, daß man dich El Münedschi nennt. Aber wann ihr hier mitten in der Wüste haltgemacht habt, das darf ich wohl erfahren?"

„Es war am Jôm es Szabt[1] früh."

„Also vorgestern. Und wann bist du da eingeschlafen?"

„Sofort, als ich vom Kamel gefallen war; zum Absteigen fehlte mir die Kraft."

„Während dieses Schlafes hat dir von einer anderen Welt geträumt?"

„Effendi, darüber laß mich schweigen! Ich träumte nicht. Was du für Traum hältst, ist etwas anderes. Du bist ein berühmter Gelehrter, aber alle deine Gelehrsamkeit reicht nicht aus, das zu begreifen, was ich dir lieber verschweige."

„Ich meine im Gegenteil, daß ich als Gelehrter es leichter begreifen würde als ein Ungelehrter."

„Nein. Du würdest es für eine Krankheit halten, während es doch ein Beweis der höchsten geistigen Gesundheit ist. Ich bitte dich, nicht in mich zu dringen, und mich wieder mit El Ghâni zu vereinigen."

„Die Erfüllung dieses Wunsches ist leider jetzt nicht möglich, El Ghâni ist fort."

„Ohne mich?!"

„Ja. Er hielt dich für tot und hatte dich schon beerdigt. Als er mit seinen Leuten forgeritten war, nahm ich dich aus dem Grab und fand, daß du noch lebtest."

„Tot? Begraben schon?" fragte er entsetzt. „Allah sei mit gnädig! El Ghâni weiß doch, daß ich stets bald wieder zu mir zurückkehre."

Mit diesen Worten hatte er mir sein Geheimnis schon halb verraten, ohne es in seiner Aufregung zu bemerken, die andere Hälfte dachte ich mir hinzu. Darum fragte ich ihn:

1 Samstag

„Wie lange pflegtest du in solchen Fällen gewöhnlich nicht bei dir zu sein?"

„Nur einige Stunden."

„Und diesmal hat es länger als zwei Tage gedauert. Es handelt sich auch nicht bloß um den bei dir üblichen Zustand, sondern du warst scheintot. Die Anstrengungen des langen Rittes und die Entbehrung des Wassers, der Einfluß deiner Nervenkrankheit, die ich allerdings nicht wie du als den ‚Beweis der höchsten geistigen Gesundheit' bezeichne, und dazu der Umstand, daß du ein außerordentlich starker, mit Tabak durch und durch vergifteter Raucher zu sein und darum wenig zu essen scheinst: kurz, diese und vielleicht auch noch andere Gründe, die ich nicht kenne, haben zusammengewirkt, den Zustand herbeizuführen, den wir als scheintot bezeichnen."

„Scheintot?" sagte er. „Zwei volle Tage habe ich gelegen? Solltest du recht haben? Es wäre entsetzlich gewesen, wenn ich begraben worden wäre, ohne wirklich tot zu sein. Scheintot! Es gibt ja überhaupt keinen wirklichen Tod, denn das, was ihr so nennt, ist nichts anderes als ein scheinbarer. Es ist das Ablegen des irdischen Kleids, das wir unter dem Namen ‚Körper' hier getragen haben, aber niemals wieder tragen werden. Dieser Körper bleibt zurück, um sich in seine Grundbestandteile aufzulösen, die Seele aber, die in ihn gekleidet war, wird auf ewig frei von ihm, der sie beengte."

Diese Weise, sich auszudrücken, machte mich stutzig. Er sprach da nicht wie ein gläubiger Mohammedaner; deshalb konnte ich nicht unterlassen, einzufallen:

„Damit befindest du dich mit den Lehren Mohammeds und allen Auslegungen des Korans im Widerspruch."

„Nein", entgegnete er. „Bedenke, daß der Prophet und seine Nachfolger nicht nüchterne Abendländer, sondern Orientalen waren und als solche die Gewohnheit hatten, sich bildlich auszudrücken! Wenn Hadschi Halef dich den größten Gelehrten des Morgen- und des Abendlands nennt, so muß ich das nicht wörtlich, sondern nur in dem Sinne nehmen, daß du mehr gelernt hast und mehr weißt als viele gewöhnliche Gelehrte. Sogar die christliche Bibel soll man von diesem Gesichtspunkt aus lesen und beurteilen, weil die Verfasser der in ihr enthaltenen Bücher auch Orientalen waren."

„So leugnest du also, daß diese Bücher vom Geist Gottes eingegeben worden sind."

„Nein, aber er hat durch orientalische Zungen gesprochen, falls nämlich die Annahme dieser Eingebung nicht irrtümlich ist. Gottes Geist kann nicht ein ausgeprägt morgenländischer sein."

„So nennst du es also bildlich gemeint, daß die Elemente bei der Auferstehung die aufgelösten und zerstreuten Körperteile zurückgeben werden? Daß der Auferstehende seine Gebeine von der Erde, sein Blut von dem Wasser, sein Fleisch und sein Haar von der Pflanze und sein Leben vom Feuer zurückerhalte?"

„Das ist eine altpersische Lehre; du kennst den Parsismus?" fragte er erstaunt. „Warum nimmst du dein Beispiel nicht aus der Bibel, von der wir doch sprechen? Doch" — setzte er schnell fort — „ich vergesse, daß du nichts aus ihr beweisen kannst, weil sie dir unbekannt ist."

Ich erwiderte: „Ich weiß, daß sie von der Auferstehung des Fleisches spricht."

Stellen anzugeben, glaubte ich unterlassen zu müssen, weil es verheimlicht werden sollte, daß ich Christ war. Zu meiner Verwunderung antwortete er mir:

„Der Apostel Paulus sagt: ‚Es wird gesäet ein irdischer Leib, und auferstehen wird ein geistiger Leib; gibt es einen irdischen Leib, so gibt es auch einen geistigen Leib.'"

Jetzt war die Reihe, zu staunen, an mir. Dieser Mohammedaner kannte die Briefe an die Korinther. Er sprach weiter:

„Durch das Zusammenwirken der Seele und des Leibes

in diesem Leben bildet sich ein zweiter, für uns unsichtbarer Leib, der die Poren des irdischen durchdringt und die Verbindung zwischen ihm und der Seele herstellt; er entsteht aus den unwägbaren Stoffen des sterblichen Leibes und geht nicht mit diesem verloren, sondern begleitet die Seele in die Ewigkeit. Dieser für unser Auge nicht erkennbare Leib ist es, den der Apostel meint, wenn von der Kijâme des Leibes die Rede ist."

„Das war so ungefähr die Ansicht des Abu en Naßranija[1] Origenes."

Jetzt wunderte wieder er sich über mich.

„Du kennst Origenes?" rief er aus. „So bist du unterrichteter, als ich dachte. Du wirst mich also verstehen, wenn ich sage, daß ich den Tod nicht fürchte, weil er nichts weiter als die Ablegung des groben Kleides ist, das hier die Seele und den geistigen Leib zu schützen hatte. Beide bedürfen nach dem Tod dieses Schutzes nicht mehr. Freilich ist das Ablegen dieses groben Leibes nicht so leicht und so schmerzlos wie das Entfernen eines gewöhnlichen Gewandes, und darum erschrak ich vorhin, als du sagtest, daß ich scheintot gewesen sei. Ich kann nicht glauben, daß dies richtig ist, sondern nehme vielmehr an, daß du dich geirrt hast. Mein Körper ist es gewöhnt, von der Seele zeitweilig verlassen zu werden, und wenn sie in diesem Fall zwei Tage abwesend gewesen ist, also viel länger als sonst, so darf man das doch noch nicht als Scheintod bezeichnen, von dem es nur ein kleiner Schritt ins Grab hinunter ist."

Bei dieser Äußerung, die geeignet war, unser um die Errettung des Münedschi wohlerworbenes Verdienst zu schmälern, nahm Halef das Wort. Der letzte Teil des Gesprächs hatte ihm schon nicht gefallen, und nun er glaubte, um den Dank, den er beanspruchte, gebracht werden zu sollen, fuhr er zornig auf:

„Noch ein Schritt? Also denkst du, dich noch außer-

[1] Kirchenväter

halb befunden zu haben? Du lagst ja schon drin im Grab, und es war auch schon fast zugeworfen, nur dein Gesicht war noch frei. Wenn deine Seele die üble Angewohnheit hat, den Körper öfters zu verlassen, um neugierig in der Welt herum spazierenzugehen, so kann ich nichts dagegen haben, denn sie ist nicht meine Seele, der ich solche Unbedachtsamkeiten freilich nicht gestatten würde. Wenn sie einmal den Rückweg vergessen sollte, so irrt sie dann als unernährte, gattenlose Witwe im Weltall herum, und ich liege da, ohne zu wissen, wo ich sie zu suchen habe. Daß mir das höchst unangenehm sein würde, das brauche ich dir wohl nicht erst zu erklären. Es will doch jeder vernünftige Mensch im Besitz seiner rechtmäßigen Seele sein, ohne ihr gestatten zu müssen, mit freundlichem Lächeln wie die Frauen und Töchter des Abendlands auf den Eisenbahnen herumzufahren. Beliebt es dir, von dieser vorsichtigen Behandlung der Bewohnerin deines Körpers eine Ausnahme zu machen, so habe ich nichts dagegen, zumal du uns mitgeteilt hast, daß sie bisher nach kurzer Zeit wieder zurückgekehrt ist. Aber bedenklich wird die Sache, wenn sie anfängt, gleich zwei volle Tage wegzubleiben. Daß du dir auch das gefallen lassen willst, nun, ich kann es nicht ändern, sondern nur sagen, daß ich an deiner Stelle ihr den Standpunkt so klarmachen würde, wie es einer solchen aufsichtslos herumstreifenden Seele gegenüber nur immer möglich ist. Das Schlimmste aber ist die Täuschung, in der du dich in Beziehung auf deinen von ihr so leichtfertig verlassenen Leib befindest. Du scheinst nämlich zu glauben, daß ihm diese ihre Flatterhaftigkeit nichts schaden könne. Oh, Münedschi, auf deine Seele ist selbst dann kein Verlaß, wenn sie sich daheim in deinem Körper befindet, denn sonst würdest du gewiß anders sprechen. Ich sehe ein, daß ich dir zu Hilfe kommen muß, indem ich dir der Wahrheit nach berichte, wo und wie wir dich ausgegraben haben. Höre mich also an!“

Es folgte nun ein sehr lebendiger Bericht über die Begebenheit, von dem Augenblick, wo wir die Geier bemerkt hatten, bis zum gegenwärtigen. Nun erst erfuhr der Blinde in ausführlicher Weise, daß und warum seine Gefährten ihn verlassen hatten. Er erkannte, daß er wirklich begraben gewesen war, und nun stellte sich die Angst nachträglich bei ihm ein. Er holte den bis jetzt versäumten Ausdruck des Dankes in einer Weise nach, die selbst den in dieser Beziehung sehr anspruchsvollen Halef befriedigte. Zu der Angst und dem Gefühl der Dankespflicht gesellte sich dann die schwere Sorge wegen seiner Hilflosigkeit. Was sollte nun aus ihm werden? Seine Bekannten hatten ihn begraben, und er befand sich blind und ohne alle Mittel zum Weiterkommen unter fremden Leuten. Da verstand es sich von selbst, daß wir ihn unseres Beistandes versicherten. Wir wollten ja auch nach Mekka, hatten also gleichen Weg mit ihm und brachten kein Opfer, wenn wir eins unserer Kamele für ihn bestimmten. Er war, als er dies hörte, hocherfreut und erklärte sich für kräftig genug, mit uns aufzubrechen.

Ich glaubte Grund zu haben, dieser seiner vermeintlichen Kraft kein allzu großes Vertrauen schenken zu dürfen. Er hatte, seit wir von dem Grab weggegangen waren und hier auf dem Teppich saßen, gequalmt wie ein Stadtsoldat und den Tschibuk achtmal ausgeraucht; ich mußte ihn zu den stärksten Rauchern zählen, die ich kennengelernt hatte. Wahrscheinlich war sein Körper vom Gift des Tabaks durchzogen und sein Magen vollständig verdorben worden. Daher die Behauptung, daß er selbst jetzt, nach so langem Fasten, keinen Hunger habe. Ich erklärte, daß wir den Weiterritt nicht eher antreten würden, als bis er tüchtig gegessen habe, und hielt auch Wort, obwohl es fast des Zwanges bedurfte, das Gericht zu verzehren, das Hanneh ihm aus unseren Vorratstaschen brachte. Ohne ein Augenarzt zu sein, konnte ich mich der Meinung nicht erwehren, daß auch seine Blindheit in enger Beziehung zu diesem starken Rauchen stehe, und daß ich da recht hatte, bewies mir dann die spätere Zeit.

Im übrigen hegte ich die Vermutung, daß er das nicht sei, als was er gelten wollte, und ich hatte meine Gründe dazu.

Daß er ein Gelehrter war, hatte er bewiesen. Er kannte sogar die Bibel, ein höchst seltener Fall. Auch in der Theologie der alten Perser war er bewandert. Sodann hatte er erzählt, daß er als reicher Mann nach Mekka gekommen sei. Das wollte nicht mit den geringen Einnahmen eines morgenländischen Gelehrten stimmen. Auch seine Ausdrucksweise war mir aufgefallen. Sie war nicht die umschreibende, bilderreiche eines geborenen Orientalen, sondern eher die eines Europäers, der sich allerdings schon seit langer Zeit im Morgenland befunden hat. Er drückte sich bestimmt und ohne Anwendung von Gleichnissen aus. Auch auf seine Aussprache einiger arabischer Laute war ich aufmerksam geworden. Die beiden Ha, das Ain, den Unterschied zwischen dem Sin und Szad, des Ghain, Ghen, das erste Kâf, das alles brachte er nicht so heraus, wie ein Eingeborener es bringt. Auch hatte er sich einiger Worte bedient, die dem Araber zwar auch, aber nicht in dem gebrauchten Zusammenhang geläufig sind. Es ist da wohl kein Wunder, wenn ich sage, daß er mir ein Rätsel war.

Wenn ich weitergehen will, so war mir auch sein Verhältnis zu El Ghâni unklar geblieben. Nicht etwa, weil er so wenig darüber gesagt hatte, denn diese Zurückhaltung war Fremden gegenüber wohl begreiflich, aber er schien außer der Dankbarkeit für empfangene Wohltaten noch etwas für oder gegen diesen Mann zu empfinden, was er sich bemühte, zu verheimlichen. Warum hatte der vornehme Mekkaner den Blinden mit nach Meschhed Ali genommen, dem alten, gebrechlichen Mann also einen so weiten, beschwerlichen Weg zugemutet? Um sich seiner als Dolmetscher zu bedienen? Gewiß nicht. Es gibt in Mekka junge Leute mehr als genug, die des Persischen mächtig sind und unter denen er nur zu wählen brauchte. Außerdem spricht jeder halbwegs gebildete Perser auch arabisch, und so wäre El Ghâni in Meschhed Ali mit seinem Arabisch ganz gut ausgekommen. Es lag da jedenfalls etwas vor, was niemand, am allerwenigsten ein Fremder, erfahren sollte.

Merkwürdig erschien mir sein krankhafter Zustand, den er mit den Worten bezeichnet hatte: „Mein Körper ist es gewöhnt, von der Seele zeitweilig verlassen zu werden.“ Tiefe und längere Ohnmachten kommen bei verschiedenen Krankheiten vor. War er epileptisch, hysterisch oder somnambul? Jedenfalls nervenkrank! Er behauptete, während dieser Ohnmachten in einer anderen Welt zu sein und sich dessen genau zu erinnern. Um meine Teilnahme zu gewinnen, hätte er gar nicht mehr zu sagen gebraucht. Ich bin ein sehr nüchterner Mann und jeder Phantasterei abgeneigt; ich nehme nur das als wahr hin, was ich mit kalten Sinnen geprüft habe, aber trotzdem oder vielleicht gerade darum

„schau ich gern in solche Ecken,
wo geheime Sachen stecken“,

selbst wenn es geistige Ecken oder Winkel sind. Und hinter diesen Ohnmachten des Münedschi war etwas verborgen, was meine Wißbegier reizte.

Was El Ghâni betrifft, der uns mit Drohungen verlassen hatte, so dachte ich jetzt mit weniger Sorge an ihn als vorher, falls der Ausdruck Sorge da der richtige gewesen wäre. Es war kein klares Gefühl, das in mir lag, aber es machte sich doch bemerkbar und wurde auch verstanden, nämlich daß unsere Bekanntschaft mit El Münedschi uns in dieser Beziehung von Nutzen sein werde. Derartige Vorgefühle, und wenn sie sich noch so leise bemerkbar machten, haben mich fast nie getäuscht.

Es wurde dem Alten der bequemste Sattel, den wir hatten, mit Decken und weichen Tüchern so hergerichtet, daß er da behaglich wie in einem Lehnstuhl sitzen konnte. Ehe er aufstieg, bat er uns, ihn an das Grab zu führen; wenn er es auch nicht sehen könne, so wolle er doch wenigstens mit den Händen einmal nach dem Ort schauen, der beinahe sein Grab geworden wäre. Hanneh nahm ihn bei der Hand, um ihn hinzugeleiten, indem sie sagte:

„Diese deine jetzige Kijâme ist eine irdische, bei der dir deine Augen nicht den Ort der Auferstehung zeigen; wenn aber einst deine himmlische Kijâme kommt, so werden sie geöffnet sein, und du wirst mit ihnen das Land der Herrlichkeit sehen, das Allah allen denen bereitet hat, die reinen Herzens sind und ihn und seine Menschenkinder lieben. Allah jekûn ma' ak — Gott sei mit dir!" — — —

3. Der Perser

Unser heutiger Ritt hatte den Bir Hilu[1] zum Ziel, der nicht auf dem nordsüdlichen Karawanenweg, sondern viel weiter seitwärts liegt. Daß er auch von El Ghâni genannt worden war, lieferte mir den Beweis, daß dieser Mekkaner sich nicht immer nur in der Stadt des Propheten aufgehalten, sondern auch die Wüste ziemlich genau kennengelernt haben mußte.

Die Wüste!

Ich habe sie und ihre verschiedenen Arten schon so oft beschrieben, daß ich mich nicht wiederholen darf. Ihre Physiographie ist bekannter als die bisher noch kaum gewürdigte Bedeutung, die sie als Erzieherin des ihre Wâhât[2] bewohnenden Menschen besitzt. Wie die Prärie ein nur ihr eigenartiges Leben und die nur auf ihr möglichen Gestalten entwickelt, so hat auch die Wüste ihre besonderen Pflanzen-, Tier-, Menschen- und überhaupt Lebensformen, die man in anderen Gegenden vergeblich suchen würde. Damit würde Freiligrath, wenn er es mit seinem „Wüstenkönig ist der Löwe" ernstgemeint hätte, allerdings nicht einverstanden sein; er würde sagen, „der Löwe kommt auch in anderen Gegenden als nur in der Wüste vor". Allein ich habe trotzdem recht, denn wenn der Löwe wirklich einmal in der Wüste vorkommt, so ist es doch nur an deren Rand, und er hat sich verlaufen. Er braucht als Fleischfresser viel Wasser und ist also nichts weniger als ein Wüstentier, wie auch die Giraffe, auf der er seinen berühmten

1 Süßer Brunnen 2 Mehrzahl von Wâh = Oase

„Löwenritt“ ausführt, es in der Wüste nicht viel länger als einen Tag aushalten würde.

Der Mensch hat die Gabe, sich den Naturverhältnissen des von ihm zum Aufenthalt gewählten Landes anzupassen; er wird, je länger desto mehr, dessen Sohn, indem er die Eigenart des Bodens annimmt, der seine Wohnung trägt, mag diese nun eine festgegründete oder mitwandernde sein. So auch der Wüstenbewohner. Ich gestatte mir nämlich dieses eigentlich grundfalsche Wort, weil es sich nun einmal eingebürgert hat. Die Wüste ist ja unbewohnt, und, wenn sie von Karawanenpfaden durchzogen wird, kann doch nur von Wanderern, nicht aber von Bewohnern gesprochen werden.

Die Wüste liegt weit und flehend ausgebreitet wie ein endloses Gebet zu Gott um Gnade und Barmherzigkeit. Sie ist ein tief ergreifendes Bild irdischer Armut und Hilflosigkeit. Sonnendurchglüht, kahl und nackt ragen ihre Felsen empor, oft wunderlich, phantastisch geformt, oft kühn vereinzelt, oft zu gemeinschaftlichen, wilden Zügen vereint; bald in seltsamen Gliederungen aufgebaut, so daß man zerfallene Städte, verödete Schlösser und Burgen oder prächtige Säulenhallen in der Ferne zu erblikken meint, bald wieder wie von der Faust eines unerbittlichen Schicksals niedergeschmettert, breitgedrückt, zerrissen und zerklüftet, von gähnenden Abgründen durchzogen, in deren Tiefe selbst die Glut der äquatorialen Sonne nicht zu dringen vermag. Gleicht dieses Bild nicht genau der Geschichte dieses scheinbar von Gott verlassenen Landes?

Den oft gen Himmel ragenden Erhebungen folgt das Warr, jene von zerstampften, wild durcheinander geworfenen Felsenmassen bedeckte Wüste, die das Aussehen hat, als habe der Teufel im Zorn über seine Verstoßung hier eine Welt zerschmettert und dann die Trümmerbrocken umhergewirbelt. In allen Größen liegen sie da, diese Steinblöcke, hier nur einer, nur zwei oder drei, dort hoch aufeinander getürmt, als habe der Böse dann „Markenumgang" in seinem Innern gehalten und jede einzelne Sünde, jedes einzelne Laster mit einem aus zermalmten Bergen bestehenden Schandmal bezeichnet. Rundum bis an den Gesichtskreis, so weit das Auge reicht, sind diese Zeichen zu sehen, und je weiter er sich dehnt, desto größer wird ihre Menge. Zwischen ihnen liegen die Felsenbrocken gesät wie unzählbare Körner von tausend Höllenfrüchten, die in der Wüstensonne nachreifen und sich schwärzen sollen. Den einsamen Wanderer durchschauert es trotz der glühenden Hitze; er treibt sein Kamel an, um schnell weiterzukommen, und ruft:

„Allah, beschütze und behüte mich!"

Dann kommt die Wüste, in der sich der Sand mit dem Wa'r vermählt. Dort im Westen, Tagereisen weit von hier, liegt die weite Ebene des Sandes. Der meist herrschende Westwind streicht über sie und nimmt die feinsten, leichtesten Körnchen mit, um sie an jedem festeren Punkt, an jeder noch so kleinen Erhöhung abzusetzen. Die Erhöhung wird größer, sie wächst von Tag zu Tag. Der Wind baut höher auf, und der von ihm getriebene Sand wird bis zur Spitze gehoben und was nicht liegen bleibt, fällt jenseits herab. Das gibt ein leises, wie metallisches Klingen und Tönen. „Die Engel flüstern", sagt der Beduine, wenn er, halb schlafend, es während der Nacht hört. Das ist die Wüste der Sandhügel. Die feinsten, klingenden Körner wandern weiter und immer weiter; sie erreichen das Wa'r, sie füllen seine Löcher und Vertiefungen aus, sie steigen an seinen Trümmern empor und hüllen sie mit einem Mantel ein, geben seinen scharfen Linien Milderung und verwandeln die rohen Trümmerhaufen nach und nach in sanfte Hügelwellen: die flüsternden Engel decken das Teufelswerk in liebevoller Arbeit zu.

Und weit draußen endlich dehnt sich die Wüste des

toten Sandes. Die Tageshitze liegt in flimmernder Verdichtung wie eine Last auf ihr; der Himmel zieht sich wie flüssiges Blei darüber hin und scheint sich am Erdkreis mit einem Meer von glühendem Erz zu vereinigen; eine Grenzlinie zwischen beiden gibt es tagelang nicht. Das Auge brennt, der Sehnerv versagt ermüdet seine Tätigkeit, denn der sehnsüchtige Blick findet keinen Punkt, an dem er ruhen könnte. Der Sinn für die Entfernung geht verloren, man glaubt, inmitten einer gestaltlosen Ewigkeit zu reiten und verliert in ihr den eigenen Halt. Die Tatkraft schwindet, der Wille wird verzehrt; die Schärfe der Sinne nimmt ab, und an die Stelle fehlender Wahrnehmungen treten Sinnestäuschungen, die das, was man wünscht, vorgaukeln. Darum ist diese Wüste das eigentliche Gebiet der Fata Morgana, wie sie auch den Hauptbereich der verderblichen Sandstürme bildet, denen schon mancher einzelne Wanderer und manche vollzählige Karawane zum Opfer gefallen sind. Welches Entzücken dann der Anblick einer wirklichen, nicht vorgespiegelten Oase hervorbringt, das zu beschreiben fehlen die Worte.

Und genauso wie die Wüste ist auch ihr Bewohner. In seinem Inneren wohnt die gleiche Glut, unter der die Gebilde seiner Seele zu seltsamen Formen erstarren. Hilflos, hungrig und dürstend wie das Wa'r und der brennende Sand breitet sich sein Leben vom ersten bis zum letzten Tag dem Himmel entgegen, stets der Barmherzigkeit Allahs gewärtig. Daher seine tiefe Religiosität, deren äußerer Ausdruck aber an ermüdende Formeln gebunden ist. Die unerbittliche Strenge der Wüste macht ihn ernst und hart; wie sie grausam ist gegen ihn, so ist auch er rücksichtslos gegen andere, ihm nicht nahestehende Wesen. Genauso unbeugsam, wie ihre Gesetze sind, besteht auch er auf der Unfehlbarkeit seiner Meinungen und auf der Überlegenheit seines Willens. Ihre Witterungsunterschiede sprechen sich in seinen Regungen aus;

was ihn am Tag begeisterte, kann er am Abend schon kalt und verächtlich von sich werfen. Das Weib, das er jetzt glühend liebt, kann er schon nach einigen Stunden durch die gesetzlich gültige Formel „Du bist geschieden“ von sich jagen. Nächstenliebe, die große Forderung der Christuslehre, kennt er überhaupt nicht, wie ja auch die Wüste nichts weniger als liebreich gegen ihn ist. Wie sie nichts gibt, sondern nur Opfer fordert, so ist auch er nur Selbstling und will sogar den Himmel für sich allein haben. Hat sie den ganzen Tag gedürstet, so saugt sie den Tau der Nacht bis auf den letzten Tropfen auf; in gleicher Weise unterwirft auch er sich geduldig allen Entbehrungen, um sich dann dem Genuß ohne Maß und Selbstbeherrschung zu ergeben. Da sein ganzes inneres Leben ein nur von einigen Brunnen unterbrochenes Wandern durch die Öde ist, schmückt er sich das Jenseits in den glühendsten Farben als paradiesische Oase aus, wo er ununterbrochen in Freuden schwelgt, von denen ihm das irdische Leben nur zuweilen einen leisen, kurzen Vorgeschmack bietet. Wie seine Leiden und Entbehrungen körperlich sind, so sind auch die Ziele seiner Wünsche und Bestrebungen meist sachlicher Art. Der Wüstensohn hat kein Gemüt, darum kann er sich weder ein irdisches Glück noch seine einstige Seligkeit rein herzlich denken. Der Boden seiner Seele gleicht der Felsen-, der Trümmer- und der Tiefsandwüste. Seltsam, verworren, abenteuerlich steigt es von da unten auf; der heiße Samûm[1] fegt darüber hin und wirbelt tödliche, wie von höllischem Feuer gefärbte Sandwolken vor sich her. Aber wie die Wüste ist auch diese Seele nicht ohne Tau, so sind auch ihr die geistigen Vorbedingungen der wirtschaftlichen, ethischen und religiösen Gesittung nicht versagt. Wo aber sind die rechten Bahnbrecher, die den selbstlosen Beruf in sich tragen, nach diesem Wasser zu suchen? Wer hier wirklich helfen will,

1 Samûm = Wüstenwind, eigentlich Giftwind

der darf dies nicht von der Berechnung abhängig machen, zu welchem Prozentsatz sich das dabei angelegte Kapital verzinsen wird; auch muß er zunächst auf religiöse Unduldsamkeit verzichten, die dort den fanatischen Widerstand hervorrufen und zum wenigsten das Gelingen auf unabsehbare Zeit hinausschieben würde. Es gibt Kapitalanlagen, die der Herrgott in sein Buch einträgt, um erst am großen Tag der Abrechnung Soll und Haben zu vergleichen, und jener Mann ist der beste Missionar, der den Andersgläubigen mehr durch sein Leben als durch seine Lehren zu überzeugen sucht. Ein Gott wohlgefällig und den Mitmenschen nützliches Leben ist die einzig richtige Vorbereitung des Bodens zu der Saat, die dann allerdings durch die Predigt in Worten zu geschehen hat.

Komm mit mir im Geist in die Wüste, lieber Leser! Du hast gelernt, die Bedürfnisse deines Körpers auf das allergeringste Maß herabzumindern. Der Hunger ficht dich nicht mehr an, und auch den Durst hast du bis zum gebotenen Grad zu beherrschen gelernt. Du bist auf Fasten gestellt und wirst nun die Erfahrung machen, daß jetzt die Tätigkeit des Geistes die des Körpers überragt. Das ist der Grund, weshalb selbst bei halb oder gar nicht zivilisierten Völkern vor wichtigen Wendepunkten im Leben des einzelnen oder auch der Gesamtheit ein Fasten vorgeschrieben ist. Sogar der Indianer fastet längere Zeit vor der feierlichen Handlung des Namengebens oder vor der Wahl der Medizin. Es ist, als sei die Seele freier geworden und in ihrer Tätigkeit weniger gehemmt als vorher. Deine geistigen Sinne scheinen doppelte Schärfe und deine Gedanken Flügel bekommen zu haben. Du lebst mehr innerlich als äußerlich. Du hast dich an den schaukelnden Gang des Kamels gewöhnt; er stört dich nicht mehr. Im hohen Sattel des Hedschîn sitzend, achtest du nicht auf die Bewegungen des Tieres, dessen weiche, geschmeidige Schritte nicht bis zu dir heraufwirken. Reitest du durch die Hochfelsenwüste oder durch das Warr, so fühlst du dich als körperliches Wesen so klein, so nichtig, so verlassen in diesem überwältigenden Stein- und Trümmermeer; reitest du über den weiten Sandozean, so siehst du ihn nicht hinter dir verschwinden, während er sich aber vor dir immer weiter und weiter ausbreitet. Es gibt keinen Anfang und kein Ende, keine Grenze hier, denn der Gesichtskreis ist zur Vermählung des Himmels mit der Erde geworden, die zwischen beiden keine Linie mehr kennt. Du weißt nicht, wo das Unten aufhört und das Oben beginnt, und hast das Gefühl, als ob die über dir glühende Sonne die Erde und dich mit ihr unaufhaltsam auf- und aufwärts ziehe. Und wie du Himmel und Erde nicht mehr zu trennen vermagst, so schaust du zu gleicher Zeit nach außen und nach innen. Die Endlosigkeit vor deinem körperlichen Auge ist gleich der unmeßbaren Weite, die vor deinem geistigen Auge liegt. Dein Leib wird fortgetragen, ohne daß du es fühlst, und deine Seele fliegt. Dein Leib? Du hast keinen Leib mehr, du bist nur Seele. Der Leib ist in dieser Grenzenlosigkeit immer nichtiger und nichtiger geworden, bis er als ein Nichts in der Unendlichkeit dir aus den Gedanken schwand. Aber daß deine Seele bestehen muß und auch fortbestehen wird, das ist dir zu einer Klarheit geworden, gegen die kein Hauch des Zweifels möglich ist. Du selbst bist ja diese Seele und kannst kein Ende nehmen, wie es hier überhaupt kein Ende gibt. Der Zweifel kann nur auf der Erde wohnen, und du fühlst dich ja nicht mehr auf ihr und weißt, daß es von jetzt an keine Macht mehr gibt, der es gelingen kann, dich in der Überzeugung deiner Unsterblichkeit irrezumachen.

Da hörst du Worte; sie klingen wie aus weiter, weiter Ferne zu dir, aber sie rufen dich doch zur Erde zurück. Du bist nicht mehr jenseits, sondern diesseits unserer Grenzen und siehst, daß der Schech el Dschimal[1] es ist,

[1] Karawanenführer

der gesprochen hat. Er deutet vorwärts, und indem du diesem Fingerzeig mit dem Auge folgst, bemerkst du eine Karawane, die weit draußen in der Wüste vorüberzieht. Ihr Führer trennt sich von ihr und der eurige von euch. Beide reiten einander entgegen, um Frage und Antwort auszutauschen, während beide Karawanen ihres Weges weiterziehen. Du staunst über den Anblick dieser fremden Wanderer; du fragst dich, ob das die Wirklichkeit oder ein Traumbild sei. Die Gestalten sind von zwei waagerechten Linien durchschnitten, zwischen denen sich nichts befindet, unter ihnen siehst du die weiterschreitenden Beine und die halben Leiber der Kamele, während über ihnen die oberen Leibeshälften mit den Reitern in der Luft zu schweben scheinen; der eine Teil des Bildes ist senkrecht, der andere schräg. Die Ursache davon hast du in den von der Erde zurückgeworfenen Sonnenstrahlen zu suchen, das sagt dir das eigentümliche Zittern der zerschnittenen Gestalten. Wer sind sie? Wo kommen sie her, wo gehen sie hin? Der Schech el Dschimal wird es erfahren und euch sagen. Aber wer sie auch sein mögen, sie befinden sich in dieser Wüste und haben das gleiche empfunden und gedacht wie du. Es gibt unter ihnen keinen, der an dem Dasein Gottes und an dem ewigen Leben Zweifel hegt, denn die Seele jedes von ihnen ist da oben gewesen, wo jetzt auch die deine war.

Der Tag vergeht, und um die Zeit des Moghreb wird haltgemacht. Das Lager wird gebildet und dann das Wasser ausgeteilt. Wie erhebend klingt dann der Ruf: „Haij 'ilas salât, haij 'ilal felâh, Allah akbar, la ilaha illa-llâh — — auf zum Gebet, auf zum Heil; Gott ist sehr groß, es gibt keinen Gott außer Gott!"

Nach dem raschen Hereinbruch der Dunkelheit wird noch das Abendgebet gesprochen, dann hüllt ihr euch in eure Decken. Die Beduinen schlafen, du aber hast die Augen offen, denn die Sterne Gottes sind aufgegangen, hier in größerer Pracht und Herrlichkeit als anderswo.

Sie ziehen mit zwingender Gewalt deinen Blick zu sich hinauf und mit ihm deine Seele mit allen ihren Gedanken.

Du denkst zunächst des heimatlichen Himmels, der andere Bilder hat als dieser südliche. Das liebe Vaterhaus mit allen, die in ihm wohnen, kommt dir in den Sinn. Dein Herz eilt hin zu ihnen, denen deine Liebe gehört. Du hältst Heimkehr aus der Wüste, aus der fernen Fremde in die Heimat, die dich geboren hat. Aber der Glanz der Sterne zieht dich wieder her, ohne daß du das Gefühl, daheim zu sein, verlierst. Bist du nicht auch hier daheim, an der Seite des himmlischen Vaters, von dem Jesaias[1] sagt: „Kann denn ein Weib ihres Kindes vergessen, daß sie sich nicht erbarmte des Sohnes ihres Leibes? Und wenn sie es vergäße, so wollte doch ich dich nicht vergessen!" So wird dir selbst die Wüste zum Heim, und auch die Sterne grüßen dich nicht fremd. Es ist, als ob sie liebe, verheißungsvolle Worte herniederflimmerten von den Wohnungen im Haus des Vaters, die Christus uns bereitet hat. Ist es nicht wunderbar, daß diese Sonnen und Welten, millionenmal größer als unsere winzige Erde, dich nicht erschrecken, sondern vielmehr deinen Glauben und dein Vertrauen stärken? Es drückt dich nicht nieder, daß sie schon Milliarden von Jahren bestanden haben und noch Billionen von Jahren bestehen werden, während dein Leben höchstens siebzig Jahre währt, und wenn es hoch kommt, so sind es achtzig Jahre. Und du tust wohl daran, so zuversichtlich zu sein, denn Christus sagt: „Himmel und Erde werden vergehen, aber meine Worte werden nicht vergehen." Und diese Worte, die ewig bleiben, sind die Worte von der Liebe des Vaters, dessen Kinder wir sind für Zeit und Ewigkeit. Bist du ein guter Mensch, so schau hinauf zum Himmel und sag: hast du nicht jeden einzelnen dieser lichten Sterne lieb? Sag „nein", wenn du es ver-

1 Kap. 49, 15

magst! Höre die Worte, die mit meinen anderen Gedichten veröffentlicht werden:

Ich fragte zu den Sternen
wohl auf in stiller Nacht,
ob dort in jenen Fernen
die Liebe mein gedacht.
Da kam ein Strahl hernieder,
helleuchtend in mein Herz
und nahm all meine Lieder
zu dir, Gott, himmelwärts.
Ich fragte zu den Sternen
wohl auf in stiller Nacht,
warum in jene Fernen
er sie emporgebracht.
Da kam die Antwort nieder:
„Denk nicht an irdischen Ruhm;
ich lieh dir diese Lieder;
sie sind mein Eigentum!"
Ich fragte zu den Sternen
wohl auf in stiller Nacht:
„Gilt denn in jenen Fernen
auch mir die Himmelspracht?"
Da klang es heilig wider:
„Du gingst von mir einst aus
und kehrst, wie deine Lieder,
zurück ins Vaterhaus!"

Schau, so fest und sicher ist mein Glaube, so unerschütterlich und freudig mein Vertrauen, daß diese Sterne wohl leichter ihr Licht verlieren, obgleich ihr Dasein nach Jahrmillionen zählt, als daß ich, das noch nicht sechzig kurze Jahre alte Menschenkind[1] von meiner Zuversicht zum Vater lassen würde, in dessen

1 Karl May verfaßte den vorliegenden Band 1898, im Alter von 56 Jahren.

Haus auch mir ein Platz bereitet ist, wenn ich mich seiner nicht unwürdig mache.

Sieh die Wüste im Glanz dieser Sterne liegen! Geht er nicht vom Vater aus? Oder denkst du, daß er einen anderen Urquell habe, den du mit Hilfe deiner sogenannten Wissenschaft erreichen und chemisch begutächteln kannst? Ich sage dir, die einzige, untrügliche wahre Wissenschaft ist Gottes Allweisheit, und der Glanz, der von dieser Weisheit aus über alle Welten strahlt, kann von keines Menschen Sohn auf dem Weg der Wissenschaft bis an seinen Quell zurückverfolgt werden. Wenn Camille Flammarion, der bekannte französische Astronom, mit Hilfe des elektrischen Lichts mit den Bewohnern des Mars sprechen will, so sind erst Vorfragen zu erledigen, die vielleicht in Jahrtausenden noch nicht beantwortet sind, und selbst wenn ihm das gelänge, so hätte die Wissenschaft eine Linie nur bis zum nächsten Planeten gezogen, was den unzählbaren Fixsternen und ihren ungeheueren Entfernungen gegenüber nicht einmal als Anfang bezeichnet werden könnte. Es würde das ungefähr dasselbe sein, wie wenn der kleine, bewegliche Goldfisch in meinem Aquarium auf den Gedanken käme, den fernen Titicacasee einer ichthyologischen Untersuchung zu unterwerfen. Mein Halef nennt die Sterne am liebsten Ujûn es Ssema, „Himmelsaugen“, und als ich ihn nach dem Grund fragte, antwortete er: „Wenn ich in stiller Nacht unter dem glänzenden Himmelsgewölbe liege, ist es mir, als schaue Allah mit tausend gütigen Sternenaugen auf mich hernieder, um mir zu sagen, daß ich in seinem Schutz ruhig und sicher schlafen könne.“

Wenn dann der Mond seinen lichten Schein mit dem ihren vermählt, so ist scheinbar ein durchsichtiges Meer von flüssigem Silber, dessen Kräuselungen im herrlichsten Perlmutterglanz flimmern, über die Wüste ausgebreitet. Ein so zauberisches Licht besitzt der Mond nirgend anderswo. In der bewegten Luft schweben seine Strahlen hin und her. Es geht die Fee der Wüste durch die helle Nacht. Der Saum ihres Gewandes streift leise über den Sand; ein Heer von Elfen fliegt umher, die Mondstrahlen einzufangen, um die Gebieterin mit ihnen zu schmücken. Da werden spinnenfeine Metallfäden zu glitzernden Tüchern verwoben und mit sternenleuchtenden Flimmern besetzt; smaragdene Ketten und diamantener Einschlag bilden den Schleier, lang nachwehend wie ein schimmernder Duft. Aus Brillantflimmern entsteht das Stirnband, funkelnd in märchenhafter Pracht. So schwebt sie dahin über mild glänzendes Silbergeflecht, schöner noch als Scheherazades herrlichster Traum. Die am Tag öde, todesstarre Wüste ist jetzt ein herrliches, geheimnisvolles Gedicht, von dessen Strophen du nur den Schlußvers verstehst: „Lobe den Herrn, meine Seele, und alles, was in mir ist, seinen heiligen Namen! Lobet den Herrn, ihr seine Engel, all seine Heerscharen, die ihr gewaltig seid an Kraft!" Vernimmst du die Lobgesänge dieser Engel? Schließe die Augen, und lausche in dein Herz hinein! Auch dort sind leuchtende Sterne aufgegangen, und das Licht der Gottesnähe breitet sich über die erkenntnishungrige Seele. Es werden Stimmen laut in dir; beachte sie nur! Sie rufen dich von deinem bisherigen Pfad ab zum Karawanenweg der Gläubigen, der nach dem Land der Verheißung führt. Deine Seele bricht auf, ihnen zu gehorchen, deinen müden Körper aber nimmt der Schlaf in seine Arme. Allah jebârik fik; Allah jidîlak nûro; letetak sa'ide — Allah segne dich; er spende dir sein Licht; gute Nacht!

Die Wüste, durch die wir heute kamen, war ein südöstlicher Ausläufer der Nefud, die selbst von den Eingeborenen gefürchtet ist. Wir hatten Mühe, die Richtung beizubehalten. Sie besteht nämlich aus langgestreckten Sandhügeln, die oft gleichlaufend zueinander, oft aber auch ganz ungleichartig liegen und durch unregelmäßige Querreihen miteinander verbunden sind. Dadurch entstehen zwischen ihnen tieferliegende Vierecke, und das Ganze würde, aus der Vogelschau gesehen, jener Art von Back- und Webwaren gleichen, die man Waffeln nennt. Es läßt sich denken, daß es da für uns ein schwieriges Fortkommen gab, weil keine zusammenhängende, ebene Strecke vorhanden war und wir, um von einem Viereck zum anderen zu kommen, die zwischen ihnen liegenden Höhen überwinden, also aus der Waffel heraus und hinauf und dann jenseits wieder in die andere hinunterreiten mußten. Das ermüdet die Kamele, zumal sie keine guten Kletterer sind, außerordentlich, denn die Abhänge waren oft sehr steil, so daß die Waffeltiefen wahre Abgründe bildeten, die um so schwerer gangbar waren, als die Wände aus lockerem Sand bestanden, der keinen festen Halt bot und bei jedem Schritt unter den Füßen der Hudschun wich.

Es war da leicht, auf unnütze oder gar verderbliche Umwege zu verfallen, aber erstens besaßen wir Erfahrung genug, zweitens war der Ben Harb ein wirklich guter Führer, und drittens folgten wir den Spuren der Mekkaner, die durch die Wahl ihres Weges bewiesen, daß sie diese Gegend ausgezeichnet kannten und gewiß schon öfters durch sie geritten waren.

Die Wüste war nicht ganz unbelebt. Es gab zuweilen einen einsamen, mannshohen Strauch, eine Eidechse und Spuren von kleinen Füchsen. Auch die Fährte eines Panthers entdeckten wir, doch gehörte er zur kleinen, weniger seltenen Art.

El Münedschi verhielt sich still; er schien in einem immerwährenden Halbschlummer zu liegen.

Es war noch nicht Mittag, als wir uns auf einem der beschriebenen Hügelrücken befanden, und im Zurückblicken bemerkten, daß es außer uns noch andere Menschen in dieser Gegend gab. Wir sahen auf einem der links hinter uns liegenden Hügel eine Schar von Kamelreitern erscheinen, die gut beritten sein mußten und große Eile verrieten. Ich zählte zweiundzwanzig Mann. Wir ritten unseren Schritt weiter. Sie kamen uns näher, und da bemerkten wir, daß zwanzig Mann von ihnen Uniformen trugen; sie waren also Soldaten. Türkische Soldaten hier in der arabischen Wüste! Das mußte einen besonderen Grund haben, denn der arabische Beduine weist die Botmäßigkeit des großherrlichen Militärs mit aller Entschiedenheit von sich ab. Aber uns ging die Sache nichts an, und so setzten wir unseren Ritt ruhig fort.

Nach einiger Zeit holten sie uns ein. Die zwei Nichtmilitärs ritten voran, der eine von ihnen sprach uns an. Er war ein Perser; das sah ich ihm auf dem ersten Blick an. Seine Kleidung bestand aus Seide, und seine Waffen waren schön und von hohem Wert. Geradezu einzig aber war das Hedschîn, das ihn trug. Ein so fehlerlos gebautes, wunderbar gezeichnetes Reitkamel hatte ich noch nicht gesehen. Es war hellgrau gefärbt, nach Art der Fliegenschimmel dunkelbläulich getüpfelt, eine nicht älter als fünfjährige Stute mit hellroten Augen. Sie hatte einen so treuen, so klugen Blick, wie ich ihn noch bei keinem einzigen Kamel bemerkt hatte. Die Füße waren klein und die Formen voll und rund. Ich gestehe, daß ich entzückt über dieses Tier war.

Einen ebenso guten Eindruck machte der Reiter auf mich, doch nicht etwa seiner reichen Bekleidung und Bewaffnung wegen, denn solche Äußerlichkeiten können mir niemals Achtung einflößen. Aber er saß im hohen Sattel aufrecht und stolz wie ein König, der gewohnt ist, zu gebieten und Gehorsam zu finden. Und dieser Stolz war natürlich, er kam von innen heraus. Sein von einem dunklen, wohlgepflegten Bart umrahmtes Gesicht trug die Kennzeichen geistiger Tätigkeit, und seine Augen hatten einen mildfreundlichen Blick, der aber erraten ließ, daß ihm das Feuer der Tatkraft oder des Zornes auch nicht fremd sei. Alles in allem machte dieser Mann den Eindruck wirklicher Vornehmheit.

„Ässälam 'aleikum!“ grüßte er mit persischem Anklang höflich, indem er seinen Blick forschend über uns gleiten und dann in bewunderndem Ausdruck auf unseren Pferden haften ließ.

„Vä 'aleikum ässälam!“ antwortete ich ebenso höflich und in gleicher persischer Mundart.

Halef hatte schon den Mund geöffnet, um zu sprechen, ich war ihm aber zuvorgekommen, denn seine vorschnelle Art war einem solchen Mann gegenüber nicht gut angebracht. Über die Züge des letzteren ging bei meiner Antwort ein freundliches Lächeln, und er fragte:

„Du sprichst persisch; bist du Perser?“

„Nein, aber ich war längere Zeit in diesem Land, habe es liebgewonnen und besitze treue Freunde dort.“

„Muhäbbät-i-tu käm nä schäwäd — deine Freundschaft möge nicht abnehmen! Ich bin Khutab Aga, der Basch Nâsir[1] des Heiligtums von Meschhed Ali[2]. Allah segne und beschütze diese Stätte!“

Auch wenn er mich nun nicht so fragend angesehen hätte, würde die Höflichkeit es mir geboten haben, ihm meinen Namen zu nennen. Ich tat dies also:

„Ich heiße Hadschi Akil Schâtir Effendi und bin aus dem fernen Land des Maghrib gekommen, um die Reiche des Ostens zu sehen und ihre Bewohner kennenzulernen.“

Das war aber meinem Halef viel zu bescheiden ausgedrückt. Ich hatte das letzte Wort noch nicht ausgesprochen, so fiel er schon eifrig ein:

„Das ist aber nur der Anfang seines Namens; den glorreichen Fortgang und das herrliche Ende desselben verschweigt er leider meistens aus falscher Demut. Er heißt mit seinem vollständigen Namen, der aber trotzdem noch viel länger gemacht werden könnte, Hadschi

1 Oberwächter, Oberaufseher   2 Nedschef

Akil Schâtir el Medscharrib Ben Hadschi Alim Schadschî er Ghâni Ibn Hadschi Dâim Maschhûr el Azîm Ben Hadschi Takî Abu Fadl el Mukarram Effendi. Seine Geburtsstätte ist das große Wadi Draa aus dem nur berühmte Männer kommen, und in seinem Kopf sind die Seiten, Zeilen und Paragraphen sämtlicher Wissenschaften aufgestapelt. Allah möge ihm diese Vorzüge seines Geistes erhalten!"

Khutab Aga wartete geduldig lächelnd, bis dieser lange Riemen abgewickelt worden war, und erkundigte sich dann:

„Und du? Wer bist du, und wer sind die anderen?"

„Ich bin Hadschi Halef Omar Ben Hadschi Abul Abbas Ibn Hadschi Dawuhd al Gossarah, der Scheik der Haddedihn vom großen Stamm der Schammar. Diese Männer sind einige meiner Krieger, die mit uns nach Mekka pilgern."

Das bei der Nennung meines Namens etwas spöttisch gewordene Lächeln des Persers verlor jetzt diesen Ausdruck.

„Ich habe von den Haddedihn gehört", sagte er. „Sie sind brave und ruhige Leute, die den Frieden und die Ehrlichkeit lieben. Sie besitzen einen Freund aus dem Abendland, der Kara Ben Nemsi Effendi heißt und ihr Lehrer in allen nützlichen Künsten des Krieges und des Friedens gewesen ist."

„Das ist richtig. Von wem hast du das erfahren?"

„Von einem Mann, der mir mitgeteilt hat, daß auch du ihn kennst, wenn du wirklich Hadschi Halef bist."

„Ich bin es. Wie heißt dieser Mann?"

„Mirsa Dschafar, mein bester Freund."

Mirsa Dschafar! Der bei meiner letzten Reise mit Halef durch Persien[1] eine so bedeutende Rolle gespielt hatte. Der Perser nannte ihn Mirsa Dschafar, nicht Dschafar Mirsa, gab ihm also nicht den prinzlichen,

1 Siehe: Karl May, Ges. Werke Bde. 26—29.

sondern den gewöhnlichen Titel. Diese vorsichtige Art bot mir den Beweis, daß er von Dschafar mehr wußte, als er hier sagen konnte. Ich war überrascht. Khutab Aga bezeichnete Dschafar als seinen besten Freund, aber die eigentümlichen Verhältnisse des letzteren geboten uns doch, vorsichtig zu sein. Das beste war, nicht weiter auf diese Bekanntschaft einzugehen, leider aber war es dem lebhaften Hadschi unmöglich, in Fällen, wie der gegenwärtige war, die gewünschte Zurückhaltung zu üben.

Ich wollte die Fortsetzung des Gespräches selbst übernehmen und ihm winken, zu schweigen, er sah mich aber in seinem Eifer nicht an und rief unmittelbar nach der Nennung des Namens froh erstaunt aus:

„Mirsa Dschafar! Unser persischer Freund! Den kennst du auch? Ja, du nennst ihn ebenso Freund, wie wir ihn nennen? Schau hin, und sieh den Chandschar[1], der dort im Gürtel meines Effendi steckt! Diese Waffe ist ein Geschenk von Mirsa Dschafar, das für ihn und uns einen großen Wert besitzt.“

Welch eine Unvorsichtigkeit! Mit diesen Worten verriet Halef, daß ich nicht der Mann war, für den wir mich soeben ausgegeben hatten.

Khutab Aga ließ sein Auge langsam über mich hingleiten.

Kein Zug seines Gesichtes sagte mir, ob er hinter unser Geheimnis gekommen sei, aber er sprach von jetzt an ausschließlich nur zu mir:

„Erlaube, daß ich dich nach dem Weg frage, den ihr bis hierher geritten seid! Den Grund, der mich diese Bitte aussprechen läßt, werde ich dir nachher mitteilen.“

„Wir kommen aus der oberen Dschesîre“, antwortete ich, „und sind südwärts von Hit und den Euphrat gegangen.“

„Habt ihr den Nedschef-See berührt??“

1 Dolch

„Nein."

„Also auch nicht den Karawanenweg, der von Hille und Meschhed Ali nach Mekka führt?"

„Nein. Der hat stets weit links von unserem Pfad gelegen."

„Wie schade! Wäret ihr diesen Weg geritten, so könntet ihr mir wahrscheinlich Auskunft über eine kleine Karawane geben, die wir suchen."

„Suchen? Ihr sucht? Sonderbar!"

„Sonderbar? Warum nennst du unser Suchen so?"

„Weil du sie suchst und mir doch sagst, wo sie zu finden ist, nämlich auf dem Weg von Meschhed Ali nach Mekka."

„So will ich dir mitteilen, daß diese Karawane allen Grund hat, sich vor uns zu verstecken."

„Wenn sie sich vor euch verbergen muß, hat sie auch Ursache, sich von anderen, die sie an euch verraten könnten, nicht sehen zu lassen."

Er wiegte leise den Kopf, ließ ein befriedigtes Lächeln um seine Lippen spielen, als habe bei ihm irgendein heimlicher Gedanke Bestätigung gefunden, und fuhr dann fort:

„Ich sehe jetzt, daß du wirklich ein kluger Effendi aus dem Maghrîb bist, denn du hast in einigen Augenblicken mehr durchdacht, als ein anderer Mann nach langem Forschen finden würde. Ich errate deine Gedanken und weiß, daß du dich wunderst, uns hier an dieser Stelle zu sehen."

„Du irrst. Ein anderer würde sich wundern, daß ihr hier seid, während du doch selbst sagst, daß die von euch Gesuchten den weit von hier liegenden Karawanenweg eingeschlagen haben. Ich aber schließe aus euerm Hiersein darauf, daß diese Leute vom Karawanenweg abgewichen sind. Ihr werdet, denke ich, die Spuren dieses Abweichens gefunden haben."

„Du hast recht, Effendi. Wir haben entdeckt, daß

sie vom Meschhed-Ali-Weg nach Westen abgewichen sind."

„Wußten sie sich verfolgt?"

„Nein. Aber sie mußten sich allerdings sagen, daß man ihnen sofort nachjagen werde, falls ihre Tat zur Entdeckung käme."

„Darf ich fragen, was für eine Tat es ist?"

„Dir sage ich es. Man hat das Heiligtum von Meschhed Ali bestohlen. Kannst du das glauben?"

„Warum nicht? Ich kenne Menschen, die noch viel Schlimmeres verbrochen haben."

„Etwas Schlimmeres gibt es nicht! Wer das Heiligtum bestiehlt, der bestiehlt Allah."

„Ein Faulenzer, ein Tagedieb bestiehlt Allah auch, denn die Tage des Lebens gehören nicht ihm, sondern Gott, und ein Lebenstag ist ebenso wichtig wie irgendein Gegenstand in den heiligen Mauern von Meschhed Ali oder Kerbela."

„Ich kann darüber nicht mit dir streiten; denn als ein Mann aus Fran — — —", er hielt einen Augenblick inne und verbesserte sich dann, indem er fortfuhr, „als ein Mann aus dem fernen Maghrib mußt du anderer Meinung sein als ich. Wir entdeckten vier Tage, nachdem die Diebe fort waren, den Raub, und ich als Hüter des Heiligtums bin ihnen ohne Verweilen nachgeeilt."

„Fran — — —" hatte er gesagt, sollte das Frankistan, das Land der Franken, der Christen, heißen? Wenn dies der Fall war, so hatte Halefs Unvorsichtigkeit es verraten, daß ich Kara Ben Nemsi, nicht aber ein Mann aus dem Wadi Draa war. Nun kam es darauf an, die Folgen dieser Entdeckung zu verhüten.

„Wußtest du gleich, welchen Weg die Diebe eingeschlagen hatten?" fragte ich.

„Ja. Sie waren Mekkaner, also konnte ich über ihren Weg nicht im Zweifel sein."

„Es war aber auch möglich, daß sie zunächst eine

andere Richtung einschlugen, um euch irrezuführen", warf ich ein.

„Ich war so vorsichtig, mir das auch zu sagen, und traf demnach meine Vorkehrungen. Ich sandte Abteilungen auf die Wege, die nach Kerbela und Hit, nach Hille und Bagdad, nach Samaua und nach El Dschuf führen. Daß alle diese Leute die Diebe nicht finden würden, erkannte ich in Akabet esch Scheitan, wo ich erfuhr, daß die Mekkaner vor vier Tagen durchgekommen seien. Die Richtung nach Mekka, die ich eingeschlagen hatte, war also richtig."

„Nun seid ihr dieser Straße so lange gefolgt, ohne euren Zweck erreicht zu haben."

„Du sagst leider die Wahrheit. Der Scheitan[1] scheint die Schurken zu beschützen, indem er sie für uns unsichtbar macht."

„So scheint der Scheitan über eure Augen mehr Macht zu besitzen als über die meinigen."

Khutab Aga sah mich erst groß an und fragte dann aber desto schneller: „Die deinigen? Hättest du sie gesehen?"

„Ja."

„Wo?"

„Den dritten Teil einer Tagereise von hier."

„Allah sei Dank! Ich glaube deinen Worten; du kannst dich nicht täuschen, denn ich weiß, daß du der — —" wieder hielt er inne und gab dann seinen Worten eine andere Wendung: „daß du ein sehr kluger Effendi aus dem Wadi Draa bist. Wir müssen sofort umkehren, weil — — —"

„Übereile dich nicht!" unterbrach ich ihn. „Sie sind nicht mehr hinter, sondern vor uns. Sieh da die Spuren, denen wir folgen! Das ist die Fährte der Diebe, die du suchst."

Kam hatte ich das gesagt, so rief Halef aus:

[1] Teufel

„Effendi, sag das nicht! Du wirst diesen bestohlenen Beschützer der Heiligtümer irreführen. Das sind ja die Spuren der — — —"

„Bitte, schweig du!" rief ich ihm trotz der Anwesenheit Hannehs, seines Sohnes und der Haddedihn sehr bestimmt zu. „Du hast erfahren, daß ich stets weiß, was ich sage."

„Ja", entgegnete er, noch immer widerspruchslustig, „ich habe immer zugegeben, daß dein Verstand länger ist als der meinige, dafür ist aber der meinige breiter, und so fragt es sich, ob hier der Irrtum in der Länge oder in der Breite liegt."

„Lieber Halef, sei nicht stolz auf diese Breite deines Verstandes! Du hast trotzdem vorhin einen Fehler begangen, der nicht zu verzeihen ist."

„Ich? Wodurch? Womit?"

„Das werde ich dir später sagen."

„Nein, Sihdi! Ich will es jetzt wissen."

Da wendete sich der Perser an mich: „Erlaubst du, daß ich es ihm sage?"

„Ja, sage es", entgegnete ich ihm, da es dadurch auch mir klar werden mußte, wieweit die Wirkung der Unvorsichtigkeit Halefs reichte.

Khutab Aga ließ sein ironisches Lächeln wieder erscheinen und forderte den kleinen Hadschi auf:

„Sage mir noch einmal der Wahrheit gemäß, wer diese Effendi ist!"

Halef richtete sich im Sattel auf und erwiderte mi größter Bereitwilligkeit:

„Dieser Effendi heißt Hadschi Schâtir el Medscharri Ben Hadschi Alim Schadschî er Ghâni Ibn Hadsc Dâim — — —"

„Sei still!" fiel da der Basch Nâsir lachend ein. „S heißt er nicht. Ich weiß es besser als du."

„So? Wenn du klüger bist, so sage doch seinen Namen!"

„Er ist Kara Ben Nemsi aus Almanja."

Jetzt mußte man das Gesicht Halefs sehen. Es wurde vor Erstaunen fast noch einmal so lang als es vorher gewesen war.

„Du weißt — — — weißt — — — weißt — — —" stotterte er.

„Ja, ich weiß!" lächelte der Perser.

„Hast du ihn schon gekannt?"

„Nein."

„Gesehen?"

„Nein, auch nicht gesehen. Aber gehört habe ich von ihm."

„Wie kannst du da aber wissen, daß dieser Effendi hier es ist?"

„Es ist mir ja vorhin gesagt worden!"

„Von wem?"

„Von dir!"

„Von — — —?"

Das „Mir" blieb dem Hadschi im Mund stecken. Er sah Khutab Aga mit weit aufgerissenen Augen an und fuhr dann zornig fort:

„Höre, ich verbiete dir, Scherz mit mir zu treiben! Wenn du meinst, mit mir, dem Scheik der Haddedihn vom großen Stamm der Schammar, ein loses Possenspiel treiben zu können, so wirst du sofort erfahren, was die Zunge der Unhöflichkeit zu leisten vermag. Ich werfe dir alle Grobheiten des Weltalls an den Kopf. Sobald du mit mir streiten willst, können mir alle deine Heiligtümer keine Achtung gebieten, weil die Wahrheit heiliger als dein ganzes Meschhed Ali ist. Du hast soeben die Unwahrheit gesagt. Gestehe es ein!"

„Ich kann nur eingestehen, daß ich die Wahrheit gesprochen habe. Hast du vorhin den Chandschar erwähnt, den der Effendi im Gürtel hat?"

„Ja, das habe ich."

„Hast du gesagt, daß er ein Geschenk von Mirsa Dschafar sei?"

„Ja.“

„Nun, damit hast du verraten, daß der Effendi nicht Akil Schâtir, sondern Kara Ben Nemsi heißt.“

„Wieso?“

„Weil ich von Dschafar weiß, daß er diesen Chandschar seinem Freund Kara Ben Nemsi geschenkt habe.“

Jetzt machte Halef wieder sein langes Gesicht. „Das stimmt! Allah, was gibt es doch für unvorsichtige Menschen! Wir wollen mit dem Effendi nach Mekka, und weil er als Christ die heilige Stadt nicht betreten darf, habe ich aus ihm einen mohammedanischen Gelehrten gemacht und ihm einen Namen gegeben, dessen Länge von Bagdad bis Stambul reicht. Und nun ich mir alle diese Mühe gegeben habe, muß ich erfahren, daß diese Anstrengung der ganzen Breite meines Verstandes umsonst gewesen ist, weil Mirsa Dschafar so unvorsichtig war, dir die Geschichte von dem Chandschar mitzuteilen.“

Da konnte sich selbst Hanneh nicht länger halten. Sie bog sich über den Rand des Tachtirewan herab und rief ihm zornig zu:

„Hadschi Halef, du bist der Unvorsichtige gewesen, du selbst!“

„Inwiefern?“

„Mirsa Dschafar hat es gut gemeint, auch konnte er nicht wissen, daß uns dieser Basch Nâsir zu einer Zeit begegnen werde, in der unser Effendi Veranlassung hat, einen anderen Namen zu tragen. Du aber wußtest, daß der eigentliche Name des Effendi verschwiegen bleiben soll; du hörtest auch, daß der Basch Nâsir den Mirsa kennt, und sprachst dennoch von dem Chandschar! Du konntest dir doch denken, daß beide von diesem Geschenk miteinander gesprochen hatten.“

„So? Konnte ich mir das denken?“ fragte er kleinlaut.

„Du konntest es und du mußtest es! Warum sprichst du immer, wenn der Effendi reden will? Der berühmte

Scheik eines so großen Stammes muß schweigsam sein können!"

Da legte er den Körper zurück, die Hände zusammen und sagte:

„Du hast recht, o Hanneh, du verständigste unter allen Verständlichkeiten der Frauenzelte, ich bin berühmt und werde schweigen. Du hast mir auch diesmal aus der Seele gesprochen."

Und nun nahm er mit der größten Seelenruhe den Trost entgegen, den ihm der Perser gab:

„Sorge dich nicht um die Sicherheit deines Effendi, o Scheik der Haddedihn! Keiner von uns wird seinen wahren Namen verraten, das verspreche ich dir bei Allah, dem Propheten und bei den Söhnen Alis, des Kalifen. Es macht mich glücklich, Kara Ben Nemsi so unerwartet kennenzulernen, und nur weil er es ist, habe ich seinen Worten ein solches Vertrauen geschenkt. Wenn er sagt, er habe die Diebe gesehen, so bin ich überzeugt, daß es wirklich so ist."

„Es ist so", bekräftigte ich.

„Du hast Leute gesehen", fuhr er fort. „Woher aber weißt du, daß es die sind, von denen ich spreche?"

„Du machtest wiederholt die Angabe von vier Tagen, und das war mir im Zusammenhang mit einigen anderen Umständen genug, die Personen, die ich meine, für die Gesuchten zu halten."

Hier muß ich bemerken, daß El Münedschi sich auch jetzt noch in seinem schlafähnlichen Zustand befand und vom Stillhalten der Kamele und unserem Gespräch nichts merkte. Wir hatten ihm das Schleiertuch über das Gesicht gezogen, damit die Sonne ihn nicht störe. Er war also nicht zu erkennen.

„Du hältst also einen Irrtum für nicht möglich?" fragte der Perser.

„Warum nicht möglich? Keine menschliche Meinung ist untrüglich, aber ich denke, daß ich mich in diesem

Fall nicht irre. Laß mich fragen: es handelt sich um sechs Personen?"

„Ja."

„Darunter war ein Greis von sonderbarem Benehmen?"

„Ja. Er war von Dschinn besessen. Von ihm glaube ich, daß er von dem Diebstahl nichts weiß."

„Sodann ein älterer Mann mit seinem Sohn?"

„Ja."

„Und drei Männer im mittleren Lebensalter?"

„Auch das stimmt."

„Sagten diese Leute, daß sie aus Mekka seien?" fragte ich weiter.

„Ja. Der Vater kam als Abgesandter des Großscherîfs zu uns."

„Ist es nicht eine sehr kühne Idee, einen solchen Gesandten des Diebstahls zu beschuldigen?"

„Ja, man kann es kaum fassen. Nur darum hat es volle vier Tage gedauert, ehe wir den Beweisen glaubten; dann aber hatten sie sich so gehäuft, daß wir nicht mehr zweifeln konnten."

„Ist es nicht möglich, daß ihr euch doch noch im Irrtum befindet? Ich spreche diese Frage nämlich auch meinetwegen aus, denn ich gestehe dir, daß die Beschuldigten auch für mich wichtige Personen sind und vielleicht noch wichtiger werden als jetzt. Ich habe also meine Gründe zu dieser Erkundigung."

„Effendi, ich weiß, daß Kara Ben Nemsi niemals etwas tut oder spricht, ohne von guten Gründen dazu veranlaßt zu werden. Ich ahne, daß euer Zusammentreffen mit diesen Leuten kein gewöhnliches gewesen ist, und versichere dir, daß ihr mit Schurken in Berührung gekommen seid, die unsere Heiligtümer beraubt haben. Um dir die Überzeugung zu geben, die ich besitze, müßte ich dir unsere Beweise bringen, und dazu würde die Mitteilung von Dingen und die Beschreibung von Orten nötig sein, von denen wir mit keinem Schiiten und noch viel weniger mit einem Andersgläubigen sprechen dürfen. Ich gebe dir aber mein Wort, daß ich mich nicht irre. Wahrscheinlich ist es dir möglich, mir zur Ausführung meines Vorhabens behilflich zu sein, und so versichere ich dir, daß du das getrost unternehmen kannst, ohne befürchten zu müssen, diesen Leuten grundlos wehe zu tun. Ich weiß von Mirsa Dschafar, daß die Erfahrungen, die du mit den Schiiten gemacht hast, nicht geeignet sind, in dir Liebe zu uns zu erwecken, aber ich bitte dich, mich nicht in gleicher Weise zu beurteilen wie jene, die dir Abscheu und Verachtung einflößten. Du wendest deine Unterstützung hier einem Mann zu, der ihrer nicht unwürdig ist und auch nicht zu den Undankbaren gehört, deren du so viele kennengelernt hast."

Das glaubte ich ihm sehr gern. Der Eindruck, den er machte, läßt sich am besten mit dem Satz bezeichnen: ein Schiit, ja, ein sehr hoher Beamter der Stelle, an der die Schia sich ihres nichtsnutzigsten Bodensatzes entledigt, aber doch ein Ehrenmann. Ich war also gern bereit, ihm die gewünschte Auskunft zu erteilen, und hatte dazu noch zwei weitere Gründe. Erstens sah ich nun ein, daß er sich nicht nur einen Freund Dschafars nannte, sondern es wirklich war, und infolge dieser Freundschaft mir als Christen nichts in den Weg legen werde. Und zweitens kam mir die Entdeckung, daß der anmaßende Ghâni, der „Liebling des Großscherîfs", ein verfolgter Verbrecher sei, höchst gelegen. Ich bin nie rachsüchtig gewesen; hier aber durfte ich es ohne Schadenfreude als eine willkommene Entdeckung hinnehmen, daß der stolze, gegen uns von Verachtung strotzende Muslim jetzt als ein gemeiner Verbrecher bezeichnet wurde. Das machte uns ihm in einer Weise überlegen, daß jede Besorgnis, die wir seinetwegen gehegt hatten, schwinden mußte.

„Wir können und werden dir behilflich sein", versicherte ich. „Darum wollen wir keine Zeit verlieren und hier nicht länger im Gespräch haltenbleiben. Wir können im Weiterreiten das Nötige besprechen."

Ich setzte mich, mit dem Basch Nâsir neben mir, an die Spitze des Zuges und winkte Halef, sich uns beizugesellen. Das liebe Kerlchen war infolge der Zurechtweisung, die er von dem Perser, von mir und auch von Hanneh bekommen hatte, kleinlaut geworden und machte Miene, bei dem Tachtirewan zu bleiben. Ich wußte, daß ihm diese Zurückhaltung schwer wurde, und wies ihm deshalb durch einen Wink die Stelle an, an die er als Scheik und als mein Freund gehörte. Seine Unvorsichtigkeit war nicht gutzuheißen, aber sie blieb ohne die befürchteten Folgen, und er hatte seine unbedachten Äußerungen nur aus Liebe zu mir getan. Hinter uns ritten die Haddedihn, denen die Soldaten mit ihrem Chabir[1] folgten. Selbstverständlich trieben wir die Kamele dabei zur Eile an. Wahrscheinlich erwartete Khutab Aga, sofort bestimmte Mitteilungen von uns zu hören; aber da ein Zusammenhandeln zwischen ihm und uns zu erwarten war, so kam es mir vor allen Dingen darauf an, zu erfahren, welche Eigenschaften und Ansichten er besaß; darum sprach ich zunächst die Erkundigung aus:

„Hast du bei deinem Aufbruch von Meschhed Ali an die Gefahren gedacht, die von einem solchen Ritt unzertrennlich sind?"

„Ja, aber ich fürchte sie nicht", antwortete er. „Ich bin, bevor ich Basch Nâsir wurde, Offizier des Schah-in-Schah gewesen und befinde mich nicht zum erstenmal in der Wüste. Auch ist unser Chabir ein ausgezeichneter Führer, auf den ich mich verlassen kann."

„Daß du dich nicht vor der Wüste fürchtest, habe ich als selbstverständlich angenommen, denn scheutest du dich vor ihr, so hättest du diesen Weg nicht selbst gemacht, sondern einen anderen damit beauftragt. Und daß euer Chabir ein tüchtiger Mann ist, unterliegt auch kei-

[1] Führer

nem Zweifel, weil er es sonst wohl nicht gewagt hätte, von der Karawanenstraße abzuweichen."

„Er kennt die Brunnen, die außerhalb dieses Weges liegen und von den Beduinen geheim gehalten werden. So weiß er zum Beispiel genau, daß wir heute an den Bir Hilu kommen werden, wo es gutes, nicht salzhaltiges oder bitteres Wasser gibt."

„Dahin wollen wir auch, und dort werden wir wahrscheinlich die Diebe treffen."

„Welche Freude für mich! Ich will dir gestehen, daß ich es schon fast aufgegeben hatte, sie noch in der Wüste einzuholen, was doch unbedingt nötig ist, wie ich wohl nicht erst zu betonen brauche."

„Ja, unterwegs haben sie die gestohlenen Sachen noch bei sich und können also überführt werden; auch zählen sie da nicht mehr als andere Leute. Später aber, in Mekka, werden sie ihren Raub verstecken, und außerdem würde eine Anklage gegen sie auch deshalb unmöglich sein, weil ihr Anführer ein Schützling des Großscherîfs zu sein scheint. Das bringt mich aber wieder auf meine Frage zurück, mit der ich nicht die Gefahren der Wüste an sich gemeint habe."

„Welche sonst?"

„Es gibt für euch noch andere, viel größere, deren Ursache in dem Haß zwischen Schiiten und Sunniten liegt. Sobald du Meschhed Ali verlassen hast, befindest du dich nicht mehr auf schiitischem Gebiet, und je weiter du dem Weg nach Mekka folgst, desto mehr näherst du dich dem Mittelpunkt der Feindschaft. Die Bewohner Arabiens sind fanatische Sunniten, und dazu kommt, daß besonders die Nomaden unter ihnen jeden Zwang und jede Beeinträchtigung ihrer Freiheit mit rücksichtslosen Ausdauer von sich weisen. Ihr Widerwille richtet sich darum besonders gegen das Militär. Nun kommst du, der Schiit, mit zwanzig türkischen Soldaten in die arabische Wüste, wo der Beduine dich doppelt haßt. Ich bin überzeugt, daß jede Nomadenschar, die nicht weniger Männer zählt als ihr, sofort über euch herfallen wird. Hast du das bedacht, als du den jetzigen Ritt begannst?"

„Ja, aber ich glaubte, die Diebe bald zu erreichen."

„Bei einem Vorsprung von vier Tagen, den sie hatten?"

„Den glaubte ich schnell verringern zu können, denn wir haben die besten Kamele. Siehe mein Hedschîn an, das Maschhûra[1] heißt! Dieser Name sagt zwar viel, aber doch noch nicht genug. Es stammt aus der berühmte Züchterei von Tscharbagh, deren Leiter der Bruder meines Vaters ist; er hat es mir geschenkt, verkäuflich wäre es nie. Du bist ein Kenner. Was sagst du dazu? Es ist doppelt so schnell als eine Bischaristute und hat die ausdauernde Lunge des Adlers. Sein Ahne stammt aus der afrikanischen Bajudawüste, und sein Großvater war der blaugraue Kamelhengst, den Mosaffar ed Din, der Emir von Bokhara, in der Schlacht bei Irdschar am Syrdarja ritt. Die beispiellose Schnelligkeit, mit der dieser Hengst seinen Herrn bei der Verfolgung rettete, ist dann vom Dichter Ben Scha'at mit Begeisterung besungen worden."

„Ich habe noch nie so ein Hedschîn gesehen und es schon im stillen bewundert. Allah bewahre es! Aber was nützt dir die Vortrefflichkeit der Stute, wenn die Hudschun der Soldaten nicht ebenso schnell sind? Wenn du berechnet hättest, welche Zeit selbst bei der größten Eile und Ausdauer dazu gehört, einen Vorsprung von vier Tagen auszugleichen, so wäre das Ergebnis gewesen, daß die Verfolgten Mekka doch noch eher erreicht hätten als du. Glücklicherweise aber ist ihnen das Wasser ausgegangen, sie blieben, halb verschmachtet, mehrere Tage liegen und wären zugrunde gegangen, wenn wir sie nicht angetroffen hätten."

„Yah 'Ali! Ihr habt sie nicht bloß gesehen, sondern sogar mit ihnen gesprochen?"

1 Die Berühmte

„Noch mehr als das: wir haben eine Nacht bei ihnen gelagert."

„Sogar gelagert? Effendi, das mußt du mir erzählen!"

„Erst noch eine Frage. Wer ist dieser Abgesandte des Großscherîfs eigentlich?"

„Hat er es dir nicht gesagt?"

„Ich will es aus deinem Mund hören."

„Er soll sehr reich sein und wird darum El Ghâni genannt. Auch ist er als Schech el Hâre der Gebieter eines Stadtteils von Mekka. Er gehört der berühmten Familie Qatadah an, ist ein Nachkomme Mohammed Abu Numehjj's und heißt Abadilah el Waraka, hört aber diesen Beinamen El Waraka[1] nicht gern."

„Warum nicht?"

„Weil ihm der Name leicht einmal gefährlich werden kann."

„Ah! Also darum schwieg er davon! Er nannte sich nur El Ghâni."

„Und den eigentlichen Namen verschwieg er?"

„Ja. Worin liegt die Gefährlichkeit des Beinamens El Waraka?"

„Um das zu verstehen, müßtest du das Leben des jetzigen Großscherîfs und seinen langen, erbitterten Streit mit Osman Pascha, dem Abgesandten des Sultans, kennen."

„Ich kenne beides. Der Pascha wollte Ordnung in die Verwaltung bringen, den Krankheiten, besonders der Pest und der Cholera steuern und vor allen Dingen Sicherheit der Karawanenwege schaffen. Der Großscherîf glaubte sich dadurch in seinen Rechten verletzt und weigerte sich, den Pascha anzuerkennen. Es begann zwischen beiden ein erbitterter Kampf, der von seiten des Großscherîfs mit allen möglichen, selbst den verwerflichsten Mitteln geführt wurde. So war zum Beispiel einmal an der Moschee zu lesen, daß der Pascha von

1 „Der Zettel"

Allah verflucht sei, und daß jeder, der ihn durch Mord aus der Welt schaffe, Eintritt in die Seligkeit des Paradieses finden werde, ohne daß ihm seine Sünden angerechnet würden."

„Das ist es, was ich meine", fiel der Perser ein. „Diesen Zettel soll El Ghâni im Auftrag des Scherîfs geschrieben und angeklebt haben. Alle Welt weiß das und sagt das und nennt ihn darum Abadilah el Waraka, den Abadilah mit dem Zettel. Er will das nicht dulden, denn wenn ein Beamter des Sultans auf den Gedanken kommt, den Ursprung dieses Namens zu verfolgen, so kann er seinem Träger die Freiheit, das Vermögen und auch noch mehr kosten. Und nun bitte ich dich, mir zu erzählen, wie sich euer Zusammentreffen mit ihm zugetragen hat."

Bei dieser Aufforderung lenkte Halef durch ein bedeutsames Hüsteln meine Augen auf sich und sah mich bittend an. Erzählt sollte werden, erzählt! Das wurde von mir verlangt und nicht von ihm! Wer da weiß, daß das Erzählen eine Leidenschaft von ihm war, der kann sich denken, was mir sein Blick sagen sollte. Er war überzeugt, daß nur er allein das Geschick besitze, eine Begebenheit in der richtigen Weise zu schildern. Selbst mich, dem er doch in jeder anderen Weise mehr zutraute als allen anderen Menschen, hielt er nicht für befähigt genug, irgend etwas so zu berichten, wie es sich seiner Ansicht nach gehörte. Und nun gar ein Ereignis, wie das war, um das es sich jetzt handelte! Eine Auferstehung von den Toten! Eine Beraubung des schiitischen Heiligtums durch einen sunnitischen Abgesandten des Großscherîfs, der dessen Liebling war! Und wer sollte die Erzählung hören? Ein Mann, der eines der höchsten schiitischen Ämter bekleidete und sogar der Freund unseres Freundes Mirsa Dschafar war. Waren das nicht mehr als genug Gründe, daß diesen Bericht ein dazu vollständig befähigter Mann zu übernehmen hatte? Und wer war so ein Mann? Nur Hadschi Halef Omar allein, der Scheik der Haddedihn vom großen Stamm der Schammar! Ich gab ihm einen gewährenden Wink. Er begann denn auch sofort seine Rede:

„In welcher Weise sich unsere Begegnung mit ihnen zugetragen hat, willst du wissen? Ich werde es dir genau so berichten, wie es sich ereignet hat, und bin überzeugt, daß du meiner Rede mit andächtiger Bewunderung folgen wirst. Allah schenkte jedem Menschen einen Mund und eine Zunge; nicht allen aber ist die köstliche Gabe verliehen, aus diesem Mund mit Hilfe dieser Zunge die vergangenen, gegenwärtigen und zukünftigen Ereignisse der Weltgeschichte in so schöner und ungestörter Ordnung hervorlaufen zu lassen, wie die Gesetze der Kunst und die Regeln der wohlklingenden Sprachfertigkeit es verlangen. Ich fordere dich also auf, ergebenst zuzuhören und mich nicht zu unterbrechen."

Ich muß gestehen, daß wir jetzt ein Meisterstück zu hören bekamen, freilich ein Meisterstück nach Halefs Art. Er verstand es, das Unbewegliche beweglich und das Tote lebendig zu machen. Alles bekam durch ihn Gestalt, Farbe und Inhalt. Er wußte selbst das Einfachste in einer Weise zu beschreiben, die ihm Reiz verlieh. Der Sperling wurde zum Albatros und der Tropfen zur Überschwemmung umgewandelt. Aus Hanneh machte er eine Göttin, aus mir wenigstens einen Halbgott, aus sich aber eines jener unbegreiflichen Wesen, wie sie, alle Mächte, Kräfte und Gesetze beherrschend, in der Poesie des Morgenlandes leben. Es wurde mir himmelangst, wie der Perser diese Schilderung aufnehmen werde. Glücklicherweise war er Orientale, verstand es also, das Wahre herauszufühlen, und hörte dem, was der Phantasie entsprang, mit jener stillen strahlenden Begeisterung zu, die im Abendland nur dem gläubigen Kind beim Märchenerzählen eigen ist.

Am Ende seines Berichtes sah Halef den Aga mit einem zur Äußerung auffordernden Blick an, und als dieser trotzdem schwieg, weil er sich nicht so schnell wie der Erzähler in die Wirklichkeit zurückfinden konnte, fragte er:

„Nun, was sagst du dazu? Hast du schon jemals solche Taten vernommen und schon jemals in der wohlgesetzten Rede eines Hakawâti[1] so herrliche Poesie gehört? Begreifst du diese Kijâme, diese Auferstehung eines Toten, der noch gar nicht gestorben war und wieder zur Erde zurückgekehrt ist, obgleich er sie noch nicht verlassen hatte?"

„Ja, du bist ein ausgezeichneter Erzähler, wie ich noch selten einen gehört habe", erklärte der Gefragte allen Ernstes. „Man könnte dir den ganzen Tag zuhören."

Das war ein Lob, das ihm noch höher stand, als wenn man sich über seine Klugheit und seine Tapferkeit gewundert hätte. Er wendete sich im Sattel um und rief Hanneh, die uns in einiger Entfernung folgte, zu:

„Jetzt hättest du hören sollen, was Khutab Aga sagte, o Hanneh, du schönste Blume auf allen Beeten der beseligenden Weiblichkeit! Er meint, ich sei ein unvergleichlicher Ezähler, dem man von heute an bis zum Jüngsten Tag zuhören könne, ohne sich nur ein einziges Mal nach den Freuden des Paradieses zu sehnen. So wird also der Getadelte gelobt, der Erniedrigte erhöht und das Genie endlich in seiner ganzen Erhabenheit anerkannt. O Hanneh, mein geliebtes Weib, o Kara Ben Halef, mein gehorsamer Sohn, eifert eurem Gatten und Vater immer nach, dann werdet ihr gleichen Ruhm erwerben und einst nur scheinbar sterben, sonst aber wohlbehalten auf die Nachwelt kommen! Allah, der Behüter und Bewahrer, gebe es!"

„Du fragtest mich", fuhr der Perser in seinem Gedankengang zu ihm gewandt fort, „ob ich diese Kijâme begreifen könne. Diese Mekkaner sind fast zwei Monate bei uns in Meschhed Ali gewesen, und wenn es da auch

[1] Erzähler

nicht vorgekommen ist, daß El Münedschi in das Grab gelegt wurde, so haben wir ihn doch oft stundenlang starr wie eine Leiche gesehen, bis seine Seele wieder zu ihm kam. Auch ist er oft im Schlaf gewandelt, ohne zu wissen, was er tat und wo er sich befand."

„Durfte man ihn da ansprechen?" erkundigte ich mich.

„Wir haben es getan."

„Wachte er davon auf?"

„Nein. Er gab Antworten, die wir häufig gar nicht und selten ganz verstanden, und wenn dann seine Seele zurückkehrte, kam er zum Bewußtsein, doch nur für einen Augenblick, denn er legte sich dann um und schlief ein, als ob die Abwesenheit seiner Seele ihn angestrengt habe und er sich davon erholen müsse."

„Geschah das ohne Aufsicht?"

„Nein, denn El Ghâni war stets dabei und bewachte ihn. Er zeigte ihn den Leuten und erlaubte, daß sie Fragen an ihn richteten, die der Münedschi beantwortete. Die Antworten klangen oft so wunderbar, als kämen sie aus einer anderen Welt, und dann wieder waren sie so leichtverständlich, daß jedes Kind gleich wußte, was er meinte. Er wurde besonders nach Mitteln gegen Krankheiten gefragt und nach allerlei heimlichen Dingen, die man durch ihn entdecken wollte. El Ghâni ließ sich dafür mit Silber und Gold bezahlen und hat von den Pilgern, die die heiligen Stätten der Schiiten zu Tausenden besuchen, so viel Geld eingenommen, daß er es nicht nach Mekka schaffen konnte, sondern es bei einem Sarrâf[1] gegen einen Schein umtauschte."

„Ah, er ließ den Blinden also für Geld sehen?"

„Ja."

„So nützt er ihn als Einnahmequelle aus. Nun ist mir seine sogenannte Mildtätigkeit gegen den Münedschi klar. Ich traute ihr gleich anfangs nicht. Er wird das in Mekka ebenso und mit nach größerem Erfolg machen,

1 Wechsler, Bankier

ohne daß der Kranke es ahnt. Er behält ihn bei sich wie einen Gefangenen und nützt ihn aus, soviel er kann. Nun weiß ich auch, warum er den alten, gebrechlichen Mann mit nach Meschhed Ali genommen hat: als Dolmetscher, hat er ihm weisgemacht. Der eigentliche Grund war aber, daß er auch dort Geld mit ihm verdienen wollte, und weil er ihn nicht in Mekka lassen konnte. Er hätte ihn einstweilen anderen Leuten anvertrauen müssen, durch die dem Blinden der wahre Grund der Wohltätigkeit seines Beschützers verraten worden wäre. Um das zu verhüten, mußte er ihn bei sich behalten. Also du meinst, daß dieser bedauernswerte alte Mann von dem in Meschhed Ali verübten Diebstahl nichts weiß?"

„Er ist wahrscheinlich unschuldig. Vielleicht erzähle ich dir noch, wie alles zugegangen ist, denn vor Kara Ben Nemsi brauche ich die Geheimnisse des Heiligtums nicht so streng verschlossen zu halten wie vor anderen Leuten. Ich glaube sogar, der Alte würde uns gewarnt haben, wenn er gewußt hätte, daß wir bestohlen werden sollen. Ich weiß nicht, wie du als Christ seinen Zustand erklärst, wahrscheinlich als Krankheit, denn du hast ihn ‚den Kranken' genannt. Ich als Muslim aber bin überzeugt, daß er von Geistern besessen ist, und zwar von guten, denn alles, was er sagt und tut, ist gut und fromm. Es freut mich, daß er sich jetzt bei euch befindet, da ist er in sicherer Hut, und wenn ich den ‚Liebling des Großscherîfs' einholen werde, kann ich mit ihm so streng verfahren, wie es mir beliebt, ohne auf den unschuldigen Münedschi Rücksicht nehmen zu müssen."

„Was wirst du mit ihnen anfangen, wenn es dir gelingt, die Diebe festzunehmen?"

„Ich werde sie nach Meschhed Ali schaffen."

„Gibt es noch eine Frage, die wir dir beantworten könnten?"

„Nein. Wenn ich noch einen Wunsch finde, so werde

ich ihn später am Bir Hilu aussprechen, wo wir doch wieder zusammentreffen."

„So willst du dich vorher von uns trennen?"

„Sogleich, denn ihr reitet mir zu langsam. Oder willst du deiner Karawane vorausreiten und mich begleiten? Ich brauche dir wohl nicht erst zu versichern, Effendi, daß mir das sehr lieb wäre."

„Erlaube, daß ich bei den Haddedihn bleibe! Ich gehöre jetzt zu ihnen; auch ist es stets mein Grundsatz gewesen, mich nicht in Dinge zu mischen, die mir fernliegen. Daß das Heiligtum von Meschhed Ali bestohlen worden ist, geht mich nichts an, und mit dem Ghâni habe ich einstweilen nichts mehr zu schaffen. Es ist also kein Grund vorhanden, mich an der Jagd nach den Dieben zu beteiligen."

„Du hast recht, Effendi. Ich bitte dich also, zurückzubleiben. Aber heute abend werden wir euch bestimmt am Brunnen Hilu wiedersehen?"

„Ja. Ich bin überzeugt, daß wir die Diebe als deine Gefangenen finden werden."

„Ganz gewiß, falls wir sie überhaupt noch dort treffen."

„Sie werden nirgends anders sein, denn sie müssen wegen des Wassers hin. Und sie werden auch dort bleiben, weil sie zu schwach und angegriffen sind, noch weiter zu reiten. Das eine nur gestatte mir, dir noch zu sagen: sei dafür besorgt, daß sie nicht fliehen, wenn sie euch von weitem kommen sehen!"

„Das denke ich nicht! Wir werden wie ein Wetter über ihnen sein. Nun Allah mich durch euch den richtigen Weg hat finden lassen, werde ich nicht so sorglos sein, ihnen Gelegenheit zum Entkommen zu geben. Jetzt erlaube, daß ich für einstweilen Abschied von euch nehme."

Er rief seinen Führer und die Soldaten herbei und eilte mit ihnen fort. Wir sahen sie noch einige Zeit vor uns auf den Hügelhöhen und in den Tiefen auf- und niedertauchen, bis sie sich so weit entfernt hatten, daß wir sie nicht mehr erkennen konnten. Da sagte Hadschi Halef zu mir:

„Sihdi, wäre es nicht besser gewesen, du hättest seinen Wunsch, mit ihm zu reiten, erfüllt?"

„Weshalb?"

„Du wärest gewiß nicht allein mit ihm gegangen, sondern hättest mich mitgenommen. Und dann wäre es für uns doch eine Wonne gewesen, mit dabei sein zu können, wenn diesen stolzen, räuberischen Mekkanern der Hochmut ausgetrieben wird."

„Hättest du deine Hanneh wirklich verlassen, Halef?"

„Warum nicht? Es hätte sich doch nur um wenige Stunden gehandelt, und sie steht unter dem Schutz meines Sohnes und von fünfzig tapferen Kriegern."

„Wenn du diese wenigen Stunden noch wartest, ist es dann noch immer Zeit genug, dich am Anblick der mekkanischen Demut zu laben. Und wenn ich meine Emmeh hier in der arabischen Wüste bei mir hätte, würde die Gegenwart von hundert Kriegern mir nicht den Vorwand geben können, sie nur auf eine Stunde zu verlassen. Unsere gemeinschaftlichen Erlebnisse müssen dich genugsam belehrt haben, daß die Gefahr meist unerwartet kommt. Nein, wir bleiben bei deiner Hanneh. Mit El Ghâni können wir noch zeitig genug sprechen."

Damit war sein Wunsch erledigt. Selbstverständlich lieferte uns nun das Zusammentreffen mit dem Perser einen fesselnden Gesprächsstoff, den Halef mit Hanneh und seinem Sohn aufs eingehendste behandelte.

4. Scheik Tawil

Die Mittagszeit war vorüber, und die Sonne hatte den Scheitelpunkt ihres Tagebogens hinter sich. Die Hitze hatte ihren höchsten Grad erreicht, und so machten wir halt, um den Kamelen eine kurze Rast zu gönnen.

Der Münedschi erwachte, als wir ihn aus dem Sattel hoben, nicht aus seinem schlafähnlichen Zustand, fiel aber sonderbarerweise nicht um, als wir ihn auf die dazu ausgebreitete Decke setzten. Es schien trotz seiner Geistesabwesenheit ein seelischer Grund vorhanden zu sein, durch den die Bewegung seines Körpers beeinflußt wurde. Während er im übrigen vollständig regungslos wie eine aus Holz geschnitzte Figur dasaß, ahmten seine Lippen von Zeit zu Zeit, als habe er einen Tschibuk im Mund, das Tabakrauchen nach. Das wirkte trotz seiner Ehrwürdigkeit spaßhaft.

Da breitete er plötzlich die Arme nach beiden Seiten aus, als wolle er sich rechts und links festhalten. Ich griff schnell zu und stützte ihn, sonst wäre er umgefallen. Er tat einen tiefen Atemzug, bewegte den Kopf, als wolle er sich im Kreis umsehen, und fragte dann:

„Wo sind wir jetzt?"

„Vier Reitstunden im Norden des Bir Hilu", entgegnete ich.

„Wer seid ihr? Meine Gefährten seid ihr nicht."

„Wir sind die Haddedihn, die dich heute früh aus dem Grab genommen haben."

Er richtete, dem Klang meiner Stimme folgend, die strahlenden Augen auf mich und sagte:

„Ja, ich besinne mich. Ich bin nicht mehr bei El Ghâni,

sondern bei euch, und du bist der Gelehrte aus dem Wadi Draa, ich erkenne dich am Klang deiner Rede. Ich war an einem hohen, lichtherrlichen Ort und habe deinen Schutzengel gesehen. Er heißt Marjam[1] und befahl mir, dich zu grüßen. Seine Wohnung schmiegt sich an die Stufen von Allahs Thron, seine Gestalt ist Schönheit, sein Gewand Weisheit, seine Stimme Sanftmut und sein Blick Liebe. Ich sah seine Hände ausgebreitet über dir, und Glaube, Zuversicht und Gottestreue floß von ihnen auf dich hernieder. Ich sah dich selbst in zwei verschiedenen Gestalten, die gegeneinander kämpften, die eine war dunkel wie der Schatten der Nacht, der sich gegen die Morgenröte empört, der andere hell und rein, wie das sanfte Licht, das um christliche Altäre leuchtet. Die dunkle bestand aus deinen Fehlern, die du noch nicht überwunden hast, die lichte aus den Gedanken und Gefühlen, die du der Vervollkommnung und dem Himmel weihst. Die finstere war stark, gewandt und listig, die helle aber mächtiger als sie, gewappnet mit dem Schild der göttlichen Gnade und mit dem Schwert der Willensfestigkeit. Und indem ich sie miteinander ringen sah, hörte ich die Stimme deines Engels: ‚Bange nicht für ihn, denn er wird siegen und immer reiner werden, bis das Dunkel sich in Licht verwandelt hat. Er kann nicht unterliegen, denn er weiß, ich schütze ihn.' Um dir diese Worte des Herrlichen zu sagen, kehrte ich zu dir zurück, ich besinne mich."

Er hatte so gesprochen, als seien derartige befremdende Mitteilungen für ihn nichts Besonderes. Ich schwieg, denn ich wußte wirklich nicht, was ich darauf sagen sollte. Er schien auch keine Antwort zu erwarten, seine Gedanken kehrten vielmehr zu etwas sehr Sachlichem zurück:

„Gebt mir Tabak!" bat er, indem er seine Pfeife aus der Tasche nahm.

Wir erfüllten ihm diesen Wunsch, und er begann mit

1 Maria

dem Eifer zu rauchen, den ich schon an ihm beobachtet hatte. Infolge unseres Gespräches mit dem Perser drängten sich mir einige Fragen auf, die ich dem Blinden vorlegen wollte.

Ich wartete, bis sein starkes Qualmen und der dabei hochbefriedigte Ausdruck seines Gesichts mir bewiesen, daß „seine Seele jetzt ganz bei ihm" sei, und erkundigte mich dann:

„Sagtest du mir nicht, daß El Ghâni dich des Persischen wegen als Dolmetscher mit nach Meschhed Ali genommen habe?"

„Ja, das sagte ich, und es ist auch so", erwiderte er.

„So hast du ihn dort auf allen seinen Wegen und Ausgängen begleiten müssen?"

„Nein, denn ich bin ja blind. Wenn er ausging, fand er überall Leute, mit denen er sprechen konnte, weil sie arabisch oder türkisch verstanden."

„So wäre es für ihn eigentlich nicht nötig gewesen, dich mitzunehmen?"

„O doch! Denn wenn er daheim war, bekam er oft Besucher, die persisch sprachen; dann brauchte er mich."

„Du bekamst aber auch wohl Besuche, wenn er ausgegangen war?"

„Nein, denn er schloß mich ein, und er tat sehr recht daran, ein blinder Mann ist an einem fremden Ort, wie Meschhed Ali, wo ganze Scharen von Pilgern verkehren, unter denen sich auch böse Menschen befinden, vielen Gefahren ausgesetzt."

„Und wie ist es, wenn ihr euch in Mekka befindet?"

„Da besuchen mich viele Leute, und ich gehe auch zuweilen mit El Ghâni, meinem Wohltäter, aus."

„Diese vielen Leute besuchen dich jedenfalls wegen deiner Gelehrsamkeit?"

„Sie kommen meist, um wichtige religiöse Fragen auszusprechen, die ich ihnen beantworten soll. Ich weiß aber dann später nur selten, was ich gesagt habe, denn ich verliere das Bewußtsein und komme gewöhnlich erst wieder zu mir, wenn sie fortgegangen sind."

„Was während deiner Bewußtlosigkeit geschieht, weißt du nicht?"

„Ich sehe in alle Zeiten, in die vergangenen, gegenwärtigen und zukünftigen. Ich sehe Orte, die der Erde angehören, und Orte, die nicht auf ihr liegen. Nur alles das, was sich auf meine Person bezieht, sehe ich nicht."

„Sonderbar, daß dir gerade das verborgen bleibt, was dich am meisten bewegen muß."

„Ich bin zufrieden, denn Ben Nûr, der mir diese Zeiten und diese Orte zeigt, will es nicht anders."

„Erfährt El Ghâni alles, was du da zu sehen und zu hören bekommst?"

„Ich sage ihm vieles davon, aber er glaubt es nicht. Er lächelt nur immer, wenn ich ihm sage, daß ich im Land der Abgeschiedenen gewesen bin; du aber würdest es mir glauben."

„Irre dich nicht! Auch der Mohammedaner hält die Bibel für ein heiliges Buch, denn Mohammed hat daraus geschöpft und erklärt die Propheten der Bibel für wirkliche Propheten. Und dieses heilige Buch verbietet, daß man die Toten frage."

„Wenn ich nicht auf der Erde bin, so sind es nicht die Toten, sondern die Lebenden, bei denen ich mich befinde, und wenn ich rede, so spreche ich nur mit Ben Nûr, der kein Verstorbener ist. Niemand braucht sich zu scheuen, das zu hören, was meine Seele hört. Wenn ich dir sage, was ich sehe, so brauchst du auch dein Weib, dein Kind nicht fortzuweisen, denn es sind lautere Himmelsstimmen, die sich meiner Lippen bedienen. Ich bin nicht Stern-, Traum- oder Zeichendeuter, sondern seit ich hilflos geworden bin durch die Blindheit meiner Augen, gehöre ich zu den Armen und Unmündigen, denen offenbar wird, was den Reichen und Klugen verborgen ist. Ich bin weder ein Geisterseher noch ein Prophet, kein Lügner und auch kein Schwärmer; ich bin weiter nichts als ein in der Wüste verlorenes Schaf, das seinen Hirten sucht. Die Aufmerksamkeit meiner Sehnsucht läßt mich die Stimmen der Wüste hören, die sonst niemand vernimmt, und mein Durst spürt aus weiter Ferne die Feuchtigkeit des Wassers, das von den Glücklichen nicht bemerkt wird, obwohl sie beim Hirten an der Quelle liegen. Jene mögen wohl von Selbstbetrug und Täuschung sprechen, ich aber lasse mir diese Stimmen und diesen feuchten Hauch als Führer aus der Verlassenheit zum Brunnen dienen. Ich wollte gegen dich schweigen, denn du warst mir fremd. Aber nun ich dich im Kampf, den ich dir beschrieb, gesehen habe, ist es mir, als müßtest gerade du, der mich aus dem Grab geholt hat, alles wissen, was ich jenseits desselben liegen sehe. Fürchte dich nicht! Es entspringt daraus kein Schaden für deine Seele und für deinen Glauben, sondern es wird dir dadurch die Erkenntnis gegeben, daß die Liebe der Ursprung alles Bestehenden ist, und daß nur sie allein den Weg zum irdischen Glück und zum Paradies zeigt."

„Hast auch du die Liebe?" fragte ich ihn, als er jetzt schwieg, fast genauso, wie ich ihn heute früh nach der Erklärung des Ali-Spruchs gefragt hatte.

„Ich habe sie und finde sie doch nicht", meinte er. „Kannst du das begreifen?"

„Ja."

„Indem du dieses Ja aussprichst, denkst du an die Gegenliebe, sie ist es aber nicht, die ich meine, und doch meine ich auch sie. Du wirst mich freilich nicht verstehen."

„Ich verstehe dich. Es gibt nicht Liebe und Gegenliebe, also Liebe hin und her. Die Liebe ist eins, ist unteilbar."

„Das ist richtig! Die Liebe ist eine Gotteskraft, ist d i e Gotteskraft, sie kann nicht wie mit dem Messer zerschnitten werden, so daß jeder einzelne Mensch einen für ihn bestimmten Teil bekommt, der nun keine andere als nur s e i n e Liebe ist. Zu sagen, ich liebe meine Mutter, ich liebe mein Kind, ist falsch, denn die Liebe, die wahre Liebe läßt sich nicht begrenzen, nicht auf Personen beschränken; Liebe ist Leben, und Leben ist Liebe. Wie du sagst, ich lebe, so mußt du auch sagen, ich liebe. Und wie es unrichtig wäre, zu sagen, ich lebe meinem Freund, so ist es auch nicht richtig zu sagen, ich liebe meinen Freund. Die wahre Liebe kennt nicht ihr Gegenteil, kennt nicht den Haß, sie umfängt alle Wesen, sie kann kein einziges ausschließen; und wer Gottesliebe besitzt, von dem kann nicht gesagt werden, daß er seinen Bruder, seine Schwester, daß er einen einzelnen Menschen liebe. Du lebst. Kannst du dieses dein Leben zerteilen? Du liebst. Kannst du diese deine Liebe zerlegen? Wenn du einen Menschen liebst, weil er dir nahesteht, und den anderen, fernen nicht, so denke nicht, daß dies Liebe sei! Die Liebe kennt kein ‚Weil' und kein ‚Warum', kennt überhaupt keinen Grund als nur sich selbst. Nun wundere dich nicht, wenn ich dir deine Frage zurückgebe: Hast *du* die Liebe? Hast du diese *richtige* Liebe?"

Er richtete die toten und doch so hellen Augen auf mich. Es sollte der Ausdruck der Frage in ihnen liegen, aber der Blick war leer und inhaltslos wie die Herzen der Millionen, die so viel von Liebe sprechen, ohne sie zu besitzen.

Seine Frage, obwohl es genau dieselbe war, mußte mich, den Christen, ganz anders treffen, als die meinige ihn, den Mohammedaner.

Da er mich für einen Anhänger des Islam halten sollte, durfte ich nicht von der Liebe sprechen, die Christus lehrt; da ich aber doch etwas sagen mußte, weil aller Augen jetzt auf mich gerichtet waren, so erwiderte ich:

„Ich befleißige mich, keine Ausnahme darin zu machen,

daß ich alle Menschen mit meinem Herzen umfange. Ich tue das Gute und verabscheue das Schlechte, aber ich hasse nicht die Person dessen, der schlecht handelt. Es ist mein eifrigstes Bestreben, ein Kind Allahs zu sein, und ich hege den aufrichtigen Wunsch, in diesem Sinn alle Menschen als meine Brüder und Schwestern behandeln zu dürfen. Hoffentlich ist das die Liebe, die du meinst."

„Nein, sie ist es nicht. Du sprichst vom Bestreben, vom Befleißigen, vom Wünschen, hast also das noch nicht, was du erstrebst und wünschst. Die wahre Liebe hofft nicht und wünscht nicht, denn sie ist an sich schon die Erfüllung, die volle Tat. Sie ist die einzige Kraft im Himmel und auf Erden. Nenne mir die Namen aller scheinbar anderen Kräfte, sie sind doch nichts als nur verschiedene Erscheinungs- oder Wirkungsformen von ihr. Die Liebe hört nie auf. Sie hat keinen Anfang und kein Ende, sowohl in räumlicher als auch in zeitlicher Beziehung, also kann es außer ihr nichts anderes geben. Sie erfüllt das Sonnenstäubchen und den Weltenraum, die kurze Sekunde des irdischen Zeitmaßes und auch die ganze Ewigkeit. Sie läßt sich nicht einteilen in Eltern-, Kindes-, Gatten-, Freundes- und allgemeine Menschenliebe. Wer sie so zerstückeln zu können meint, dem ist sie unbekannt. Unser Erkennen und unser Weissagen ist solches Stückwerk; vor der Liebe aber, die das Vollkommene ist, hört jedes Stückwerk auf."

Das war ja eine fast wörtliche Anführung aus dem herrlichen dreizehnten Kapitel des ersten Korintherbriefes. Daß er, der Muslim, die Heilige Schrift anführte, durfte ich nicht ohne Bemerkung vorübergehen lassen, ich mußte ihn zwingen, sich zu ihr zu bekennen. Darum fragte ich schnell:

„Ist das deine eigene Ansicht oder steht es im Koran geschrieben? Ich habe es da nicht gefunden."

„Es ist eine Stelle aus dem heiligen Buch der Christen", entgegnete er.

„So ziehst du also die höchste und schönste aller Lehren nicht aus dem Werk Mohammeds, sondern aus dem Kitâb el mukaddas[1]?“

„Ja. Doch darf das für dich kein Grund sein, an meiner Rechtgläubigkeit zu zweifeln, denn Mohammed hat selbst oft aus diesem Kitâb geschöpft, und wenn ich das auch tue, so folge ich nur seinem Beispiel, das er uns für die Erkenntnis der Vollkommenheit gegeben hat. Für uns, die wir nicht so erleuchtet sind, wie er es war, besitzt sein Koran zahlreiche Lücken, die nur mit den Wahrheiten der Bibel auszufüllen sind.“

„So ist also die Vollkommenheit, von der du sprichst, nicht aus dem Koran, sondern aus der Bibel zu schöpfen? Der Wert der letzteren ist folglich größer?“

„Das habe ich nicht behaupten wollen. Aus meinen Worten geht nur hervor, daß sie oft leichter zu verstehen ist als die Suren des Propheten. Ihm war ein anderer Weg vorgeschrieben als dem Stifter der christlichen Religion, nämlich der Kampf, während Jesus der Prediger der Liebe und des Friedens sein durfte. Da Jesus nicht gehört wurde, mußte ihm ein Mohammed folgen. Christus faßte den ganzen Inhalt seiner Lehre in das Gebot zusammen: ‚Du sollst Gott, deinen Herrn, von ganzem Herzen lieben und deinen Nächsten wie dich selbst.‘ Hätte er Gehorsam gefunden, so wäre das Reich des Friedens angebrochen, dessen Verkündigung in den Worten lag: ‚Den Frieden hinterlasse ich euch, meinen Frieden gebe ich euch.‘ Er, der Friedensfürst, wurde ans Kreuz geschlagen, und wie dabei der Vorhang im Tempel mitten auseinanderriß, so war der Friedensbund zwischen Allah und der Menschheit zerrissen, und es mußte der Prophet kommen, dessen Religion bestimmt war, auf den Spitzen der Schwerter getragen und verbreitet zu werden. Wer den Frieden nicht haben will, der will den Kampf. Da die Menschheit die Lehren Christi verwarf

1 Die Bibel

und heute noch verwirft, wird sie sich von der Streitbarkeit des Islam bekehren lassen müssen."

„Ist die Lehre Christi wirklich in der Weise abgewiesen worden, wie du sagst? Ich denke, es gibt weit mehr Christen als Mohammedaner, so daß auf fünfzehn Muslimin wenigstens vierzig Christen zu rechnen sind."

„Wenn du die Köpfe zählst, so hast du recht, Allah aber sieht das Herz an. Zähle also die Herzen, nicht die Köpfe! Dann wirst du erkennen, wie wenig Christen und wieviel mehr gläubige Anhänger des Islam es gibt. Ich kenne dieses Namenchristentum leider nur zu gut. Ich habe es studiert und darunter gelitten seit meiner Jugendzeit und — — —"

Er hielt plötzlich in seiner mit großem Eifer vorgetragenen Rede inne und fuhr dann, sich verbessernd, langsam und mit mehr Überlegung fort:

„Ich wollte sagen: Ich habe es aus vielen Büchern studiert und bin mit manchem sogenannten Christen zusammengetroffen, der genau das Gegenteil von dem war, was ein Anhänger der Messiaslehre sein soll. Ich habe da so viel Trauriges erlebt, daß ich nur höchst ungern davon spreche. Schweigen wir also über diesen Gegenstand! Gebt mir lieber Tabak! Die Pfeife ist mir wieder ausgegangen."

Als ihm dieser Wunsch erfüllt worden war, gab er sich seinem Lieblingsgenuß in einer Weise hin, die es ausschloß, das Gespräch mit ihm fortzusetzen. Er sah ein, daß er mehr gesagt hatte, als seine Absicht gewesen war, hierin lag der eigentliche Grund des plötzlichen Abbruchs seiner Mitteilungen. Was mich betraf, so war ich zufrieden mit dem, was ich gehört hatte. Ich wußte nun, warum er die Heilige Schrift so gut kannte: er war früher Christ gewesen und dann Mohammedaner geworden. Weshalb? Er hatte von Namenchristen und von schlimmen Erfahrungen gesprochen, doch war es mir unbegreiflich, daß ein gebildeter Mann aus solchen

Gründen zum Abtrünnigen werden kann. Zu der gebildeten Klasse zählte er, denn einige seiner Äußerungen ließen darauf schließen, daß er studiert hatte.

Als die Zeit unserer kurzen Rast vorüber war, halfen wir ihm wieder in den Sattel und ritten dann weiter. Halef gesellte sich, wie gewöhnlich, mir zu und teilte mir seine Ansichten über den Blinden mit. Auch ihm war es aufgefallen, daß dieser von seinen traurigen Erfahrungen gesprochen und dabei doch erklärt hatte, er habe das Namenchristentum aus vielen Büchern studiert.

„Weißt du, Sihdi", sagte der Hadschi, „das mit den vielen Büchern mag wohl wahr sein, denn er ist wirklich ein Gelehrter, aber die Ansichten, die er uns mitteilte, schienen weniger aus diesen Schriften, als vielmehr aus seinem Leben zu stammen. Ich möchte behaupten, daß er sehr oft mit Christen zusammengetroffen ist, die sich nicht mit dem Herzen, sondern nur äußerlich zu diesem Glauben bekannten. Was meinst du dazu?"

„Er ist ein Rätsel, dessen Lösung große Bedeutung für mich besitzt", erwiderte ich ausweichend. „Eine Meinung kann ich erst dann haben, wenn ich mir über ihn klargeworden bin. Zunächst müssen wir uns mit der Tatsache begnügen, daß er ein verlassener, unglücklicher Mann ist, dem wir unseren Beistand zu widmen haben."

„Der soll ihm von Herzen gern werden. Dieser vom Tod Erstandene hat meine ganze Teilnahme in der Weise erweckt, daß ich bereit bin, für ihn alles zu tun, was mir möglich ist. Als jene, die ihm das bereits verschwundene Leben wiedergegeben haben, sind wir verpflichtet, so lange für ihn zu sorgen, wie es in unseren Kräften steht, und das werden wir tun."

Im Verlauf der nächsten Stunde wurde die Beschaffenheit der Wüste anders als bisher. Der unsere Tiere so ermüdende Wechsel zwischen Höhen und Tiefen wiederholte sich weniger häufig, die Hügelwellen wurden flacher, und die Täter hoben sich, bis sich eine vollständig ebene Sandfläche um uns ausbreitete, deren Gesichtsfeld einen ununterbrochenen Kreis bildet.

Der Sand war zunächst tief und fein. Die Füße der Kamele und Pferde „mahlten“ darin. Später wurde er seichter und gröber; der Untergrund war hart. Es traten immer mehr steinige Stellen hervor, die an Größe zunahmen und in ihrer schließlichen Vereinigung den Sand verschwinden ließen. Wir befanden uns im Serîr, der Wüste des glatten Steins. Der Boden war von den Winden kahlgefegt und zuweilen so glatt, daß man gut aufpassen mußte, wenn die Spuren, denen wir folgten, nicht verloren werden sollten. In dieser Art von Wüste sind oft die Witterungsunterschiede am größten, da der am Tag in der Sonne fast glühende Stein seine Wärme des Abends schneller ausstrahlt als der Sand und dann erkaltet. Der Europäer muß sich vor solchen Gegenden sehr hüten, weil Fieber und Erkältungskrankheiten die unausbleiblichen Folgen sind.

Nach einiger Zeit änderte sich die Gegend abermals. Der Steinboden wurde uneben. Er schlug zunächst flache und dann höhere Wellen, deren Zwischenräume, je weiter wir kamen und je tiefer sie waren, sich um so mehr mit Sand gefüllt zeigten, den der Wind hineingeweht hatte. Die wie glattpolierten Erhöhungen verwandelten sich in scharfgeschnittene Hügel, die in dem weiten, ebenen Serîr als einzelne, inselartige Gruppen aufragten und sich dem Blick in die Ferne hindernd entgegenstellten. Ein solches Gelände ist für Leute, die eine Begegnung zu scheuen haben, gefährlicher als die offene Wüste, die Umschau auf alle Richtungen gewährt. Da muß auch der, der keinen Feind zu haben glaubt, vorsichtig sein, weil gerade die arabische Wüste eine Stätte nie aufhörender blutiger Befehdungen ist.

Übrigens teilte uns der Ben Harb, unser Führer, mit, daß der Bir Hilu an den größten und zerklüftetsten der hier umhergestreuten Felseninseln liege, und zwar in der Entfernung von vielleicht einer halben Reitstunde von uns.

„Wir müssen sofort unsere Richtung ändern", sagte Halef.

„Weshalb?" fragte ich, obwohl ich wußte, was er meinte. „Welchen Grund könnte es wohl geben, von der geraden Linie abzuweichen?"

Da machte er eins seiner allerliebsten, pfiffigen Gesichter und meinte:

„Du betest täglich das christliche Vaterunser und handelst jetzt doch selbst gegen jenen Teil, der lautet: ‚Führe uns nicht in Versuchung!' Du weißt gar wohl, was ich will, denn ich habe es erst von dir gelernt. Man glaubt am Brunnen, daß wir von Norden kommen werden, und darum machen wir einen Umweg, um ihn aus einer anderen Richtung zu erreichen."

„Hältst du diese Vorsichtsmaßregel heute für notwendig, Halef?"

„Vorsicht ist stets notwendig, Sihdi. Selbst dann, wenn gar keine Veranlassung dazu vorzuliegen scheint, ist Vorsicht immer besser als Unvorsichtigkeit. Besonders auf einer Reise, wie die unsrige ist, kann man nie wissen, was die nächste Minute bringen wird."

Wir hatten einen Augenblick angehalten, unser Trupp war beisammen, und so konnten alle diese Worte hören. Es machte ihn nicht wenig stolz, jetzt einmal Prediger der Bedachtsamkeit sein zu können, und so fuhr er belehrend fort:

„Die Tapferkeit ist die erste und vorzüglichste Eigenschaft, die ein Krieger besitzen muß, gleich nach ihr aber ist die Vorsicht nötig. Ein nur tapferer Mann kann sehr leicht tollkühn werden, und ein nur vorsichtiger kommt leicht in die Gefahr, daß man ihn der Feigheit zeiht. Ist aber die Tapferkeit mit der Vorsicht gepaart, so können Unbesonnenheiten ebensowenig wie Bezweiflung des

Mutes vorkommen. Die Tapferkeit ist nur im Kampf, die Vorsicht aber zu jeder Zeit nötig, zum Beispiel jetzt. Wir wissen, daß die wenigen Mekkaner zum Bir Hilu geritten sind, und daß der ihnen vierfach überlegene Basch Nâsir ihnen nachgeritten ist; wir sind überzeugt, daß sie ohnmächtig gegen ihn sind und noch weniger uns zu schaden vermögen, darum könnten wir den geraden Weg nach dem Brunnen getrost beibehalten. Ich schlage aber trotzdem vor, es nicht zu tun, denn ich habe schon gesagt, daß man auf einem solchen Ritt niemals weiß, was der nächste Augenblick bringen wird. Es können schon andere Leute am Brunnen gewesen sein, in welchem Fall sich das Zusammentreffen des Persers mit dem Liebling des Großscherîfs vielleicht anders abgespielt hat, als wir angenommen haben. Wir müssen also zunächst zu erfahren suchen, wie es dort steht. Darum werden wir nicht geradewegs hinreiten, sondern uns ihm von einer anderen Seite nähern. Sehen wir dann ein, daß es nicht nötig gewesen wäre, so ist es um so besser: wir haben für den Verlust einer Viertelstunde das Bewußtsein eingetauscht, klug gewesen zu sein. Auf welche Seite reiten wir ab, rechts oder links, Sihdi?"

„Der Führer kennt die Gegend, also mag er entscheiden", antwortete ich.

Der Ben Harb hielt es für geraten, den Umweg nach Osten zu machen, weil es dort die größere Anzahl hoher Felsen gab und wir somit mehr Deckung hatten.

Wir ritten südöstlich, teils über offene Flächen, teils an senkrecht aus dem Boden emporgetriebenen Felsengruppen vorbei, bis der Führer annahm, daß der Brunnen nun westlich von uns liege. Eben wollten wir in diese Richtung einbiegen, als der voranreitende Ben Harb sein Pferd wendete und uns aufforderte:

„Zurück, schnell hinter die Felsen! Es kommen Reiter."

„Wie viele?" fragte Halef, als wir diesem Ruf Folge

geleistet hatten und nun von den Nahenden nicht gesehen werden konnten.

„Es sind nur drei“, lautete die Antwort.

„So brauchen wir uns doch nicht zu fürchten.“

„Es handelt sich nicht um die Zahl der Personen“, warf ich ein. „Woher kommen sie?“

„Aus Westen“, belehrte mich der Führer.

„Also vom Brunnen. Gehören sie zu den Leuten des Persers?“

„Nein, Soldaten sind sie nicht.“

„So haben wir allerdings Grund, zurückhaltend zu sein. Wie nahe sind sie uns?“

„Nur zwei Minuten, dann sind sie da.“

„Wir drei reiten ihnen entgegen, du, Hadschi Halef und ich. Die anderen bleiben hier und folgen uns nur dann, wenn sie schießen hören. Ihre Fragen beantwortest du. Sag, was du willst, nur nicht, was wir sind, woher wir kommen und wohin wir wollen! Vorwärts!“

Wir bogen um die Steine und sahen die Reiter in einer Entfernung von zweihundert Metern vor uns. Sie stutzten; wir ahmten das nach, dann ritten wir in langsamem Schritt aufeinander zu. Plötzlich sagte der Führer überrascht:

„Maschallah! Den langen Bedawi[1] in der Mitte kenne ich. Es ist Tawil, der Scheik der Beni Khalid.“

„Kennt er dich?“ fragte ich.

„Nein. Ich habe ihn nur einmal gesehen, er mich aber nicht.“

„Wie ist sein Charakter?“

„Roh, grausam, rachsüchtig, doch ohne Falsch; er ist stolz darauf, nie eine Lüge zu sagen.“

„So werden wir bald mit ihm fertig sein.“

„Denke das nicht, sondern nimm dich in acht, Sihdi! Er ist jedenfalls nicht allein in dieser Gegend. Furcht kennt er nicht. Er ist ehrlich wie der Löwe, der durch

1 Beduine

sein Brüllen anzeigt, daß er kommt, aber gleich nach dem Donner seiner Stimme folgt der tödliche Sprung."

Zu weiteren Worten war keine Zeit, denn wir waren den Beni Khalid jetzt so nahe gekommen, daß die Begrüßung vor sich gehen mußte; nur fragte es sich, wer damit beginnen sollte, sie oder wir. Ich fand nur noch Zeit, dem Führer zu sagen, daß nicht er den ersten Gruß sagen möge, da hielten die drei Reiter auch schon ihre Kamele vor uns an.

Der mittlere von ihnen, also Scheik Tawil, war seinem Namen gemäß, der „groß von Gestalt" bedeutet, ein langgewachsener Mann mit sonnverbranntem Gesicht, dessen Züge nichts weniger als Liebenswürdigkeit verrieten. Er erwartete sichtlich, daß wir zuerst grüßen würden. Als wir das nicht taten, ließ er seinen Blick zornig über uns gleiten und fuhr uns streng an:

„Nun? Habt ihr keine Mäuler? Oder wißt ihr noch nicht, daß man einen Gruß sagt, wenn man sich begegnet?"

Ich sah meinem kleinen Halef an, daß es ihm Anstrengung verursachte, auf diese Anrede still zu sein. Doch machte unser Ben Harb seine Sache nicht übel, indem er antwortete:

„Zu jeder Begegnung gehören zwei. Sag deine Worte also nicht bloß zu uns, sondern auch zu dir, zu euch!"

„Allah lasse dich an deiner Rede ersticken! Nur Narren sprechen mit sich selbst. Ich verlange den Gruß von euch. Wollt ihr es wagen, uns durch die Verweigerung zu beleidigen, so bedenkt die Folgen!"

„Auch dazu gehören zwei! Warten wir also ab, wen die Folgen treffen werden!"

Tawil fuhr mit seiner Hand drohend zum Gürtel, aus dem der Griff eines Messers und der Knauf einer alten Pistole hervorragten, besann sich aber eines anderen und wendete sich in verächtlichem Ton an seine Begleiter:

„Diese Menschen scheinen von Allah verlassen zu sein

oder aus einer Gegend zu kommen, wo die Grobheit für Höflichkeit gehalten wird, ihre Unwissenheit kann uns nicht beleidigen, sondern nur erbarmen. Haben wir also Mitleid mit ihnen!"

Hierauf richtete er seine Worte wieder an den Ben Harb:

„Ich bin Tawil Ben Schahid, der berühmte Scheik der Beni Khalid, deren Zahl ohne Ende ist. Meine Macht reicht über die ganze Wüste und alle ihre Grenzen, und kein Feind kann sagen, daß er einen Sieg über mich gewonnen habe. Nun ich in meiner Güte euch dieses mitgeteilt habe, wirst du mir wohl sagen, wer ihr seid. So viel wenigstens hast du doch gelernt, daß sich dies gehört?"

„Ich habe gelernt, höflich gegen Höfliche zu sein und mich überhaupt gegen andere so zu verhalten, wie sie sich gegen mich benehmen. Also werde ich, nachdem du uns gesagt hast, wer du bist, deine Wißbegier befriedigen. Wir gehören zum Stamm der Beni Solaib und kommen also aus der Dschesîre."

Es muß bemerkt werden, daß die Solaib-Beduinen infolge besonderer Verträge niemals von anderen Stämmen angegriffen werden, dafür aber verpflichtet sind, sich stets friedlich zu verhalten. Sie stehen deshalb nicht im Ruf der Tapferkeit, und so brauchte ich mich jetzt nicht darüber zu wundern, daß Tawil die Brauen hochzog und mit geringschätzigem Lächeln erwiderte:

„Solaib, ah, Solaib! Damit ist eure Dummheit allerdings vollständig erklärt. Ich kenne euch. Hundert Männer eures Stammes ergeben, obgleich ihr gut bewaffnet zu sein scheint, noch nicht einmal den tausendsten Teil eines Kriegers. Ihr genießt auf Grund eurer Feigheit die Nachsicht aller Stämme und sollt also auch die unsrige haben. Wo wollt ihr hin?"

„Wir sind nach Schakra abgeschickt, um einige Zuchtkamele zu kaufen."

„So habt ihr Geld bei euch?“

„Ja!“

Ein freudiges Aufleuchten glitt über Tawils Gesicht, und er warf seinen Gefährten einen bezeichnenden Blick zu; das war ein Beweis, daß er uns wirklich für harmlose, ungefährliche Menschen hielt, gegen die es nicht einmal nötig war, seine Absichten zu verbergen. Sein Plan, zu unserem Geld zu kommen, schien fertig zu sein, denn er sprach:

„Wenn ihr von hier nach Schakra wollt, so müßt ihr durch das Gebiet der Beni Lam, mit denen wir in Fehde liegen. Sie dürfen es nicht erfahren, wo ich mich jetzt befinde, und da alle Solaib-Araber schwatzhafte Weiber sind, so werden wir euch bei uns zurückhalten, bis unser Streit mit den Beni Lam ausgeglichen ist.“

Unser Führer war so klug, diese Ankündigung der Gewälttätigkeit zu übergehen und anstatt einer Weigerung die unbefangene Frage auszusprechen:

„Wir wollen zum Bir Hilu. Befinden wir uns auf dem richtigen Weg dorthin?“

„Ja, aber ihr werdet einstweilen auf ihn verzichten und jetzt mit uns reiten.“

„Wohin?“

„Auf Kundschaft.“

„Warum? Kundschafterritte sind gefährlich.“

„Da ist schon die Angst!“ lachte er. „Man erkennt sofort den Solaib an deiner Furcht. Aber gerade weil ihr zu diesem Stamm gehört, kann ich euch ohne Befürchtung sagen, was ihr in einiger Zeit doch erfahren würdet. Ich lag mit einer großen Schar von Kriegern am Bir Hilu, um uns mit Wasser für den Zug gegen die Beni Lam zu versehen, da kamen Bekannte von uns, Männer aus Mekka, die wir gastlich aufnahmen. Ihnen folgten Soldaten des Sultans. Die bezahlten Kriegssklaven des Großherrn werden nie bei uns geduldet, und diese machten sich außerdem des Verbrechens schuldig, unsere mekkanischen Freunde dadurch zu beleidigen, daß sie sie des Diebstahls beschuldigten. Sie wurden daher festgenommen und entwaffnet. Nun kommen aber noch andere Leute, eine Schar von fünfzig Männern. Sie sind Haddedihn vom Stamm der Schammar, mit dem wir auch im Kampf liegen, obgleich wir eigentlich mit ihm verwandt sind. Schon aus diesem Grund müßten wir uns der Haddedihn bemächtigen; aber es kommt als weitere Veranlassung noch dazu, daß auch sie sich gegen die Mekkaner in einer Weise benommen haben, die bestraft werden muß. Da sie sich uns nicht ohne Gegenwehr ergeben würden, habe ich einen listigen Plan ersonnen. Sie sollen glauben, allein am Brunnen zu sein und darum von den gebotenen Vorsichtsmaßregeln absehen, dann fallen wir über sie her. Wir haben uns also so weit vom Brunnen zurückgezogen, daß sie uns nicht bemerken können; wenn sie dann sorglos lagern, kehren wir zurück."

„Werden sie nicht eure Spuren sehen?"

„Die haben wir ausgelöscht."

„Aber wenn ihr eine so große Schar seid, werdet ihr das Wasser des Bir so weit verbraucht haben, daß dieser Umstand ihnen auffallen muß."

„Auffallen? Diesen Haddedihn, denen Allah wohl Köpfe, aber kein Gehirn gab? Nie würden sie auf den Gedanken kommen, daß ein ausgeschöpfter Brunnen auf Leute deutet, von denen er geleert worden ist. Sie wohnen zwischen den Flüssen und verstehen vom Leben der Wüste gerade so viel, wie der Wasserfrosch von den Eigenschaften eines Vollblutpferdes. Wir drei sind jetzt auf einem Umweg vom Bir fortgeritten, um zu beobachten, wie sie sich verhalten werden. Ihr kommt mit! Es ist keine Gefahr dabei, denn wir haben uns von ihnen fernzuhalten, weil sie uns nicht sehen dürfen. Ihr habt also keine Veranlassung, euch zu ängstigen."

„Aber auch keine, mitzureiten. Wir wollen zum Bir

Hilu, an irgendwelchen anderen Orten haben wir nichts zu suchen."

„Aber wir! Und da ich euch ohne uns nicht zum Brunnen lassen darf, so reitet ihr mit uns. Es wird euch nichts geschehen. Die Haddedihn sind als Feiglinge bekannt, und von ihrem Anführer, dem Hadschi Halef Omar, heißt es, daß er gleich beim ersten Schuß ausreißt."

Da fuhr Halef mit der rechten Hand zum Griff seiner Peitsche und öffnete schon den Mund, um zornig loszuplatzen, ich warf ihm schnell das Wort „Kutub!" zu, und er war zum Glück so klug, seinen Grimm zu bemeistern und zu schweigen. Für mich jedoch war die Zeit gekommen, am Gespräch teilzunehmen. Die Aufrichtigkeit des Scheiks der Beni Khalid war zwar ein Zeichen seiner Geringschätzung, mußte aber von uns ausgenutzt werden. Darum richtete ich an Tawil die Frage:

„Du bist also überzeugt, daß es uns nichts schaden wird, wenn wir jetzt mit euch reiten?"

Er ließ seinen Blick mit dem Ausdruck unendlicher Verachtung an mir niedergleiten und entgegnete:

„Ich kann dir versichern, daß eure teuren Körper nicht verletzt und eure reinlichen Anzüge nicht beschmutzt werden. Ihr werdet so heil und sauber bleiben, wie ihr jetzt seid."

„Später wirst du uns zum Brunnen lassen?"

„Ja, sofort, nachdem wir mit den Haddedihn fertig geworden sind, jetzt aber darf niemand hin."

„Sind denn eure Mekkaner nicht dort geblieben?"

„Nein, die sind bei uns."

„Und die Soldaten?"

„Die haben wir auch mit fortgenommen. Sie sind, um uns die Bewachung zu erleichtern, in eine Seitenschlucht gesperrt worden, deren Steinwände so hoch sind, daß man sie nicht zu erklettern vermag; vorn können sie auch nicht heraus, weil da ein Posten von uns steht. Ich sage das zu deiner Beruhigung, um euch zu überzeugen, daß auch diese Leute euch nichts tun können."

„Hatten diese Soldaten denn keinen Offizier bei sich, der sie befehligte? Ich denke nämlich, daß es euch bei der Umsicht eines solchen Vorgesetzten nicht so leicht geworden wäre, sie zwischen Felsen einzusperren."

„Offizier! Umsicht!" lachte er, und seine beiden Begleiter stimmten in das Gelächter ein. „Du bist ein Solaib, und darum muß man dir diese Dummheit verzeihen. Du scheinst noch nicht dabeigewesen zu sein, wenn Soldaten exerzieren. Sie drehen sich rechts, sie drehen sich links, sie laufen bald vorwärts, bald schief, bald rückwärts; sie tun das Gewehr herunter, sie werfen es auf die Achsel; sie heben das rechte Bein und bleiben auf dem linken stehen, sie heben das linke Bein und bleiben auf dem rechten stehen: und das alles tun sie, weil der Offizier diese lächerlichen Verrücktheiten von ihnen verlangt. Und da meinst du, daß so ein Mharridsch[1] uns hätte hindern können, das zu unternehmen, was uns beliebt? Das kann eben nur ein Solaib denken, der von kriegerischen Angelegenheiten nichts versteht. Aber es war kein Offizier bei ihnen, sondern ein verdammter Schiit, den Allah verurteilt hat, im tiefsten Pfuhl der Hölle zu wohnen. Dieser Schurke war so frech gewesen, unseren Mekkaner Freunden zu folgen, um sie zu beschimpfen und als Diebe zu bezeichnen. Er wagte es sogar, uns zuzumuten, sie ihm auszuliefern. Als wir uns weigerten, besudelte er uns mit Vorwürfen und Beleidigungen, auf die wir nur mit dem Tod dieses Mißgläubigen antworten konnten."

„Er lebt also nicht mehr?" fragte ich, indem ich mir Mühe gab, den Eindruck zu verbergen, den diese Mitteilung auf mich machte.

„Jetzt ist er noch nicht tot, wird es aber morgen früh

1 Lustigmacher, Hanswurst

wenn wir den Brunnen verlassen, sicher sein. Als wir mit unseren Mekkaner Freunden über ihn zu Gericht saßen, wurde er zur Faßâde[1] verurteilt. Wäre er ein Christ, ein Jude oder sonst ein Heide gewesen, so hätten wir ihn ohne Gnade erschossen, da er jedoch zwar ein mißgläubiger Schiit, aber immerhin ein Muslim ist, haben wir ihm nur einige kleine Adern geöffnet, die bis morgen zum Tagesanbruch auslaufen werden. So bleibt ihm also Zeit, seine Rechnung mit Allah und dem Engel des Todes in Ordnung zu bringen. Habt ihr schon einmal von der Strafe der Faßâde gehört?"

„Ja. Es gibt Stämme, bei denen sie aus dem Grund angewendet wird, den du soeben bezeichnet hast: Der Tod ist bei ihr unvermeidlich, doch bietet die Langsamkeit des Sterbens dem Verurteilten die notwendige Zeit, sich auf den Schritt ins Jenseits vorzubereiten. Welche Ader habt ihr ihm geöffnet?"

„Zunächst nur zwei Fingerschlagadern."

„Die Soldaten, bei denen er liegt, werden aber die Verblutung dadurch zu verhindern suchen, daß sie ihn verbinden."

„Das kann wieder nur ein Solaib sagen. Der Schiit ist nicht bei ihnen, sondern er liegt bei meinen Kriegern, die darüber wachen, daß der Ausfluß des Blutes stetig bleibt. Er ist so gebunden, daß er den Arm nicht bewegen kann. Wenn ihr euch etwa darüber wundert, daß ich euch das alles so unbedenklich sage, so wiederhole ich, daß ihr es doch in kurzer Zeit erfahren würdet, weil wir euch jetzt mit uns nehmen und in unser Lager bringen."

„Werdet ihr das wirklich tun? Mein Gefährte hat euch doch gesagt, daß wir zum Brunnen wollen und diesen Vorsatz auch ausführen werden."

„Was ihr beabsichtigt, ist uns gleichgültig, denn hier geschieht nur das, was wir wollen."

1 Aderlaß

„Und wenn wir uns wehren?"

„Wehren? Lächerlich. Drei Solaib-Feiglinge gegen uns!"

„Ihr seid ja auch nur drei!" warf ich ein.

„Das würde gegen zehn von eurer Sorte genügen! Versucht keinen Widerstand, denn ich schwöre euch bei Allah und all sei — — —"

Tawil hielt mitten in der Rede inne und blickte mit dem größten Erstaunen zu der Felsecke, hinter der wir hervorgekommen waren. Als ich mich umdrehte, sah ich die beiden Kamele, die den großen Tachtirewan trugen, auf dessen Kissen Hanneh thronte. Sie waren, wie das bei diesen widerspenstigen Tieren oft vorkommt, aus irgendeinem Grund unruhig geworden und kamen uns nun nach. Klugerweise war keiner der Haddedihn so töricht, der Sänfte zu folgen. Sie hegten keine Sorge, weil sie wußten, daß wir es nur mit drei Mann zu tun hatten, und blieben also hinter ihrer Ecke. Es war für uns köstlich, die erstaunten Gesichter der Beni Khalid zu sehen.

„Ein Tachtirewan mit einem Weib!" rief Tawil aus. „Zu wem gehört diese Frau?"

„Zu uns", antwortete ich.

„Warum ist sie zurückgeblieben?"

„Frage sie selbst! Oder, wenn du das für besser hältst, frag ihre Kamele, die es wahrscheinlich geradeso gewollt haben!"

„Erlaube dir keinen solchen Scherz!" wies er meine Aufforderung zurück. „Fragen, ein Weib fragen!" Er deutete mit der Hand auf Hanneh, die inzwischen so weit herangekommen war, daß ihre Tiere in geringer Entfernung von uns stehenblieben, und fuhr fort: „Seht diese alte, triefäugige ‚Adschûße!'[1] So ein Gesicht kann nur die Urahne eines Solaib besitzen, bei uns dürfte sie sich nicht sehen lassen."

1 Hexe

Hanneh hörte diese höhnischen Worte, verhielt sich aber still. Halef war geradezu starr. Wer da weiß, mit welcher beispiellosen Liebe er an seiner „herrlichsten Blume der Frauenzelte" hing, und daß er sie für die „Schönste aller Schönen" hielt, kann sich denken, welchen Eindruck diese Beschimpfung seiner Gattin auf ihn machte. So etwas war ihm noch nie vorgekommen. Der Scheik der Beni Khalid hatte das, was ihm jetzt geschah, jedenfalls auch noch nicht erlebt. Ich glaubte, Halef werde nun mit einer Flut von Schimpfworten gegen ihn losbrechen, erkannte das aber als Irrtum.

Der kleine Hadschi sprang, als habe er seine Starrheit mit einem einzigen Ruck überwunden, aus seinem hohen Sattel auf die Erde herab, schnellte zum Kamel Tawils hin, ergriff mit beiden Händen das eine Bein des Reiters und riß ihn mit einer Kraft herunter, über die sogar ich erstaunte. Im nächsten Augenblick hatte er seine Peitsche aus dem Gürtel gerissen und schlug nun in einer Weise auf den am Boden Liegenden ein, daß dieser nur durch die vorgehaltenen Vorderarme sein Gesicht gegen die hageldicht fallenden Hiebe schützen konnte. Dabei ließ Halef kein einziges Wort hören; seine Wut war so groß, daß er sie nur mit der Peitsche zu betätigen vermochte. Desto mehr brüllte der Gezüchtigte. Er schrie seinen Gefährten zu, ihm zu helfen.

Sie wollten das auch tun, da zog ich den Revolver und gab einen Schuß ab, das verabredete Zeichen für unsere Haddedihn. Die kamen sofort herbeigeeilt und nahmen durch ihr unerwartetes Erscheinen die Aufmerksamkeit der zwei Beni Khalid so in Anspruch, daß diese nicht daran denken konnten, sich um ihren Scheik zu bekümmern. Sie wurden umringt und von den Kamelen gerissen, wobei man dem Hadschi Platz ließ, seine Züchtigung fortzusetzen. Schließlich warf er die Peitsche von sich, trat zu mir heran und rief mit noch vor Wut bebender Stimme:

„Sihdi, ich bitte dich um Allahs willen, sprich mir jetzt nicht darein, sonst platze ich! Dieses Mal darfst nicht du bestimmen, was geschehen soll, sondern ich bin es, dem man zu gehorchen hat. Dieser Hundesohn hat mein Weib begeifert, meine Hanneh, das schönste, reinste und beste aller Wesen, die auf der Erde wandeln; wenn du mich hinderst, ihm diese Lästerung heimzuzahlen, so schwöre ich dir zu, daß ich die Freundschaft zu dir sofort aus meinem Herzen reiße. Ich verspreche dir, als Mensch mit ihm zu verfahren, mehr aber kannst du nicht von mir verlangen. Bist du einverstanden?"

„Ja", erwiderte ich, „denn ich weiß, daß du nichts tun wirst, was mich zwingen würde, dann meinerseits die Freundschaft zu dir aus dem Herzen zu reißen. Also abgestiegen, wer noch im Sattel sitzt! Wir bleiben einstweilen hier."

Dieser Weisung wurde Folge geleistet. Man half Hanneh und dem Münedschi herab. Dieser war wach; er wollte wissen, was geschehen sei, mußte sich aber mit einer kurzen Auskunft begnügen. Die Beni Khalid waren gebunden worden. Das Gesicht und die Hände ihres Scheiks zeigten Spur an Spur der ihm gewordenen Züchtigung. Er brüllte in einem fort und rief Allah, Mohammed und alle Kalifen zu Zeugen an, daß er sich fürchterlich rächen werde ‚an den Solaib-Hunden', wie er sich ausdrückte. Da nahm Halef seine Kurbatsch wieder in die Hand und drohte:

„Schweig, du Sohn aller Hundeväter und Ahne aller Hundesöhne, sonst beginne ich von neuem! Du sagtest, Allah habe die Haddedihn ohne Hirn geschaffen, wo aber hast du das deinige? Du weißt, daß Hadschi Halef Omar mit fünfzig Haddedihn kommen werde und hältst uns noch immer für Solaib. Hast du keine Augen? Zähle uns doch! Hast du nicht gehört, daß sich beim Scheik der Haddedihn auch die Gebieterin seines Harems befindet? Wo ist dir der Verstand verlorengegangen, der dir doch sagen müßte, daß wir nicht Solaib, sondern die sind, die du erkundschaften und dann am Bir Hilu angreifen willst? Nun zwing uns doch, mit dir zu reiten, du Wurm der Ohnmacht und des Unvermögens! Hast du dich wirklich vor zehn Leuten unserer Sorte nicht zu fürchten? Sind die Haddedihn wirklich die Wasserfrösche, als die du sie bezeichnet hast? Da liegst du nun, bedeckt von den Hieben meiner Peitsche. Deine Gestalt ist fast doppelt so lang wie meine, aber wenn Allah sie noch zehnmal länger gezogen hätte, wäre sie doch ein Zwerg gegen die endlose Riesenhaftigkeit der Dummheit, die das einzige Erbe aller deiner ohne Verstand geborenen und ohne Vernunft gestorbenen Ahnen ist. Wer nur einen einzigen Blick auf dich wirft, der muß sich sofort abwenden, sonst löst er sich so in Tränen der Trostlosigkeit auf, daß nichts von ihm übrigbleibt."

Um diese seine Worte zu verdeutlichen, wendete er sich ab und seinem Sohn zu, der hinter ihm stand. Er nahm ihn bei der Hand, zog ihn vor, deutete auf Tawil und fuhr fort:

„Da siehst du ihn liegen, der deine Mutter, in der alle weiblichen und mütterlichen Vorzüglichkeiten in größter Vollkommenheit vereinigt sind, eine triefäugige 'Adschûße genannt hat! Nun sag du mir, was ihm dafür geschehen soll!"

Kara Ben Halef machte eine abwehrende Handbewegung und sagte nur das eine Wort:

„Nichts!"

„Nichts?" fragte sein Vater unbefriedigt. „Nichts soll ihm geschehen?"

„Nichts! Auf eine solche Frechheit kann nur die Peitsche antworten, das ist erfolgt. Jede weitere Beachtung würde nur eine Ehre für ihn sein, und die darf ihm nicht werden."

Der brave Jüngling wendete sich ab und ging zu seiner Mutter. Halef sah ihm nach, blickte einige Zeit sinnend vor sich nieder, hob dann sein Gesicht und rief mir entzückt und strahlenden Auges zu:

„Sihdi, hast du gehört, was Kara Ben Halef, der Sohn meines Herzens, soeben meinte? Was sagst du dazu?"

„Er hat recht", antwortete ich.

„Ja, er hat recht. Der Beleidigung der besten aller Frauen ist Genüge geschehen, und so soll in Beziehung auf sie dieses Hundesohnes nicht wieder gedacht werden. Aber ich muß wegen anderer Dinge weiter mit ihm sprechen und hoffe, daß ich auch da das Richtige treffen werde. Bindet ihm seine Flinte lang an die Seite und den Arm so fest daran, daß er ihn und die Hand nicht bewegen kann!"

Während Omar Ben Sadek mit zwei Haddedihn diesem Befehl nachkam, trat Halef zu mir, hielt mir seine Hand hin und bat:

„Sihdi, zeige mir, wo die Fingerschlagadern liegen; ich muß das wissen."

Ich ahnte, was er wollte, und stimmte ihm bei, ohne es ihm zu sagen. Ich hätte das, was er jetzt vorhatte, auch getan, weil es das einfachste und für uns ungefährlichste Mittel war, den Perser zu retten. Darum erklärte ich ihm die Lage der betreffenden Adern. Als dies geschehen war, ging er zum Tachtirewan, um sich dort ein kleines, scharfes Messer zu holen. Dann kehrte er zum Scheik der Beni Khalid zurück, den, obgleich er gebunden war, drei oder vier Haddedihn halten mußten. Ich stand entfernt davon und sah nur, daß Halef sich über ihn niederbeugte. Dann erscholl ein Schrei, und ich hörte Tawil brüllen:

„Was tatest du mit meiner Hand? Du hast mich gestochen. Da spritzt das Blut empor."

„Ja, ich habe dich gestochen", antwortete Halef. „Es geschieht dir nach dem Gesetz der Wüste: Blut um Blut, Leben um Leben. Du lässest den Perser am Aderlaß sterben und teilst nun mit ihm das gleiche Geschick. Morgen früh wirst du mit ihm aus dem Land der Lebenden gehen und mit ihm zu gleicher Zeit es Ssirât, die Brücke des Todes, erreichen. Allah weiß, wer glücklich hinüberkommt, er oder du."

„So hast du mir die Faßâde gegeben?"

„Ich habe dir nur zwei Fingerschlagadern geöffnet, genau das, was du mit ihm getan hast."

„Allah verdamme dich! Wie kannst du es wagen, mein Blut zu vergießen?!"

„So, wie du es gewagt hast, das seinige zu vergießen."

„Das war der Beschluß des Gerichts!"

„Hier auch, denn ich bin der oberste Richter des Stammes der Haddedihn."

„Dieser Schiit soll an der Faßâde sterben, weil er die Mekkaner, unsere Gastfreunde, beleidigt hat."

„Und du sollst ebenso an der Faßâde sterben, weil du ihn, der unser Gastfreund ist, beleidigt hast. Du willst, daß er stirbt. Nun wohl: Stirbt er, so stirbst auch du, willst du leben bleiben, so muß auch er gerettet werden."

Der Hadschi wendete sich von ihm ab, kam zu mir und fragte:

„Sihdi, bist du also mit mir zufrieden?"

„Ja, sogar sehr."

„Wie mich das freut! Du bist so schwer zu befriedigen, um so größer ist mein Entzücken darüber, daß es mir hier gelungen ist, mich der ganzen Fülle deines Beifalls zu erfreuen. Nun wollte ich dich fragen, ob ich diesem Menschen jetzt die Bedingungen mitteilen soll, unter denen er sich sein Leben erhalten kann."

„Jetzt noch nicht, weil er noch nicht überzeugt ist, daß du es mit dem Aderlaß ernst meinst. Er muß erst wirkliche Angst bekommen. Welche Bedingungen willst du ihm stellen?"

„Ich gebe ihn nur gegen den Perser und die Soldaten frei. Anfänglich wollte ich auch verlangen, daß er die Mekkaner dem Perser ausliefere. Aber er hat sie als seine Gastfreunde bezeichnet, und da verlangt die Wüstenregel von ihm, daß er lieber stirbt, anstatt auf diese meine Forderung einzugehen."

„Das ist richtig, und bei seinem Charakter bin ich überzeugt, daß er auch nicht anders handeln würde. Laß ihm also diese Leute, wir bekommen sie doch!"

„Wie?"

„Denk an das, was nun kommen wird, nachdem Tawil in unsere Hände gefallen ist! Du willst doch seine Beni Khalid benachrichtigen lassen, wo er sich befindet?"

„Ja. Ich schicke einen seiner Begleiter fort, der ihnen sagen soll, daß ihr Scheik so lange bluten wird, bis der Perser sich bei uns einfindet. Wie meinst du, werden sie ihn schicken?"

„Jedenfalls."

„Auch die Soldaten?"

„Auch die. Es wird ihnen zwar schwer ankommen, aber um ihren Scheik zu retten, bleibt ihnen nichts anderes übrig. Nun frage dich, was die Mekkaner tun werden, sobald sie sehen, daß ihre Verfolger wieder freigelassen werden!"

„Sie werden sich schleunigst aus dem Staub machen."

„In welcher Richtung?"

„Auf Mekka zu."

„Ja, wir aber werden sie dort abfangen, um sie dem Perser auszuliefern. Freilich müssen wir die Möglichkeit in Betracht ziehen, daß sie sich bei den Beni Khalid sicherer fühlen als anderswo und also bei ihnen bleiben wollen, bis wir und der Perser fort sind. Das müssen wir verhüten, denn diese mekkanischen Diebe haben sich so zu uns verhalten, daß es uns nicht einfallen kann, ihnen das Entkommen zu erleichtern. Es liegt vielmehr so eine Ahnung in mir, daß wir auch für uns ein kluges Werk vollbringen, wenn wir dafür sorgen, daß sie den Diebstahl eingestehen müssen. Wir haben dann eine Waffe gegen El Ghâni in der Hand, falls es ihm einfallen sollte, sich in der heiligen Stadt feindlich gegen uns zu verhalten."

„Das begreife ich, Sihdi, aber du befindest dich da mit dir selbst im Widerspruch. Erst sagst du, daß wir ihre Auslieferung von Tawil nicht verlangen dürfen, weil sie seine Gäste sind und er also lieber sterben als auf unsere Forderung eingehen wird, und nun bestimmst du, daß wir sie dennoch haben müssen, selbst wenn sie bei ihm bleiben, um unsere Entfernung abzuwarten. Wie sind diese verschiedenen Dinge zu vereinigen?"

„Durch ein allerdings sehr kriegerisches Mittel, bei dem man das Leben auf das Spiel setzen muß."

„Allah, Allah! Du meinst den Zweikampf?"

„Ja. Den Perser und die Soldaten gibt er gegen seine eigene Freiheit heraus, das schändet ihn nicht. Die Auslieferung der Gäste aber können wir nach dem Gesetz der Wüste nur durch einen Zweikampf erzwingen. Es kann ihm dann niemand einen Vorwurf machen. Sag ihm also, daß ich bereit bin, mit jedem Gegner, den er mir stellt, mit jeder Waffe und in jeder Weise, die ihm beliebt, die Entscheidung herbeizuführen."

„Maschallah! Nach der strengen Regel müßte da El Ghâni mit dir kämpfen, weil es sich um ihn handelt. Der wird sich aber wohl hüten, sein teures Leben auf das Spiel zu setzen. Man wird also gezwungen sein, ihm aus der Schar der Beni Khalid einen Stellvertreter zu wählen."

„Das setze ich voraus."

„Aber, Sihdi, bedenke, daß man da nicht etwa einen Schwächling auslesen wird."

„Eine solche Schande würde ich zurückweisen. Zur Besprechung dieser Angelegenheit ist noch Zeit. Es gilt mir zunächst zu wissen, wo die Beni Khalid lagern, und da ihr Scheik uns das nicht sagen wird, so werde ich jetzt fortreiten, um es zu erkunden."

„Ich reite mit!"

„Nein! Die Lage ist bedenklich, es kann sich von Augenblick zu Augenblick etwas Wichtiges ereignen, und da darfst du als Anführer dich nicht entfernen, aber ich werde Kara Ben Halef mitnehmen."

„Meinen Sohn? Ich danke dir, Sihdi, denn er findet da Gelegenheit, dir zu beweisen, daß er von mir gelernt hat, sich sogar am Tag unbemerkt anzuschleichen. Was reitet ihr? Kamele oder Pferde?"

„Unsere Pferde. Wer setzt sich, wenn er die Wahl hat, bei einem unter Umständen gefährlichen Späherritt auf unzuverlässige Kamele?"

„Gut! Ich werde sofort satteln lassen."

„Ist nicht notwendig, wir reiten nur mit Zügel. In einer kleinen Stunde ist es Nacht, da müssen wir wieder hier sein."

Wenige Minuten später bestieg ich meinen Assil Ben Rih und Kara Ben Halef den Rappen seines Vaters, den er an Stelle seiner Schimmelstute nahm, weil ihre weiße Farbe uns verraten hätte. Aus dem gleichen Grund hatten wir unsere hellen Haïks abgelegt und trugen nur die Anzüge, deren Farbe nicht von der Umgebung abstach. Eine kurze, unauffällige Erkundigung beim Führer klärte mich über die genaue Lage des Brunnens und über seine Umgebung auf, so daß wir uns nicht irren konnten; dann ritten wir fort.

5. *Der Schatz der Glieder*

Wir hielten uns nicht in der geraden Richtung zum Brunnen, sondern etwas südlicher und kamen an mehreren der erwähnten Felseninseln vorüber. Keine davon umritten wir, ohne uns vorher überzeugt zu haben, daß die offene Strecke bis zur nächsten unbeobachtet sei. So ging es weiter, bis wir in der Ferne helle Punkte bemerkten, die sich bewegten. Das waren Beni-Khalid-Beduinen, die ihren Pferden Bewegung machten. Sie ritten eine sogenannte Phantasia, ein wohlgeordnetes Figurenstück, woraus wir schließen konnten, daß sie es nicht für nötig hielten, vorsichtig zu sein. Sie waren weit genug vom Bir Hilu entfernt, um von dort aus nicht bemerkt zu werden, und verließen sich überhaupt auf ihren Scheik, von dem sie wußten, daß er auf Kundschaft geritten sei und sie von der Annäherung der Haddedihn rechtzeitig benachrichtigen werde.

Wir hatten uns vorgenommen, sobald wir sie erblicken würden, von den Pferden zu steigen, um möglichst nahe an sie zu schleichen. Das war nun aber, da sie sich in solcher Bewegung befanden, unmöglich auszuführen. Wir mußten also wohl oder übel darauf verzichten, über die Soldaten und die Mekkaner etwas Nützliches zu erfahren. Das einzige, was wir tun konnten, war, den Brunnen aufzusuchen, wo sie alle bis vor kurzem gewesen waren. Günstigenfalls gab es dort eine Entdeckung, die geeignet war, uns die späteren Verhandlungen mit diesen Leuten zu erleichtern. Wir bogen also im rechten Winkel nach Norden ab und erreichten, da wir galoppierten, schon nach zehn Minuten die

Gegend, wo der Beschreibung des Führers nach der Brunnen liegen mußte.

Vier hohe und steil aufsteigende Felsenmassen bildeten die Winkelpunkte eines unregelmäßigen Vierecks, dessen längste Seite vielleicht achthundert, dessen kürzeste fünfhundert Meter messen mochte. Da, wo diese beiden Seiten zusammenstießen, befanden wir uns, und in der uns gegenüberliegenden Ecke trat aus dem Felsen ein schutzdachähnliches Gemäuer hervor, das jedenfalls den Bir anzeigte. Der Boden des Vierecks bestand aus Sand, und wenn Tawil auch gesagt hatte, daß die Spuren alle ausgelöscht worden seien, so kam mir jetzt diese Mitteilung lächerlich vor. Der Boden war nämlich so zerstampft, daß man hätte blind sein müssen, um nicht zu sehen, daß eine ungewöhnlich große Reiterschar sich hier befunden habe. Freilich, die einzelnen Fährten auseinanderzuhalten, das war selbst für meine geübten Augen unmöglich.

Der Fährtenleser sucht beim Vorhandensein so massenhafter Fuß- und Hufeindrücke unwillkürlich eine Einzelspur. So tat ich auch hier. Es war aber keine einzige herauszubringen — — — und doch, gerade da beim Vorderfuß meines Pferdes lag ein höchstens zwei Hände großes Steinstück, das, sobald ich es erblickte, meine Aufmerksamkeit auf sich zog, weil seine eine glatte Seite ein sauberes, neues Aussehen hatte, während die anderen Seiten schmutzig und verwittert waren. Gewiß war dieses Stück erst vor kurzer Zeit von dem neben uns aufsteigenden Felsen abgebrochen worden und heruntergefallen. Wahrscheinlich war das ein gleichgültiger Vorgang gewesen, ich sah aber doch hinauf und gewahrte da auch die Stelle, wohin die Bruchfläche des Steins paßte. Damit hätte ich mich zufrieden gegeben, aber ich sah noch mehr. Nicht weit von der erwähnten Stelle gab es nämlich eine mit Sand gefüllte Ritze und in diesem Sand vier senkrechte, halb wieder zugekörnelte

Striche. Da hatte jemand sich festhalten wollen, war aber ab- und mit den vier Fingern durch den Sand geglitten. Was hatte der Betreffende da oben gewollt?

Das war eigentlich eine nichtige Frage, aber gewohnt, selbst auf Kleinigkeiten zu achten, forderte ich Kara Ben Halef auf, vom Pferd zu steigen und da hinaufzuklettern. Ich hätte das wohl selbst getan, wollte aber meinem Schützling Gelegenheit geben, seinen Scharfsinn zu zeigen. Der Beduine klettert nicht gern; wenn er es doch tut, so muß immerhin eine nicht gewöhnliche Ursache dazu vorhanden sein. Und gerade hier an dieser Stelle war es nicht bequem gewesen, hinaufzukommen. Hatte etwa einer der Beni Khalid da oben etwas versteckt? Ah, es waren sogar zwei gewesen, denn jetzt, da ich genauer hinschaute, sah ich unten am Felsen die tiefen Eindrücke zweier Fußspitzen, aus denen ich schloß, daß der eine hier gestanden und sich angestrengt hatte, den anderen emporzuschieben. Dieser andere mußte entweder unbehilflich oder alt gewesen sein, sonst hätte er dieser Hilfe nicht bedurft. Ich weiß nicht, wie es kam, aber ich mußte dabei an El Ghâni denken.

Der gewandte Kara schwang sich, ohne einer Hilfe zu bedürfen, schnell hinauf, bis dahin, wo ich ihn nicht mehr sehen konnte, und es verging einige Zeit, ehe er wieder erschien und, den Kopf vorbeugend, mir zurief:

„Sihdi, ich habe es gefunden. Es ist ein Paket, in einen Gebetsteppich gewickelt und mit einer Burnusschnur umwunden."

„Ist es groß?"

„Nein, aber schwer. Willst du es haben, Sihdi?"

„Nein, wenigstens jetzt noch nicht. Ich komme hinauf, um es selbst zu sehen."

Ich sprang vom Pferd und kletterte an dem hier vielleicht acht Meter hohen Gestein empor. Oben angelangt, stand ich nicht etwa schon auf der Höhe der Felseninsel, sondern erst auf einem beinahe rundherumlaufenden Vorsprung, der den Fußrand mehrerer aufstarrender Spitzen bildete. Ich sah, daß es zwar keine einzige Stelle gab, an der man bequem heraufkommen konnte, aber die, die wir erklettert hatten, war die schwierigste von allen. Daraus war zu schließen, daß die Leute, die das Paket empor brachten, sehr große Eile und darum keine Zeit gehabt hatten, sich eine zugänglichere Stelle zu wählen. Die erwähnten Spitzen waren mehrfach von Spalten zerrissen, und in einem dieser Einschnitte steckte das Paket. Es war, damit man es nicht sehen solle, mit Steinen zugedeckt gewesen, die Kara jetzt weggenommen hatte.

„War der Pack gut versteckt?“ fragte ich ihn.

„Nein“, entgegnete er. „Der es hier verbarg, hatte sich dabei keine große Mühe gegeben. Die Stelle ist ja gut ausgewählt, denn unter tausend Beduinen wird es wohl kaum einem einfallen, ohne besonderen Grund hier heraufzuklettern, aber das Zudecken mit den Steinen hat man mit wenig Sorgfalt ausgeführt.“

„Weil die Zeit dazu gefehlt hat, lieber Kara. Nicht der Leichtsinn, sondern die Eile ist schuld daran. Ah, kennst du diesen Sidschdschâde[1]?“

„Nein.“

„So hast du nicht auf ihn geachtet. Mir fiel er wegen seines eigentümlichen Musters auf, das aus einem Fâ und einem verkehrt darüberliegenden Kâf besteht. Dieser Teppich ist El Ghânis Eigentum.“

„So wäre es dieser Alte, der da heraufgeklettert ist?“

„Wahrscheinlich.“

„Was mag in dem Paket stecken?“

„Ich vermute, daß es die in Meschhed Ali gestohlenen Gegenstände sind. Wir werden nachsehen, müssen aber dafür sorgen, daß es genau wieder so zugebunden wird und zu liegen kommt wie zuvor.“

Die Umschlingung des Teppichs bestand in einer

1 Gebetsteppich

Burnusschnur. Wir entfernten sie und öffneten das Bündel. Es enthielt über zwanzig Beutel, aus Leder gefertigt und von verschiedener Größe, die mit goldenen Quasten verziert und mit farbigen, seidenen Schnüren zugebunden waren. An jedem hing ein künstlerisch geschnittenes Elfenbeinplättchen, das eine Buchstabennummer und die persische Bezeichnung des Inhalts trug. Ich las einige der Aufschriften; sie lauteten:

Ssih änguscht = drei Finger, pänj tschäschm = fünf Augen, du bînî = zwei Nasen, tschähar dil = vier Herzen, nuh pâi = neun Füße, ßih säbân = drei Zungen, du kâm = zwei Gaumen.

Über die Inhaltserklärungen verwunderte ich mich keineswegs, denn ich kannte den Brauch, der ihm zugrunde lag. Es kommt nämlich unter den Schiiten besonders bei langwierigen Krankheiten und schwer heilenden Verletzungen häufig vor, daß der Leidende an den heiligen Stätten die Hilfe sucht, die er bei den Ärzten nicht gefunden hat. Das geschieht, wenn es ermöglicht werden kann, durch die persönliche Wanderung nach Meschhed Ali oder Kerbela; im anderen Fall sendet man eine Nachbildung des betreffenden Gliedes oder Körperteiles an einen dieser Orte und dazu ein Geldgeschenk, das die „Heiligen der Stätte" veranlassen soll, sich des Absenders im Gebet anzunehmen. Es ist das letzte und, wie man meint, zugleich sicherste Heilmittel, zu dem man greift. Der Arme kann es nur zu einer Nachbildung aus Holz, aus Ton, aus Blei, Zinn oder sonst einem billigen Stoff bringen und hat also nur wenig Hoffnung, von Allah geheilt zu werden. Der Reiche ist besser daran, weil er die Mittel besitzt, einen wertvollen Stoff zu bezahlen. Er wählt Silber, Gold und sogar edle Steine. Auf diese Weise gelangen Kostbarkeiten in die Pilgerstätten, mit denen man selbst den berühmtesten Arzt nicht bezahlen würde. Es kommt vor, daß Fürsten oder sonstige Geldleute wahre Schätze schicken, die in den unterirdischen Kammern von Kerbela und Meschhed Ali aufgehäuft werden und einen Wert von vielen Millionen besitzen. Daß da Allah nicht der einzige Empfänger ist, versteht sich von selbst. Auch ist es dagewesen, daß Eroberer sich dieser Schätze bemächtigt haben, ohne ihn um Erlaubnis zu fragen. Aber sie wachsen immer wieder und immer weiter an, so daß man eben, in gegenwärtiger Zeit, behauptet, daß man mit den an den beiden Orten aufgehäuften Vermögen ganz Persien aufkaufen könne.

Unser neuer Bekannter Khutab Aga war in Meschhed Ali als Basch Nâsir, als Oberaufseher der dortigen Schatzkammer angestellt, also einer der hervorragendsten Beamten dieser Stadt. Wenn solch ein Mann die Verfolgung eines Diebes persönlich unternahm und sich dabei den Gefahren eines weiten Rittes durch die gefährliche arabische Wüste aussetzte, so konnte es sich nicht um unbedeutende Gegenstände handeln. Ich öffnete den kleinen Beutel, der mit „Ssih änguscht = drei Finger" bezeichnet war. Er enthielt drei Finger aus purem Gold und mit den erkrankten Stellen nachgebildet; an jedem steckte ein Ring mit Edelsteinen. Wenn der Inhalt der anderen Beutel ähnlich kostbar war, so verlohnte es sich für einen Dieb des allerdings großen Wagnisses, nach Meschhed Ali zu gehen und dort in den Kans el A'dhâ einzudringen. Kans el A'dhâ, Schatz der Glieder, heißt nämlich dort jene Abteilung der tief unter der Erde liegenden Räume, in der die aus edlen Metallen und Steinen bestehenden Nachbildungen menschlicher Körperteile aufbewahrt werden.

Wir banden den Beutel zu und wickelten den Teppich wieder zusammen.

„Nehmen wir das Paket mit, Sihdi?" fragte Kara, auf den das Gesehene einen großen Eindruck gemacht hatte, was bei seiner Jugend begreiflich war.

„Nein", erwiderte ich. „Wir können El Ghâni nur

dann des Raubs überführen, wenn er glaubt, daß niemand das Bündel bemerkt hat."

Ich sah ihm an, daß er mich nicht begriff. Da er es aber nicht wagte, mich mit einer Frage zu belästigen, so forderte ich ihn auf:

„Komm jetzt wieder mit herab! Ich werde es dir nachher erklären. Lege die Steine möglichst so darauf, wie sie erst gelegen haben! Nun möchte ich vor allen Dingen erfahren, warum El Ghâni beim Ersteigen des Felsens so große Eile gehabt hat. Es ist mir bis jetzt nicht möglich, dieses heimliche Heraufklettern und Verstecken der Sachen hier mit der Anwesenheit so vieler Beni Khalid in Einklang zu bringen. Sie müssen doch unbedingt bemerkt haben, was er tat."

Als die Stelle ihre frühere Beschaffenheit wieder erhalten hatte, stiegen wir hinab und auf die Pferde, die ruhig stehengeblieben waren. Wir ritten hinüber nach dem Gemäuer, wo wir den Brunnen vermuteten. Er war dort. Ein oben festgebundenes Seil aus Dattelfasern führte hinab; ein Ledereimer, mit einem Stein beschwert, hing daran. So war wohl auch der Brunnen beschaffen, aus dem einst Rebekka dem Oberhirten Abrahams und seinen Kamelen Wasser schöpfte. An gewissen Einrichtungen und Gebräuchen des Orients können Jahrtausende vorübergehen, ohne das geringste zu ändern.

In der Nähe des Brunnens war, ekelerregend gegen den Felsen geworfen, das Gescheide[1] von zwei Gazellen zu sehen, und dort, vom Westen her, kam eine breite, noch frische Reiterspur aus der Wüste herbei. Es war ein Wunder, daß sich in der Umgegend kein einziger Geier zeigte, sonst wären die Überreste dieser beiden Tiere längst verschwunden gewesen. Mir aber kam, sobald ich sie sah, sofort die Klarheit, die mir bis jetzt gefehlt hatte.

„Schau dies Gescheide und diese Spuren!" sagte ich zu Kara. „Sie teilen mir das mit, was ich vorhin so gern

1 Eingeweide des Wildes

wissen wollte. Die Beni Khalid haben, während sie hier lagerten, die Gazellen gesehen und sind, von der Jagdlust gepackt, fortgeritten, ohne daß ein einziger von ihnen hier blieb. Inzwischen kamen die Mekkaner an, die schwach und müde waren und hier bleiben mußten, obgleich sie sahen, daß der Platz schon von Beduinen besetzt sei. Da lag nichts näher, als daß sie versuchten, vor allen Dingen ihren kostbaren Raub in Sicherheit zu bringen; denn mochten diese Beduinen ihnen befreundet sein oder nicht, Gegenstände von solchem Wert wirken überall verführerisch. Während El Ghâni darum hier unten herum ein zuverlässiges Versteck vergeblich suchte, sah er die Beni Khalid zurückkehren. Nun galt es höchste Eile. Da unten kein Ort zu finden war, richtete sich sein hilfesuchender Blick auf die Höhe des Felsens, der dem Brunnen am fernsten lag und darum wahrscheinlich am wenigsten beachtet wurde. Er packte die Sachen schnell in den Sidschdschâde, eilte hin und stieg mit Hilfe seines Sohns, dessen Fußspitzeneindrücke wir noch sahen, hinauf, um sie dort zu verbergen. Er konnte die Stelle nur flüchtig mit Steinen zudecken, denn er mußte wieder herunter, bevor die Beduinen so nahe herankamen, daß sie sehen konnten, wo er sich befand. Zu seiner Freude erkannte er in ihnen befreundete Leute, hütete sich aber doch, ihnen von dem Bündel etwas zu sagen. Später sah er den Perser mit den Soldaten kommen und war nun doppelt froh darüber, daß er die gestohlenen Gegenstände versteckt hatte, denn er konnte nun sich und seine Begleiter aussuchen lassen und dadurch, daß man nichts fand, beweisen, daß er und sie unschuldig seien. Ja, er konnte noch mehr, nämlich seine Verfolger dadurch verderben, daß er ihn, den von den Beduinen grimmig gehaßten und verachteten Schiiten, beschuldigte, ihm nur aus Glaubensfeindschaft nachgeritten zu sein, um ihn, den Liebling des Oberhaupts der Sunniten, zu überfallen. Daß es ihm gelungen ist, haben wir gehört, denn dem Oberaufseher des Kans el A'dhâ sind die Adern geöffnet worden, damit er sich verbluten möge."

„So ist es, Effendi! Die Mekkaner haben die Absicht, die Sachen heimlich zu holen, ehe sie den Brunnen verlassen."

„Ja. Eben darum ließ ich sie liegen, um beweisen zu können, daß der Liebling des Großscherîfs den ‚Schatz der Glieder' wirklich gestohlen hat. Wenn ich bemerke, daß die Zeit dazu gekommen ist, steige ich mit Scheik Tawil Ben Schahid heimlich hinauf, um ihn zu erwarten. Sobald er die Gegenstände aus dem Versteck genommen hat, ist der Beweis erbracht. Jetzt aber wollen wir zurückreiten, denn die Sonne ist dem Horizont nah und wir müssen, ehe es dunkel wird, bei unseren Leuten sein.

Als wir zurückkamen, lagen die drei Beni Khalid noch immer gebunden an der Erde, es schien also alles beim alten zu sein, doch Halef meldete mir zufrieden:

„Gut, daß ihr kommt, Sihdi! Wir haben nur noch auf euch gewartet, um den Vertrag mit dem Scheik der Beni Khalid abzuschließen."

„So hast du mit ihm verhandelt? Welches Übereinkommen habt ihr getroffen?"

„Der Scheik der Beni Khalid ist einverstanden, sich gegen den Perser austauschen zu lassen, die Soldaten gibt er jedoch noch nicht frei."

„Weshalb?"

„Er sagt, Mann gegen Mann, er mit seinen beiden Leuten hier seien drei, der Perser mit seinen Leuten und dem Chabir aber zweiundzwanzig Personen, also ein sehr ungleiches Verhältnis. Darum sollen einstweilen nur er und der Perser freigegeben werden."

„Wieso einstweilen?"

„Weil um die Mekkaner gekämpft werden soll. Siegen wir, so werden die Soldaten freigegeben, und wir bekommen die Mekkaner, doch nur gegen das Versprechen, ihnen nichts an Leib und Leben zuzufügen."

„Und siegen die Beni Khalid, was dann?"

„In diesem Fall bekommen wir weder die Mekkaner noch die Soldaten und müssen auch den Perser wieder ausliefern."

„Auch den? Das ist zuviel verlangt. Warum bist du auf diesen Punkt eingegangen?"

Da ging ein selbstbewußtes Lächeln über sein Gesicht, und er antwortete:

„Ich wäre auch auf noch mehr eingegangen, Sihdi, denn daß wir besiegt werden, das liegt nicht im Bereich der allerentferntesten Möglichkeit. Davon bist du doch ebenso wie ich überzeugt."

„Ich warne dich, allzu sicher zu sein. Hochmut kommt vor dem Fall."

„Es ist kein Hochmut, Sihdi, sondern nur die demütigste Überzeugung. Gib dem großen, schwarzen Panther auf, mit einer Zeltkatze um Leben und Tod zu kämpfen! Ist es Hochmut, wenn er darüber lacht? Sie ist ja nicht seinesgleichen, wenn er sie mit seiner Pranke nur berührt, muß ihre arme Seele aus dem Fell heraus. Nun denke, daß wir Haddedihn die Panther, die Beni Khalid aber die Katzen sind. Es ist also eine völlige Verkennung der Umstände, wenn du meine Demut als Hochmut bezeichnest."

Wenn mir diese sonderbare Art seiner Beweisführung nicht bekannt gewesen wäre, so hätte ich jetzt lachen müssen.

So aber fragte ich:

„Du sprichst von Leben und Tod. Soll der Kampf so scharf genommen werden?"

„Ja."

„Sind die Personen schon bestimmt, zwischen denen er stattfinden soll?"

„Nur erst zwei."

„Wie? Nur erst zwei? Das ist ja genug!"

„Nein, Sihdi, das genügt noch nicht. Tawil Ben Schahid

bestand darauf, daß es sechs sein sollen, von jeder Seite drei."

„Warum?"

„Das weiß ich nicht. Ich habe ihn nicht danach gefragt. Es ist uns gleich, oder vielmehr, meinen Haddedihn wäre es am liebsten, wenn bei dieser Gelegenheit jedem von ihnen erlaubt würde, sich mit einem Ben Khalid zu messen."

„Dennoch hättest du auf einen dreifachen Zweikampf nicht eingehen sollen, ohne mich vorher zu fragen. Welche zwei sollen wir außer mir noch wählen? Es werden sich alle dazu drängen, und das macht die Sache schwer."

„Außer dir, sagst du?"

„Habe ich dir nicht gesagt, daß du mir Scheik Tawil als den bezeichnen sollst, den der betreffende Ben Khalid als Gegner haben wird?"

„Ja, das hast du freilich gesagt."

„Und du hast es getan?"

„Nein. Hast du denn wirklich geglaubt, daß ich so wenig Ehrgefühl besitze, einen anderen an meine Stelle treten zu lassen? Ich habe selbstverständlich nicht dich, sondern mich genannt."

„Hm! Was sagte Hanneh dazu?"

„Sie hatte gar nichts anderes erwartet und freute sich darüber."

„So hat sie keine Sorge?"

„Sorge? Um mich? Oh, Sihdi, Sihdi! Meine Hanneh soll Angst um ihren tapferen, unüberwindlichen Hadschi Halef Omar haben! Wenn ich während des Kampfes ihre schönen, lieben Augen auf mich gerichtet weiß, so würde ich hundert Riesen erwürgen. Erweckt der Anblick deiner Emmeh nicht auch solche Kampfeslust in dir?"

„Nein."

„So kann ich wirklich nicht umhin, dir mitzuteilen, daß meine Hanneh deiner Emmeh vorzuziehen ist. Bei einer Frau, die ihren Mann so friedlich stimmt, muß er ja seine ganze Tapferkeit verlieren! Wie kann sie denn stolz auf ihn sein und auf sein Heldentum, das ihm von der Lieblichkeit ihres Angesichts und von der Anmut ihres freundlichen Benehmens abgestohlen worden ist? Nein, meine Hanneh hat mich als Helden kennengelernt, hat mich einen Helden bleiben sehen und wird es trotz ihrer fünftausend bezaubernden Eigenschaften nie erleben, daß in diesem meinem Ruhm jemals auch nur die allergeringste Lücke entsteht. Also nicht dich habe ich dem Scheik genannt, sondern mich."

„So fehlt also nur noch der dritte."

„Du meinst, der zweite und der dritte?"

„Nein, denn der zweite bin ich."

„Du? Sihdi, ich bitte dich, sieh hier doch einmal ab von deiner Gewohnheit, die größten Gefahren immer auf dich zu nehmen! Erstens bist du doch eigentlich kein Haddedihn, sondern ein Europäer, den stets für uns kämpfen zu lassen uns unsere Ehre rauben würde. Und zweitens üben sich meine Krieger täglich, ohne Gelegenheit zu finden, ihre Tapferkeit im Ernst beweisen zu können, weil wir auf deinen Rat nach Allahs Willen mit allen Stämmen, die uns umgeben, in Frieden leben. Und nun sich hier einmal die Möglichkeit zeigt, sich mit anderen Kriegern zu messen, willst du sie um diese Freude bringen. Was sagst du jetzt?"

„Deine Gründe sind gut, doch weißt du ja, daß ich mich stets lieber auf mich selbst als auf andere verlasse."

„So will ich dir noch einen Grund bringen, und der wird deinen Widerstand ganz gewiß besiegen."

Halef trat nahe an mich heran, machte ein höchst bedenkliches Gesicht, hob den Zeigefinger warnend empor und sagte leise:

„Wenn du mitkämpfst, und wir werden alle drei besiegt, so sind wir tot, und es ist alles verloren. Bist du aber nicht mit dabei, so bist du noch da, und es ist noch nichts verloren."

Jetzt mußte ich nun freilich lachen. Ich legte ihm die Hand auf die Schulter und erwiderte:

„Du spielst den schlauen Fuchs, und zwar nicht ganz umsonst. Ich werde mir die Sache überlegen. Komm mit zu den Beni Khalid!"

Während wir zu ihnen gingen, kam ich an Kara Ben Halef vorüber, dem ich zu sagen vergessen hatte, daß er gegen jedermann, auch gegen seinen Vater und seine Mutter, von dem was wir auf dem Felsen entdeckt hatten, schweigen solle. Ich holte das jetzt heimlich nach, weil unter Umständen eine unbedachte Äußerung genügte, meinen Plan zunichte zu machen.

Ich sagte schon, daß die drei Beni Khalid noch so dalagen, wie wir sie verlassen hatten. Dem Scheik spritzte noch das Blut aus den geöffneten Adern, doch hatte ihn sein Verlust noch nicht geschwächt. Als ich zu ihm trat, richtete er seine finsterblickenden Augen fest auf mich und sagte: „Ich habe mit dem Scheik Hadschi Halef Omar vom Stamm der Schammar ein Übereinkommen getroffen, von dem er behauptet, daß es erst dann Gültigkeit habe, wenn es von seinem Effendi bestätigt worden sei. Der bist du?"

„Ja", bestätigte ich.

„Also Effendi wirst du genannt? Das genügt mir nicht. Wie heißt du, und wer bist du?"

Da fiel Halef, ehe ich ein Wort sagen konnte, rasch ein: „Dieser in allen Erdteilen des In- und Auslandes hochberühmte Mann heißt Hadschi Akil Schâtir el Medscharri Ben Hadschi Alim Schadschi er Ghâni Ibn Hadschiâ Dâim Maschhûr el Azîm Ben Hadschi Takî Abu Fadl el Mukarram; er stammt aus dem Wadi Draa im fernsten Maghrib und hat, wie alle Leute, die dort geboren sind, nicht nur die Bücher aller Wissenschaften in seinem Kopf, sondern ist auch ein Krieger von solcher Tapferkeit, Klugheit und Stärke, daß ihn kein Feind jemals zu besiegen vermochte."

Tawil Ben Schahid bedachte die lange Schlange meines Namens mit keinem Wort, sondern fragte mich kurz:

„Bist du einverstanden?"

„Ja", erklärte ich noch kürzer.

„Wann soll der vereinbarte Kampf stattfinden?"

„Wann es euch beliebt, doch möglichst bald."

„So müssen wir einen Ort vereinbaren, an dem ihr euch sicher fühlt, sonst würdet ihr euch wohl fürchten, euch uns zuzugesellen, weil die Schar meiner Krieger der Zahl der eurigen so vielmal überlegen ist."

Ich bewegte die Hand geringschätzig durch die Luft und erkundigte mich:

„Habt ihr Holz, um Feuer zu machen?"

„Getrockneten Kamelmist und Holz genug. Da du einverstanden bist, so gib mir die Hände frei, denn ich habe versprochen, auf mein Hamâïl zu schwören, daß wir jeder Hinterlist entsagen und unser Übereinkommen ehrlich halten werden, und Allah weiß, daß ich gewohnt bin, schon ein einfaches Versprechen als Schwur gelten zu lassen."

„Wer soll deine Krieger benachrichtigen?"

„Es reitet einer von euch mit einem von meinen Begleitern zu ihnen. Beide kommen zurück und bringen den Perser mit. Dann gebt ihr mich frei."

Ich sah Tawil ebenso fest in die Augen wie er vorhin mir, zog meine kleine Verbandstasche hervor und ließ mich zu ihm nieder, um zunächst die Blutung zu stillen. Als dies geschehen war, löste ich die Knoten seiner Fesseln. Er sprang sofort auf und fragte erstaunt:

„Du bindest mich los?"

„Wie du siehst."

„Das soll ja erst dann geschehen, wenn der Perser hier ankommt und ihr euch also überzeugt habt, daß er von uns freigegeben worden ist."

Ich antwortete nicht, sondern band auch seine Leute los und sagte dann:

„Sie sind gleichfalls frei. Das ist meine Antwort auf deine vorhin ausgesprochene Frage. Du meintest ferner, daß wir uns vor euch fürchten. Hadschi Halef Omar und seine Haddedihn fürchten sich vor keiner Feindesschar, auch wenn sie zehnmal größer wäre, als die eurige ist, das eben will ich dir beweisen."

„Tajjib — — Bravo!" rief da Halef begeistert aus, und die Haddedihn stimmten ein.

Ich aber fuhr fort:

„Den Schwur auf dein Hamâïl erlasse ich dir. Ich sehe zwar diesen aus Mekka stammenden Koran an deinem Hals hängen, aber du hast gesagt, dein Versprechen gelte gleich einem Schwur, und ich vertraue dir. Wer sein Versprechen nicht hält, der achtet auch nicht die Heiligkeit des Schwures. Ihr kehrt jetzt zu euren Leuten zurück, und wir reiten mit."

Da hellte sich sein finsteres Gesicht auf, und der Ausdruck des Erstaunens ging in den Ausdruck der Freude über.

„Effendi", rief er aus, „so etwas ist mir noch nicht vorgekommen. Entweder bist du ein höchst leichtsinniger oder ein sehr braver Mann."

„Leichtsinnig bin ich nicht, sondern ich gebe jedem die Ehre, die ihm gebührt. Du bist ein harter, vielleicht ein blutgieriger Krieger, aber dein Wort wirst du niemals brechen. Habe ich recht?"

Er streckte mir die Hand entgegen:

„Da, faß an! Ihr seid jetzt unsere Feinde, und wir sind die eurigen; der Kampf wird zwischen uns entscheiden, aber wenn ihr wirklich mit uns reitet, so könnt ihr nirgends sicherer sein als bei uns. Ich habe, als ich euch für Solaib-Araber hielt, von den Haddedihn verächtlich gesprochen, jetzt weiß ich, daß sie furchtlose Männer sind, denen ich meine Achtung nicht versagen kann. Kommt also mit uns, wenn ihr wollt! Lieber aber ist es mir, wenn ihr mich voranreiten laßt, damit ich

Zeit finde, meine Leute zu unterrichten, wie sie sich zu euch zu verhalten haben."

„Gut, reitet fort! Wir werden euch nicht folgen, sondern den Weg zum Brunnen einschlagen, der doch wohl euer eigentlicher Aufenthalt ist."

„Kennt ihr den Weg? — Es wird gleich dunkel sein."

„Wir finden ihn, wir brauchen keinen Führer."

Sie bestiegen ihre Kamele und ritten fort. Als wir sie nicht mehr sahen, kam Hanneh, die schon längst ihre Sänfte verlassen hatte, zu mir her und sagte:

„Sihdi, weißt du, daß du einen großen Sieg errungen hast?"

„Ja."

„Das war wieder einmal die Liebe, die du nicht nur in Worten predigst, sondern auch durch dein Verhalten lehrst. Dürftest du diesem Scheik doch sagen, daß du Christ bist, dann würde er wissen, wem er diese seltene Behandlung zu verdanken hat. Der Zweikampf wird gewiß für uns entscheiden, aber selbst wenn das nicht der Fall wäre, würde der Scheik der Beni Khalid nicht taub gegen unsere Wünsche sein."

„Aber wenn er sich nur verstellt hätte?" warf Halef ein.

„Dann hätte dein Vertrauen uns wahrscheinlich in eine schlimme Lage gebracht."

„Auch dann nicht, Vater", entgegnete ihm sein Sohn. „Unser Sihdi weiß, was er tut. Wir können uns auf ihn verlassen."

In so bestimmter Weise in unser Gespräch einzugreifen, das hatte Kara bisher stets unterlassen. Sein Vater sah ihn verwundert an, nickte ihm dann befriedigt zu und sagte:

„Ja, wenn so bedeutende Leute sich des Sihdi annehmen, dann muß freilich ich mit meinen Bedenken weichen. Hast du noch etwas auf deinem mutigen Herzen?"

Da flog ein leuchtender Blick vom Sohn zum Vater herüber, und die Antwort erklang:

„Ich will einer von den dreien sein, die mit den Beni Khalid kämpfen!"

„Wa — — wa — — was? Du — — u — — u — —u?"

„Ja, ich will!" wiederholte Kara sehr bestimmt, wobei sein Gesicht erglühte.

Ich ahnte, daß Halef ihn am liebsten vor Freude an sein Herz gedrückt hätte, aber Kara war nicht nur sein, sondern auch Hannehs Sohn, darum hielt er noch an sich, richtete einen unsicheren Blick auf sie und fragte:

„Hanneh, du beste Mutter aller tapferen Söhne, hast du gehört, was Kara, unser Liebling, soeben für einen Wunsch ausgesprochen hat? — Was sagst du dazu?"

„Ich lasse dich zuerst sprechen."

„Nein! Zwar weiß ich, daß ich der Gebieter meines Stammes und auch der Gebieter meines Zeltes bin, aber hier soll nicht der Vater, der Krieger bestimmen, sondern nur das Herz der Mutter entscheiden."

„Und diese Mutter kennt den Vater und weiß, womit sie ihn erfreuen und glücklich machen kann. Es glüht in dir doch das heiße Verlangen, ich möge deinem und meinem Kind nicht hinderlich sein, zu zeigen, daß es in der Führung der Waffen der Schüler seines Vaters gewesen ist."

„Ja, das wünsche ich allerdings von ganzem Herzen", gab Halef zu.

„So mag er kämpfen!"

Der Hadschi stieß einen Jubelruf aus und öffnete die Arme, um sie um Hanneh zu schlingen; da fiel ihm aber noch rechtzeitig ein, daß ihm das öffentlich nicht gestattet sei, und so suchte er sich denn einen anderen Gegenstand seines Entzückens: Er umarmte erst Kara und warf dann auch die Arme um mich, wobei er rief:

„Hast du es gehört, Sihdi? Hast du es gehört, daß Hanneh, die Blume meines Herzens, ihre Einwilligung zur Ruhmestat gegeben hat? Alle Völker, die zwischen dem Euphrat und dem Tigris wohnen, werden mich den glücklichsten Vater nennen, denn die Tapferkeit meines Sohnes wird der meinigen gleichen, und so wird man unser Lob verkünden in allen Zelten und allen Häusern. Das habe ich auch dir mit zu verdanken, weil du die Güte gehabt hast, zurückzutreten und nicht mit am Kampf teilzunehmen."

„Das habe ich nun freilich nicht versprochen. Ich habe nur gesagt, daß ich es mir überlegen wolle."

„Zum Überlegen ist es zu spät, da Kara eingetreten ist."

„Ich kann ja doch der dritte sein."

Kaum hatte ich diese Worte ausgesprochen, so schob sich Omar Ben Sadek schnell herbei und sprach:

„Das wirst du nicht, Sihdi, ich bitte dich. Es wäre ja eine Schande für den ganzen Stamm, wenn keiner der gewöhnlichen Krieger sich beteiligen dürfte. Ich bin kein Held und kein berühmter Mann, aber ich war dein und Halefs treuer Gefährte durch die Sahara, durch die Türkei und durch den Balkan. Ich habe mit euch gehungert, gedürstet und gekämpft, und niemand kann sagen, ich hätte jemals meine Pflicht versäumt. Soll es jetzt heißen, daß mein Arm schwach geworden und meine Waffe eingerostet sei? Soll mein Platz in dem Winkel sein, wohin man das unbrauchbare, verrostete Eisen wirft? Hier stehen fünfzig Krieger. Sollen sie alle zusehen, daß ihr drei ihnen alles nehmt und ihnen nichts gönnt? Soll nicht wenigstens einer von ihnen zeigen dürfen, daß auch ein einfacher Krieger für die Ehre seines Stammes kämpfen kann? Ich bin fertig mit meinen Worten. Nun entscheide du!"

Da sagte ich:

„Du hast recht, Omar. Es handelt sich um Haddedihn und Beni Khalid, also um die Ehre unseres Stammes, da darf ich mich euch nicht in den Weg stellen. Es sei dir also dein Wunsch erfüllt! Wir wissen, daß du die Haddedihn in einer Weise vertreten wirst, die uns erlaubt, stolz auf dich zu sein. — Du wirst zu deinen früheren Siegen einen neuen fügen."

Damit war die Angelegenheit erledigt. Hanneh bestieg ihren Tachtirewan wieder, und dann ritten wir dem Brunnen zu, von dem uns die letzten Gebetsklänge des Maghrib entgegentönten. Die Beni Khalid waren also schon da.

Es war dunkel geworden, und nach Schluß des Gebetes beschäftigten sich die Beduinen damit, ein Feuer anzuzünden. Darum wurde unser Kommen nicht sofort bemerkt. Wir hatten den Platz an der nordöstlichen unbeobachteten Ecke erreicht und hielten dort an. Wir wollten die Mekkaner zunächst den Blinden nicht sehen lassen, deshalb mußte er hier absteigen und Hanneh mit ihm, in deren Obhut wir ihn gaben. Es konnte nicht auffallen, daß sie sich hier absonderte, indem diese entlegene Stelle sozusagen ihren Harem bildete, wodurch die Mekkaner gezwungen waren, ihn zu meiden. Als wir beide bequem untergebracht hatten, ritten wir weiter, der Brunnenecke zu, wo jetzt das Feuer aufloderte.

Der Scheik sah uns und kam uns höflich entgegen. Zwar begrüßte er uns nicht mit einem Marhaba[1], denn wir waren seine Feinde; er machte überhaupt keine Worte, aber diese stille Art drückte ebensoviel Achtung aus, als er uns hätte durch die Rede erweisen können. Um so lauter aber war einer, der vom Feuer, wo er saß, aufsprang und nicht wartete, bis ich abgestiegen war, sondern mir beide Hände entgegenstreckte und dabei froh ausrief:

„Endlich sehe ich dich, Effendi! Ich wußte, daß du mir helfen würdest, aber die Zeit wurde mir doch recht lange, zumal mit ihr mein Blut dahinfloß."

Es war der Perser.

1 Willkommen

„Du hattest also deine Hoffnung auf uns gesetzt?“ fragte ich.

„Ja, nur auf dich, denn eine andere gab es nicht. Ich erfuhr vorhin, daß der Scheik dir mitgeteilt hat, was man mit mir beschlossen hatte, und habe also nicht nötig, es dir zu erzählen. Nur eins muß ich dir sagen, damit du weißt, woran du bist: Die Mekkaner sprachen davon, daß ihr kommen würdet, ich hütete mich jedoch, zu verraten, daß ich euch getroffen und mit euch gesprochen hatte. Du hast mir das Leben gerettet. Von meinem Dank wirst du später hören.“

„Du sollst mir nicht danken. Es war Allahs Schickung, daß dein Weg mit dem unseren zusammenstieß, und wenn dir dadurch das Leben erhalten wurde, so wende dich nicht an mich, sondern an ihn. Hat dich der Blutverlust bis jetzt angegriffen?“

„Ich bin ziemlich schwach, werde aber bald nichts mehr davon merken. Komm mit mir an das Feuer, und sage mir, wie sich alles zugetragen hat, und was geschehen wird! Ich hörte, daß es einen dreifachen Zweikampf geben soll. Ist das wahr?“

Scheik Tawil Ben Schahid hatte sich wieder bei dem Feuer niedergesetzt; wir nahmen, als verstehe sich das von selbst, neben ihm Platz, Halef und Kara auch. Unsere Haddedihn lagerten sich in geringer Entfernung von uns. Die Beni Khalid bildeten zerstreut rundum liegende Gruppen. Sie unterhielten sich eifrig, doch nicht so laut, daß wir etwas verstehen konnten. Die Mekkaner endlich saßen abgesondert an der Brunnenmauer beisammen, nahe bei uns. Sie hörten jedes Wort, das wir sprachen. Hierauf keine Rücksicht nehmend, beantwortete ich die Frage des Persers:

„Ja, es ist wahr. Wir haben die drei Betreffenden schon bestimmt: Es sind Scheik Hadschi Halef Omar, Kara, sein Sohn, hier und Omar Ben Sadek, einer unserer Krieger.“

„Wie und mit welchen Waffen soll der Kampf stattfinden?"

„Das ist wohl erst noch zu bestimmen."

„Allah! Ich bin schuld, daß diese drei ihr Leben für mich wagen müssen, und kann doch nichts dafür! Denke dir, diese diebischen Hunde haben ihren Raub unterwegs in der Wüste versteckt! Selbst wenn ihr siegt und meine Asaker wieder frei werden, haben wir den weiten Ritt umsonst gemacht und erlangen die gestohlenen Gegenstände nicht wieder."

„Darüber muß du schweigen!" gebot ihm der Scheik der Beni Khalid. „Die du beschuldigst, hören deine beleidigenden Worte, das darf ich nicht dulden, denn sie sind meine Freunde und Gäste. Wenn du in dieser Weise weitersprichst, nehme ich mein Wort zurück und lasse dir die Adern wieder öffnen."

Ich durfte Tawil nicht im Glauben lassen, daß er hier der alleinige Gebieter sei, und erwiderte ihm darum ruhig und bestimmt:

„Gestatte mir, o Scheik, daß ich da anderer Meinung bin! Habe ich auf eines der Rechte, die ich besitze, hier zu verzichten?"

„Nein", antwortete er.

„Gut! Wenn die Mekkaner deine Freunde sind, so ist er der meinige. Er wurde gegen dich ausgetauscht und ist somit ein ebenso freier Mann wie du. Ein freier Mann aber darf auch frei sprechen, und wenn er damit jemanden beleidigt, so mag der sich dagegen wehren, einem anderen aber erteilen wir die Erlaubnis dazu nicht."

„Ob ihr es mir erlaubt oder nicht, das ist mir gleich", entgegnete er stolz. „Hier an diesem Brunnen bin ich der Herr, und wer meine Gäste beleidigt, beleidigt auch mich, und ich werde das bestrafen. Ich wiederhole, daß ich diesen Schiiten wieder fesseln lasse, wenn er nochmals ähnliche Worte sagt."

„So tu ich mit dir das gleiche: ich nehme auch dich wieder fest.“

„Maschallah! Wie wolltest du das anfangen?“

„Das laß getrost meine Sache sein! Ich weiß genau, wie man sich dabei verhalten muß. — Kennst du vielleicht diese Art von Waffen?“

Ich zog meine beiden Revolver aus dem Gürtel und zeigte sie ihm.

„Allah!“ rief er aus. „Das sind Pistolen mit vielen, schnellen Schüssen, wie sie die Franken haben. Wie bist du zu solchen Waffen gekommen?“

„Du hast gehört, daß ich aus dem Maghrib bin. Dort besitzen nicht nur die Christen, sondern auch die Muslimin dergleichen Pistolen und verstehen sehr gut damit umzugehen. Sobald du meinen persischen Freund hier wieder festzunehmen suchtest, würde ich meinen Haddedihn befehlen, dich wieder zu ergreifen; und wenn es sein müßte, führe dir die erste Kugel aus einem dieser vielschüssigen Läufe durch den Kopf.“

Tawil sah mir starr ins Gesicht. Als ich diesen Blick aushielt, zürnte er:

„Fast bereue ich es, dir mein Wort gegeben zu haben.“

„Sorge lieber dafür, daß ich es nicht bereue, diesem Wort mein Vertrauen geschenkt zu haben!“

„Du drückst dich sehr, sehr gebieterisch aus, Effendi!“

„Dazu bin ich berechtigt! Ich gebe dir übrigens den Rat, nicht so oft zu erwähnen, daß diese Mekkaner deine Freunde seien. Wenn ich hier den Basch Nâsir als meinen Freund bezeichne, so wage ich nichts, denn er ist ein ehrlicher Mann, aber Leute, die des Diebstahls wegen durch die halbe Wüste gejagt worden sind, als meine Freunde hinzustellen, das würde ich mir wohl erst reiflich überlegen.“

„Sie sind keine Diebe. Wir haben sie durchsucht und nichts bei ihnen gefunden.“

„Khutab Aga behauptet dagegen, sie hätten ihren Raub versteckt. Es steht also Behauptung gegen Behauptung."

„So reitet zurück, und durchsucht die Wüste! Wenn ihr die gestohlenen Gegenstände findet und mir bringt, dann werde ich euch glauben, eher nicht."

„Gut! Wir werden suchen und dich überzeugen. Ja, ich sage noch mehr: Du selbst sollst diese Sachen finden."

Er öffnete schon den Mund zu einer scharfen Erwiderung, hielt sie aber zurück, denn in diesem Augenblick erscholl da, wo die Mekkaner saßen, ein mehrstimmiger Schrei, und als ich mich nach der Ursache ihres Schrecks umschaute, sah ich die Gestalt des Blinden, der langsamen Schrittes in den Lichtkreis des Feuers trat und da stehenblieb. Er hielt die Linke so, als führe ihn jemand an dieser Hand! Die Rechte hatte er zu einer eigentümlichen Gebärde erhoben. Hanneh sagte uns später, er sei erst wie im Schlaf gelegen und dann plötzlich aufgesprungen und fortgegangen, ohne daß sie Zeit fand, ihn zurückzuhalten.

„El Münedschi, el Münedschi — — —! Sein Geist — — — sein Geist — — — sein Geist!" schrie El Ghâni vor Entsetzen laut auf, und seine Gefährten blickten starren Auges auf die allerdings geisterhaft wirkende Erscheinung.

Auch die Beni Khalid waren im höchsten Grade betroffen. Sie sahen die vom flackernden Feuer gespenstisch beleuchtete Figur, sie hörten das Wort „Geist!", und als abergläubische Leute fühlten auch sie sich von der Furcht ergriffen. So waren aller Augen erschrocken auf den Münedschi gerichtet, die unseren aber voller Erwartung, was er jetzt tun werde.

Dieser trat zwei schnelle Schritte vor und rief mit vernehmlicher Stimme, hocherhobenen Hauptes, die Augen aber geschlossen haltend:

„Ich schwöre beim Tag der Auferstehung, und ich schwöre bei der Seele, die ihre Sünden bekennt. Will der Mensch wohl glauben, daß wir seine Gebeine nicht einst zusammenbringen können? Wahrlich, wir vermögen es, selbst die kleinsten Gebeine seiner Finger zusammenzufügen, doch der Mensch will selbst das, was vor ihm liegt, leugnen. Er fragt: ‚Wann kommt der Tag der Auferstehung?' Wenn das Auge sich verdunkelt und der Mond sich verfinstert und Sonne und Mond sich verbinden, dann wird der Mensch an diesem Tag fragen: ‚Wo findet man einen Zufluchtsort?' Aber vergebens, denn es gibt dann keinen Ort des Versteckens. Dein Standort an diesem Tag wird vor dem Herrn sein, und dann wird man dem Menschen verkünden, was er zuerst und was er zuletzt getan hat. Der Mensch wird Zeuge gegen sich selbst sein, und wenn er seine Entschuldigungen vorbringt, so werden sie nicht angenommen werden."

Das war der Anfang der fünfundsiebzigsten Sure des Koran. Der Münedschi hielt inne. Er hatte mit hohlem Klang gesprochen, sein silberweißer Bart zitterte, und sein Gewand bewegte sich leise; das Feuer warf wechselnde Lichter und Schatten über seine Gestalt. Das gab ihm etwas Überirdisches, zumal die gesprochenen Worte sich auf die Auferstehung bezogen. Ich gestehe aufrichtig, daß selbst ich, der ich doch wußte, woran ich war, nicht unergriffen blieb. Eine ganz eigene Art von Grauen ging mir fühlbar durch die Glieder. Wer kennt alle die vielen verschiedenen Regungen des Menscheninneren und die geheimnisvollen Antriebe, von denen sie geweckt werden?

Da begann der Blinde im gleichen eindringlichen Ton von neuem:

„Ja, du bist da, du sprichst mit mir, du leitest mich und ich folge dir! Ich bin fern von der Erde. Ich kann die Körper der Menschen nicht erkennen, aber ich sehe die Fluten ihrer Gebrechen und Sünden wogen wie einen Ozean von Pol zu Pol. Hoch über mir leuchtet ohne Anfang und Ende die Liebe des Himmels. Hoch über mir beten die Scharen der Seligen zum Licht der Welt. Tief unten zieht Finsternis über die Länder, der Haß und die Zwietracht über Berg und Tal. Wo sind die, die Gottes Stimme hören und aufwärts steigen zum ewigen Glück? Es sind ihrer so wenige, daß ich sie nicht zu sehen vermag. Das Geschlecht der Menschen hat keine Augen, um zu sehen, und keine Ohren, um zu hören; es geht der Nacht entgegen anstatt dem Tag. Einer lockt und winkt dem anderen, einer schiebt und drängt den anderen. So führen und stoßen sie sich weiter und weiter, vom Licht ab und der Finsternis entgegen. Die Menschen wollen sich von Allah nicht mehr leiten und führen lassen. Sie halten ihren eigenen Geist für klüger als den Geist der Liebe und der Wahrheit, der alle Himmel regiert und alle Welten lenkt. Sie sitzen darüber zu Gericht, ob es einen Gott gibt oder nicht. Entweder verleugnen sie ihn, oder, wenn sie das nicht tun, so lassen sie sich von ihrem blinden Wissensdünkel einen Tempel bauen, in den sie ein Abbild ihrer hochmütigen Schwäche setzen, um es Gott zu nennen. Ich sage euch, diese Anbetung ihrer eigenen Ohnmacht ist eine Abgötterei, die Allah strenger bestrafen wird als den unverschuldeten Irrtum der Heiden, die nur deshalb Götzen verehrten, weil sie keine Offenbarung hatten. Das sagt Ben Nûr, der Sohn des wahren Lichtes, dem ihr verwehrt, in eure Herzen einzudringen und eure Seelen zu erleuchten."

Nach diesen Worten blieb er noch einige Zeit mit erhobenem Arm stehen, ließ ihn dann sinken und drehte sich um, den Lichtkreis wieder zu verlassen und im dunklen Hintergrund zu verschwinden. Niemand wagte es, ihm dorthin zu folgen. Keiner der Beni Khalid rührte sich von der Stelle. El Ghâni, der erst starr vor Schreck gewesen war, sprang jetzt auf und rief:

„Er war es ganz gewiß! Es ist ein Kijâme! Er ist von den Toten auferstanden und uns erschienen, um uns von dem Leben nach dem Tod zu überzeugen, wie er es mir einst, als ich nicht daran glaubte, versprochen hat."

„Eine Kijâme? Vom Tod erstanden?" fragte Scheik Tawil Ben Schahid. „Also ein Geist! Welchem Mann hat diese zurückgekehrte Seele angehört?"

„Dem Münedschi, von dem ich dir heute nach unserem Zusammentreffen mit euch erzählt habe, daß er gestorben und von uns begraben worden ist."

„Allah beschütze und bewahre uns! Es gehe keiner von euch da hinüber, wo der Geist verschwunden ist, denn er würde ihm ins Reich der Toten folgen müssen. Wir wollen uns vielmehr beeilen, so schnell wie möglich von diesem Ort der Gespenster fortzukommen."

„Aber die Zweikämpfe? Was wird aus ihnen?" fragte ich.

„Sie werden morgen, wenn es Tag ist, ausgefochten. Wir reiten jetzt hinaus in die Wüste, bis dahin, wo wir vorhin gewesen sind. Ihr reitet wohl mit?"

„Nein."

„Weshalb nicht?"

„Weil wir uns nicht vor Gespenstern fürchten und weil unsere Kamele durstig sind. Wir müssen sie tränken."

„Der Brunnen ist leer, wir haben ihn ausgeschöpft, und das Wasser muß sich erst wieder ansammeln. Ihr könnt also vor dem Morgen eure Tiere doch nicht trinken lassen."

Ohne meine Antwort darauf abzuwarten, wendete er sich an El Ghâni:

„Steht auf und macht euch fertig! Ihr bleibt auch nicht hier an diesem Ort der spukenden Geister."

Der Mekkaner entgegnete:

„Erst muß ich wissen, ob die Haddedihn mitkommen."

„Warum?"

„Da uns der Geist unseres Freundes erschienen ist, so müssen wir noch kurze Zeit hierbleiben, um für ihn zu beten. Dabei müssen wir aber ungestört von ihnen sein. Wenn sie sich mit euch entfernen, können wir das tun, sonst nicht. Dann kommen wir sogleich nach."

Es konnte nichts Dümmeres als dieses Versprechen geben. Es handelte sich um das Versteck. El Ghâni wollte die Wertsachen dort holen und dann mit seinen Leuten die Flucht ergreifen. Gelang ihm das, so bekam er während der Nacht, die vor uns lag, einen Vorsprung, der ihn in Sicherheit brachte, zumal der Perser nicht wagen durfte, ihn noch weiter zu verfolgen. Da vorhin das Entsetzen des Mekkaners vor dem vermeintlichen Geist so groß gewesen war, mußte sich der Scheik der Beni Khalid eigentlich sagen, daß ihn wohl ein anderer Grund als der des Gebetes hier zurückhalte, es kam ihm aber kein derartiger Gedanke. Er sah mich fragend an, und ich erklärte ihm:

„Gut, wir wollen diese Männer nicht in der Ausübung ihrer frommen Pflicht stören, wir reiten also mit euch. Du wirst aber dafür sorgen, daß sie uns auch wirklich folgen, da um sie gekämpft werden soll. Brechen wir auf!"

An Hanneh, die sich drüben befand, wohin der Münedschi verschwunden war, schien keiner von allen diesen Leuten zu denken, darum brachte ich sie nicht in Erwähnung. Wir konnten sie ruhig lassen, wo sie war, da es gar nicht in meiner Absicht lag, den Platz zu verlassen. Ich gab vielmehr Halef die heimliche Weisung:

„Paß auf, was ich dir sage, und führe es genau aus! Ich habe jetzt keine Zeit, dir die Gründe zu erläutern. Wir reiten hinter den Beni Khalid her. Sobald die Mekkaner euch nicht mehr sehen, bleibt ihr zurück, um den Platz des Brunnens heimlich zu umzingeln. Ihr bildet einen Kreis, innerhalb dessen die vier Felsen liegen, und laßt keinen Mekkaner durch!"

„Und was soll mit Hanneh — — — —"

„Keine Angst um sie! Die bleibt, wo sie ist. Der Perser

und ich werden nicht bei euch bleiben. Kara, dein Sohn, wird dir Aufklärung geben. Sage ihm, daß ich das erlaube!"

Von einer Stelle, wohin der Schein des Feuers nicht reichte, klang jetzt die befehlende Stimme des Scheiks. Es handelte sich um die Soldaten, die dort vor uns versteckt gewesen waren und fortgeschafft werden sollten. Dann setzte sich der Zug in Bewegung, dessen Schluß die Haddedihn bildeten.

Als wir uns weit genug entfernt hatten, blieb Halef mit ihnen zurück.

Den Perser behielt ich bei mir.

„Effendi, ich merke, daß ihr etwas vorhabt", sagte Khutab Aga. „Darf ich erfahren, was es ist?"

„Jetzt noch nicht, aber schon in kurzer Zeit. Zunächst muß ich den Scheik Tawil rufen."

Dies zeigte sich als nicht nötig, denn der Ben Khalid war haltengeblieben, um die Reiter an sich vorüberzulassen, bis wir kommen würden. Er sah trotz der Dunkelheit, daß wir zwei allein waren, und erkundigte sich darum:

„Wo sind die Haddedihn? Warum bleiben sie so weit zurück?"

„Um mein gegebenes Wort zu halten."

„Welches Wort?"

„Daß sogar du selbst die gestohlenen Gegenstände finden wirst, ohne sie gesucht zu haben. Laß deine Leute weiterreiten, und komm mit uns!"

„Wohin?"

„An den Ort, wo El Ghâni seinen Raub versteckt hat. Als er euch von der Jagd zurückkehren sah, verbarg er die Gegenstände."

„Führst du mich etwa in eine Falle, um mich wieder gefangenzunehmen?" fragte er.

„Ich denke, du hast Vertrauen zu mir. Wäre es auf dich abgesehen, so könnte ich es mir bequemer machen."

„Das ist wahr. Sind die Gegenstände, um die es sich handelt, wertvoll?“

„Sehr!“

Tawil überlegte noch einen Augenblick lang und sagte dann:

„Wohlan, ich werde tun, was du willst!“

Wir kehrten um und ritten rechts ab nach dem betreffenden Felsen hinüber. Da wurden wir angerufen. Es war einer unserer Haddedihn, dem ich mich zu erkennen gab. Wir ließen unsere Kamele niederknien, stiegen ab und wiesen ihn an, auf sie zu achten. Dann führte ich die beiden zu Fuß weiter, bis wir den Felsen erreichten, und zwar nicht da, wo ich mit Kara hinaufgestiegen war, sondern auf der entgegengesetzten Seite, wo das Erklettern weniger Schwierigkeiten bot. Ich bat, so leise wie möglich zu verfahren, und da wir uns gegenseitig unterstützten, kamen wir verhältnismäßig leicht hinauf. Der Platz war mir bekannt, und so konnte ich trotz der Dunkelheit die für unseren Zweck am besten geeignete Stelle bestimmen; dort setzten wir uns nieder, um auf El Ghâni zu warten. Der Scheik verhielt sich still. Der Perser aber war zu erregt, daß er hätte schweigen können. Die Mekkaner waren durchsucht worden, ohne daß man etwas bei ihnen gefunden hatte. Es war für den Aga ein großes Glück gewesen, vom Tode errettet und wieder frei geworden zu sein. Auf die Erreichung des Zweckes seines gefährlichen Rittes hatte er verzichtet. Da hörte er unerwartet von mir, daß die gestohlenen Gegenstände dennoch hier vorhanden seien. Das versetzte ihn in eine Aufregung, die er nicht beherrschen konnte. Wir hatten kaum nebeneinander Platz genommen, so flüsterte er mir zu:

„Wo stecken die Heiligtümer?“

„Hier nebenan in einer Ritze. Sobald El Ghâni sie herausgenommen hat, halten wir ihn fest. Er ist dann so überführt, daß er unmöglich leugnen kann.“

„Also darum wollte er am Feuer bleiben, darum! Trotz der Angst, die ihm das Gespenst einflößte!"

„Ja, darum! Seine Habsucht war noch größer als seine Furcht."

„Wie aber hast du diese Stelle entdeckt?"

„Ich war mit Kara Ben Halef hier und sah an den Spuren, daß jemand hier oben gewesen war. Das fiel mir auf. Wir stiegen also herauf und fanden — — — pst, still! Ich hörte ein Geräusch."

Wir lauschten. Ja, es kam jemand, und zwar da, wo auch wir heraufgestiegen waren. Der Betreffende hatte also bemerkt, daß es auf dieser Seite bequemer war. Erwähnen will ich, daß das Feuer noch brannte. Wir konnten es aber nicht sehen, weil die Spitze unseres Felsens dazwischenlag.

Das Geräusch wurde immer lauter. Nun hatte der Schleicher oben Fuß gefaßt und ging gerade auf die Spalte zu. Wir saßen so, daß wir, als er vorüber war, nur ein wenig vorzurücken brauchten, um ihm den Weg zu verlegen. Er bückte sich. Wir sahen, daß er die auf dem Paket liegenden Steine entfernte. Dann zog er dieses vor und schickte sich an, den Rückzug anzutreten.

Ich richtete mich hinter ihm auf. Er drehte sich um und sah mich stehen, denn jetzt befand sich die Felsenspitze nicht mehr zwischen mir und dem Feuer.

„Allah kerîm — Gott sei mir gnädig!" rief er aus.

Ich zog mein Messer, ließ die Klinge vor seinen Augen funkeln und herrschte ihn an:

„Hier sind noch zwei Männer. Siehst du sie? Wenn du ein lautes Wort sprichst, stoße ich dir das Messer ins Herz. Setze dich nieder!"

Er gehorchte. Denn er gehörte zu der Art von Dieben, die unternehmend und pfiffig, aber dabei feige sind. Ich nahm ihm die Waffen aus dem Gürtel und sagte zum Scheik und zum Perser:

„Haltet ihn hier fest! Ich komme bald wieder."

Ich entfernte mich, um hinabzusteigen, denn er war jedenfalls nicht allein hier am Felsen, und ich wollte seinen Begleiter ohne großen Lärm bekommen. Ich hatte den Abstieg kaum begonnen, so fragte eine Stimme halblaut von unten:

„Es war doch noch alles da?"

„Jawohl", erwiderte ich, gleichfalls flüsternd.

„So komm! Ich stütze dich."

Ich tat den letzten Sprung, und zwar mit Absicht so, daß ich ihn niederriß.

„Paß doch auf — — —!"

Mehr konnte er nicht sagen, denn ich hatte ihn schon mit beiden Händen an der Gurgel. Der Schreck darüber machte ihn stumm. Es war der Sohn des Alten, ebenso feige wie sein Vater. Er ließ sich, ohne Widerstand zu versuchen, die wenigen Schritte bis zu dem Haddedihn schleppen, dem wir unsere Kamele anvertraut hatten.

„Hole schnell aber still die fünf nächsten Krieger herbei!" befahl ich diesem.

In kaum zwei Minuten waren sie da. Ich übergab zweien von ihnen den Sohn des Ghâni und ging mit den anderen vier hinüber zu dem Brunnen, wo das Feuer noch nicht ausgegangen war. Dort sah ich die Gefährten des „Lieblings des Großscherîfs" erwartungsvoll bei den Kamelen stehen, die schon bepackt und zum Besteigen bereit auf der Erde lagen. Die Männer ahnten nicht, was mit ihrem Anführer und seinem Sohn geschehen war. Sie hatten geglaubt, wir seien fort, und waren über unser unerwartetes Erscheinen sehr betroffen, weil wir ja das Paket nicht sehen durften, mit dem El Ghâni ihrer Überzeugung nach jetzt erscheinen mußte.

„Ihr seid wieder hier?" fragte mich einer von ihnen. „Warum seid ihr zurückgekehrt?"

„Um euch zu fragen, wo euer Anführer ist", entgegnete ich.

„Er ist fortgegangen."

„Wohin?"

„Das wissen wir nicht."

„Ihr wolltet doch beten. Seid ihr damit schon fertig?"

„Was geht das dich an? Wer hat dir erlaubt, dich in dieser Weise um uns zu bekümmern?"

Es wurde mir erspart, ihm hierauf die richtige Erwiderung zu geben, denn in diesem Augenblick kam Halef und sagte:

„Sihdi, ich habe deinen Auftrag ausgeführt und bin dann zu Hanneh gegangen, um ihre etwaige Bangigkeit zu zerstreuen. Da sah ich euch hier und bin herübergekommen, um dich zu fragen, ob du mich jetzt vielleicht brauchst."

„Du kommst zur richtigen Zeit. Auch deine Leute können nähertreten."

Halef legte, um den Schall zu verstärken, die Hände an den Mund und rief die Haddedihn herbei, die sich rasch einstellten und die Mekkaner umringten. Der Sohn des Ghâni wurde von zwei Kriegern gebracht, dann ging ich mit Halef und Kara zum Felsen, um auch den Alten zu holen. Der Scheik der Beni Khalid und der Perser standen noch oben bei ihm und zwangen ihn jetzt, herabzusteigen. Dann wurde er mit seinem Paket ans Feuer geschafft, in das wir, um es jetzt anzufachen, eine Anzahl von Dschilal warfen, wovon die Beni Kahlid einen Vorrat danebengelegt hatten. Es sind Fladen von getrocknetem Kamelmist, die in der Wüste als Brennstoff dienen.

Wir hatten die Mekkaner nicht gefesselt, denn diese Leute waren viel zu feige, daß sie Flucht oder gewalttätigen Widerstand hätten wagen mögen. Sie saßen beisammen und wir bildeten einen Kreis um sie. Tawil Ben Schahid hatte zwischen Halef und mir Platz genommen. Ihn beschäftigte die Entdeckung der gestohlenen Gegenstände so sehr, daß er nicht mehr an den „Geist" dachte, vor dem er doch vorhin mit allen seinen Leuten geflohen war. Er hatte sich des Pakets bemächtigt, was mir heimlich Spaß machte. Jetzt nestelte er an der Burnusschnur herum, um es zu öffnen. Halef war zornig darüber, ich winkte ihm aber, zu schweigen.

Der Scheik der Beni Khalid befand sich in sichtbarer Verlegenheit. Er hatte die Mekkaner als seine Freunde und Gäste bezeichnet und mußte sich also demgemäß verhalten. Durfte er da nehmen, was sie mitgebracht hatten? Als Diebe konnte er sie bezeichnen, und zwar ohne Besorgnis, sie dadurch zu beleidigen, denn der Diebstahl ist, zumal wenn er an einem Andersgläubigen begangen wird, in den Augen dieser Beduinen kein entehrendes Verbrechen. Aber wenn er ihnen damit das Recht des jetzigen Besitzes zugestand, so war es ihm nicht erlaubt, ihnen die Sachen vorzuenthalten. Dazu kamen die noch viel berechtigteren Ansprüche des Persers, die wir jedenfalls kräftig unterstützen würden. Der Schiit war feindlich behandelt worden und hatte sogar sterben sollen, weil er die Mekkaner fälschlich angeklagt haben sollte, und nun stellte es sich heraus, daß er recht gehabt hatte. Wie war aus diesen Widersprüchen herauszukommen?

Endlich hatte er einen Entschluß gefaßt. Das Bündel war geöffnet. Er wog einen der Beutel nach dem anderen wie spielend in der Hand und sagte:

„Ich habe diese Sachen hier gefunden, und es ist nun zu entscheiden, wem sie gehören sollen."

Der Perser wollte schnell antworten. Ich winkte aber auch ihm zu, es zu unterlassen. Der Scheik konnte also fortfahren:

„Wahrscheinlich erheben zwei Parteien Anspruch darauf. Ich werde ihre Rechte genau abwägen und dann die Entscheidung treffen."

Da wurde er gestört. Es kamen zwei Beni Khalid zurückgeritten. Einer allein hätte sich vor dem „Gespenst" gefürchtet. Man hatte bemerkt, daß der Scheik fehle, und sie beauftragt, ihn zu suchen. Es war ihm anzusehen, daß ihm diese Unterbrechung nicht gelegen kam. Er gab unwillig den Bescheid:

„Bin ich ein Kind, das beaufsichtigt werden muß? Ich habe hier zu tun. Reitet sofort wieder zurück und sagt den Kriegern, daß sie sich nicht um mich kümmern sollen! Ich komme, wann es mir beliebt, und wenn es erst morgen früh sein sollte."

Dabei hatte Tawil den Teppich wieder zusammengeschlagen, so daß die Beutel nicht zu sehen waren. Er schien also die Angelegenheit so handhaben zu wollen, daß seine Leute, falls es ihm gelang, sich in den Besitz der Sachen zu bringen, nichts Genaues darüber erfuhren. Mir aber hätte nichts so erwünscht kommen können wie der Bescheid, den er diesen beiden Boten gab. Denn er hatte dadurch für die ganze Nacht auf den Beistand seiner Krieger verzichtet. Als sie fortgeritten waren, öffnete er den Teppich wieder und sagte, zu El Ghâni gewendet:

„Hattest du diese Sachen da oben im Felsen versteckt, oder ist es ein anderer gewesen?"

„Ich selbst habe es getan", erklärte der Gefragte, dessen finstere, entschlossene Miene die Absicht verriet, auf den Besitz der Gegenstände nicht Verzicht zu leisten.

„Weshalb verbargst du sie vor uns, euren Freunden?"

„Nicht vor euch, denn wir wußten nicht, wer die Krieger waren, die wir von weitem kommen sahen."

„Das mag dich entschuldigen. Vor Freunden versteckt man nichts. Wo hast du diese Beutel her?"

„Ich besitze sie schon seit langen Jahren, nämlich seit dem Tod meines Vaters, von dem ich sie geerbt habe."

„Warum trägst du sie mit dir in der Wüste herum? Solche Dinge läßt man daheim."

„Nein, denn bei mir sind sie sicherer als daheim, wenn ich mich nicht dort befinde. Ich verlange ihre augenblickliche Auslieferung."

„Warte noch eine kleine Weile! Ich befürchte nämlich, daß sich noch andere Eigentümer melden werden."

„Allerdings!" fiel der Perser ein. „El Ghâni hat die Unwahrheit gesagt. Ich brauche das wohl gar nicht zu beweisen, denn seine Lüge ist so ungeschickt, daß der, bei dem sie Glauben fände, geradezu ohne Kopf sein müßte."

„Willst du etwa behaupten, daß du der rechtmäßige Herr dieser Beutel seist?"

„Nein, das sage ich nicht, aber ich behaupte, daß der Inhalt dieses Teppichs aus dem Kans el A'dhâ der heiligen Stätte Meschhed Ali gestohlen wurde."

„Was du behauptest, mußt du auch beweisen können."

Der Perser nahm aus seinem Gürtel ein Notiztäschchen, öffnete es und erklärte:

„Ich habe sofort, als ich den Verlust bemerkte, ein Verzeichnis der gestohlenen Gegenstände angefertigt. Hier ist es. Ich werde es vorlesen, und du kannst hören, daß es mit den hier an den Beuteln hängenden Inschriften stimmt."

Er las, und der Scheik verglich das, was er hörte, mit den auf den Elfenbeintäfelchen stehenden Worten. Alles stimmte genau überein, es war keine Silbe zu wenig oder zu viel.

„Nun? Habe ich recht?" fragte der Perser.

„Es ist allerdings beides gleich", gab der Scheik notgedrungen zu. „Aber wenn du meinst, damit den Beweis geliefert zu haben, so irrst du. Dein Verzeichnis scheint sich freilich hier auf diese Gegenstände zu beziehen, aber ob diese aus dem ‚Schatz der Glieder' in Meschhed Ali gestohlen worden sind, davon mußt du uns erst überzeugen."

Der Perser war von dieser unerwarteten Einwendung so betroffen, daß er nicht gleich eine Entgegnung fand. Dafür aber machte sich El Ghâni diesen Kniff mit größter Geistesgegenwart zunutze, indem er schnell ausrief:

„Halt! Ich kann nachweisen, daß ich nicht der Dieb, sondern der Bestohlene bin. Dieses Verzeichnis gehört nämlich mir. Ich habe es angefertigt, und es ist mir in Meschhed Ali, als ich in der Wohnung dieses schiitischen Basch Nâsir war, gestohlen worden. Nun ist er so frech, dieses Verzeichnis dazu zu benutzen, mich um meine Habe zu bringen."

Halef sah mich an und ich ihn. Diese Schurkerei des alten Mekkaners war empörend. Dem Scheik der Beni Khalid kam sie sehr gelegen. Er lächelte, als er dem Perser nun die Frage vorlegte:

„Was sagst du dazu? Du bist aus dem Ankläger der Angeklagte geworden. Verteidige dich!"

„Verteidigen — — —? Ich — — mich — — —? Ya Ali — — —! Welch eine — — — Frechheit — — —! Kein Wort — — — kein Wort sage ich!"

„Das war zu erwarten. Daß du von Frechheit sprichst, darüber werde ich noch mit dir abrechnen. Der Diebstahl liegt jetzt folgendermaßen: Du behauptest, die Sachen seien in Meschhed Ali gestohlen worden, und mein Gast und Freund behauptet, du hättest ihm das Verzeichnis gestohlen, um in den Besitz dieser Sachen zu kommen. Ihr beide befindet euch hier aber im Bereich des Stammes der Beni Khalid, der also über diesen Fall zu entscheiden hat. Sobald der ganze Stamm, von dem wir hier nur eine kleine Abteilung sind, versammelt ist, werde ich die Dschemmah[1] zusammenrufen, die dann das Urteil fällt. Bis dahin lege ich Beschlag auf alles, was sich hier im Teppich befindet, und nehme es in meine Verwahrung."

Tawil wickelte das Bündel wieder zu und band die Schnur darum. Der Perser wollte die Arme ausstrecken, um ihn daran zu hindern. Ich gab ihm wieder einen Wink, es zu unterlassen.

Als der Scheik mit dem letzten Knoten fertig war,

[1] Versammlung der Ältesten

wollte er aufstehen, ich hielt ihn aber am Arm zurück und fragte:

„Du willst fort?"

„Ja", entgegnete er.

„Mit diesem Paket?"

„Gewiß! Es wurde so darüber bestimmt."

„Von dir, ja. Aber willst du nicht vorher abwarten, was ich darüber bestimme? Ich erlaube mir nämlich, etwas anderer Meinung zu sein als du."

„In welcher Beziehung?"

„In mehrfacher Hinsicht. Zunächst sagtest du vorhin: ‚Ich habe diese Sachen hier gefunden.' Bist wirklich du es gewesen, der sie gefunden hat?"

„Das hat keine Bedeutung. Es ist gleich, wer der eigentliche Finder ist."

„Nein, denn dem Finder haben diese Gegenstände zu gehören, bis über sie entschieden worden ist."

„Das ist soeben geschehen."

„Nein, denn derjenige, der sich einbildet, entschieden zu haben, besitzt nicht das geringste Recht dazu, eine gültige Entscheidung zu treffen."

„Meinst du damit mich?"

„Ja. Der Basch Nâsir behauptet, die Sachen seien in Meschhed Ali gestohlen worden, und El Ghâni behauptet, dieser habe ihm das Verzeichnis entwendet, um dadurch in den Besitz der Gegenstände zu kommen. Beide befinden sich hier im Bereich der Haddedihn, die also über diesen Fall zu entscheiden haben. Hadschi Halef Omar, der Scheik dieses Stammes, hat folglich die Pflicht, auf alles, was sich in dem Teppich befindet, Beschlag zu legen, bis das Urteil gesprochen worden ist. Das ist die richtige Ansicht über diese Angelegenheit, und sie gilt. Die deinige aber ist falsch und gilt also nicht."

Scheik Tawil warf einen langen, lauernden Blick in mein Gesicht und zog den Fuß zum schnellen Sprung an den Leib. Zugleich bemerkte ich, daß ich nicht der einzige war, der das beobachtete. Kara stand von seinem Platz auf und stellte sich, als habe er bei einem naheliegenden Kamel etwas zu tun. Dabei ging ein bezeichnendes Lächeln über sein jugendliches Gesicht. Gerade seiner Jugend wegen wurde er vom Scheik der Beni Khalid für ungefährlich gehalten. Dieser tat einen raschen Griff nach dem Paket und sprang auf, um im Dunkel der Nacht zu verschwinden. Da holte Kara aus, machte einen weiten Satz durch die Luft und sprang ihn von hinten in der Weise an, daß der Fliehende vornüber in den Sand stürzte. Er wollte sofort wieder auf, konnte aber nicht, denn Kara lag auf ihm und hielt mit beiden Händen seinen Hals fest umklammert. Selbstverständlich warfen sich nun mehrere Haddedihn auf Tawil und sorgten dafür, daß er an Händen und Füßen so gebunden wurde, daß er sie nicht bewegen konnte.

Halef war gleichfalls aufgesprungen, um den blitzschnellen Vorgang zu beobachten. Sein Gesicht strahlte vor Freude, als er mir die Worte zuwarf:

„Sihdi, hat Kara es gut gemacht?"

„Ausgezeichnet!"

„Ja, ausgezeichnet! Schade, daß Hanneh, die vortrefflichste aller Mütter, so weit von hier entfernt ist, daß sie es nicht auch sehen konnte. Was soll nun mit diesem Scheik der Beni Khalid werden?"

„Tu mit ihm, was du willst!"

„So sei überzeugt, daß ich in deinem Sinn handeln werde."

„Wenn du das tust, so übergebe ich dir noch mehr."

„Was?"

„Das Paket und die Mekkaner dazu."

„Ich danke dir, daß du mich dadurch in den Stand setzest, als Scheik der Haddedihn handeln zu können, ohne jemand um Erlaubnis fragen zu müssen. Du wirst sofort hören, was für weise Bestimmungen ich treffen werde."

Hadschi Halef trat in würdevoller Haltung zu Tawil Ben Schahid hin und sagte:

„Jetzt haben wir dir bewiesen, wer hier zu bestimmen hat. Ich habe dich schon einmal mit der Peitsche darüber belehrt, daß die Haddedihn vom großen Stamm der Schammar wohl wissen, wer sie sind und was sie leisten. Du aber hast es dir nicht gemerkt und darum diese Wiederholung meines Unterrichtes erhalten. Wir sind überall, wohin wir kommen, die Gebieter, also auch hier. Wir werden tun, was uns gefällt, selbst wenn du tausend oder noch mehr Krieger bei dir hättest. Du hast zwar einen Vertrag mit uns abgeschlossen, den wir bisher gehalten haben und auch ferner halten wollten. Aber glaubst du denn, daß ich dir getraut habe? Von dem Augenblick an, da meine Peitsche dich überzeugte, daß Hanneh der huldreichste Inbegriff aller Anmut und irdischen Schönheit ist, mußte in deinem Herzen die Rache gegen uns gären, und wenn du das auch zu verbergen suchtest, so konntest du doch mich nicht täuschen."

„Schweig!" herrschte ihn der Gefangene an. „Ich hätte unseren Vertrag gehalten."

„Du hast ihn doch schon dadurch gebrochen, daß du uns um das Paket betrügen wolltest."

„Das ist in unserem Übereinkommen nicht mit genannt worden."

„Gut, so will ich annehmen, daß du unsere Bedingungen erfüllt hättest. Von dem Augenblick an aber, wo wir uns von euch getrennt hätten, wärest du uns gefolgt, um dich zu rächen."

„Ja, das hätte ich getan. Ich bin zu stolz, um es zu leugnen, und sage dir auch jetzt, daß ich auf meine Rache nicht verzichte. Ihr seid gleich von allem Anbeginn betrügerisch gegen uns aufgetreten, indem ihr euch für Beni Solaib ausgabt, während ihr doch Haddedihn seid."

„Ja", lachte Halef vergnügt, „Beni Solaib, die Einkäufe machen wollten und also Geld bei sich hatten, dem du deine besondere Aufmerksamkeit schenken wolltest. Da tut es deinem menschenfreundlichen Herzen nun unendlich weh, zu erfahren, daß es dieses Geld entweder gar nicht gibt oder daß es, falls es doch vorhanden sein sollte, uns nicht genommen werden kann. Wer so ein liebevolles Gemüt besitzt wie du, den muß das bitter kränken."

„Höhne nicht! Ich fordere, losgelassen zu werden. Nach unseren Abmachungen habt ihr kein Recht, mich wieder zu binden. Ich habe den Perser freigegeben und muß darum verlangen, auch frei zu sein. Sogar sein kostbares Hedschîn hat er wieder bekommen."

„Das verstand sich von selbst. Nicht so selbstverständlich aber ist es, daß wir deine Fesseln jetzt zum zweitenmal entfernen sollen. Einmal taten wir es, um dich gegen ihn auszulösen, da waren wir mit dir wett. Das zweitemal wurdest du aber nicht seinetwegen festgenommen, sondern weil du uns mit dem gestohlenen Teil des Kans el A'dhâ ausreißen wolltest, und nun steht es in unserem Belieben, ob und wann wir dir für diesen Schatz der Glieder den Gebrauch deiner Glieder wiedergeben werden."

„So mache ich euch darauf aufmerksam, daß meine Krieger zurückkehren und mich befreien und blutig rächen werden."

„Allah, Allah! Vor morgen kommen sie nicht, dafür hast du vorhin selbst gesorgt. Und wenn sie kämen oder wenn sie früh kommen, so denke nicht, daß wir uns vor ihnen fürchten! Ein Haddedihn nimmt es mit zwanzig Beni Khalid auf, und außerdem bist du für uns der beste Schutz gegen sie. Wenn sie erfahren, daß du im Fall eines Angriffes eine Kugel bekommst, werden sie sich wohl hüten, dein teures Leben in Gefahr zu bringen."

„Allah verbrenne euch!"

„Wir brennen nicht so gut wie ihr, die ihr in euren Sünden dürr wie altes Holz geworden seid. Du bist also einstweilen abgetan und mußt ruhig warten, was ich über dich bestimmen werde. Jetzt kommen die hohen Mekkaner Herrschaften daran."

Der Scheik mochte einsehen, daß Worte unnütz seien und schwieg. Halef wendete sich an El Ghâni:

„Mit euch brauche ich mir keine Mühe zu geben, ich werde es also so kurz wie möglich machen."

Der Angeredete glich einem mit Wut gefüllten Feuerwerkskörper, den die verächtlichen Worte des Hadschi in Brand setzten. Er prasselte los. Die arabische Sprache ist, wie kaum eine andere, reich an Schimpfwörtern. El Ghâni schien sie alle zu kennen und die Absicht zu haben, sich ihrer so schnell wie möglich zu entledigen. Es brach ein solcher Redeschwall über Halef herein, daß er, den doch nicht so leicht etwas verblüffte, zunächst vor Erstaunen ganz still war; dann aber lachte er, erst in seiner gewöhnlichen, herzlichen Weise, hernach immer lauter. Ein Haddedihn fiel ein, immer mehrere, bis alle im Chor derart lachten, daß ich mit einstimmen mußte, ich mochte wollen oder nicht. Das brachte den Mekkaner doch zum Schweigen. Als die lustige Entladung vorüber war und Halef sein beinahe krampfhaft verzerrtes Gesicht wieder in Ordnung gebracht hatte, rief er El Ghâni zu:

„Du siehst, daß du uns beinahe getötet hast. Du bist ein viel gefährlicherer Mensch, als ich dachte, denn wer keine gute Lunge hat, muß vor Lachen über dich ersticken. Darum will ich lieber nichts mit dir zu tun haben und es mit dir noch kürzer machen, als ich vorhin beabsichtigte. Ich übergebe dich dem Basch Nâsir. Er hat dich verfolgt, um dich zu fangen, er hat euch hier eingeholt, und nun gehört ihr ihm. Keine Sünde bleibt unbestraft, auch die eurige nicht."

Da fragte der Perser schnell:

„Hadschi Halef Omar, ist das dein Ernst?"

„Ja", erwiderte Halef.

„Aber bedenke: indem du diese Leute mir übergibst, erklärst du, daß sie schuldig sind!"

„Das weiß und will ich ja."

„Ich kann also mit ihnen machen, was ich will, sie bestrafen, wie es mir beliebt."

„Nein."

„So widersprichst du dir selbst. Du gibst sie in meine Hände und erlaubst mir nicht, mit ihnen nach meinem Gefallen zu verfahren."

„Ich bitte dich, mich richtig zu verstehen. Indem ich, der hier zu bestimmen hat, sie dir übergebe, entscheide ich die Schuldfrage zu deinen Gunsten. Du warst gefangen und bist frei, sie waren frei und sind nun gefangen. Daran würden tausend Beni Khalid nichts ändern können. Sie sind dir zugesprochen worden. Aber über ihre Bestrafung hast nicht du allein, sondern haben auch wir mit zu bestimmen, weil du dich mit ihnen im Bereich der Haddedihn befindest und weil wir in Beziehung auf sie mit dem Scheik der Beni Khalid Verpflichtungen eingegangen sind. Die müssen wir erfüllen, da man ein einmal gegebenes Wort selbst seinem ärgsten Feind halten muß. Du sagtest heute am Tage, daß du die Absicht hättest, die Mekkaner, falls du sie ereiltest, nach Meschhed Ali zu schaffen, wo man sie, wie mit Gewißheit vorauszusehen ist, am Leben strafen würde. Wir aber haben mit Tawil Ben Schahid das Übereinkommen getroffen, daß um sie gekämpft werden solle, und dabei versprochen, daß ihnen, falls wir siegen, an Leib und Leben nichts geschehen soll. Um dieses Versprechen mit deinen Absichten in Einklang zu bringen, werden wir eine Beratung abhalten, an der drei Personen teilnehmen sollen."

„Wer sind diese drei?"

„Das bin zunächst ich, denn ich habe ja — — —"

„Kutub, kutub!“ fiel ich Halef in die Rede.

Er mußte sich doch einen Augenblick besinnen, was ich mit diesem Zuruf meinte, dann verbesserte er sich, indem er mir lachend antwortete:

„Verzeih, Sihdi, du hast recht, weil ich wieder mich zuerst genannt habe. Also die drei sind zuerst unser Sihdi, dem ich durch diese Ernennung zum Schiedsrichter meinen Dank dafür abstatte, daß er meine Herrschaft vorhin anerkannte. Sodann du, o Khutab Aga, als Oberaufseher des Schatzes. der bestohlen worden ist. Und zuletzt — — hörst du, Sihdi? — zu allerletzt ich, als Scheik der Haddedihn, in deren Machtbereich ihr alle euch befindet. Also wir drei werden beraten, was geschehen soll, und was wir beschließen, das wird dann ausgeführt! Kein Mensch soll uns daran hindern.“

Da widersprach El Ghâni zornig:

„Ihr habt nichts zu bestimmen! Die Sachen gehören mir, wie das mir gestohlene Verzeichnis beweist. Bedenkt, welche Macht ich in Mekka besitze, und — — —“

„Sei still!“ unterbrach ihn der Scheik der Beni Khalid. „Wer und was du in Mekka bist, das ist diesen Haddedihn gleichgültig, und deine Drohungen sind unnütz. Ich aber kann ganz anders sprechen, weil das, was ich sage, Nachdruck hat. Ich bin zwar unvorsichtig gewesen, als ich vorhin die zwei Boten fortwies, denn meine Krieger werden nun bis früh warten. Dann aber kommen sie gewiß, und dann wird es sich zeigen, ob ein Haddedihn es mit zwanzig von ihnen aufnimmt. Außerdem haben wir die Soldaten fest, die uns als Geisel dienen. Wird nur einem einzigen von uns ein Haar gekrümmt, so werden alle erschossen. Das werden die drei mächtigen und berühmten Männer, die es wagen wollen, über uns zu Gericht zu sitzen, wohl bedenken müssen. Der Beschluß, den sie treffen werden, kann uns also nicht bange machen. Außerdem ist vereinbart worden, daß nicht nur um diese Soldaten, sondern auch um euch gekämpft werden soll. Es kann euch also vor Austrag dieses Zweikampfes nichts geschehen, und da es keinem Zweifel unterliegt, daß wir Beni Khalid siegen werden, so ist es für mich schon jetzt gewiß, daß ihr ebenso wie ich dann freigelassen werden müßt."

Da fiel Halef spöttisch ein:

„Dein Scharfsinn ist unendlich groß. Er reicht von hier bis zum Himmel hinauf. Aber weil er seinen Kopf so hoch da oben hat, kann er nicht sehen, daß diese Angelegenheit sich hier unten inzwischen anders gestaltet hat. Zunächst hat kein Mensch gesagt, daß auch um dich gekämpft werden soll. Du bleibst unser Gefangener, wie immer das Ergebnis ausfallen wird. Sodann wurde unsere Vereinbarung getroffen, als die Mekkaner sich noch in deinem Schutz befanden. Sie sind jetzt in unserer Gewalt, und so hat unser Abkommen, soweit es sich auf sie bezieht, keine Geltung mehr. Oder hältst du uns wirklich für so dumm, um den Besitz von Sachen oder Personen zu kämpfen, den wir schon auf andere Weise ergriffen haben?"

„Das wäre feige!" brauste der Scheik auf. „Wir würden es aller Welt verkünden, daß ihr euch vor uns fürchtet."

„Darüber lache ich. Verkünde es doch, indem du unser Gefangener bist, der wahrscheinlich eine Kugel bekommt! Seht hier meine Peitsche! Wer von euch noch ein Wort sagt, ohne daß ich ihn dazu auffordere, dem wird sie den Mund sofort schließen. Es ist ein Versprechen, das ich gewiß halten werde. Wir haben mehr zu tun, als unnütz mit euch herumzustreiten."

Der Ton, in dem der kleine Scheik das sagte, war so überzeugend, daß sie von nun an schwiegen. Sein Verhalten hatte meine volle Billigung. Ich freute mich über ihn. Seit ich die Entscheidung in seine Hand gelegt hatte, war es, als sei er ein anderer Mann geworden. Er fühlte sich unabhängig von mir, und das gab ihm eine Sicherheit, die von seiner sonstigen Erregbarkeit wohltätig abstach. So stellte er auch einige Haddedihn als Posten aus, die den Auftrag hatten, uns vor einer etwaigen Annäherung der Beni Khalid rechtzeitig zu unterrichten. Der Brunnen wurde untersucht, der hinabgelassene Eimer schöpfte Wasser, und so konnten, wenigstens soweit es jetzt reichte, unsere Pferde und Kamele getränkt werden. Während dies geschah, ging er zu Hanneh hinüber, um ihr Bericht zu erstatten. Wir hätten sie gern herüber zu uns geholt, aber da sich der Münedschi, den wir noch verheimlichen wollten, unter ihrer Aufsicht befand, so konnte das für jetzt noch nicht geschehen.

Kara Ben Halef überwachte die Arbeiten am Brunnen, damit jedes Tier sein Teil bekomme, und ich machte einen Spaziergang, um nachzusehen, ob die Posten sich so, wie es ihrer Aufgabe entsprach, aufgestellt hatten. Unser Zusammentreffen mit den Beni Khalid hatte sich jetzt verwickelter gestaltet, als es anfangs zu vermuten gewesen war, doch zweifelte ich nicht daran, daß die Lösung uns befriedigen werde.

6. Das Gespenst

Als ich von meinem Gang zurückkehrte, kam auch Halef wieder. Er schien mir etwas mitteilen zu wollen, was für mich allein bestimmt war.

„Sihdi“, sagte er geheimnisvoll, „du hast mir zwar erlaubt, selbständig zu befehlen, aber es liegt jetzt etwas vor, was ich doch nicht erledigen möchte, ohne dich vorher gefragt zu haben.“

„Was ist es?“ erkundigte ich mich.

„Du kennst meine Hanneh, die das klügste Köpfchen unter sämtlichen Köpfen aller Menschen hat. Das weißt du doch?“

„Allerdings.“

„Schön! Wenn du das noch nicht wüßtest, so würdest du es jetzt zugeben müssen. In diesem ihrem gescheiten Köpfchen ist nämlich ein Plan entstanden, der mich geradezu begeistert hat. Du stehst so still da. Bist du nicht begierig, zu erfahren, was ich meine?“

„Ich bin still, weil ich es um so eher erfahre, je weniger ich selbst rede.“

„Dieser Plan betrifft nämlich die gefangenen Soldaten. Wir haben uns von dem Versprechen, das wir dem Scheik der Beni Khalid gaben, in jeder Beziehung unabhängig gemacht, nur aber nicht in betreff dieser Soldaten, um deren Befreiung noch erst gekämpft werden muß. Dies wäre nicht nötig, wenn es uns gelänge, sie jetzt während der Nacht den Beni Khalid durch List zu entführen. Bist du nicht auch dieser Meinung?“

„Ich gebe dir recht. Ja, ich gestehe sogar, daß ich auch schon daran gedacht habe. Es gibt zwar eine leichte Art und Weise, sie loszumachen, nämlich indem wir sie gegen den Scheik umtauschen, worauf die Beni Khalid einzugehen gezwungen wären. Da er schon einmal umgetauscht worden ist, so kommt mir diese Handlungsweise keineswegs sehr geistreich vor, und ich — — —"

Da fiel er mir rasch in die Rede:

„Geistreich! Ja, das ist das richtige Wort, Sihdi. Wir müssen geistreich sein, und ich sage dir, daß wir es gar nicht zu sein brauchen, weil Hanneh, die pfiffigste aller irdischen Pfiffigkeiten, schon geistreich für uns gewesen ist. Wir haben es nicht nötig, unsere Seelenkräfte anzustrengen, weil diese Arbeit uns von dem herrlichen Gegenstand meiner Verehrung, der Hanneh heißt, abgenommen worden ist. Ich ging vorhin zu ihr, um ihr den Bericht zu erstatten, den ich ihr als der Mann ihres Herzens schuldig bin. So erfuhr sie, daß wir die Soldaten noch nicht frei gemacht haben und also um sie kämpfen müssen. Sie ist mutig, tapfer und verwegen, sowohl im Frieden wie auch im Streit; sie weiß, daß wir uns nicht besiegen lassen würden, und hat also nicht eine Spur von Angst um uns, aber als kluge Frau ist sie doch der Ansicht, daß, wenn man die Wahl besitzt, denselben Erfolg durch List oder durch Gewalt zu erreichen, man der List den Vorzug geben soll. Und kaum hatte sie diesen Gedanken ausgesprochen, so war auch schon der Plan zur Ausführung in ihrem lieben Köpfchen fertig. Du wirst staunen, wenn du ihn erfährst."

„Hoffentlich teilst du ihn mir noch im Verlauf dieses Jahrhunderts mit!"

„Gewiß, lieber Sihdi. Gestatte mir nur erst die Frage: Vor wem sind die Beni Khalid vorhin ausgerissen?"

„Vor dem Münedschi, weil sie ihn für ein Gespenst hielten."

„Wie nun, wenn ihnen dieser Geist jetzt wieder plötzlich erschiene?"

„Hm. Ist dies der Gedanke deiner Hanneh?"

„Ja. Wie findest du ihn?"

„Er ist echt weiblich."

„Nicht wahr? Echt weiblich! Großartig ausgedacht und ungemein geschickt. Der Erfolg kann gar nicht ausbleiben: alle reißen aus."

„Meinst du das wirklich?"

„Bloß meinen? Ich bin überzeugt davon. Also du stimmst bei. Es wird gemacht."

„Langsam, lieber Halef! Wer hat gesagt, daß ich beistimme?"

„Du hast das Gegenteil nicht getan und also beigestimmt. Wir werden darum den köstlichen Gedanken meiner Hanneh zur Ausführung bringen."

Schon hob er den Fuß, um fortzugehen, da hielt ich ihn fest und sagte:

„Nicht so schnell, Halef! Erlaube, daß ich deine Begeisterung ein wenig abkühle. Wie nun, wenn die Beni Khalid nicht ausreißen?"

„Sie reißen aus", behauptete er. „Hanneh hat es gesagt, und folglich tun sie es. Ich weiß zwar, daß du ein nüchterner Mensch bist, aber so viel Phantasie besitzest du doch wohl, dir ausmalen zu können, welcher Schreck sie erfaßt, wenn der Geist plötzlich abermals bei ihnen erscheint, mit brennenden Fackeln in den Händen."

„Mit Fackeln?"

„Ja, mit Fackeln, aus Lîf und Katrân[1] gefertigt. Du weißt doch, daß wir welche mitgenommen haben, um unterwegs, wenn es nötig werden sollte, das Lager zu erleuchten."

„Das weiß ich wohl. Also mit Fackeln soll er erscheinen, und ausreißen werden sie? Wenn sie nun da die Soldaten mitnehmen?"

„Mitnehmen? Fällt ihnen gar nicht ein. Ihr Schreck wird so groß sein, daß sie fortrennen, ohne sich um sie zu bekümmern."

1 Palmfaser und Teer

„Und dann?"

„Dann machen wir die Soldaten frei und gehen mit ihnen fort, ehe die Beni Khalid zurückkehren."

„Bedenke, daß wir doch auch die Waffen, die Kamele und alles, was den Soldaten gehört, haben müssen!"

„Das dauert nicht lange, denn wir nehmen so viel Haddedihn mit, wie wir brauchen. Die bleiben im Dunkel der Nacht, hinter dem Münedschi, bis der geeignete Augenblick gekommen ist."

„Aber der Münedschi ist blind. Er kann nicht geführt werden, da sie zunächst nur ihn sehen dürfen."

„Wir stellen ihn so, daß er nur geradeaus gehen muß. Das ist doch nicht schwer."

„Wird er sich zu dieser Täuschung brauchen lassen?"

„Warum nicht? Wir sagen ihm, worum es sich handelt."

„Das dürfen wir nicht, weil wir noch nicht wissen, wie er sich von jetzt an zu den Mekkanern, seinen bisherigen Freunden, stellen wird. Hat er etwa alles gehört, was du Hanneh erzählt hast?"

„Nein, denn er befand sich wieder in seinem schlafähnlichen Zustand, aus dem er infolge seiner Ermüdung nur zuweilen kommt. In diesem Halbschlaf ist er, als er zu uns, beinahe an das Feuer kam, plötzlich aufgesprungen und so schnell fortgelaufen, daß ihn Hanneh nicht hat halten können, aber ebenso rasch wiedergekommen, um sich niederzusetzen und weiterzuschlafen. Er weiß also nicht, wo wir sind und was hier geschehen ist."

„Wir wollen es ihm auch nicht sagen, um zu vermeiden, daß er im Gefühl seiner Zugehörigkeit zu den Mekkanern vielleicht etwas tut, was uns hinderlich ist. In seinem jetzigen Zustand ist er zur Ausführung von Hannehs Plan unmöglich zu verwenden."

„So warten wir, bis er erwacht."

„Womit willst du ihn dann dazu bringen, den fackeltragenden Geist zu spielen?"

„Sihdi, das laß nur Hannehs Sorge sein! Sie weiß jeder Sache einen Grund zu geben und wird also auch hier zur rechten Zeit den richtigen Gedanken finden, darauf kannst du dich verlassen. Und nun sag: stimmst du endlich bei?“

„Die Sache kommt mir vor, als ob Kinder spielten; sie ist kindlich und nicht den tapferen Kriegern der Haddedihn angemessen. Wir können unseren Zweck auf andere, würdigere Weise erreichen.“

„Das gebe ich zu, Sihdi, aber diese andere Weise würde mir nicht gefallen, weil sie nicht der Klugheitstiefe meiner Hanneh entsprungen ist. Ich bitte dich, doch in den Brunnen ihrer Gedanken hinabzusteigen. Sie hat einen so köstlichen Plan ersonnen, und nun soll er nicht ausgeführt werden. Daß du diesen Plan kindlich genannt hast, das darf sie nie im Leben erfahren, weil das eine Kränkung für sie wäre, die ihr Herz nicht überstehen könnte. Du mußt also schon um ihretwillen deine Genehmigung erteilen.“

Da sich sein Einwand auf diese gewichtigen Gründe stützte, beeilte ich mich, zu antworten:

„Lieber Halef, ich bleibe zwar bei meiner Ansicht, will dich aber nicht hindern, den Versuch zu machen, ob der großartige Plan deiner guten Hanneh gelingt.“

„Ich danke dir, Sihdi! Ich werde alles Nötige sogleich mit ihr besprechen und mich dann beeilen, es auszuführen.“

„Lieber Halef, der Plan ist in ihrem Köpfchen entsprungen, seine Ausführung aber laß Männersache sein! Ich werde dir helfen. Wir müssen vor allen Dingen wissen, wo die Beni Khalid sind und in welcher Weise sie sich gelagert haben. Ich gehe sofort, dies zu erforschen und du wirst mich begleiten. Komm!“

„Aber, Sihdi, es war uns ja eben darum zu tun, diese Sache ohne deinen Beistand auszuführen.“

„Das kann ich nicht zugeben. Der Streich, den du der

Beni Khalid spielen willst, hat große Ähnlichkeit mit einem Knabenscherz, kann aber beklagenswerte Folgen für uns haben. Wenn ich trotzdem darauf eingehe, so tue ich das nur unter der Voraussetzung, daß die Ausführung unter meinen Augen geschieht. Wenn du es nicht willst, so verzichten wir darauf und tauschen die Soldaten gegen den Scheik aus. Jetzt entscheide!"

„Sihdi, du nimmst da meiner Hanneh die Butter von der Milch herunter, aber da ich einsehe, daß ich dich nicht anders zu stimmen vermag, so sollst du deinen Willen haben. Komm also, ich gehe mit!"

Er war unzufrieden mit mir, doch durfte mich das nicht beirren.

Wir gingen miteinander in der Richtung, in der wir die Beni Khalid wußten. Ich nahm an, daß sie die Gegend gewählt hatten, wo ich sie gegen Abend ihre Phantasia hatte reiten sehen, und es stellte sich heraus, daß diese Vermutung richtig war. Sie hatten dort wohl noch Brennstoff liegen gehabt, denn es flackerten zwei Feuer, zwar nur klein und nicht hell leuchtend, aber sie genügten, uns leicht zurechtzufinden.

Der Platz war von einigen Felsen begrenzt, die unsere unbemerkte Annäherung ermöglichten. Indem wir einen von ihnen als Deckung benutzten und von ihm aus unsere Beobachtungen machten, gewannen wir folgendes Ergebnis: Es war zwar nicht hell genug, um die Beduinen einzeln unterscheiden zu können, aber die Formen ihrer Gruppen konnten wir erkennen. Gleich vor unserem Felsen lagerten die Kamele, deren Sättel und Gepäckstücke unweit davon mehrere wohlgeordnete Reihen bildeten. Eine besondere kleine Abteilung von Kamelen war nicht zu sehen, woraus wir schlossen, daß die Tiere der Soldaten bei den anderen untergebracht worden waren. Das mußte es uns leider fast unmöglich machen, die so schnell, wie dies nötig war, herauszufinden. Links davon bildeten die auf der Erde liegenden Beduinen zwei halbmondförmige Gruppen, deren Sichelspitzen gegeneinander gerichtet waren. Dadurch hatte sich zwischen ihnen ein freier, länglich schmaler Platz ergeben, an dessen Enden die Feuer brannten, während in der Mitte die Soldaten lagen, die gefesselt zu sein schienen. Daß die Beduinen ihre Waffen bei sich hatten, verstand sich von selbst, aber wo sich die der „bezahlten Krieger des Sultans" befanden, das konnten wir nicht entdecken. Es stand mit ihnen also genau wie mit den betreffenden Kamelen: bei der Schnelligkeit, mit der unser Streich auszuführen war, fehlte es uns wahrscheinlich an der nötigen Zeit, nach ihnen zu suchen und sie mitzunehmen. Als ich Halef diesen Gedanken mitteilte, entgegnete er:

„Ich finde keinen Grund, unseren Vorsatz nicht dennoch auszuführen. Die Hauptsache ist die Befreiung der Soldaten. Der Scheik der Beni Khalid pocht darauf, daß sie gefangen sind, und ich freue mich schon jetzt auf sein enttäuschtes Gesicht, wenn er sieht, daß sie im besten Wohlbefinden zu ihm kommen, um ihm den höflichen Besuch der hochachtungsvollen Zuneigung zu machen. Ihre Waffen und Kamele und was ihnen sonst noch alles gehört, muß man ihnen später doch herausgeben, weil wir sonst den Scheik nicht freilassen würden."

Wir kehrten zu unserem Lagerplatz zurück und gingen da sogleich zu Hanneh hinüber, die mit Spannung auf das Ergebnis ihres Vorschlages gewartet hatte.

„Der Sihdi ist einverstanden", berichtete ihr Halef, „völlig einverstanden! Er war entzückt, als ich ihm den köstlichen Gedanken mitteilte, der aus der fruchtbaren Tiefe deines geistigen Vermögens entsprossen ist. Wir sind sofort gegangen, um das Lager der Beni Thalid zu erspähen, und kehren, nachdem uns dies gelungen ist, zu dir zurück, um dich um weitere Erleuchtung zu ersuchen."

Während er in dieser Weise meine widerstrebende Ansicht in eine begeistert zustimmende verwandelte, lenkte ich meine Aufmerksamkeit auf den Münedschi, von dessen Verhalten das Gelingen unseres Planes abhing. Ich konnte hier in dieser Dunkelheit sein Gesicht nicht deutlich erkennen, aber seine gerade Haltung und die Art, wie er den Worten Halefs zuhörte, sagten mir, daß er munter sei. Dieses bestätigte sich durch die Worte, die er, als Halef gesprochen hatte, an diesen richtete:

„Ich höre an deiner Stimme, daß du Hadschi Halef bist, und ich habe erfahren, daß ich mich hier bei Hanneh, deinem Weibe, befinde. Mein Ohr sagt mir, daß jemand mit dir gekommen ist. Wer ist das?"

„Es ist Hadschi Akil Schâtir, der Effendi aus dem Wadi Draa", antwortete Halef.

„So nimm meinen Gruß, Hadschi Akil Schâtir Effendi! Du hast Worte der Freundschaft, der Liebe und Barmherzigkeit mit mir gesprochen, bevor und nachdem ich Marjam, deinen Schutzengel, sah. Ihr seid hilfreich zu mir gewesen, dem armen, verlassenen Blinden, und so werde ich tun, was ihr verlangt, und nicht nach dem Grund eures Wunsches fragen."

„Welchen Wunsch meinst du?" erkundigte ich mich.

„Hanneh bat mich, in jede Hand eine brennende Fackel zu nehmen und langsamen Schrittes, ohne ein Wort zu sagen, vorwärtszugehen. Sie versprach mir, daß ich die Ursache dieses Verlangens später erfahren werde. Ich tue sonst nie etwas, ohne zu wissen warum, in diesem Fall aber will ich gegen diesen Grundsatz handeln, weil ich weiß, wie sehr ich euch zur Dankbarkeit verpflichtet bin."

In diesen Worten lag die Bestätigung, daß Halefs Frau in ihrem weiblichen Scharfsinn so vorsichtig gewesen war, ihm über die Vorgänge der letzten Stunden nichts mitzuteilen.

Das war gut.

Jetzt sagte Hanneh zu mir:

„Du hörst, Sihdi, daß ich alles wohlvorbereitet habe,

und da mir Halef sagt, daß auch ihr fertig seid, so brauchen wir mit dem Beginn wohl nicht länger zu warten."

„Ja, wir können sofort die Probe machen, ob der Erfolg, den du erwartest, sich einstellen wird."

„Ich zweifle nicht daran, Sihdi. Wir können also gehen?"

„Wir? Du meinst damit auch dich?"

„Ja. Der Plan ist von mir, und so möchte ich auch dabei sein, wenn meine Gedanken zur Wirklichkeit werden. Hast du etwas dagegen?"

„Eigentlich ja. Was wir vorhaben, ist nicht Frauensache. Ich will dich nicht um das Vergnügen bringen, auf das du dich freust, erwarte aber, daß du stets an meiner Seite bleibst."

„Ich verspreche es dir."

„So besorge die Fackeln, Halef! Zehn Haddedihn bleiben mit Kara Ben Halef hier, zur Bewachung derer, die dort am Feuer liegen. Die anderen kommen mit uns; sie nehmen nur die Messer mit, nicht die Gewehre, weil die hinderlich sein würden. Mein Stutzen wird wohl genügen, etwaigen Andrang von uns fernzuhalten. Ich mit dem Münedschi und du mit Hanneh, wir gehen voraus, die anderen folgen uns und tun nichts weiter als das, was wir ihnen sagen!"

Kurze Zeit darauf waren wir unterwegs.

Halef führte seine Hanneh, ich den Münedschi am Arm; die Haddedihn folgten uns mit leisen Schritten. Es war ein eigentümliches Unternehmen, ich fühlte etwas wie Scham in mir. Die Anregung dazu hatte allerdings nur von einer Person kommen können, die mit der Natur noch so unmittelbar in Berührung stand, wie eben unsere Hanneh, und dabei doch so schlau berechnend war wie sie. Ihre Hoffnung stand auf dem Aberglauben der Beni Khalid, und da ich wußte, wie groß er bei den Beduinen im allgemeinen ist, so hatte ich keinen Grund, anzunehmen, daß er gerade bei diesem Stamm geringer sei.

Wir kamen bei der Stelle an, von der aus ich vorhin mit Halef die Beduinen beobachtet hatte, und sahen, daß inzwischen keine Veränderung eingetreten war. Jeder Haddedihn bekam seine Weisung in betreff dessen, was von ihm gefordert wurde. Sie stellten sich hinter uns im Dunkeln auf, den Augenblick erwartend, an dem sie den Befehl zum Zuspringen erhalten würden. Vor ihnen stand der Münedschi, mit dem Gesicht nicht etwa genau dahin, wohin er gehen sollte, sondern ein wenig nach rechts gerichtet. Warum das? Wer sich in einem wegelosen Wald verläuft und immer wieder an die Stelle kommt, von der er ausgegangen ist, der weiß wohl kaum, weshalb sein Weg einen Kreis bildet. Das kann einem in der Wüste, in der Prärie, auf jeder pfadlosen Strecke begegnen, wenn die Sonne nicht scheint oder es keine Sterne gibt und man die Zeichen nicht kennt, aus denen die Himmelsrichtung zu ersehen ist. Die Kreislinie, die man läuft, wird stets nach links gerichtet sein, und zwar deshalb, weil bei den meisten Menschen der Schritt des rechten Beines ein wenig länger als der des linken ist. Dadurch wird der Körper mehr und mehr nach links gedreht, während man doch überzeugt ist, in schnurgerader Richtung zu gehen. Jeder Westmann, jeder Beduine weiß, wie schwer es ist, auch nur eine halbe Stunde lang in schnurgerader Richtung zu wandern, wenn die natürlichen Richtungszeichen fehlen.

Die Folge zeigte dann, daß das richtig gewesen war. Der Blinde behielt seine Stellung die kurze Zeit bei, während der ich mit Halef hinter den Felsen ging, um die beiden Fackeln anzuzünden, was sehr schnell geschah, weil sie oben ausgefasert waren. Sobald sie brannten, sprangen wir zu dem Münedschi zurück und gaben sie ihm mit der Weisung in die Hände, nun gerade vorwärts zu gehen und sie weit von sich abzuhalten. Er tat das und setzte sich langsamen Schrittes in Bewegung.

Diese Übergabe der Fackeln war so rasch geschehen,

daß der Vorgang vom Lager der Beni Khalid aus nicht anders als ein plötzliches Aufflammen zweier Lichter bemerkt werden konnte.

Zunächst hatte es den Anschein, als werde der Blinde viel zu weit nach rechts gehen, was Halef zu der besorgten Bemerkung veranlaßte:

„Sihdi, er wird zwischen den Leuten und den Kamelen hindurchgehen, und das bringt uns um die Hälfte des Erfolges. Wenn alles gelingen soll, müssen die Beni Khalid ihn genau auf sich zukommen sehen, und das ist leider nicht der Fall."

„Die Sorge ist unnötig", entgegnete ich. „Er wird sich allmählich nach links wenden. Paß nur auf!"

Und wie ich gesagt hatte, so geschah es: die Linie, die er ging, neigte sich, als sei unser Wunsch ihm Führer, nach und nach dem uns am nächsten liegenden Feuer der Beduinen zu. Ich hatte also richtig gerechnet.

Was die Beni Khalid betrifft, so schienen ihnen die Flammen während der ersten Augenblicke des Brennens entgangen zu sein, aber noch hatte der Münedschi nicht zwanzig Schritte getan, so zeigte sich der Beginn der von uns erwarteten Wirkung. Wir hörten zunächst einige laute Rufe und sahen dann, daß die Beduinen aufsprangen. Zwei so plötzlich in der Finsternis auftauchende Flammen! Was war das? Was hatte das zu bedeuten?! Sie mochten dabei wohl an uns, an die Mekkaner und ihren Scheik denken; aber aus welchem Grund konnte es einem von den genannten Leuten einfallen, in dieser befremdenden Weise vom Brunnen hierherzukommen? Sie standen erwartungsvoll und stumm. Je mehr der Blinde sich ihnen näherte, desto deutlicher wurde seine Gestalt. Seine hoch aufgerichtete Figur und seine langsamen, feierlichen Schritte verfehlten ihren Eindruck nicht. Sie wurden bestürzt. Sein ehrwürdiges Gesicht, sein langer, silberweiß glänzender Bart trat immer mehr hervor. Dazu seine wallende Kleidung, die weit mehr als ein europäischer Anzug geeignet war, ihm ein geisterhaftes Aussehen zu verleihen, das bewegliche Flackern der Fackeln, deren düster rot glühende Lichter mit hin und her huschenden Schatten wechselten, als ob er von tanzenden Dschinn begleitet werde — — ihre Bestürzung wuchs und verwandelte sich in Furcht. Jetzt erkannten sie sein Gesicht, und die Entscheidung, ob wir unsere Absicht erreichen würden oder nicht, war gekommen. Wenn sie ihre Angst bemeisterten und ihn festnahmen, hatten wir uns höchst lächerlich gemacht und unsere Angelegenheit verschlimmert anstatt verbessert.

Aufrichtig gestanden, war ich beinahe überzeugt, daß wir einen Mißerfolg haben würden; nicht so aber die Haddedihn, die vor Spannung kaum zu atmen wagten und bereit waren zum schnellen Vorwärtsspringen.

„Es gelingt, es gelingt vortrefflich!" raunte Halef seiner Hanneh und mir zu.

„Ja, es gelingt!" stimmte sie bei. „Paßt auf! Nur noch einen Augenblick, so werden sie die Flucht ergreifen."

Ich zweifelte noch immer; aber die „beste aller Frauen" sollte recht bekommen, denn gerade jetzt ertönten von den Feuern her die Rufe:

„El Chajâl, el Châjal — — das Gespenst, das Gespenst! Allah beschütze uns! Reißt aus!"

Hierauf wurden alle vorhandenen Beine, die nicht gefesselt waren, so schleunig in Bewegung gesetzt, daß wir nach einigen Sekunden keinen einzigen Ben Khalid mehr sehen konnten. Nun schnellten die Haddedihn vorwärts, Halef an ihrer Spitze, ich folgte ihnen, allerdings langsam. Hanneh sollte eigentlich stehenbleiben, war aber über das Gelingen ihres Planes so begeistert, daß sie, die gebotene Zurückhaltung vergessend, sich in eilige Bewegung setzte, mir zurufend:

„Schnell, Sihdi! Halte den Münedschi auf, sonst läuft er gerade in das Feuer hinein!"

Da diese Warnung berechtigt war, folgte ich ihr und erreichte den Blinden, der kaum noch zehn Schritte zu tun brauchte, um sein Gewand in Flammen zu setzen. Als ich ihn angehalten hatte, war Hanneh auch schon da.

Ich nahm ihm die Fackeln aus den Händen, übergab ihn ihr und bat sie:

„Führe ihn dahin zurück, wo wir gestanden haben! Ihr dürft uns hier nicht im Weg sein."

Sie nahm den Blinden bei der Hand und entfernte sich mit ihm. Ich hatte, während ich mit ihr sprach, die Fackeln in den Sand gesteckt und nahm den übergehängten vielschüssigen Stutzen vor, um die etwa zurückeilenden Beduinen durch Schnellfeuer abzuschrecken, aber sie schienen so weit gelaufen zu sein, daß sie das, was jetzt hier vorging, nicht genau erkennen konnten.

Das erste, was unsere Haddedihn taten, war, die Soldaten befreien; die sprangen auf.

„Nun möchten wir eure Kamele haben", sagte Halef zu ihnen; „die sind aber in der Dunkelheit nicht schnell genug herauszufinden."

Es war ein Unteroffizier bei ihnen, der erwiderte: „Wir wissen, wo sie sind. Es ist die erste Reihe dort am Felsen. Die anderen Reihen gehören den Beni Khalid."

„Und eure Waffen?"

„Sie stecken mit allem, was man uns sonst noch abgenommen hat, in dem Felseneinschnitt am Brunnen, wohin wir gleich nach unserer Gefangennahme geschafft worden sind."

Da erkundigte ich mich an Halefs Stelle:

„Seid ihr trotz der Dunkelheit imstande, diesen Ort zu finden?"

„Ja."

„So nehmt jetzt schnell eure Kamele, und dann holt ihr auch diese Sachen! Hier sehe ich zwei Säcke mit

Kameldünger zum Feuern liegen. Nehmt sie mit! Wir brauchen sie."

Sie taten das und suchten dann ihre Kamele auf. Ich blieb mit Halef noch eine Weile stehen, ohne daß sich ein Ben Khalid sehen ließ, dann traten wir ihre Feuer aus, nahmen jeder eine der noch brennenden Fackeln und gingen zu Hanneh, die mit dem Münedschi wieder bei dem Felsen stand. Wir hatten nur kurze Zeit zu warten, bis die Soldaten mit ihren Tieren bei uns waren. Der Unteroffizier mußte mir die Lage des Felseneinschnittes beschreiben, und da ich daraus entnahm, daß man diesen vom Brunnen aus nicht sehen konnte, brauchten wir die Fackeln nicht auszulöschen und zogen bei ihrem Schein mit den Kamelen diesem Ziel zu.

Die Stelle lag auf der dem Brunnen entgegengesetzten Seite. Ich sah, als wir dort ankamen, das Gestein auseinandertreten und eine tiefe, aber nicht breite Kluft bilden, in der die Asaker mit den Fackeln verschwanden. Sie kamen bald mit ihren Sachen wieder, und ich wies sie an, sich an der Nordseite des Felsens zu lagern und zu warten, bis wir sie holen lassen würden, aber nach Süd und West je einen Posten auszustellen, um vor einer Überraschung sicher zu sein. Ich wollte Tawil Ben Schahids wegen die Soldaten nicht gleich mit zum Brunnen nehmen, weil ich es für besser hielt, ihm ihre Befreiung jetzt noch zu verschweigen. Nach dieser Anordnung kehrten wir zu unserem Lager zurück, trennten uns aber vorher von Hanneh und dem Münedschi, die im Dunkeln, und also von unseren Gefangenen ungesehen, zu ihrem Ruheplatz hinübergingen.

Der Perser war nicht mit uns gewesen. Er saß mit Kara Ben Halef beisammen und teilte uns mit, daß El Ghâni und Scheik Tawil sich während unserer Abwesenheit äußerst widerspenstig benommen hätten und er es für das beste halte, ihre an Frechheit grenzende Zuversicht dadurch herunterzustimmen, daß wir uns jetzt gleich anschickten, in Beratung über die zu treffenden Strafen zu treten.

„Ja, das soll sofort geschehen“, sagte der eilfertige Hadschi. „Je eher die Strafe kommt, desto länger wirkt sie.“

Da fiel der Scheik der Beni Khalid schnell ein:

„Von einer Strafe kann bei mir nur in dem Sinn die Rede sein, daß ich euch bestrafe, aber nicht ihr mich.“

„Hast du schon vergessen, daß du jetzt nicht sprechen sollst?“ wies Halef ihn zurecht. „Wenn du so herzlich wünschst, nicht bestraft zu werden, gut, so werden wir dir zu deinem Glück nicht hinderlich sein. Du wirst also nicht bestraft, sondern belohnt werden, und zwar mit einer solchen Tracht Prügel, daß wir sie in mehrere Portionen teilen müssen. Und wenn du noch einmal redest, ohne um Erlaubnis zu fragen, so sorge ich dafür, daß dir diese Belohnung verdoppelt wird.“

Er schlug dabei in sehr bezeichnender Weise auf den Griff seiner Peitsche, und da hielt der Scheik es denn doch für geraten, still zu sein. Wir drei aber setzten uns zusammen, um diese schwierig zu erledigende Angelegenheit miteinander zu besprechen, selbstverständlich so, daß weder El Ghâni noch der Scheik etwas davon hörten.

Darüber, daß der Ben Khalid straffrei ausgehen werde, waren wir gleich einig. Um so mehr Bedenken verursachte uns der Mekkaner mit seinen Begleitern. Khutab Aga hatte sie nach Meschhed Ali bringen wollen, wo ihnen der Tod gewiß gewesen wäre. Das durften wir aber nicht zugeben, weil wir an unser dem Scheik gegebenes Versprechen gebunden waren. Er erklärte, daß er darauf verzichte, sie mitzunehmen, aber diesen Ort hier nicht eher verlassen werde, als bis die Beraubung des Heiligtums an ihnen gerächt worden sei.

„Das ist ja eben das, was wir leider nicht zusammenbringen können“, klagte Halef. „Du verlangst die strengste Strafe, also eine Bestrafung am Leib oder gar am Leben, und das ist gegen unser Versprechen. Hätte ich es doch nicht gegeben!"

„Beruhige dich, lieber Halef!" warf ich ein. „Der Fehler darf sich nicht über Einsamkeit beklagen, er befindet sich in guter Gesellschaft."

„Soll das heißen, daß ich auch noch andere gemacht habe?"

„Ja. Als der Scheik der Beni Khalid zum erstenmal unser Gefangener war, hast du als Auslösung gegen ihn hier nur unseren Freund Khutab Aga verlangt; mir aber hätte er auch die Soldaten geben müssen."

„Die haben wir nun auch."

„Ja, nun. Das ist aber keine Entschuldigung. Doch lassen wir die Vorwürfe weg! Es handelt sich um eine strenge Bestrafung, aber am Leib nicht und am Leben nicht. Etwa an Hab und Gut? Er hat ja nichts mit. An der Ehre? Er besitzt keine. Andere Strafarten, die ich vorschlagen könnte, erfordern lange Zeit, und die steht uns nicht zu Gebot. Ich muß zu meiner Beschämung gestehen, daß ich keinen Rat weiß."

„Allah, Allah! Mein Sihdi weiß einmal keinen Rat! Jetzt bricht der letzte Tag an."

„Scherze nicht! Mir ist die Sache ernst", verwies ihn der Perser. „Wenn ich heimkehre, ohne die Diebe mitzubringen, so muß ich wenigstens sagen können, daß sie nach der Größe ihrer Missetat bestraft worden sind. Euer Versprechen macht mir das aber unmöglich."

„Zürne nicht!" bat Halef. „Es gibt bei jeder Verlegenheit einen Weg, ihr zu entgehen, also auch bei dieser. Es gehört zwar Klugheit dazu, aber, glücklicherweise kenne ich den Ort, wo ich sie zu suchen habe. Was man im Selamlük[1] nicht findet, das muß man im Harem[2] suchen, und da mein Sihdi keinen Rat weiß, werde ich zu Hanneh gehen!"

1 Empfangs- oder Herrenzimmer 2 Frauengemach

Er sprang schnell auf und eilte fort, denn er war überzeugt, daß Hanneh helfen werde.

Richtig! Als er nach kurzer Zeit zurückkehrte, nahm er seinen Sitz mit einem wonnevollen Lächeln wieder ein und sagte:

„Ich habe mich nicht geirrt, denn Hanneh, der schlaue Inbegriff sämtlicher Klugheiten, war augenblicklich mit einer Auskunft da. — Ihr Mittel heißt Bastonade. Ist das nicht großartig?"

„Nein!" entgegnete ich. „Du kannst doch sicher sein, daß wir beide, Khutab Aga und ich, auch schon an die Bastonade gedacht haben."

„Aber nicht in der richtigen Weise! Ihr habt folgendermaßen gedacht: die Mekkaner dürfen nicht an Leib und Leben gestraft werden; die Bastonade aber trifft den Leib und kann sogar, wenn der Hiebe zu viele fallen, tödlich wirken, folglich dürfen wir sie nicht in Anwendung bringen. Nicht wahr, so waren eure Gedanken?

„Wenigstens die meinigen, ja."

„Das ist aber falsch. Hanneh versteht das viel besser. Beantworte mir die Fragen, die ich an ihrer Stelle an dich richte! Wenn die Bastonade nicht tötet, ist sie da eine Strafe am Leben?"

„Nein."

„Weiter: wohin bekommt man die Bastonade?"

„Auf die Fußsohlen."

„Wird da der Leib bestraft?"

„Ja, denn die Füße sind ein Teil des Leibes."

„Nein! Sie sind ein Teil des menschlichen Körpers, aber nicht des Leibes. Lautet aber unser Versprechen etwa so, daß die Mekkaner nicht an Körper und Leben bestraft werden sollen?"

„Nicht an Leib und Leben", antwortete ich sehr ernsthaft, obgleich seine Art mich innerlich belustigte.

„Nun gut! Hanneh hat also vollständig recht, wenn sie sagt: gebt ihr ihm die Bastonade in der Weise, daß er nicht daran stirbt, so handelt ihr nicht gegen euer Versprechen, denn er bekommt sie nicht auf den Leib, sondern auf die Sohlen seiner Füße, die zwar Teile des Körpers, aber nicht des Leibes sind. Nun, Sihdi, was denkst du jetzt? Bewunderst du nicht die Folgerichtigkeit der unübertrefflichen weiblichen Gedanken, die ich euch jetzt aus meinem Tachtirewan herübergeholt habe?"

„Ja, ich zolle ihnen meine Bewunderung."

„Schön! Da aber Bewunderung zugleich Anerkennung bedeutet, so liegt in diesen Worten die Zustimmung, die wohl auch du, Khutab Aga, mir nicht verweigern wirst."

Der Perser erteilte seine Einwilligung nur zu gern: „Ich danke dir, Hadschi Halef, von ganzem Herzen! Diese diebischen Schänder des Heiligtums sind um so strafbarer, als sie ihr Verbrechen als unsere Gäste und Abgesandte des Großscherîfs begangen haben, und es versteht sich darum von selbst, daß wir uns nicht etwa für einen milden Grad der Bastonade entscheiden."

„Das fällt uns nicht ein", pflichtete Halef bei. „Soviel wie möglich, das ist der Grundsatz, der uns leiten soll, wenn wir die Zahl der Hiebe bestimmen."

„Ganz recht, soviel wie möglich! Die meisten aber muß der Ghâni bekommen, weil er der Urheber des Verbrechens und zugleich der boshafteste von ihnen allen ist. Da wir über diesen Punkt unter uns einig sind, bitte ich dich, Hadschi Halef, mir zu sagen, welche Menge du für jeden einzelnen bestimmst."

„Die Bestimmung, die du von mir verlangst, ist schwer zu treffen. Möglichst viel, aber keiner darf daran sterben. Ich schlage also zunächst eine Probebastonade vor, durch die wir erfahren, wieviel Hiebe jeder von ihnen aushalten kann. Wenn wir das dann wissen, ist die Zahl der Schläge leichter zu bestimmen."

„Das ist wohl wahr", lächelte der Perser. „Leider aber würde dieser Versuch uns um die eigentliche Vollstreckung bringen, weil wir zu lange auf die Heilung der Sohlen warten müssen, und dazu haben wir keine Zeit."

„So nehmen wir die Probe gleich als Vollziehung und beschäftigen uns mit jedem Paar Sohlen so lange, bis wir sehen, daß seine Zufriedenheit den höchsten Grad erreicht hat. Sihdi, was sagst du dazu?"

„Ich gebe meine Einwilligung", erwiderte ich, da dieses Urteil mir ein Einschreiten zu jeder Zeit offen ließ.

„Ich danke dir", lächelte mir der Hadschi zu. „Schon dachte ich, du würdest in deiner bekannten Milde deine Stimme gegen unseren ebenso gerechten wie weisen Beschluß erheben. Wir sind also einig, und nun fragt es sich nur noch, wann die Bestrafung vorgenommen werden soll. Ich stimme für jetzt gleich."

„Ich auch", erklärte der Basch Nâsir.

„Ich nicht", entgegnete ich.

„Warum nicht?" fragte Halef.

„Weil jetzt der nötige Erfolg fehlen würde. Die Strafe muß am hellen Tage und vor den Augen sämtlicher Krieger der Beni Khalid vollstreckt werden."

„Das ist richtig", belobte mich der Hadschi, ohne sich zu sagen, daß mich ein heimlicher Grund zu diesem Vorschlag veranlaßt haben könne. „Jetzt bist du genau so, wie ich mir den Sihdi immer wünsche. Du bist zu meinem größten Leidwesen so oft der Meinung gewesen, daß man das ‚Ebenbild Gottes' nicht durch Prügel beleidigen dürfe. Ich aber sage dir, daß für einen Menschen, der sich dieses Ebenbildes entäußert hat, nur Prügel die allein richtige Bestrafung bilden. Es kommt auf die Art an, in der gegen das Gesetz gehandelt wird, und ich bin überzeugt, daß viele Roheiten und Schamlosigkeiten unterbleiben würden, wenn die Betreffenden vorauswüßten, daß darauf Prügel die unvermeidliche Folge seien. Ja, wir warten bis früh! Aber dagegen wirst du doch nichts haben, daß ich ihnen schon jetzt mitteile, wie freundlich wir für ihre Morgenunterhaltung sorgen werden?"

„Das magst du tun. Ich will dich nicht hindern."

Da erhob er sich von seinem Sitz, und sich an die Mekkaner wendend, sprach er mit lauter Stimme, um auch von Hanneh drüben verstanden zu werden:

„Ihr habt den aus drei erlauchten Richtern bestehenden Makhame hâkim akbar es Sahra[1] jetzt hier vor euch versammelt gesehen. Diese edlen und erhabenen Rechtsgelehrten, vor denen es kein Ansehen der Person gibt, sind mit den Blicken ihres Scharfsinnes in die sittlichen Tiefen des von euch begangenen Diebstahls eingedrungen. Sie haben die Verworfenheit eurer Herzen und die große Strafbarkeit der Ausführung so vollständig durchschaut, daß eure Schuld in ihrem ganzen Umfang vor ihnen liegt. Da jede Schuld gesühnt werden muß, so neige ich mich in Freundlichkeit zu euch nieder, um euch den von uns gefällten Urteilsspruch in die Herzen zu legen. Wir haben nämlich beschlossen, euch das Andenken an die Beraubung des Kans el A'dhâ unauslöschlich auf die Fußsohlen zu zeichnen. Diese Eingrabung der Denkzeichen wird bei Beginn des Morgens und im Beisein sämtlicher Krieger der Haddedihn und der Beni Khalid mit dem größten Nachdruck vorgenommen. Wir sind überzeugt, daß ihr sie mit der Tiefe des Gefühls entgegennehmen werdet, die unbedingt nötig ist, wenn unser Wunsch in Erfüllung gehen soll, auch später, in der Ferne mit euch in schöner geistiger Beziehung zu bleiben."

Hierauf machte er ihnen eine liebenswürdige Verbeugung und setzte sich wieder nieder.

Die Mekkaner waren zunächst still. Sie mußten den Eindruck des Gehörten erst überwinden. Nicht so aber der Scheik der Beni Khalid, der zornig aufbrauste:

„Was fällt euch ein! Ist etwa der Diebstahl, der euch nur als Vorwand zur Bereicherung dient, schon erwiesen?

1 Oberster Gerichtshof der Wüste

Und wäre dies der Fall, so seid ihr doch am allerwenigsten die Leute, die das Recht besitzen, darüber abzuurteilen. Auch habt ihr euer Wort gegeben, daß meinen Gastfreunden, die unter meinem Schutz stehen, nichts an Leib und Leben geschehen soll, und wer sein Versprechen nicht hält, der ist ein Schurke. Die Bastonade ist auf alle Fälle unmöglich."

Da antwortete Halef:

„Ich habe dir zwar verboten, unaufgefordert zu sprechen, will aber in gnädiger Nachsicht meine Peitsche jetzt noch stecken lassen. Wir halten unser Wort, und zwar genauso, wie es gelautet hat. Mehr kannst du nicht verlangen. Die Bastonade kommt auf die Fußsohle und wird nicht tödlich sein, hat also mit Leib und Leben nichts zu tun."

„Das ist Lüge! Der Fuß gehört zum Leib."

„Wenn dein Leib Sohlen hat, so ist das eine Ausnahme, die ich gern achte; du wirst also die Bastonade nicht bekommen. Die Mekkaner aber werden wir genau untersuchen. Finden wir, daß sie so wie gewöhnliche Menschen gebaut sind und die Sohlen also nicht am Leib, sondern an den Füßen haben, so sind sie der ihnen bestimmten Strafe unbedingt verfallen."

„Das sind Spitzfindigkeiten! Ich mache dich darauf aufmerksam, daß ich die Macht besitze, meine Gäste in Schutz zu nehmen."

„Wieso?"

„Denk an meine Krieger!"

„Sehr gern. Gerade jetzt denke ich an sie, nämlich daß sie gegen uns machtlos sind, weil wir dich als Geisel haben."

„Und an die Soldaten! Ich lasse alle erschießen, sobald nur ein einziger meiner Gastfreunde Hiebe bekommt."

Da bog sich Halef zu einem der in der Nähe sitzenden Haddedihn und gab ihm einen leisen Befehl. Da Halef mein Nachbar war, hörte ich die Worte: der Mann sollte die Soldaten holen. Zu gleicher Zeit erschien einer der ausgestellten Posten. Er meldete, daß ein Beni Khalid gekommen sei, um seinem Scheik eine wichtige Nachricht zu bringen. Er sprach vorsichtigerweise mit so unterdrückter Stimme, daß kein Unberufener seine Worte hörte.

Der Hadschi erteilte ihm die ebenso heimliche Weisung:

„Sag dem Ben Khalid, Scheik Tawil sei zornig darüber gewesen, daß er gestört werden solle, er wünsche, bis morgen früh in Ruhe gelassen zu werden; es sei hier alles in Ordnung, und der Bote möge also wieder gehen."

Der Haddedihn entfernte sich. Inzwischen war den Mekkanern die Sprache gekommen. Sie wagten es, Halefs Peitsche wegen, zwar nicht, ihre Klagen direkt gegen uns zu richten, sondern warfen sie Scheik Tawil zu, aber diese Worte waren doch bestimmt, von uns gehört zu werden. Da plötzlich wurden sie still, sie richteten ihre Blicke zur westlichen Felsecke, um die jetzt der fortgeschickte Haddedihn mit den Soldaten kam. Jeder von diesen hatte das Gewehr geschultert und führte sein Kamel an der Leine.

Es war köstlich, das Gesicht unseres kleinen Hadschi zu sehen, der mit kaum verhaltener Wonne den Eindruck beobachtete, den das Erscheinen der Asaker auf Tawil und die Mekkaner machte. Diese waren still und folgten mit weitgeöffneten Augen den Soldaten, die zu der Stelle gingen, die ihnen zum Lagern angewiesen wurde.

„Nun?" fragte Halef endlich den Scheik. „Du wolltest sie doch erschießen. Da sind sie. Tu es!"

„Jil'an daknak — verflucht sei dein Bart. Du bist ein Betrüger von innen und von außen. Ich mag mit dir nichts mehr zu schaffen haben."

Wer die Vorliebe Halefs für seinen an Haaren allerdings sehr armen Bart kennt, der kann sich denken, wie sehr er sich durch diesen Zuruf beleidigt fühlte. Er riß seine Peitsche heraus, strich mit ihr pfeifend durch die Luft und antwortete zornig:

„Das glaube ich, daß du nichts mehr mit mir zu schaffen haben willst; denn du mußt nun trotz deiner bergeshohen Dummheit einsehen, daß du das Spiel verloren hast. Was aber meinen Bart betrifft, so hat ihn mir noch niemand schänden dürfen, den deinigen jedoch werde ich bei deinem nächsten schmutzigen Wort mit der Kurbâtsch so aus dem Gesicht holen, daß auch kein einziges Haar dort sitzenbleibt. Wir sind mit euch fertig bis zum Morgen. Nach dem Erwachen wird euch der Morgengruß der Bastonade."

Diese an die Gefangenen gerichteten Worte konnten wir auch auf uns beziehen, da es nun wirklich Zeit zum Schlafen war. Da galt es freilich, uns gegen die Beni Khalid sicherzustellen, und darum gab Halef in Beziehung auf den Wachtdienst, an dem sich auch die Soldaten beteiligen mußten, so umfassende Befehle, daß wir eine Überrumpelung nicht zu befürchten hatten. Brennstoff war, wenn sparsam damit umgegangen wurde, zur Genüge vorhanden, um wenigstens einigermaßen Licht zu haben beim Tränken der Kamele, das, allerdings in Pausen für das Ansammeln des Wassers, während der ganzen Nacht fortgesetzt werden mußte.

Wir drei, Halef, Kara und ich, holten unsere Pferde und führten sie zum Tachtirewan hinüber, um uns dort zum Schutz für Hanneh und den Münedschi niederzulegen. Der Perser kam uns nach, und wir hatten nichts dagegen, daß er bei uns blieb. Das Bündel mit dem „Schatz der Glieder" hatte er sorgsam in seine Obhut genommen.

Der Münedschi saß mit dem Rücken an den Felsen gelehnt und schlief. Für die Befriedigung seiner leiblichen Bedürfnisse hatte Hanneh während des Abends gesorgt. Speise war von ihm nur wenig, Wasser aber öfters genommen worden. Dann hatte er, den Fackelzug zu den

Beni Khalid abgerechnet, die ganze Zeit in seinem traumwachen Zustand und dabei immer rauchend zugebracht. Wie uns Hanneh am nächsten Tag berichtete, war es für sie nicht bequem gewesen, ihm so oft Feuer zu geben. Tabak und Kibrîtât[1] hatte sie allerdings für ihn genug gehabt; aber da das Aufleuchten der Hölzer nicht zu uns hinüberscheinen durfte, war sie gezwungen gewesen, das Anbrennen hinter der Sänfte vorzunehmen und da die ersten Züge immer selbst zu tun. Auf die Gefahr hin, plauderhaft zu erscheinen, will ich die hochverräterische Bemerkung machen, daß die Beduinenfrauen im Anzünden eines Tschibuk nicht ganz unbewandert sind und Hanneh ihren Stammesgenossinnen keineswegs darin nachstand. Alt, sehr alt und durchsogen war freilich die Pfeife des Blinden, doch weiß ein von Mitleid erfülltes Frauenherz selbst solche Mißhelligkeiten zu überwinden.

1 Zündhölzer

7. Die Waage der Gerechtigkeit

Wie gewöhnlich vor dem Schlafengehen liebkoste ich meinen Rappen, sagte ihm die gewohnte Sure ins Ohr und hüllte mich dann in den Haïk, um einzuschlafen. Es sollte diese Absicht jetzt noch nicht gelingen; denn als der vielbesungene Effendi Morpheus eben um den Tachtirewan geschlichen kam, um mir die Augen zuzudrücken, begann der Münedschi sich zu regen, wobei er in eigentümlicher Weise vor sich hin sprach, ungefähr wie man die Stimme eines träumenden Vogels hört. Diesen leisen, abgerissenen Lauten folgten die halblauten, besser zusammenhängenden Worte:

„Er ist da — — —? Ja, ich gehorche dir — — — ich sag es ihm — — — ich gehe mit ihm — — — führe mich nur — — —!"

Er rückte von dem Felsen ab, bewegte den Kopf wie suchend nach beiden Seiten und fragte:

„Ist Akil Schâtir Effendi da?"

„Ja, hier liege ich", antwortete ich.

„Laß deine Seele jetzt nicht schlafen! Steigt ein Strahl des Himmels nieder, muß er dich gerüstet finden, ihm dein Inneres zu öffnen und ihn dankbar aufzunehmen."

Wie klang das? Das war gebundene Rede. Es war seine Stimme und schien doch nicht die seinige zu sein.

„Steh auf!" fuhr er fort, „und hilf auch mir empor! Ich soll dich führen."

„Wohin?" fragte ich, indem ich den Haïk von mir warf und mich erhob.

„Das weiß ich nicht. Frage nicht! Du wirst es sehen."

Ich gab ihm die Hand und richtete ihn auf.

„Komm, folge mir!“ Indem er diese Aufforderung aussprach, ließ er meine Hand wieder los und verließ den Platz mit festen, sicheren Schritten. Die anderen waren auch wieder munter; sie standen auf.

„Sihdi, darf ich mit?“ flüsterte Halef.

„Ja.“

„Auch ich?“ fragte der Perser leise.

„Meinetwegen. Kara muß bei der Mutter bleiben.“

Der Münedschi ging uns voran, ohne daß ihn jemand führte, direkt in die Wüste hinaus. Seine Haltung war aufrecht, jeder seiner Schritte gewiß und bestimmt, als gelte es einen gebahnten Pfad. Es war so, als ob es nicht dunkle Nacht, sondern heller Tag und als ob er nicht blind, sondern sehend sei. Wir folgten ihm mit Staunen.

So ging es weiter in ungefähr nördlicher Richtung, gerade auf die nächste Felseninsel zu, die im leisen Schein der Sterne tiefdunkel vor uns lag. Er wich ihr nicht aus und blieb auch nicht halten, sondern stieg die Steilung langsam und so sicher empor, wie ich, der Sehende, es wohl am hellen Tag besser nicht hätte tun können. Dabei brauchte er zum Auswägen des Gleichgewichts nur die eine Hand, die andere hielt er unausgesetzt so, als gehe jemand, den wir nicht sahen, neben ihm her und halte ihn an dieser Hand. Bei hohen Schritten schien es sogar, als werde er gezogen. Das konnte ich deutlich sehen, weil ich mich gleich hinter ihm befand. Halef und der Perser folgten mir. Das Überraschendste war, daß wir drei in der Dunkelheit öfters strauchelten, der Blinde aber nicht. Es führte nicht etwa ein Weg hinauf, denn wohl noch nie hatte der Fuß eines Menschen diese hohe Felsengruppe berührt. Es gab Stellen, an denen ich die Hände zu Hilfe nehmen und mich festhalten mußte, der Münedschi tat es nicht.

Es war mir unbegreiflich.

Oben angelangt, blieben wir zunächst stehen, um den vom Steigen schneller gehenden Atem sich beruhigen zu lassen, er nicht. Er betete leise, dann deutete er auf eine kleine, vor uns liegende Felserhöhung und sagte:

„Setz dich auf diesen Stein! Ich werde stehenbleiben, denn nur der Leib ermüdet, der Geist aber kennt keine Verringerung seiner Kraft, und nicht mein Körper, sondern meine Seele ist es, die du jetzt zu dir sprechen hören wirst."

Ich folgte dieser Aufforderung, und Halef und der Basch Nâsir ließen sich neben mir nieder. Eine Weile stand er unbeweglich da, den Kopf ein wenig zur Seite geneigt, als lausche er in die Ferne. Wir befanden uns in einer ungewöhnlichen Spannung. Nun begann er:

„Seid mir gegrüßt, ihr Pilger dieser Erde, gegrüßet in der Sprache eurer Welt! Wenn ich zu euch in unserer Weise spräche, ihr würdet nichts und nichts vernehmen, denn euer Ohr hat nur Empfängnis für den Schall; wir aber sprechen nicht durch Worteschwall, nein, unser Wort ist Tat."

Wir horchten verwundert auf, denn das war nicht die Stimme des Münedschi, sondern eine ganz andere. Ich habe geschulte Stimmennachahmer gehört, deren Leistungen gewiß vortrefflich waren, aber wohl keiner von ihnen hätte es fertiggebracht, nicht nur seine Stimme, sondern auch deren Ausdruck so völlig zu verändern, wie es hier vom Münedschi geschah. Hätte ich ihn nicht da vor mir stehen sehen, ich wäre überzeugt gewesen, daß wir von einer anderen Person angesprochen wurden. Er fuhr fort:

„Richtet eure Blicke empor zum Himmelszelt! Über und hinter euch stehen die Sterne des Herkules, rechts der Adler und Delphin, links die Schlange, und vor euch der Schlangenträger, der Ra's al Ghûl[1], und Hunderte von Welten, von denen ihr nur wenige als kleine Punkte erkennt. Darüberhin zieht sich die Saman oghrisi[2], bestehend aus noch nie gezählten Himmeln, deren jeder

1 Algol, türkischer Ausdruck 2 Milchstraße

wieder in andere neue Himmel führt. So schaut ihr von euch aus auf alle Seiten hinaus und hinein in Millionen und Milliarden Ewigkeiten und haltet eure kleine, irdische Weisheit doch für klug genug, den Herrn und Schöpfer dieser Welten im letzten, herrlichsten der Himmel zu entdecken. Ich sage euch: es gibt keinen Himmel, der der letzte ist. Wie diese Himmel alle doch nur einen einzigen bilden, so ist der Herr auch nur in diesem einen, nicht in einem besonderen zu suchen, und wenn ihr ihn nicht im Mittelpunkt eures irdischen Firmaments findet, also hier bei euch selbst, so werdet ihr ihn dort in jenen Himmeln auch vergeblich suchen. Ihr findet ihn weder hier noch dort, weil ihr die falschen Augen öffnet, die richtigen aber geschlossen haltet. Ihr sucht ihn so, wie ihr nach der Erkenntnis irdischer Dinge trachtet, nämlich mit den Augen eures kargen Wissens. Die Augen des Glaubens aber haltet ihr geschlossen."

Er machte eine kurze Pause. Bisher hatte er mit voller Stimme gesprochen, nun fuhr er, wie wenn man so recht eindringlich reden will, in unterdrücktem Ton fort:

„Ich habe euch etwas Himmlisch-Wichtiges zu sagen; schenkt mir die Aufmerksamkeit eures Geistes und eures Herzens! Ihr unterscheidet am Menschen Leib, Seele und Geist, ihr sprecht von Kopf und Herz, vom Verstehen, Fühlen, Erkennen und Wollen, von Vernunft, Verstand und Gefühl. Könntet ihr euch sehen, wie ich euch sehe, indem mein Auge jede innerste Faser eures Körpers und die verborgenste Regung eures Geistes, eurer Seele durchschaut, so würde euch klar werden, wie falsch alle diese Unterscheidungen sind. Der geistige Mensch kann nicht zergliedert werden wie der Körper, er ist nicht mit verschiedenen Kräften und Vermögen tätig, wie der Körper es bald mit den Armen, den Beinen, bald mit den Augen oder den Ohren ist. Selbst wenn ihr diese Tätigkeit nach ihren verschiedenen Weisen und Richtungen bezeichnet, bedient ihr euch falscher Namen. Wie es keine Grenze zwischen Gottes Allmacht, Allweisheit und Alliebe gibt, denn Gott ist *Eins,* so sind auch bei seinem Ebenbild, dem Menschen, das Denken, das Fühlen, das Wollen nicht voneinander zu trennen, denn der geistige Mensch ist *auch Eins.* Doch muß ich mich eurer Weise anbequemen, weil ihr mich sonst nicht verstehen würdet. Hört und merkt euch genau, was ich euch jetzt sage! — — —: *Der Mensch ward ein Pilger auf Erden, um ein Bürger des Himmels zu werden.* Er hat hier zu säen, um dort ernten zu können. Er hat hier die Augen zu öffnen, um dort sehend zu sein. Er hat hier zu *lernen,* um dort zu *bestehen.* Nach seiner Arbeit hier richtet sich dort sein Lohn, denn seine Werke folgen ihm ins Jenseits nach. Wer hier seiner Trägheit frönt und nicht unausgesetzt für den Himmel wirkt, der tritt in jenes Leben mit leeren Händen ein und wird zurückgewiesen werden. Sprecht nicht in eurer Bequemlichkeit: ‚Ich hüte mich ja, Böses zu tun und *muß* also selig werden!' Wer so sich nur hütet, von der Arbeit nicht beschmutzt zu werden, wer so hier nur von Gottes Gnade lebt wie ein fauler Sohn vom Reichtum seines Vaters, der erwirbt nichts für die Ewigkeit und tritt dereinst als Bettler vor Gottes Thron. Am Jenseits aber wird der Bettler abgewiesen, denn wer das Mitleid Gottes hier verbrauchte, dem bleibt nichts davon für den Himmel übrig. So ist also das Erdenleben eine Vorbereitung auf die große, einstige Prüfung. Das Zelt, das du als Pilger hier aufschlägst, es sei dir ein Mißâl[1] des Hauses, das dich in jenem Leben erwartet! Du sollst dir dieses Zelt so fest und sicher wie möglich bauen, du sollst es schmücken und verschönern mit den Gaben, die dir verliehen sind. Du sollst die Erde mit allem, was sie bietet, kennenlernen; du sollst die Kräfte, mit denen, und die Gesetze, nach denen Gott hier waltet, mit Fleiß studieren, du sollst die Erscheinungen der irdischen Natur und die Entwicklung des Menschengeschlechts mit steter

1 Muster

Aufmerksamkeit verfolgen und nicht versäumen, deinen Teil für den Fortschritt beizutragen; aber du darfst dabei nie vergessen, daß du hier eben nur in einem leichten Zelt wohnst, das Gott, der Herr, von Augenblick zu Augenblick abbrechen kann, um dich hinauf ins Vaterhaus zu rufen."

Er machte hier abermals eine Pause, während der er leise vor sich hinflüsterte. Dann sagte er wieder laut: „So ist also deine Tätigkeit geteilt zwischen hier und dort, *du hast nach irdischer Erkenntnis und nach himmlischer zu trachten; die irdische brauchst du für nur kurze Zeit, die himmlische aber für die Ewigkeit, diese letztere ist also unendlich wichtiger als die erstere.* Ihr aber handelt in trauriger Verblendung gerade umgekehrt. Ihr arbeitet, als sei die Erde und euer hiesiges Leben von ewiger Dauer, das Jenseits aber nur ein trügerischer Traum. Und was ist schuld daran? Nur diese eure Verblendung, die euch verhindert, einzusehen, daß es zweierlei Erkenntnis gibt. Zur Erkenntnis des Irdischen führt euch die Wissenschaft, die Erkenntnis des Jenseits bietet euch nur der Glaube. Jeder einzelne Gelehrte ist stolz auf seine kleine, irdische Wissenschaft, und der Stolz aller Gelehrten, die es gab und gibt, zusammengenommen, lieferte den Werkstoff zu einer Mauer der Einbildung und Überhebung, mit der ihr euch eingeschlossen habt. Hinter dieser Mauer sitzt ihr als Gefangene eurer Wissenschaft und könnt nun nicht mehr über sie, die immer höhersteigt, hinweg ins Weite blicken. Das kleine, runde Stück Himmel, das ihr über euch sehen könnt, beachtet ihr nicht, weil es eurer Gelehrsamkeit ja so leicht wird, die Luft da oben in ihre Grundstoffe, und das darin flutende Licht mit einem Stückchen Glas in Farben zu zerlegen. Seht doch ein, daß dies auch noch zur irdischen Erkenntnis gehört und mit der himmlischen in keiner Beziehung steht! Und wenn es euch gelänge, die Sonne und alle Planeten, die sie umkreisen, bis auf ihre Mittelpunkte zu erforschen, so würde das noch kein einziger Schritt zur Erkenntnis des Jenseits sein. Steigt mit eurer Wissenschaft noch über die Bahn der Sonne hinaus, um noch fernere Sonnen, fernere Welten zu berechnen — es wird euch wohl auch das gelingen, aber ihr habt es doch nur immer mit Stoff und Kraft zu tun, die Seele bleibt euch unerforscht. Vor dem Jenseits sinkt eure Gelehrsamkeit in sich zusammen, denn hier handelt es sich um die himmlische Erkenntnis, zu der nur der Glaube führt. Wißt ihr, was Glaube ist?"

Er sprach diese Frage in verstärktem Ton aus und richtete das Gesicht zu uns nieder, als ob er eine Antwort erwarte. Ich sagte darum, wenngleich ich nicht wußte, ob ich ihn unterbrechen dürfe:

„Der Glaube ist das geistige Sehen dessen, was das körperliche Auge nicht wahrnimmt."

El Münedschi gab weder eine Zustimmung noch einen Widerspruch, sondern sprach, als ob er mich nicht gehört habe, weiter:

„Dieses Wort hat bei euch nicht die volle Bedeutung des Begriffs, den es ausdrücken soll. Für das, was der Glaube ist, hat keine Erdensprache ein den ganzen Sinn umfassendes Wort. Das Wort Glaube bezeichnet bei euch eine Zuversicht ohne den tatsächlichen Beweis. Aber bei denen, die nicht in irdischen Leibern wohnen, bedeutet der Glaube eine jeden Irrtum ausschließende Überzeugung, die auf der innigsten Vereinigung des Glaubenden mit dem Gegenstand des Glaubens beruht und deshalb nicht das Ergebnis des Forschens ist. Darum steht der Glaube so unendlich hoch über der Wissenschaft. Könnte ich euch ein Beispiel geben, euch dies zu erklären! Hier sitzest du, Hadschi Halef Omar, vor mir. Die Geliebte deines Herzens, Hanneh, ist dein Weib. Glaubst du das?"

Der kleine Hadschi war so ganz Ohr, daß er sich zusammenraffen mußte, um zu antworten:

„Gewiß ist sie es."

„Sie wohnt bei dir, sie ißt und trinkt mit dir, sie sorgt für dich, sie reitet jetzt mit dir durch die Wüste. Ist sie wirklich dein Weib?"

„Allah, Allah! Wehe dem, der mir das nicht glauben wollte!"

„Du glaubst es, das heißt, du weißt es. Keine Wirklichkeit steht für dich so untrüglich bewiesen da wie diese. Da aber kommt der Kadi[1] und fordert von dir Beweise. Du mußt ihm dartun, wann und wo ihr geboren seid, wer eure Eltern waren, welchem Glauben ihr angehört, wessen Untertanen ihr euch nennt und an welchem Ort, zu welcher Zeit und vor welchen Zeugen ihr euch zu diesem Bund vereinigt habt."

„Der Kadi soll nur wagen, zu kommen! Er muß glauben, daß — — —"

„Sprich nicht vom Glauben bei ihm!" unterbrach ihn der Münedschi. „Das Überzeugtsein nach solchen Beweisen ist nicht Glaube zu nennen und hat vor dir keinen Wert. Deine Hanneh war das Beispiel, das ich euch zeigen wollte. Du bist der Glaube; der Kadi ist die Wissenschaft. Der Gläubige ist in inniger Liebe mit Gott verbunden, er kennt ihn, er lebt in ihm, er wirkt durch ihn und mit ihm. Die Wissenschaft verlangt von Gott einen ausführlichen Urkundenbeweis; sie sieht ihn nicht, sie hört ihn nicht, sie fühlt ihn nicht, weil sie über das Irdische nicht hinüber kann. Und dringt über die Mauer einmal ein Hauch des Himmels herein, dessen Ursprung der Gelehrte nicht zu erkennen vermag, so spricht er in seiner Verlegenheit von einer Wissenschaft des Verborgenen[2]. Aber was ihm verborgen ist, das ist dem Gläubigen offenbar, denn mag die Wissenschaft behaupten, sie allein könne sehen, es gibt noch ganz andere Augen als die ihrigen, klare, scharfe Augen, die nie und nimmer altern, die ohne Brille im kleinen Sonnen-

1 Richter 2 Okkulten

stäubchen und ohne Fernrohr in den unmeßbaren Welten das beglückende Wort der Offenbarung Gottes lesen. Wie viele solcher Augen aber gibt es unter den Millionen Menschen, die auf Erden wandeln? Es sind seit dem Dasein eures Geschlechts tausend Generationen gekommen und wieder gegangen, der Glaube war für sie das Wort, das er noch heute bei euch ist. Verschwindend nur ist die Zahl derer, für die er das ist, was er sein soll. Er wurde nicht geübt. Das Organ aber, das man nicht übt, wird schwächer; in dieser Schwachheit vererbt und dann noch weniger beachtet, verschwindet es mehr und mehr, und endlich kommt ein Geschlecht, dem es gänzlich mangelt. Die Wissenschaft, die Erkenntnis des Irdischen, wurde bevorzugt seit uralten Zeiten. Darum entwickelte sie sich. Unzählig sind die, die ihr dienten, die sie nährten und pflegten in unausgesetzter Arbeit. So wuchs sie empor zur Riesin, die hinaufgreift sogar nach den Sternen. Nun wird sie, die trotz dieser Größe von Mauern Umgebene, von ihren Jüngern noch höher gehalten als Gott. Die Erkenntnis des Himmlischen fand nicht die gleiche Pflege, denn zu üben, was sie verlangte, das hielt man für nichtig. Ja, Kinder Gottes gab es in Scharen, aber die sich so nannten, die waren es nicht. Zuweilen wohl tauchte, hier oder dort, der lebendige Glaube auf, dann ging auch sogleich eine Kraft von ihm aus, die Ströme von Segen spendete. Doch kaum war er mächtig geworden, so machte man ihn wieder zum Wort, zum Wahlspruch für irdische Zwecke, zur blutigen Fahneninschrift, die man von Schlacht zu Schlacht schleppte, bis er zusammenbrach. Der Wissenschaft gönnte man Frieden, obwohl sie dem Menschen die Werkzeuge des Kampfes verfertigte, den Glauben aber, den friedlichen Sohn des Himmels, der die Liebe, die Versöhnung predigte, verwandelte man ins Zerrbild seiner selbst, kleidete ihn in das Gewand des Hasses und nahm ihn zum Vorwand des Kampfes bis auf den heutigen

Tag. So hat man aus dem Wort ‚Glaube‘ das Gegenteil gemacht von dem, was er für die Menschheit sein soll, und wiegt höhnisch lächelnd den Kopf, wenn jemand sich unterfängt, zu behaupten, er führe zur höchsten Erkenntnis und sei der einzige Weg zur Wahrheit. Aber der Allweise gab ewige Gesetze, die stetig bestehen und wirken, die nimmer aufhören, auch eure verehrten Kräfte und Stoffe zu lenken und zu beherrschen, und diese Gesetze verbürgen dem Glauben den einstigen Sieg. Nehmt euch nur seiner an, wie ihr euch der Wissenschaft angenommen habt! Widmet ihm denselben Fleiß, dieselbe Arbeit und Tatkraft, die von jeher auf sie verwendet wurden, und ihr werdet bald erkennen, daß er stärker und mächtiger ist als sie. Denn die Wissenschaft ist das Ergebnis menschlichen Strebens, der Glaube aber ist göttlicher Herkunft; sie belehrt euch über das Wesen und die Wechselwirkungen der Stoffe, er aber läßt euch Gott schauen und führt euch zur Gemeinschaft mit ihm. Denkt nicht, sie beherrsche mehr Gebiete als er! Im unendlichen Reich des Glaubens gibt es mehr Provinzen als in ihrem vergänglichen Bezirk, nur liegen die ihrigen dem irdischen Sinn näher als die seinigen; die ihrigen stehen in euren Büchern schon verzeichnet, die seinigen sind noch zu entdecken. Wenn ihr an der Erforschung dieser himmlischen Gebiete in treuer Begeisterung arbeitet, so schärft ihr die seelischen Augen, die bisher geschlossen waren, es wächst ihre Übung im Erkennen, und bald werden sie dann schauen, was jetzt für sie noch im verborgenen liegt. Die Menschheit ist wohlgeübt in irdischen Dingen, aber in himmlischen nicht. Bindet einen eurer Füße herauf, fest an den Körper, und bewegt euch hinfort auf dem anderen; der gefesselte wird nach und nach steif, wird verdorren und euch schließlich seinen Dienst versagen. So humpelt der Mensch jetzt einbeinig durchs Leben, nur für den irdischen Wandel gerüstet, fehlt ihm für den Pfad zum Jenseits der Fuß. Darum übt euch im Gehen auf diesem himmlischen Weg! Er ist nicht so schwierig und eintönig, wie ihr meint. Führt er auch anfangs über rauhe, steinige Strecken, so kommt ihr doch bald durch Gefilde, wie sie euch so herrlich der andere niemals bieten kann, und aufgehen wird euch dann die erhabene, strahlende Pracht, die sich jenseits des Zweifels dem gläubigen Blick erschließt. Ihr sollt euch ja freuen über das auf der Erde für die Erde Errungene, denn der Kampf mit dem Leben und der Erfolg geistigen Forschens stählen auch die seelische Kraft. Doch bietet der Weg zum Jenseits euch noch höhere Freuden, die sich dann am Ziel vergrößern zur seligen, ewigen Wonne. Zwei Pflichten also sind es, zu deren Erfüllung euch der Herr berufen hat: ihr sollt mit allen euch gegebenen Kräften für das Diesseits *und* für das Jenseits wirken. Doch sind diese Pflichten eigentlich nicht zwei, sondern nur eine: ihr sollt im Diesseits *für* das Jenseits wirken. Und wie wenig ist das doch bisher geschehen! Das Diesseits nahm die Tätigkeit des Menschen so für sich gefangen, daß er jetzt noch nicht einmal Es Setschme, den Ort der Sichtung, kennt, der zwischen dem Augenblick des Sterbens und dem Tor der Himmel sich befindet. Ich schaue in eure Herzen und sehe in ihnen das Verlangen nach dem Licht jener Welt. Zwar darf ich euch nicht jene Sphären zeigen, in denen Gott mit seinen Seligen wohnt, denn vor dem Glanz der Herrlichkeit dort oben würde euer Auge gleich beim ersten Blick erblinden, aber an diesen Ort der Sichtung, in diesen Vorhof, kann ich eure Seelen führen. Ihr sollt euch meiner Führung anvertrauen und eine kleine Erdenstunde lang am offenen Jenseits stehen. Was ihr dort seht, merkt es euch fürs Leben! Ich tu es, um euch eine Ahnung dessen zu geben, was der Glaube, den ich meine, zu erreichen vermag, während selbst euerer höchsten Gelehrsamkeit dort der Zutritt für ewig verboten ist. Denn, sage ich euch am Tage des Gerichts, der für die Verstorbenen eher beginnt und länger währt, als ihr hier unten denkt, wird niemand über den Reichtum seines Geistes, sondern ein jeder nur über die Schätze seines Herzens Rechenschaft abzulegen haben. Es wird nicht zwischen gebildet oder ungebildet, sondern nur zwischen gut oder bös, zwischen Liebe und Lieblosigkeit unterschieden. Ich werde jetzt meinem Freund, durch den ich zu euch spreche, zeigen, was ihr wissen sollt; er sagt es euch, und wenn ihr etwas nicht versteht, so dürft ihr fragen, doch Erkundigungen irdischer Neugier werden unbeantwortet bleiben."

Es ist unmöglich, die Stimmung zu beschreiben, in der ich mich jetzt befand. Über uns der mit einem wahrnehmbaren Schleier bedeckte Himmel, an dem nur die Sterne bis vierter Größe zu erkennen waren. Um uns die im Schein dieser Sterne liegende Wüste mit ihrer geheimnisvollen Verschwiegenheit. Vor uns der rätselhafte Mann, der für das Diesseits blind war, aber für das Jenseits sehend zu sein behauptete, und in uns die Ahnung der Enthüllung und Beleuchtung einer bisher unerforschten Dunkelheit. Aber wo lag dieser „Ort der Sichtung", von dem wir gehört hatten? Wirklich am Jenseits, oder in der Einbildung eines phantastischen, vielleicht geisteskranken Menschen? Worauf würden wir die versprochene Aufklärung beziehen müssen? Auf einen der wichtigsten unserer Glaubenssätze oder auf die Träumereien eines nervenleidenden Mohammedaners? Ich war im höchsten Grad gespannt, und Halef und der Perser waren es nicht weniger, denn ihnen als Orientalen war für solche Lagen mehr Empfänglichkeit gegeben als mir, dem kälter denkenden Europäer.

„So komm! Ich führe dich!" hörten wir jetzt den Münedschi mit der bisherigen, fremdartigen Stimme sagen und mit seiner eigenen, anders klingenden, erwiderte er hierauf: „Ich folge dir, Ben Nûr, der du ein Engel Allahs und der Lehrer meiner Seele bist."

Es sei mir, um das nun Folgende leichter verständlich

zu machen, erlaubt, diesen Ben Nûr von dem Münedschi zu unterscheiden. Zwar war es nur der Blinde, der sprach, aber das, was wir hörten, war eine Unterhaltung zwischen zwei Personen, deren Stimmen so verschieden klangen, daß wir bei geschlossenen Augen auf die Anwesenheit zweier Menschen außer uns geschworen hätten.

Es verging eine Zeit, während der wir nur leise zu atmen wagten. Einmal hörten wir den Blinden mit seiner eigenen ängstlich klingenden Stimme. „Halte mich, o halte mich!“ sagen, dann war es wieder still. Er stand, wie von Anfang an, hochaufgerichtet da, die eine Hand an der Seite erhoben, als werde er an ihr geleitet. Dann ließ er sie sinken, als halte sie niemand mehr, strich sich mit der anderen über das Gesicht und bewegte den Kopf, wie jemand, der staunend um sich blickt.

„Wir sind angekommen. Nun bleib an meiner Seite stehen, und sag, was du erblickst! Fürchte dich vor nichts, denn ich bin bei dir, und niemand darf sich uns nahen.“

Das sprach der Blinde mit Ben Nûrs Stimme, worauf er mit seiner eigenen erwiderte:

„Ich fürchte mich nicht, denn du hast mir schon oft Furchtbares gezeigt, ohne daß es mir schadete. Ich weiß, daß ich bei dir sicher bin.“

Er schaute mit lebhaften Kopfbewegungen um sich und sagte dann:

„Welch ein Wunder! Wohin hast du mich geführt? Ich sehe Gegenstände und Menschen, die doch keine Gegenstände und Menschen sind. Es ist alles so gestaltet, und es bewegt sich alles so, wie auf der Erde, und doch bin ich der Überzeugung, daß hier nichts irdisch ist.“

„Sag nur, was du siehst, dann werde ich es dir erklären!“ gebot die andere Stimme.

Hierauf erhob der Münedschi die Arme und fuhr fort:

„Ich stehe auf einem hohen, breiten Stein, ganz allein mit dir. Hinter uns dehnt sich eine Mauer, deren Höhe und deren Enden ich nicht erkennen kann. Sie hat viele enge, niedrige Öffnungen, durch die immerfort Menschen erscheinen und auf uns zukommen, um sich vor uns zu einem breiten Heereszug zu vereinen."

„Das ist El Widâ[1], die Mauer, an deren anderer Seite das Erdenleben endet, indem es zu einer dieser Türen führt, vor denen kein Sterblicher stehenbleiben oder gar umkehren kann, außer Gott erlaubt es ihm. Sprich weiter!"

„Es liegt ein weites, ödes Land vor mir", folgte der Blinde dieser Aufforderung, „von einem schwarzgähnenden Abgrund begrenzt, über den eine Brücke hinüberführt, deren Breite kaum die Schärfe eines Rasiermessers beträgt."

„Das ist Es Ssirât, die Brücke des Todes", erklärte Ben Nûr. „Sie geht über El Halâk, den Abgrund des Unterganges, des Verderbens. Erkennst du, wo sie endet?"

„Ja, ich sehe es, doch nicht so deutlich, wie ich möchte. Es ist ein Tor, das ich wohl bestimmter sehen würde, wenn nicht darüber die Flammenschrift leuchtete ‚Zur Seligkeit!' Auch die Fortsetzung seiner Seiten, die sich aus dem Abgrund erheben, sind mir dunkel; darüber aber leuchtet eine Klarheit, die von keinem Sonnenlicht stammen kann. Indem ich sie erblicke, steigt eine unbeschreibliche Wonne und Sehnsucht in mir auf, die mich emporheben und hinübertragen will, aber mein Fuß klebt fest an diesem Stein, ich kann nicht fort, ich bin zu schwer."

„Du bist so schwer, weil du noch zur Erde gehörst, auf der das Gesetz der Schwere gilt, das ich für dich auf eine kurze Stunde überwand. Ich sage: Stunde, denn hier, wo wir uns befinden, gibt es noch Zeit. Die Ewigkeit beginnt dort an der Brücke. Du stehst hier *am* Jenseits, nicht *im* Jenseits; das ist der äußerste Punkt, wohin ich deine unsterbliche Seele führen durfte, weil sie noch das irdische Gewand tragen muß. Du siehst dich hier also

1 „Der Abschied"

zwischen Zeit und Ewigkeit, nicht vor dem Tod und nicht nach dem Tod, sondern mitten darin, und alles, was du hier erblickst, geschieht mit der Seele während der Zeit des Sterbens. Was siehst du noch?"

„Ich sehe die Scharen der Seelen, die durch die unheimlich lautlose Öde des Todes nach der Brücke wallen. Allah beschütze und bewahre mich!"

Diesen letzten Satz schrie der Greis laut heraus, als sei eine plötzliche Gefahr über ihn hereingebrochen. Dabei breitete er, wie einen Halt suchend, ängstlich beide Arme aus.

Hierauf ließ er sie beruhigt wieder sinken und antwortete sich selbst mit der Stimme Ben Nûrs:

„Sei getrost; ich halte dich. Du nanntest die Zeit des Sterbens, in der du dich befindest, still und lautlos. Jetzt erfährst du, daß es auch ein anderes als still ergebenes Scheiden gibt. Sprich!"

„Es erhob sich ein Sturm, in dem mein Felsen zitterte, finstere Wolkenschwaden wurden über mich hingepeitscht, Blitze zuckten, Donner rollten. Ich hörte Schlachtengeschrei und das Krachen der Schüsse. Jetzt ist das vorüber, aber ein Nebel breitet sich um mich her. Ich sehe nichts mehr, aber ich höre die Stimmen der Sterbenden. Mütter jammern um ihre Kinder, Frauen winseln nach ihren Männern, Geizige schreien nach den Reichtümern, die sie verlassen müssen, Herrscher nach ihren Thronen, Ehrsüchtige nach ihrem Ruhm. Es ist ein Brüllen, Zetern, Klagen und Weinen um mich her, das mich selbst zum Sterben bringen wird, wenn ich es noch länger hören muß... Allah sei Dank! ‚Vater, in deine Hände befehle ich meinen Geist!' rief die Stimme eines gläubig sich Ergebenden, und sofort ward alles still. Die Nebel weichen, und ich sehe die Scharen wieder ohne Laut und ruhig wallen. Auf der Mitte des Weges erblicke ich einen Steg, zu dessen Seiten lichte Engel stehen. Er ist beweglich und so schmal, daß man ihn nur einzeln betreten kann; aber keiner darf ihm ausweichen, alle müssen darüber."

„Das ist El Mîzân[1], die entscheidende Waage der Gerechtigkeit. Sie mißt jede Tat, jedes Wort und jeden Gedanken. Lege das kürzeste deiner Gefühle darauf, so wird sie dir sagen, wie schwer es vor dem allwissenden Erforscher deines Innern wiegt. Siehst du, was die Engel an diesem Steg, an dieser Waage, tun?"

„Soeben tritt einer aus ihren Reihen hervor und nimmt die über die Waage gegangene Seele an der Hand, um sie zur Brücke zu leiten."

„Nicht nur zur Brücke, sondern über sie hinüber. Diese Seele ist gewogen und der Gnades Gottes wert befunden worden. Darum wird sie an der Hand ihres lichten Führers glücklich über Es Ssirât gelangen. Aber die zu leicht Befundenen, die hier auf Erden stolz auf ihre Vorzüge pochten oder, ihrer Trägheit frönend, sich nur auf ihre vermeintliche Sündlosigkeit verließen und darum versäumten, wirkliche Arbeit zu vollbringen, sie finden hier keinen Beschützer, sondern bleiben auch hier ihrem gewohnten Selbstvertrauen überlassen. El Halâk, der Abgrund des Verderbens, steht für sie offen, denn schon hier, in der Stunde des Todes, nicht erst *im*, sondern bereits *am* Jenseits, tritt das große Gesetz der ewigen Gerechtigkeit in Kraft, daß der Mensch genau mit dem bestraft wird, womit er auf Erden sündigte. Trau den friedlichen, still lächelnden Zügen einer Leiche nicht! Sie ist ein abgelegtes Gewand, dem du nicht anzusehen vermagst, unter welchen Qualen die Besitzerin, die Seele, von ihm schied. Der Tod tritt nicht mit dem letzten Wort ein, das der Sterbende spricht, auch nicht mit der letzten Bewegung, die man an ihm bemerkt, und kein Irdischer vermag zu ergründen, was für eine Folterpein zwischen diesem Wort oder dieser Bewegung und dem wirklichen Schritt hinüber zu überstehen ist.

1 Sprich: Misân

Nun richte deine Augen auf die vorübergehenden Scharen selbst! Du siehst, wie sie sich zusammenfinden und sich ordnen, um, zueinander passend, in Gruppen den Entscheidungsweg zurückzulegen. Sag mir, was du erblickst! Was du nicht weißt, das werde ich dir erklären."

Der Münedschi berichtete:

„Es versammelt sich soeben eine große Menge von Leuten, die fromm die Hände heben und still ergeben ihre Köpfe senken. Ihre Lippen bewegen sich im Gebet. Ihnen vorangetragen wird eine Fahne, auf der das Wort ‚Dijânet'[1] zu lesen ist. Das sind gute Menschen, die gewiß glücklich über die Brücke Es Ssirât hinüberkommen."

„Du irrst. Du lässest dich von ihrer zur Schau getragenen Frömmigkeit ebenso täuschen, wie die Gefährten ihres Erdenlebens von ihnen betrogen worden sind. Das sind die Gewohnheitsbesucher des Gotteshauses. Sie versäumten keinen Gottesdienst. Sie gingen zur bestimmten Zeit und in dem dazu bestimmten Kleid zum Gotteshaus, gesenkten Blickes, wie auch jetzt. Dabei aber blickten sie verstohlen nach rechts und links, ob man sie denn auch sehe. Sie sprachen ihre Gebete, sie hörten die Worte des Predigers, und meinten, daß sie alles wohl schon tausendmal gehört hätten und es also ebenso gut wüßten, wie der Mann dort auf der Kanzel. Dann gingen sie erhobenen Hauptes heim; denn sie hatten jetzt ihre Pflicht getan und dadurch Gott gezwungen, ihnen nun auch dafür dankbar zu sein. Sie forderten von diesem Gott, daß der Platz, den sie nur selten leer gelassen hatten, ins Buch des Lebens eingetragen werde, weil nur ihnen, und keinem anderen, das wohlerworbene Recht zustehe, den gleichen Platz der Seligkeit auch im Himmel einzunehmen. Dieser Himmel aber hat nicht den auf der Erde eingenommenen Platz für sie, sie

1 Frömmigkeit, Gottesfurcht

werden alle von der Brücke in den Abgrund stürzen. Weiter!"

„Ich sehe freundliche Menschen sich um ein Banner scharen, das das Wort ‚Kerem'[1] trägt. Auf ihren Gesichtern glänzt das Lächeln der Sanftmut, der Milde, der Güte, der Weichherzigkeit. Sie sind in Zuneigung vereint; sie drücken sich die Hände und scheinen so froh darüber zu sein, daß sie sich hier zusammen gefunden haben. Die leitet ein Engel hinüber, ganz gewiß."

„Nein! Das sind die sogenannten ‚guten Menschen', die Sanften, die Angenehmen, die stets Friedlichen, die Wohltäter, die Barmherzigen, die wegen ihrer Menschenfreundlichkeit viel Gepriesenen. Du nennst ihr Lächeln sanft und mild; aber die Waage dort wird es als Selbstgefälligkeit bezeichnen. Diese edlen Menschen waren nur freundlich, um gerühmt zu werden. Ihre Nächstenliebe, ihre Sanftmut besaß einen verborgenen Skorpionenstachel. Es war ihnen eine Lust, mit dem freundlichsten Gesicht und während der gütigsten Rede ein tief und schwer verletzendes Wort in die Seele ihres Nächsten zu bohren und dadurch sein Leben zu vergiften. Sie wußten, daß der Glanz ihrer Wohltaten auf sie selbst zurückfallen werde, sie erwiesen sie also nicht anderen, sondern sich selbst. Ihre stete, rücksichtsvolle Höflichkeit war nur Schein, war berechnet, denn sie wußten, daß man einer solchen Liebenswürdigkeit nicht leicht einen Wunsch abschlagen könne. Diese stets nach außen strahlende Huld und Leutseligkeit war innerlich ein Vampir, der die von dieser Huld Getäuschten möglichst auszusaugen wußte. Siehst du, wie ihre Schar sich mehr und mehr vergrößert? Wundere dich nicht darüber, denn zu ihnen gehören alle jene guten Freunde und Freundinnen, deren gleißende Anhänglichkeit nichts als Selbstsucht war. Sie benutzten dich selbst und deinen Einfluß, deine Güter, sie forschten mit Begier nach allen

1 Güte

deinen Schwächen und Fehlern, um sie sich dienstbar zu machen oder sie mit ihresgleichen zu belachen. Sie nisteten sich bei dir ein wie Flöhe der Wüste[1], deren Stich erst ein wohltuendes Jucken, dann aber schmerzende Geschwüre erzeugt. Sie freuten sich lauter als du, wenn du dich freutest, barsten dabei aber heimlich fast vor Neid; sie nahmen scheinbar tiefbetrübt an deiner Trauer teil, fühlten sich aber im Herzen glücklich darüber. Sie gaben dir in inniger Teilnahme einen schlechten Rat, und kamst du durch dessen Befolgung zu Schaden, so wußten sie die Schuld auf dich zu schieben und höhlten dich innerlich aus. Schau jetzt hinunter zu ihnen! Ja, sie drücken sich innig die Hände, und ihre Gesichter glänzen in Freundschaftswonne, aber dabei denkt ein jeder in seinem Inneren, daß *er* hinüberkomme, die anderen jedoch nicht. Denen, die unter dem Zeichen ‚Kerem' stehen, ist der Himmel verschlossen. Sprich weiter!"

„Es naht eine unabsehbare Menge, der ein Feldzeichen mit dem Wort ‚Hakk'[2] vorangetragen wird. In ihr scheinen alle Stände vertreten zu sein, denn ich sehe unter ihnen hoch und niedrig, reich und arm, gelehrt und ungelehrt, Fürsten, Beamte, Krieger, Kaufleute, Bauern, Handwerker und sogar auch Bettler. Sie kommen getrost und wohlgemut heran, mit festen, sicheren Schritten und unbeirrten Blicken. Die Gewißheit, daß sie die Brücke in kräftigem Marsch überschreiten werden, ist ihnen allen anzusehen."

„Warte, bis sie an die Waage kommen, wie sie da so ganz anders blicken und angstvoll weiterschleichen werden", sagte die Stimme Ben Nûrs. „Sie folgen dem Banner ihrer vermeintlichen Rechte, aber sie meinen damit nicht die Menschenrechte, die ihnen von Gott für die Erde verliehen waren, sondern die von ihnen selbst erfundenen. Sie sind nicht das, wofür sie sich ausgeben, sondern das genaue Gegenteil davon, nämlich Aufrührer

1 Sarcopsylla penetrans 2 Das Recht

und Empörer. Mit diesem Wort Aufruhr meine ich nicht die Verschwörung gegen irdische Herrscherthrone, sondern die Auflehnung gegen göttliche und von Gott geheiligte menschliche Gesetze. Es geht über die Erde eine ununterbrochene Auflehnung gegen diese Gebote, hier in still wühlender Verborgenheit, da in sichtbarer, immer weitergreifender Gärung und dort in offener, gewalttätiger Angriffsweise. Die Menschen haben verlernt, zu gehorchen, sie wollen alle befehlen. Der Reiche verlangt von Goldes Gnaden und der Bettler auf Befehl der Mildtätigkeit Gehorsam. Der Arbeitgeber stützt sich auf das Recht seines Unternehmungsgeistes, seiner kaufmännischen Begabung und der Arbeiter auf den Wert seiner Geschicklichkeit und seiner Fäuste. Die Großen der Erde betonen die Vorrechte der Geburt, und die anderen heben dagegen ihre persönlichen Errungenschaften hoch empor. Hier dieser fordert mit platten Worten Gehorsam für im Lauf von Jahrhunderten bewährte Einrichtungen, und dort jener verlangt mit gleicher Beredsamkeit, daß man den Anforderungen der Neuzeit folgsam sei. Es werden neue Rechte und neue Pflichten angefertigt, denen man wohlklingende Namen gibt. Da wird von einem Recht auf Gleichheit in den verschiedensten Beziehungen gesprochen, von einem Recht des freien Denkens, der Arbeit, des Lohnes, der Verbindung und Verbrüderung. Jeder stellt sich kampfbereit, um gerade das Recht, das er für das seinige hält, zu verteidigen, und erkennt dabei nicht, daß in dieser Verteidigung schon der Angriff gegen andere Rechte liegt. So wirkt einer gegen den anderen, und die eigentliche, wirkliche Wahrheit ist doch, daß sie alle unrecht haben. Denn nach Gottes Ratschluß besitzt der Mensch nur ein einziges Recht und nur eine einzige Pflicht, nämlich *das Recht und die Pflicht der Liebe.* Wie aber steht es bei euch damit im Erdenleben? Gibt es einen einzigen Menschen, der auf dieses *Recht* der Liebe verzichtet? Nein!

Wie wenige aber sind es, die, wie Gott es doch gebietet, ihr ganzes Leben der *Pflicht* der Liebe weihen? Schau sie an, die da vorüberziehen! Sie haben alle nach Gerechtigkeit geschrien, aber keine Gerechtigkeit gegeben, weil sie keine Liebe besaßen. Sie haben gesprochen und geschrieben, gestritten und gebrüllt für ihre einander wiederstreitenden, einander aufhebenden Rechte, sie haben gehadert gegen die Menschen und gegen Gott, von dem sie mit erhöhter Stimme Gerechtigkeit verlangten, wobei sie ihm aber *sein* Recht, den Glauben an ihn und die Liebe zu ihm, verweigerten. Und nun kommen sie sogar hier mit derselben Forderung herangeschritten: sie verlangen die Seligkeit als ihr Recht, sie bringen das große Ausrufungszeichen nach Gottes Gerechtigkeit getragen und ahnen nicht, daß sie dort an der Waage nach der ihrigen gewogen werden. Sie sind vorüber. Wer kommt jetzt?"

„Ich sehe die schöne Inschrift ‚Muhabbe'[1]. Die hinter ihr schreiten, sind sicher für die Seligkeit bestimmt, denn du hast ja soeben Liebe gefordert. Ich unterscheide —"

„Schweig von ihnen!" unterbrach ihn Ben Nûr streng. „Die jetzt an dir vorüberziehen, sind entweder Abgötter oder Götzendiener gewesen, weiter nichts. Das sind die Väter, die Mütter, die nur einen einzigen Gegenstand für ihre Liebe, ihren Sohn oder ihre Tochter kannten. Das sind die Männer, die ihre Frauen vergötterten, und die Frauen, die ihre Männer anbeteten. Die Liebe, die nur auf eine einzige Person gerichtet ist, ist keine Liebe, sondern ein häßliches, abstoßendes Zerrbild. Schau die Mütter, die als Sklavinnen vor den Füßen ihrer Töchter knien, und die Gatten, die sich von den heißgeliebten, angebeteten Füßen in den Staub treten lassen! Der nichtigste Wunsch der vergötterten Lippen setzt sie in Galopp, während sie zur Erfüllung göttlicher Gebote oder für das Wohl ihres Nächsten kaum einen lang-

[1] Liebe

samen Schritt übrig haben. Wie sie auf jedes Wörtchen lauschen und sich bei der geringsten Trennung sehnen! Wie sie arbeiten und sich sorgen, sich ganz hingeben, sich aufopfern, bis das Gepräge ihrer Seele völlig verwischt und verschwimmt! Für den aber, dem sie alles verdanken, was ihnen gegeben worden ist, und dem sie gehören für Zeit und Ewigkeit, haben sie keine Handreichung. Und wenn er dann in seinem heiligen Zorn, um ihrem Götzendienst ein Ende zu machen, den Gegenstand dieser Narretei aus dem Leben nimmt, welch ein Stöhnen und Jammern ist da zu hören und welche Verzweiflung, die sich selbst Vernichtung wünscht, zu sehen! Wer in dieser Weise einen Menschen höher setzt als Gott, der wird sich dort an der Waage und dann an der Brücke auch nur auf diesen Menschen, nicht aber auf Gott zu verlassen haben; das ist die unerschütterliche Gerechtigkeit, die den Gegenstand der Sünde zum Mittel der Bestrafung macht. Nun schau hinab auch zu den so heiß angebeteten Abgöttern! Sie wurden so lange verehrt und bedient, bis ihnen das als selbstverständlich vorkam, und so ließen sie sich im Bewußtsein, erstaunliche Vorzüge zu besitzen, weiter bedienen und weiter bewundern. So wurden sie zum Hochmut und zur Selbstüberhebung geführt. Da sie nichts zu tun hatten, als sich lieben und anbeten zu lassen, wurden sie körperlich und geistig träge, und waren je länger desto weniger imstande, ihre irdischen Pflichten zu erfüllen und sich mit Gedanken über das Jenseits zu befassen. Sie wurden geistig totgeliebt und geistig totgepflegt, ihre Kräfte schwanden immer mehr, bis von ihnen nichts übrigblieb als nur ein Schatten ihrer selbst, der aber immer noch angebetet sein wollte und jetzt in der stolzen Überzeugung vorüberschreitet, daß ihm ein Platz ersten Ranges im Himmel sicher sei. Sie haben aber ihr Gutes schon auf Erden genossen, und Götzenbilder kennt das Jenseits nicht. Weiter!«

Der Blinde fuhr fort:

„Es kommt ein glänzender Zug daher, dem die Inschrift ‚Hâ'ihna'[1] hoch und weithin sichtbar vorangetragen wird. Diese Leute gehen stolz, mit hoheitsvollen Schritten und sieghaften Mienen einher. Über ihre Gesichter breitet sich das Bewußtsein der Würde und Erhabenheit. Auch sie scheinen verschiedenen Ständen anzugehören, und obwohl sie langsam schreiten, sehe ich doch, daß jeder von ihnen bemüht ist, den anderen voranzukommen. Das müssen hohe Herrn sein, die sicher nicht erwarten, zu leicht befunden zu werden."

„Ja, sie waren Herrscher auf Erden, Herrscher auf verschiedenen Gebieten, haben sich aber auf dem Weg zur Waage der Gerechtigkeit zusammenfinden müssen. Da sind Fürsten, die über Länder und Völker regierten, aber nicht einmal sich selbst beherrschen konnten. Da sind allerlei Würdenträger, die der ihnen von Gott anvertrauten Würde nicht würdig waren. Da sind hohe Gelehrte, Leuchten der Wissenschaft, die sich für Erb- und Gerichtsherren der Weisheit hielten und sich gegen die Einsicht sträubten, daß alles irdische Wissen und Erkennen Stückwerk ist und nur der Glaube zur Wahrheit und Vollkommenheit führt. Da sind die Paschas und Sultane des Mammons, die von ihren protzenden Thronen aus die Unbemittelten knechteten und in Fesseln schlugen, ohne zu ahnen, daß sie selbst die Fesseln der niedrigsten Knechtschaft trugen, die es auf Erden gibt: die aus Goldbarren geschmiedeteten Handschellen, die erwürgenden Zugstricke des Geldsackes. Da sind die Genies, die ihre herrlichen Geistesgaben nur brauchten, um gegen den zu kämpfen, der sie ihnen lieh, auch die Künstler, denen die Mahnung, daß die echte Kunst himmelan zu streben hat, nur lächerlich war. Da sind die Herren der Feder, der Literatur, die Zeitungskönige, die mit ihrer Weltmacht nur ihren eigenen Zwecken dienten. Da sind

1 Anzeigend: „Wir da!", „Wir sind es!"

die Helden der Phrase, die Redner des Volkes, die Sprecher der Parlamente, die ihre Schlagworte wie platzende Bomben in die Versammlungen warfen, unbekümmert darum, daß sie dafür dereinst das zermalmende Richterwort treffen werde, von dem geschrieben steht: ‚denn das Wort Gottes ist wie ein Hammer, der Felsen zerschmettert!' Sie alle, die ich dir jetzt bezeichnete, haben ihre eigene, ererbte oder angemaßte Macht an die Stelle der Liebe gesetzt und werden nun dort an der Waage zu ihrem Schrecken erfahren, daß diese von ihnen mißbrauchte Gewalt die ewige Gerechtigkeit auch nicht um das Tausendstel eines Haares breit zu ihren Gunsten zu neigen vermag. Fahre fort in deinem Bericht!"

„Die jetzt kommen, folgen einem Banner, auf dem ‚Schatâre'[1] zu lesen ist."

„Sprich nicht weiter von ihnen, ich sehe sie! Das sind die irdisch Klugen, die sich hüteten, mit ihrem Glauben offen hervorzutreten; ihr Vorteil verbot es ihnen. Auch sind die Schamvollen dabei, die befürchteten, sich lächerlich zu machen. Ich sage dir, es gibt sogar Menschen, die wohl beten möchten, aber es nicht fertigbringen, weil sie sich dabei nicht nur vor sich selbst, sondern sogar vor Gott scheuen. Sie sahen den Sämann der göttlichen Liebe über die Felder schreiten, und sie sahen, daß die Krähen des Unglaubens hinter ihm den Samen wegfraßen. Sie sind untätig nebenhergegangen, sie ließen ihn ungestört säen, und sie hinderten die Vögel nicht, diese Arbeit der Liebe um den Erfolg zu bringen. Die einen haben sich vor Gott versteckt, die anderen sind weder für noch gegen ihn gewesen, nun mögen sie sehen, wie sie über die Brücke hinüberkommen. Weiter!"

„Es kommen jetzt weißgekleidete, fleckenlose Gestalten, an deren Spitze ich den Wahlspruch ‚Nadâfe'[2] lese. Ihr Gang ist sehr vorsichtig, damit ihr Fuß nichts Unsauberes berühre, und ihre Hände sind unausgesetzt

1 Klugheit 2 Reinheit

bemüht, die Stäubchen zu entfernen, die ihren Gewändern angeflogen sind."

„Ja, das sind die Reinen, die Unbefleckten, deren einziges Bestreben war, nicht die geringste Unsauberkeit an sich sehen zu lassen. Sie gingen in Beziehung auf ihren äußerlich moralischen Lebenswandel auf den Zehenspitzen, um ihre Füße nicht zu beschmutzen, sie taten die lächerlichsten Schritte und Sprünge, um sich die sittlich trockenen Stellen auszusuchen, sie hielten sich stets allein, und setzte sich einmal ein anderer neben sie, so rückten sie erschrocken von ihm ab. Sie kamen niemals mit einem Paragraphen des Strafgesetzes in Berührung, sie hüteten sich auch vor jeder anderen Sünde, die nicht von diesem Gesetz getroffen wird. Schon der Gedanke, daß etwas von ihnen falsch gedeutet werden könnte, versetzte sie in Schreck, denn der gute Leumund war ihr höchstes Gut. So war ihr ganzes Bestreben nur auf ein gutes Aussehen nach außen, auf ihren Ruf bei den Mitmenschen gerichtet, an ihrer inneren Reinheit aber arbeiteten sie nicht. So ein Fleckenloser war gewiß keines Diebstahls fähig, aber dem Herrgott hat er den größten Teil seines Lebens abgestohlen. Eines strafbaren Betruges machte er sich niemals schuldig, aber sein Weib hat er um das Lebensglück und seine Kinder um den frohen, schönen Glanz ihrer Jugend gebracht. Ein Hochverrat, eine Majestätsbeleidigung wäre ihm unmöglich gewesen, aber die himmlische Majestät Gottes hat er in seinem Innern unzähligemal geschändet. Raub und Erpressung hielt er für die schändlichsten der Taten, aber seine Arbeiter hat er gezwungen, sich für ihn zu schinden, weil sie nur von ihm abhängig waren. Falschmünzerei oder falsches Gewicht war bei ihm nicht zu finden, aber die Geschäftsgeheimnisse seines Mitbewerbers hat er ausgespürt, und seinen Kunden verkaufte er Wasser in der Milch und das Fleisch durch Krankheit verendeter Tiere. Bestechung gab es nicht in seinem Amt, doch die Stelle, die er zu vergeben hatte, bekam der Schützling seines Freundes, nicht der ihrer Würdige. So waren diese alle äußerlich rein, aber innerlich voll Schmutz. Nun mißt die Waage dort nicht den äußeren, sondern den inneren Menschen. Denkst du auch jetzt noch, daß diese Reinen glücklich über die Brücke kommen werden?"

Der Münedschi antwortete:

„Mir ist das Herz zum Brechen schwer. So viele ich bisher gesehen habe, es war nur ein einziger unter ihnen, den du der Gnade Allahs für wert gehalten hast. Soll denn der Abgrund alle übrigen verschlingen? Soll ich mich denn nicht wenigstens über einen einzigen freuen, der drüben an das Tor der Seligkeit gelangt?"

„Sie waren der Gnade Gottes nicht würdig, weil sie nicht nach ihr gestrebt haben. Wer auf seine vermeintlichen Verdiente pocht und dafür den verdienten Lohn, aber keine Gnade fordert, der wird auch keine finden. Aber ich bemerke, daß dein Wunsch in Erfüllung geht. Sag mir, was du jetzt siehst!"

„Es kommen zwei Frauen, ganz allein, nebeneinander, die eine ist sehr schön, die andere sehr einfach gekleidet. Dann eine Strecke hinter ihnen folgt eine unabsehbare Schar von Männern und Frauen, denen aber kein Zeichen vorangetragen wird. Es sind auch viele Kinder dabei. Und nun flammt es plötzlich dort drüben über dem Tor der Seligkeit hell leuchtend auf, so daß hier bei uns die bisherige Düsterkeit wie ein schöner Tag erscheint. Ich sehe, daß die Engel diesem Zug in freudiger Erwartung entgegenblicken. Sollte er aus Glücklichen bestehen, denen es beschieden ist, den Himmel zu erreichen?"

„Ja, ihnen ist er bestimmt! Du hast gehört, daß du dich hier mitten in der Zeit des Sterbens befindest. Das helle Licht des Jenseits dringt plötzlich zu uns herüber; die Todesstunde derer, die jetzt kommen, ist glückverheißend, sie wird von der Morgenröte des ewigen Himmelstages überflutet. Die sich Standarten vorantragen ließen, stellten Forderungen an Gott, sie verlangten hier den himmlischen Lohn für ihre eingebildeten irdischen Vorzüge und Tugenden. Die aber jetzt erscheinen, sind solcher Selbsttäuschung und Überhebung fern. In der Erkenntnis ihrer Mangelhaftigkeit nähern sie sich in zagender Demut der Waage der Gerechtigkeit, und den Demütigen gibt Gott Gnade. Für sie ist die Freude der Engel schon im Sterben der Beginn der Seligkeit."

„Wer sind die beiden Frauen?" fragte der Blinde.

„Es sind Heldinnen des Herzeleids, des Duldens. Eine Fürstin und eine Arbeiterin, standen sie, die eine auf der höchsten und die andere auf der niedrigsten Stufe des Erdenlebens, einander so fern, daß keine die andere kannte. Aber so verschieden die Arten und Wege des Lebens sind, sie führen alle vor der großen Entscheidung der Todesstunde zusammen. Die Fürstin war ein liebes, heiteres Kind, das mit frohen Augen in die verheißungsvolle Zukunft blickte, es waren alle Vorbedingungen irdischen Glücks vorhanden. Da aber griff die Staatskunst mit eiserner Faust in ihr bisher holdes Geschick. Man entriß sie den liebenden Eltern und Geschwistern und brachte sie in ein fernes Land, zu einem fremden Volk, an die Seite eines Herrschers, dem nie ihr Herz gehören konnte. Ihr goldener Jugendtag war dahin, die Sonne des Irdischen Glückes verschwand. Kalte Pflichten begannen mit furchtbarer Last auf ihr warmes Herz, ihr weiches Gemüt zu drücken, nur schwer fand sie Atem für ihre nach Verständnis und Liebe verlangende Seele. In diesem Gefühl des Erstickens schrie sie zu Gott, und er sandte ihr den Engel des Glaubens als rettenden Boten. Aus den Höhen des Himmels floß ihr die Kraft, den Pflichten der Erde zu leben, darum strebte dieses Leben auch wieder zu ihm empor. Sie legte ihr einstiges Sehnen nach Glück in die Hände der ewigen Liebe und erhielt es als Erhörung für das ihr anvertraute fremde Volk zurück. Sie teilte, obgleich selbst ungeliebt, diese Liebe von ihrer Höhe herab nach allen Seiten aus. Für sich auf alles gleißende Erdengut verzichtend, ward sie in schlichter Anspruchslosigkeit eine Spenderin der Güte, die im verborgenen wirkt. Als Fürstin angefeindet und in frostige Einsamkeit geschoben, war sie heimlich die Segen und Barmherzigkeit spendende Mutter der Bedürftigen. Ein jeder ohne stille Wohltat vollbrachte Tag dünkte ihr verloren. So gingen ihre Jahre hin, und nun sie von der Erde scheidet, umstrahlt kein fürstlicher Prunk ihr einsames, gemiedenes Sterbelager. Nur eine einzige treue Dienerin kniet dort und betet laut und erschütternd. Sie allein hat die sterbende Fürstin verstanden und geliebt; sie war die vertraute Zeugin ihrer Leiden, die verschwiegene Botin ihrer Wohltätigkeit. Nur sie weiß es, was die geliebte Herrin ihrem Volk war. Doch nein, nicht nur sie. Es gibt außer ihr noch einen, der alles sieht und kennt, den allwissenden Erforscher der Herzen und Gedanken. In seinem Buch stehen all die zahllosen Bitterkeiten, die sie auf dem schweren Pfad der Entsagung hinabzukämpfen hatte, alle Angriffe, die sie in gottergebenem Verzicht auf Gegenwehr erduldete, aber auch die ganze Fülle der Liebe, die sie über die Armen und Bedrängten ausgegossen hat, für alle Ewigkeit verzeichnet. Jetzt, im Augenblick des Abschieds, klingt das Schluchzen der neben ihr Betenden aus immer weiterer Ferne in ihr Ohr, und so verschwindet vor ihr auch die Zeit des Duldens und des unverschuldeten Leidens. Zu ihren Seiten tauchen die schönen, goldenen Jugendtage wieder auf und vor ihr die in himmlischer Liebe lächelnden Engel, die ihr dort an der Waage der Gerechtigkeit entgegenwinken. Ich sage dir, der irdische Thron war ihr ein Marterstuhl, wie er es so vielen um ihn Beneideten ist. Aber was sind alle diese Qualen gegen die Herrlichkeit jenseits des Tores da drüben, wo aus jedem Augenblick des einstigen Herzeleids und aus einer jeden einzelnen ihrer Liebestaten ihr ein unerschöpflicher Bronn der Seligkeit entgegenfließen wird. Vom allwissenden Vater im Himmel wird keine Sekunde des Leids und keine noch so heimlich geweinte Träne seiner Kinder vergessen.“

Da rief der Münedschi freudig aus:

„Du hast recht! Jetzt sieht sie die Engel winken, sie breitet die Arme nach ihnen aus und beflügelt ihre Schritte. Die andere auch, die mit ihr geht.“

„Sie war eine Tochter der Dürftigkeit“, erklärte Ben Nûr. „Ihre Kindheit war Hunger, Verachtung und Arbeit. Sie hat nie das Auge einer liebenden Mutter gesehen und vom harten Vater nur die unbarmherzig schlagende Hand gefühlt. Unter fremde Leute geworfen, diente sie treu und ehrlich bei herzlosen Menschen, und als sie glaubte, ein Herz gefunden zu haben, dem sie sich anvertrauen dürfe, und sich ihm zu eigen gab, da war es ein roher, gefühlloser Mann. Er frönte dem Spiel, dem Trunk und anderen Lastern, er haßte die Ordnung, die Arbeit und jede ihn bindende Pflicht. Sie mußte schaffen und sorgen für ihn und die zahlreichen Kinder, und tat es still und ergeben. Doch, was sie mit Entbehrung durch rastlose Arbeit errang, das floß bei ihm durch die Gurgel. Sie sah keine Frucht ihres Fleißes und hörte doch nicht auf, sich zu mühen, denn sie glaubte, es seien die Kinder ein Segen des Himmels, dessen sie durch mütterliche Pflege sich würdig zu erweisen habe. Da starb der Mann. Sie begrub ihn, sie weinte an seinem Grab, sie trauerte um ihn, ohne ihm einen Vorwurf nachzusenden. Dann aber schienen sich ihre Kräfte für die Kinder zu verdoppeln. Sie nährte sie besser als zuvor, sie schickte sie in die Schule, sie gab sie in die Lehre und hatte kein Wort der Klage über die Nächte, in denen sie bei der Lampe saß, um viel mehr zu tun als ihre Pflicht. Die Söhne nahmen sich Frauen, die Töchter Männer, die Mutter arbeitete weiter. Es stellten sich Enkel ein, da gab es noch viel mehr zu sorgen. Doch niemand dankte ihr. Kein Kind hatte einen Platz, die

Mutter zu sich zu nehmen, ein dürftiger Raum unter dem Dach, ein Tischchen, ein Stuhl und eine ärmliche Lagerstätte, das war das Schaffensfeld unendlicher Muttertreue. Sie wurde vergessen. Niemand kam zu ihr, auch nicht ihre Kinder und Enkel, die verlangten, daß sie komme, und zürnten, wenn die zitternden Hände der Greisin nicht mehr so viel brachten wie früher. Nun liegt sie endlich im Sterben. Kein Mensch, kein Kind ist bei ihr, um ihr die guten, stets wachen Augen zuzudrücken. Das Erdenleben versagte ihr jedes Glück, jeden Sonnenstrahl. Erst jetzt, in ihrer Todesstunde, lernt sie den Glanz des Lichtes kennen. Das Diesseits hat sie um den Lohn ihrer Arbeit betrogen, das Jenseits wird ihr diesen Verlust tausendfach ersetzen."

„Und ihr Mann? Wird sie ihn dort sehen?" fragte der Blinde.

„Frag nicht nach ihm! Er gehörte zu den Rednern, die in Versammlungen mit glühender Begeisterung für ihre Menschenrechte Streiter sammeln, daheim aber ihre Gatten-, ihre Vaterpflichten, verleugnen. Er ist nicht über Es Ssirât, die Brücke des Todes, hinübergekommen. Schau lieber auf die dichten Scharen, die jetzt vorüberwallen!"

„Ja, das sind stille, gottergebene Menschen, denen anzusehen ist, daß sie keine irdischen Ansprüche bei sich tragen, obwohl ich sehr vornehme Personen unter ihnen bemerke. Und der Glanz aus dem Jenseits herüber wird immer heller. Ist er es, den ich wie Zauberschein um ihre Häupter liegen und aufwärts- und hinüberstreben sehe?"

„Nein. Was du im Jenseits leuchten siehst, das ist die ewige Liebe, von der jedem Menschen ein Strahl mit auf die Erde gegeben wird. Pflegt er dieses himmlische Feuer, so bleibt es bei ihm, leuchtet ihm durch das Leben und strebt mit ihm in der Todesstunde zum Jenseits hinüber, nach seinem Urquell hin. Während der Erdentage brannte es auf den Altären der Herzen als das unverlöschliche heilige Licht des Glaubens; jetzt, wo der Glaube in das Schauen überfließt, fließt auch dieser Strahl dahin zurück, woher er kam, und legt sich als Erkennungszeichen um die Stirnen derer, denen er die Überwindung der Brücke und des Abgrundes verbürgt. Wie gern würde ich dir hier von jedem einzelnen sagen, warum gerade er diesen Stirnkranz trägt. Aber es sind ihrer zu viele, und es ist dir hier an diesem Ort nur eine ganz bestimmte kurze Zeit gegeben. Du gehörst ja noch dem Diesseits an, hier aber geht es in das Jenseits über, bleibst du zu lange hier, so würde die Auflösung auch dich ergreifen, und das muß ich verhindern. Als dein Schutzengel muß ich dafür sorgen, daß dein Erdenlauf nicht um einen Augenblick gekürzt werde, denn er ist die Vorbereitung für El Mîzân, die Waage der Gerechtigkeit, die auch du überschreiten mußt, und jede Sekunde des Diesseits ist von unersetzbarer Kostbarkeit, weil eine einzige genügen kann, eine verlorene Seele dem Himmel zurückzugewinnen. Doch einige darf ich dir noch zeigen. — Ich sehe unter ihnen viele, die gegen die staatlichen Gesetze gesündigt haben und dafür bestraft worden sind. Es ist im Himmel mehr Freude über einen Sünder, der Buße tut, als über neunundneunzig, die sich für gerecht halten. Es sind unter ihnen Gefallene aller Art, denen die erbarmende Liebe Kraft verlieh, wieder aufzustehen. Es sind Fürsten und Feldherren dabei, die man des Massenmords der Schlachten anklagte, woran sie aber unschuldig waren, weil er ihnen aufgezwungen wurde. Ich sehe da berühmte Träger der Wissenschaft, die über ihrer Gelehrsamkeit nicht den Glauben und die Liebe vergaßen. Ihr Ruhm wird im Himmel doppelt leuchten. Ich sehe Reiche, die die Hungrigen speisten, die Durstigen tränkten und die Nackten kleideten. Sie haben ihren Reichtum auf Erden lassen müssen, sich aber himmlische Schätze gesammelt, die dort an der Waage bis auf das Gewicht einer Tauperle für sie eingetragen werden. Ich sehe Priester, die nicht bloß Lehrer des Wortes, sondern wirkliche Prediger der Liebe waren. Ihnen ist es gegeben, das Lob des Herrn erklingen zu lassen in alle Ewigkeit. Ich sehe Gewaltige der Erde, die gütige Väter, weise Erzieher und freundliche Beglücker ihrer Völker waren. Wahrlich, ich sage dir, im Jenseits werden sie über mehr gesetzt werden, als sie im Diesseits beherrschten! Ich sehe den Millionär, der sein Vermögen der Barmherzigkeit widmete, den Bettler, der mit dem Straßenhund sein letztes Stück Brot teilte, und den kleinen Knaben, der dem dürstenden Vöglein Wasser gab. Ich sehe edle Frauen, die sich nicht schämten, die Hütten der Armen, der Kranken, der Witwen und Waisen zu besuchen, um den Verachteten zu zeigen, daß auch sie Brüder und Schwestern in der großen Familie des Allvaters seien. Sei überzeugt, daß sie an der Waage für würdig befunden werden, zur Familie der Seligen zu gehören! Ich sehe Seelen, deren bloße Anwesenheit die Wirkung hatte, als sei ein tröstender Sonnenstrahl mit ihnen hereingekommen. Es ist ein Himmelsglück, daß es solche Menschen gibt, sie werden im Jenseits noch viel heller strahlen als während ihrer diesseitigen Pilgerzeit. Ich sehe Richter, die selbst im ärgsten Verbrecher noch den Menschen suchten, um so mild wie möglich sein zu dürfen, Betrogene, Bestohlene, Beleidigte, die nicht nur vergeben, sondern sogar vergessen konnten. Gott wird auch ihnen ein milder Richter sein. Ich sehe unter dieser Schar Künstler, deren Streben es war, in ihren Werken die Übermacht des Guten und Schönen über das Böse und Häßliche, also die Offenbarung Gottes im Menschen nachzuweisen. Sie wühlten nicht mit Wollust im Schmutz, sie machten nicht unter dem Vorgeben, wahr sein zu müssen, die Roheit und das Laster zur Staffel ihres Ruhms, denn sie wußten: die Kunst ist nur dann wirkliche Kunst, wenn sie nach dem Edlen auch auf edlem Weg strebt. Ich sehe ferner Freunde, die wahre Freunde waren. Sie hielten, wenn es nötig war, nicht mit der bitteren, heilsamen Wahrheit zurück, standen aber auch mit ihrem ganzen Haben und Können für die Freundschaft ein. Ich sehe Väter, die nicht Schwäche mit Liebe verwechselten, sondern ihrer Pflicht mit wohlabgewogener Gerechtigkeit walteten, obwohl dies ihrem Herzen oft nicht leicht geworden ist. Solch ein Vater hat seinen Sohn nicht moralisch totgelobt oder selbst zum Schwächling gemacht und seine Tochter nicht zu einem Weib erzogen, das für seinen Beruf verloren ist. Und ich sehe Mütter, denen die Kinder nicht als herausgeputzte Gegenstände eitlen Stolzes dienten, sondern denen sie das waren, was sie jeder Mutter sein sollten: Seelenblumen, von Gott dem Elternhaus anvertraut, um, von des Vaters Hand begossen und vom Mutterauge bestrahlt, zum Himmel emporzuwachsen."

Nach diesen Worten trat wieder eine Pause ein während El Münedschi unverständliche Worte vor sich hinmurmelte.

Dann hörten wir die Stimme Ben Nûrs wieder laut sagen:

„Nein, du darfst nicht länger hier verweilen, die Zeit ist um. Folge mir!"

Ich behielt den Blinden aufmerksam im Auge. Er griff mit der Rechten zu, als erfasse er eine Hand, und ahmte mit der Linken leise die Bewegung des Schwebens nach. Dann trat er fest auf und sprach:

„Das ist die Erde wieder, ich fühle es. Jetzt führe mich zu dem Ort zurück. von dem du mich holtest!"

Der Seher begann, ohne sich um uns zu kümmern, den Felsen hinabzusteigen. Dies geschah in der unerklärlichen Weise, wie er heraufgeführt worden war. Er hielt sich nirgends an und kam dennoch, ohne zu straucheln, hinunter.

Unten gingen wir still hinter ihm her. Er schritt auf dem gleichen Weg zurück, den wir gekommen waren, ohne nur ein einziges Mal zu zögern. Auch setzte er sich, als wir unseren Platz erreicht hatten, auf der Stelle nieder, wo er vorher gesessen hatte.

„Ich danke dir, Ben Nûr, du treuer, lichter Begleiter meiner Seele!“ sagte er hier halblaut. Dann lehnte er den Oberkörper an den Felsen zurück, und nach kurzer Zeit hörten wir an seinen leisen, regelmäßigen Atemzügen, daß er schlief.

Kara Ben Halef war munter, er wagte aber nicht, zu fragen, wo wir gewesen seien. Wir verhielten uns zunächst ebenso still wie er, weil das, was wir gesehen und gehört hatten, unser Denken und Fühlen in Anspruch nahm. Ich ging mein ganzes bisheriges Leben durch, um darin vielleicht einen Wink für die Erklärung dieser eigentümlichen nächtlichen Szene zu finden, doch vergebens.

Ich weiß ja wohl, daß den sogenannten Naturvölkern eine Hinneigung zum Geheimnisvollen innewohnt, für die das Wort Aberglaube nicht paßt. Die reizlose, oft ärmliche Kost, die der gestaltenden Phantasie so günstige Wüste oder Savanne, das magische Halblicht des unergründlichen Urwalds, das sind Ursachen, die in Verbindung mit ererbter seelischer Veranlagung gewiß imstande sind, den Menschen für das empfänglich zu machen, was der bekannte Ausspruch als „zwischen Himmel und Erde“ liegend bezeichnet. Daher der reiche Märchenschatz des Orients und die Stimmung der Steppen- und Wüstenvölker für das Übersinnliche. Man glaubt nicht, was für eine ausgiebige Gestaltungskraft dem Beduinen in diesem Sinn innewohnt. Je weniger Lebewesen die ungeheuren Strecken seiner Heimat bevölkern, desto schöpferischer wird seine Einbildungskraft. Sie ersetzt ihnen überreich an unwirklichen Bewohnern, was ihnen an wirklichen fehlt, und er weiß zuletzt selbst nicht mehr, wo die Tatsache aufhört und die Erfindung beginnt. Ebenso ist es bei den nordamerikanischen Indianern. Auch sie sind phantasiereich, doch fehlt ihnen die Sonne des

Südens, und die Unerbittlichkeit ihres traurigen Geschicks vertieft die Schatten, in denen ihre Bilder sich bewegen. Man betritt ein sehr ernstes Reich, wenn am verglimmenden Lagerfeuer ein alter Indsman beginnt, zu erzählen, was längst verstorbene Krieger auf der schlafenden Prärie, in den Schluchten des Gebirges, in den Tiefen des Cañons und zwischen den Riesenstämmen des Urwalds, gesehen haben. Es sind keine Märchen wie jene des Orients, sondern Berichte über nächtlich auferstandene Tote, die am blutigen Geschick ihrer Rasse sterben mußten und doch nicht ruhen konnten, weil der Mord noch fernerhin auf ihren Gräbern tanzt. Das sind Menschen, die wirklich gelebt haben. Winnetou, der nüchternste, der scharfsinnigste aller roten Männer, war gewiß kein Schwärmer, aber zuweilen, wenn wir miteinander im nächtlichen Dunkel lagen, da geschah es, daß er die Hand hob, um grüßend rundum zu winken, und als ich ihn einst fragte, warum er das tue, erwiderte er:

„Mein weißer Bruder frage nicht! Wir sind beschützt, das mag dir genügen."

Und ehe ihn die tödliche Kugel traf, war er von einer bestimmten Todesahnung ergriffen, die leider auch in Erfüllung ging[1]. Ahnung sage ich, denn er sprach sie nicht deutlich aus, aber später fiel mir ein Abend ein, an dem wir hoch oben in der Einsamkeit des Flintpasses saßen, ernste Gedanken austauschend und dabei auch das Übersinnliche berührend. Ich hatte das Gebet erwähnt, da sagte er:

„Ja, der große, gute Manitou verlangt, daß man mit ihm rede, denn jedes Kind soll doch mit seinem Vater sprechen. Wenn man in Gefahr ist und ihn um Hilfe bittet, so sendet er seine Krieger herab, die für uns kämpfen. Mein Scharlih nennt diese Freunde Engel, ich sage Krieger, denn das Leben ist nur Kampf. Du hast auch zuweilen nicht Engel, sondern Schutzengel

1 Siehe: Karl May, „Winnetou", Band III

gesagt, ich aber weiß, daß mehrere bei mir sind, sooft ihr Beistand nötig ist."

„Woher weißt du das?" fragte ich.

„Wenn ich sie sehe, grüße ich sie, also weiß ich es, denn was man sieht, das ist gewiß. Ich werde auch wissen, wann ich sterbe, sie sagen es mir."

„Winnetou!" fuhr ich betroffen auf, denn ich wußte, daß er im Ernst sprach. Er scherzte nur selten und in solchen Sachen nie.

„Ja, sie werden es mir sagen", behauptete er. „Du wirst dich wohl schon oft gewundert haben, daß ich in Gefahren etwas Unerwartetes tat, was keinen Grund zu haben schien und uns doch errettete. Du schriebst es meiner Klugheit zu, aber ich handelte nur nach dem Willen derer, die du Schutzengel nennst. Vielleicht kommt die Zeit, daß ich dir mehr über sie sage. Jetzt muß ich selbst noch lernen, denn es ist nicht leicht, sie zu verstehen, und oft irre ich mich noch. Es könnte jeder Mensch empfinden, was Manitou ihm durch die Engel sagt, wenn er mehr auf sich und ihre Stimme achtete und sich befleißigte, sie nicht dadurch zu betrüben, daß er Böses tut."

An dieses Gespräch mußte ich jetzt hier am Bir Hilu denken. Hatte Winnetou sich getäuscht? Waren diese „Krieger des großen, guten Manitou" Gestalten und Gebilde seiner Phantasie? Das konnte ich bei seiner scharfen Beobachtungsgabe doch kaum annehmen. Aber selbst wenn ich seinen Worten vollen Glauben schenkte, so war damit noch nichts für die Erklärung des heutigen Vorgangs, des Schlafsprechens und gar der Wesenszweiheit des Münedschi gewonnen.

Auch während der tiefsinnigen Reden meiner alten hochehrwürdigen Marah Durimeh[1] war manches Wort gefallen, das über das Diesseits hinauszeigte, doch keines, an das ich mich jetzt hätte halten können. Selbstverständlich lag mir vor allen Dingen die Frage nahe, welche

1 Siehe: Karl May, „Durchs wilde Kurdistan"

Stellung ich als Christ zu dem, was ich gesehen und gehört hatte, einnehmen sollte. Da konnte ich denn in allem, was der angebliche Ben Nûr gesagt hatte, nichts entdecken, was ich als glaubensfeindlich zu bezeichnen hätte. Es bezog sich alles nur auf die Sterbestunde, nicht auf den Himmel selbst. Bedenklich waren mir nicht seine Worte, sondern er selbst, und wenn wir es da mit einem Nervenkranken, einem Mondsüchtigen oder Schlafwandler zu tun hatten, so war das eine rein ärztliche, aber keine theologische Angelegenheit.

Freilich war der Eindruck, den die Stunde dort auf dem Felsen auf mich gemacht hatte, kein gewöhnlicher. Das vorher Geschehene, die Örtlichkeit, die Person des Blinden, seine ergreifende Ausdrucksweise, das hatte sich zu einer Wirkung vereinigt, die ebenso tief wie nachhaltig war. Was hätte ich nicht für die Berechtigung gegeben, annehmen zu dürfen, daß dieser Ben Nûr, dieser „Sohn des Lichts" kein Trugbild sei!

Ich war so in Sinnen versunken, daß ich mich zusammennehmen mußte, als Halef nach längerer Zeit fragte: „Sihdi, geht es dir auch so wie mir? Ich will einschlafen und kann doch nicht. Was ich gehört habe, wird zur Tat, die Worte verwandeln sich in Gestalten. Ich stehe an der Pforte des Jenseits, inmitten der Todesstunde, und sehe die Scharen der Unseligen und Seligen nach El Mîzân, der Waage der Gerechtigkeit, an mir vorüberziehen. Wie werde ich von jetzt an flehend beten, dereinst nicht zu denen zu gehören, die in den Abgrund des Verderbens stürzen! Wahrlich, ich sage dir, dieser Ben Nûr hat einen anderen Menschen aus mir gemacht!"

Es war ein heiliges Feuer, das aus ihm sprach, und mit derselben Begeisterung ließ auch der Basch Nâsir seine Worte folgen:

„Ja, Effendi, ich stimme Scheik Hadschi Halef bei. Was bin ich doch für ein sündhafter, unnützer Mensch gewesen! Wie viele Worte Ben Nûrs klangen so, als seien sie nur für mich gesprochen worden! Höre, was ich dir sagen werde:

„Sprich!" entgegnete ich.

„Die Liebe hat es mir angetan, sie hat mich tief ergriffen. Die Milde, die Barmherzigkeit, die Versöhnlichkeit und das Vergeben! Mir ist himmelangst geworden. Es bangt mir vor El Mîzân, der fürchterlichen Waage der Gerechtigkeit. Wir haben die Mekkaner zur Bastonade verurteilt, aber wenn es auf mich ankommt, so werden sie keinen Schlag erhalten. Allah behüte! Mir soll diese Bastonade nicht im Jenseits angerechnet werden! Du wirst einverstanden sein, aber was meint Hadschi Halef Omar dazu?"

Jetzt war ich gespannt auf die Antwort meines kleinen Halef. Er, der an seiner Kurbatsch mit so großer Liebe hing und nicht gern eine Gelegenheit vorübergehen ließ, ohne sie in Bewegung zu setzen, sagte:

„Ich pflichte bei. Man soll sie nicht schlagen. Sie mögen unbestraft weiterziehen, bis nach Mekka und dann hinauf zur Brücke der Gerechtigkeit. Dort oben wird ihnen dann gewißlich werden, was sie verdienen. Ich richte nicht! Habe ich recht, Sihdi?"

„Ja und auch nein. Der Unberufene soll nicht richten. Der Richter aber hat das Gesetz zu vertreten und muß nach dessen Vorschriften das Urteil fällen. Jene strenge Waage der Gerechtigkeit verlangt nicht, daß der Missetäter unbestraft bleibe, aber da wir das Gestohlene wiedererlangt haben und Khutab Aga sowohl Richter als auch Vertreter des Kans el A'dhâ ist, so bin ich auch der Meinung, daß wir den Dieben die verdiente Strafe erlassen, die sie wohl ohnehin nicht in dem Maß erhalten hätten, wie ihr es euch vorgenommen hattet."

„Was ich da höre! Du hattest also schon wieder deine Menschlichkeit im Nacken?"

„Diesmal war es weniger sie, als vielmehr die Klugheit. Wir werden sie wahrscheinlich in Mekka wieder treffen, und so meine ich, daß wir ihre Rache nicht bis auf den höchsten Grad steigern dürfen. Darum freut es mich, daß ihr beide auf ihre Bestrafung ganz verzichtet habt. Wenn noch eine gute Ader in ihnen ist, wird diese Güte auf ihre Besserung wirken, wenn aber nicht, so habt ihr nach dem Willen der ewigen Liebe gehandelt."

„Das ist wahr! Sihdi, ich habe eine Bitte, von der ich hoffe, daß du sie mir erfüllen wirst."

„Welche?"

„Du weißt doch, daß das Wort ‚Kutub' zwischen dir und mir verabredet worden ist?"

„Gewiß weiß ich das."

„Ich wünsche, daß noch ein Wort hinzukomme: El Mîzân, die Waage."

„Warum?"

„Kutub bezieht sich nur auf das Sprechen, ich will aber auch in Hinsicht auf das, was ich tue, gewarnt sein. Ich meine, die Tat wiegt schwerer als das Wort, und da ist die zweite Warnung nötiger als die erste. Du weißt, daß ich die Angst nicht kenne, heute habe ich aber noch viel mehr als die Furcht, nämlich das Entsetzen, kennengelernt. Als eine Schar der Sterbenden nach der anderen kam, wohlgemut und mit vorangetragenem Banner, und Ben Nûr immer und immer wieder sagte, daß ihnen allen der Abgrund beschieden sei, da packte mich ein Grauen, für das es keine Worte gibt. Sihdi, mir soll dereinst kein stolzes Banner vorangetragen werden, sondern ich will in Demut zur Waage wandern, denn ich habe mir das Wort gemerkt, daß Allah den Demütigen Gnade gibt. Darum bitte ich dich: wenn mich der Hochmut und der Stolz wieder einmal bei meinem Zorn packen, und wenn ich überhaupt im Begriff stehe, etwas zu tun, was gegen die uns heute verkündigte Liebe ist, so rufe mir schnell ‚El Mîzân!' zu; dann wirst du sehen, daß ich sofort in mich gehe, um meinem Zorn die Bastonade zu geben. Willst du das tun?"

„Sehr gern.“

„Ich wollte, ich könnte so einen Warner auch stets bei mir haben!“ sagte der Perser. „Ich habe bisher nur mich geliebt. Von heute an aber soll es anders werden. Sag, Effendi, spricht euer Christentum auch von der Liebe?“

„Nur von ihr!“ betonte ich.

„Nur? Wirklich? Ich habe aber bei den Christen, die ich bisher traf, keine gefunden!“

„So will ich dir jetzt eine Sure unseres heiligen Buches sagen. Höre!“

Ich sagte ihm das dreizehnte Kapitel des ersten Briefes Pauli an die Korinther vor. Er hörte andächtig zu und rief, als ich zu Ende war, aus:

„Das ist ganz so, als könnte Ben Nûr diese Sure auch so auswendig wie du. Welch ein Wunder! Er hat immer nach diesen herrlichen Worten gesprochen, und doch hat unser Koran keine solche Sure. Darum also dieser Haß, dieser Kampf und Streit bei uns. Darum der gegenseitige Abscheu zwischen den Schiiten und Sunniten. Es fehlt die Liebe. Allah bessere es! Wie herrlich wäre es auf Erden, wenn die Liebe allein die Regierung hätte! Aber, Effendi — — —“

Der Aga stockte, überlegend, ob er weitersprechen solle, dann fuhr er fort:

„Habt ihr eine große einige, eine ganze Christenheit?“

„Leider nicht.“

„Ja, ich weiß es, ich wollte nur hören, ob du es aufrichtig eingestehen werdest. Es gibt bei euch Katulikîn, Rum, Rum Katulîkijn, Indschilijîn, Mawârne, Brûtistantijîn[1] und noch viele andere Spaltungen, deren Namen ich nicht kenne. Ich will dich nicht betrüben, aber beim Islam ist die Zwietracht kein Wunder, weil der Koran keine solche Sure der Liebe kennt, ihr jedoch habt sie in eurem heiligen Buch stehen und kämpft trotzdem

1 Katholiken, griechisch Orthodoxe, griechische Katholiken, Evangelische, Maroniten, Protestanten

in noch mehr Heerlagern gegeneinander als wir. Ist da diese Sure in eure Herzen oder nur in euer Buch geschrieben? Seid ihr nicht noch schärfer anzuklagen als wir?"

Ich hätte mich wirklich in größter Verlegenheit befunden, was ich auf diese wohlbegründeten Vorwürfe antworten sollte, wenn mir nicht der wackere Hadschi beigesprungen wäre:

„Was fällt dir ein, den Sihdi so schwer zu beleidigen! Trägt etwa er die Schuld daran, daß diese Sure bei so vielen Christen nicht da wohnt, wo sie wohnen soll? Ich sage dir, er schreibt Bücher, die gedruckt und dann von vielen Tausenden gelesen werden. Er braucht nur ein einziges Mal die Bitte hineinzubringen, daß sie einig sein und einander lieben sollen, so tun sie es sofort! Ich weiß das so gewiß, wie ich überzeugt bin, daß diese Liebe ihn und mich verbindet."

Halef hielt inne, um den Eindruck seiner Verteidigung zu beobachten. Was aber dachte ich? Ich war sehr still!

Lieber Halef! Und wenn ich auch mit Engelszungen redete und meine Bücher mit einer Engelfeder schriebe, meine Worte würden doch erfolglos verklingen, bis die Zeit kommt, die einst kommen muß, weil sie die Zeit der Verheißung ist. Es wird dann nur ein Hirte und eine Herde sein. Aber wann? Sollen wir die Hände wartend in den Schoß legen und Gott allein walten lassen? Können wir denn gar nichts tun, diese Einigung herbeizuführen?! —

Der Perser antwortete nicht. Er sah wohl ein, daß sein Vorwurf mich persönlich hatte treffen müssen, obwohl das nicht von ihm beabsichtigt gewesen war; darum fuhr der Hadschi milder fort:

„Was verstehst du überhaupt vom Christentum? Kennst du das Kitâb el mukaddas[1] der Christen?"

„Nein", gestand der Basch Nâsir zögernd.

1 Die Bibel

„So kannst du also auch nicht über die Christen sprechen. Den Koran kennst du, also ist es dir erlaubt, von der gegenseitigen Feindschaft seiner Bekenner zu reden, und die ist so groß, daß du dich nicht um die Christen zu bekümmern brauchst."

Da klang es hinter den Vorhängen des Tachtirewan hervor:

„El Mîzân, die Waage der Gerechtigkeit!"

Hanneh schlief also noch nicht. Sie hatte alles gehört und rief ihrem „Gebieter" jetzt das Mahnwort zu.

„Was ist's mit El Mîzân?" fragte er.

„Hast du nicht den Sihdi gebeten, dich mit diesem Wort zu warnen, wenn du zornig wirst?"

„Ja, das habe ich allerdings."

„Darum habe ich es dir zugerufen, denn du bist jetzt gegen Khutab Aga, den Basch Nâsir von Meschhed Ali, unwillig gewesen."

Da erwiderte er in seiner freundlichsten Weise:

„O Hanneh, du anmutigste der Lieblichkeiten, nimm meinen Dank für die Aufmerksamkeit, die du deinem Halef erweisest! Doch bitte ich dich um die Erlaubnis, dir mitzuteilen, daß du nicht der Sihdi bist. Er allein ist es, der mich warnen soll; das ist ein Recht von ihm, das du ihm nicht nehmen darfst. Wenn zwei Personen an meinem Zorn rütteln, so wird er größer anstatt kleiner. Und außerdem war es gar kein Zorn, sondern die Liebe und Freundschaft, die mir gebieten, mich dessen anzunehmen, dem in Gemeinschaft mit dir und unserem Sohn mein ganzes Herz gehört. Und nun versuche zu schlafen, du Liebling meiner Seele! Das ist für dich und mich stets das beste, was du tun kannst, wenn du mich für zornig hältst. Lêletak mubaraka — es sei deine Nacht gesegnet!"

Sie antwortete nur mit einem kurzen, lustigen Lachen, das er so gern von ihr hörte. Dann sagte er leise zu uns:

„Horcht! Sie lacht! Wie hübsch das klingt, wenn eine

brave Frau fröhlich ist! Es gibt Weiber, die stets die Gesichter des sauren Essigs machen. Genau so wie das Äußere ist bei ihnen auch das Innere, das einem verfinsterten Zelt gleicht, worin man nicht findet, was man sucht; sie verwandeln den Tag ihres Lebens für sich und andere in Nacht. Das Gemüt einer heiteren Frau aber ist der Quell des warmen Sonnenscheins für ihren Mann, für ihre Kinder und auch für alle, mit denen sie in Berührung kommt. So ein Quell des Frohsinns und des Glücks habe ich in meinem Frauenzelt. Allah segne Hanneh! Sie wird nun schlafen. Wollen wir das nicht auch tun, Sihdi? Die Nacht ist kurz, und wer weiß, welche Anstrengungen uns der morgige Tag bringt."

Er hatte recht, obgleich er ebensowenig wie wir ahnte, daß dieser Tag noch viel bewegter für uns werden sollte, als wir jetzt dachten. Wir versuchten, die durch Ben Nûr in uns erweckten lebhaften Vorstellungen zur Ruhe zu bringen, was uns schließlich auch gelang; wir schliefen ein.

8. *Verhandlungen*

Ich erwachte, als der Morgen sich durch seinen ersten Schein verkündete. Halef, Hanneh, Kara, der Münedschi und der Perser schliefen noch. Ich weckte sie nicht, stand auf und entfernte mich mit leisen Schritten, um zunächst die Kette unserer Posten abzugehen. Da erfuhr ich, daß die Nacht ohne Störung vergangen war, es hatte sich kein Beni Khalid sehen lassen. Hierauf ging ich zum Brunnenplatz und vernahm zu meiner Genugtuung, daß unsere Kamele und Pferde alle getränkt worden waren. Das Wasser war nicht schlecht, wie schon der Name der Quelle sagte — Bir Hilu bedeutet „süßer Brunnen" — und so konnten wir ihnen heute einen ausgiebigen Ritt zumuten. Der Scheik der Beni Khalid und die Mekkaner hatten nicht geschlafen, was allerdings erklärlich war. Sie verhielten sich still, doch war ihnen der Grimm über ihre Lage deutlich anzusehen. Aus den Augen El Ghânis blickte mir ein Haß entgegen, der mich getötet hätte, wenn es wirklich Blitze gewesen wären. Tawil Ben Schahid aber war zu dieser Schweigsamkeit nicht fähig. Kaum sah er mich herantreten, so herrschte er mich an:

„Binde mich los! Ich hoffe, du hast während der Nacht eingesehen, daß euer gewalttätiges Verhalten die schlimmsten Folgen für euch nach sich ziehen muß."

„Nein, das habe ich nicht eingesehen", antwortete ich.

„So hat Allah dich geblendet. Sagst du dir denn nicht, daß meine Krieger nun kommen werden?"

„Wenn wir es ihnen erlauben."

„Wenn ihr es ihnen nicht erlaubt, werden sie es erzwingen. Dann befreien sie mich und fallen über euch her."

„Wirklich? Mir scheint, nicht mich, sondern dich hat Allah geblendet. Wenn nur ein einziger deiner Krieger es wagen sollte, sich feindlich gegen uns zu verhalten, so wird er an dir zum Mörder, denn ich jage dir in diesem Fall eine Kugel in den Kopf."

„Das wagst du ganz gewiß nicht, denn mein Tod würde das über euch hereinbrechende Verderben nur beschleunigen."

„Das wollen wir ruhig abwarten. Zunächst scheinen sie noch zu schlafen, was leider kein Beweis dafür ist, daß sie mit großer Treue an dir hängen. Wenn sie nur eine Spur des gewöhnlichsten Scharfsinns besäßen, hätten sie sich längst sagen müssen, daß es hier nicht sicher um dich steht. Sie mögen also kommen, wir fürchten uns nicht vor ihnen."

Tawil hatte in seinem Zorn so überlaut gesprochen, daß seine Stimme über den Platz hinübertönte und Halef aufweckte. Dieser sah mich hier bei den Gefangenen stehen, stand auf und kam herüber. Dadurch wurden die Blicke der Gefangenen auf ihn und zu der Stelle gezogen, wo wir gelegen hatten, und da es inzwischen hell genug geworden war, so sahen sie den Blinden, der in seiner sitzenden Stellung noch schlafend an dem Felsen lehnte. Ich bemerkte das und war gespannt darauf, wie sie sich nun verhalten würden.

„Der „Liebling des Großscherîfs" riß seine Augen wei auf und rief mit der größten Überraschung:

„Wer — — — wer — — — liegt dort an der Felsen wand?"

Sein Sohn war ebenso betroffen. Förmlich aufschreien antwortete er:

„Maschallah! Welch ein Wunder ist geschehen! Das is ja der Münedschi, der gestorben ist!"

„Nicht nur gestorben ist er, sondern auch begrabe

worden", fügte der Vater hinzu. „Diese Hunde der Haddedihn haben sein Grab geschändet und ihn herausgenommen."

Halef hatte mich inzwischen erreicht.

Als er das Wort Hunde hörte, wendete er sich schnell um und wollte fort.

„Wohin, Halef?" fragte ich.

„Wieder hinüber", brummte er. „Ich habe meine Kurbatsch da drüben liegen lassen. Dieser Bursche hat uns Hunde genannt."

„El Mîzân, el Mîzân, Halef! Denk an die Waage der Gerechtigkeit!"

Da drehte er sich mir wieder zu und sprach gelassen:

„Ganz richtig, Sihdi! Ich dachte nicht daran. Der Schlaf hat mich um den Zusammenhang mit der gestrigen Stunde des Todes gebracht, du aber weckst in mir die Erinnerung an meine Vorsätze."

Hierauf wendete er sich an El Ghâni und sagte spöttisch:

„Ja, wir haben ihn ausgegraben und seine Leiche mit uns geschleppt. Die ist dann gestern abend von dort drüben zu euch herübergelaufen und hat zu euch und uns gesprochen. Ihr seid äußerst kluge Menschen!"

Da sah der Mekkaner seine Gedankenlosigkeit ein und rief, mit allerdings nicht weniger Erstaunen:

„So ist er gar nicht tot gewesen! Allah, Allah!"

„Nein, aber ihr seid so hirnverbrannt gewesen, ihn lebendig zu begraben. Ihr habt über einen Lebenden die heiligen Gebete des Todes gesprochen."

„Dafür konnten wir nichts. Er war starr, wir mußten ihn für tot halten."

„Warum haben aber wir diesen Fehler nicht gemacht? Wir bemerkten sofort, daß er noch lebte."

„Weil er wahrscheinlich gerade in dem Augenblick, als ihr zu ihm kamt, wieder erwachte. Du hast mit deinen Vorwürfen zu schweigen!"

„Du willst mir verbieten, zu sagen, was mir beliebt? Mach dich doch nicht lächerlich! Ihr wußtet, daß seine Seele ihn zuweilen verläßt und hättet also auf ihre Rückkehr warten sollen. Wir wußten das nicht und haben ihn dennoch aus dem Grab genommen. Ihr müßt euch als seine Mörder betrachten, obgleich wir ihm das Leben gerettet haben."

El Ghâni richtete einen besorgt forschenden Blick auf Halef und fragte:

„Hat er von mir gesprochen?"

„Sehr viel."

„Was hat er gesagt?"

„Das hat er zu uns gesagt und nicht zu dir. Wir behalten es also für uns."

„Ich muß es aber wissen."

„Und wir werden darüber schweigen. Übrigens kann kein Mensch viel Gutes von dir berichten, er also auch nicht."

„So hat er euch angelogen. Er gehört zu uns. Bringt ihn zu uns herüber!"

„Das wollen wir uns doch erst überlegen. Er ist sein eigener Herr, der tun kann, was er will."

„So weckt ihn auf, und sagt ihm, daß ich ihn hier bei mir haben will!"

„Mensch, denke nicht, daß du nur zu befehlen brauchst und dann müsse es geschehen! Er verdankt uns das Leben und gehört nun also zu uns."

Die Besorgnis des Mekkaners schien zu wachsen. Es klang, als stehe er im Begriff, ganz außer sich zu geraten, so aufgeregt rief er aus:

„Zu mir gehört er! Ich habe ihm tausendfältige Wohltaten erwiesen, für die er mir die größte Dankbarkeit schuldet. Ich kann nicht dulden, daß er bei fremden Leuten ist. Er muß herüber!"

„So! Du hast wohl große Angst vor uns?"

„Angst? Warum? Wieso?"

„Weil das, was wir von ihm hören können, vielleicht gefährlich für dich ist."

„Gefährlich?" lachte er höhnisch auf, doch klang dieses Lachen sehr gezwungen.

„Jawohl, gefährlich!" nickte Halef. „Dein Gewissen ist jedenfalls nicht rein."

„Bekümmere dich um die Reinheit des deinigen! Schickst du ihn herüber?"

„Nein."

„So wirst du gleich sehen, was ich tue. Ich wecke ihn. Da kommt er jedenfalls."

El Ghâni schrie mit aller Stärke den Namen des Blinden über den Platz hinüber.

Der Gerufene wachte auf und richtete sich horchend empor.

„Schweig! Kein Wort weiter!" befahl da Halef, indem er sein Messer zog und es gegen El Ghâni zückte. „Rufst du noch ein einziges Mal, so schweigt dein Mund für immer!"

Diese Drohung klang so energisch, daß sie ihren Zweck erreichte; der Mekkaner sank in sich zurück und war nun still. Halef gab so, daß er es hörte, den Befehl, ihn zu erstechen, wenn er wieder rufe. Dann wendete er sich zu mir:

„Hanneh ist wach geworden. Sie wird uns den Kaffee bereiten. Komm!"

Auch ich sah, daß die „schönste Besitzerin der Frauenzelte" ihre Sänfte verlassen hatte und sich mit dem Kochgeschirr beschäftigte. Während wir zu ihr hinübergingen, fragte der kleine Hadschi:

„Habe ich das recht gemacht, Sihdi?"

„Hm!" machte ich. „Du hältst es wohl nicht für möglich, daß der Münedschi wieder zu seinen Gefährten will? Ich schließe das nämlich aus deinem Verhalten."

„Aus meinem Verhalten? Wie meinst du das?"

„Du hast den Ghâni glauben lassen, daß der Münedschi

uns von ihm Mitteilungen gemacht habe, die er nicht hätte machen sollen."

„Was schadet das? Ich wollte ihn ärgern, und das ist mir gelungen."

„Das ist ein Erfolg, dessen du dich nicht rühmen solltest, Halef."

„Weshalb nicht?"

„Erstens ist es nicht edel, Menschen zu ärgern. Und zweitens hast du damit unserem Schützling, dem Münedschi keinen guten Dienst erwiesen. Das Mißtrauen, das du zwischen ihn und den Ghâni gestreut hast, kann diesem armen Blinden schlimme Früchte bringen, wenn er darauf besteht, sich seinen früheren Gefährten wieder zuzugesellen. Ich meine, daß du das nicht hättest tun sollen."

„Hm — — hm — —! Ich bin wirklich nicht nur unedel, sondern auch unvorsichtig gewesen. Jetzt sehe ich ein, daß ich mich noch viel mehr zusammennehmen muß, als ich dachte. Weißt du, Sihdi, der Mensch ist doch ein sehr schwaches Geschöpf, und ich, dein alter, unvorsichtiger Halef, gehöre wohl zur allerschwächsten Sorte. Nicht?"

„Diese Frage ist unnütz, denn da du es selbst einsiehst, brauchst du meine Antwort nicht. Komm zu Hanneh! Sie hat dir gewinkt."

Er eilte mir voraus, um diesem Wink zu folgen. Sie hatte mit ihm zu sprechen, da sie wissen wollte, wo wir gestern noch so spät gewesen waren und was wir getan hatten. Kara gesellte sich ihnen zu, ich selber aber ging zu dem Perser, der auch erwacht war und in der Nähe des Münedschi saß.

Als ich mich bei ihm niedergelassen hatte und mit dem Basch Nâsir sprach, erkannte mich der Blinde an der Stimme und fragte:

„Irre ich mich, daß der Effendi aus dem Wadi Draa bei mir ist?"

„Nein, du irrst dich nicht“, erwiderte ich ihm. „Ich bin es.“

„Wer ist noch da?“

„Ein Freund von dir und mir, der zu unserer Schar gehört.“

„Welche Tageszeit haben wir jetzt. Es scheint hell zu sein.

„Ja, es ist frühmorgens. Die Sonne wird in kurzer Zeit erscheinen.“

„Wann war es, als ihr mich fandet?“

„Gestern.“

„Nicht länger? So betrifft also das, was ich dir sagen will, unser gestriges Gespräch. Ich sollte vielleicht lieber schweigen, aber es liegt ein Trieb in mir, zu dir zu reden. Das ist mir stets der Beweis, daß Ben Nûr es will. Dieser Name ist dir doch bekannt?“

„Ja.“

„Und du weißt, daß er meine Seele oft an Orte führt, die nicht hier auf der Erde liegen?“

„Ich weiß es.“

„So will ich dir mitteilen, daß er in der vergangenen Nacht auch wieder bei mir gewesen ist, und daß ich die Erde mit ihm verlassen habe.“

„Wo warst du mit ihm?“

„In der Todesstunde.“

„Das ist doch eine Zeit, aber kein Ort.“

„Das habe ich bisher auch gedacht, nun aber weiß ich es besser. In dieser Nacht war sie für mich ein Ort, wo ich mit Ben Nûr auf einem hohen Stein stand, um die Seelen der Sterbenden an mir vorüberziehen zu sehen. Ich sehe ihn jetzt so deutlich vor mir, daß ich ihn dir genau beschreiben kann.“

Der Greis tat dies, und seine Schilderung stimmte mit dem überein, was wir gestern auf dem Felsen gehört hatten. Uns, seine Begleiter, erwähnte er nicht. Darum fragte ich:

„Warst du allein an dieser sonderbaren Stelle?"

„Nein, mit Ben Nûr."

„Niemand weiter?"

„Nein."

Er wußte also nicht, wer bei ihm gewesen war, und daß wir ihn hinauf zum Felsen begleitet hatten.

Und nun begann er seinen Bericht. Er beschrieb uns die einzelnen Scharen der Seelen in der Weise, wie Ben Nûr sie ihm gestern gezeigt hatte. Als er zu Ende war, fragte ich ihn:

„Bist du überzeugt, daß dies ein wirkliches Gesicht und kein Traum gewesen ist?"

„Kein Traum! Ich träume zwar manchmal, weiß aber meine Träume so genau von meinen Gesichten zu unterscheiden, daß ein Irrtum nicht möglich ist."

„Ist die Grenze oder der Unterschied zwischen Traum und Gesicht so scharf, so bemerkbar, daß du beide wirklich nicht verwechseln kannst?"

„Ja. Ich kann sogar zwischen Traum und Traum unterscheiden. Es gibt Träume, die einfach nur die Fortsetzung der letzten Gedanken sind, mit denen man sich vor dem Einschlafen beschäftigt, die haben nichts zu bedeuten. Und es gibt noch andere, die eingegeben worden sind. Wenn Ben Nûr mir etwas sagen will, was er mir in keiner anderen Weise mitteilen kann, so sagt er es mir im Traum. Nach dem Erwachen weiß ich dann, daß ich nicht mit ihm fortgewesen bin, sondern nur geträumt habe, daß aber dieser Traum sein beabsichtigtes Werk war. Und ebenso täusche ich mich nie, wenn ich weiß, daß meine Seele den Körper verlassen hatte und wo sie dann gewesen ist. In der ersten Zeit, als ich es noch nicht gewöhnt war und keine Übung in der Unterscheidung hatte, kam zuweilen ein Irrtum vor, jetzt aber niemals mehr."

„Du glaubst also an alles, was du bei solchen Führungen siehst?"

„Ja.“

„Glaubst du, was Ben Nûr dir heute in der Nacht gesagt hat?“

„Auch das! Und doch ist es mir noch niemals so schwer wie gerade diesmal geworden, ihm Glauben zu schenken.“

„Warum?“

„Weil es so viele waren, von denen er sagte, daß sie nicht über den Abgrund des Verderbens gelangen würden.“

„Wie kann dich die Frage, ob es viele oder wenige waren, stören?“

„Weil ich selbst in meinem langen Leben nur einen einzigen Menschen gefunden habe, von dem ich unbedingt überzeugt bin, daß die Pforte der Seligkeit ihm geöffnet wird. Was für eine reiche Fülle von Liebe, Güte und Barmherzigkeit muß von allen denen hier im Leben ausstrahlen, die Ben Nûr als für den Himmel Bestimmte bezeichnen soll! Und ich habe nie, nie Liebe gefunden, dieses eine, einzige Mal nur ausgenommen.“

„Aber du hattest doch Eltern und Geschwister?“

„Sie haßten mich!“

„Freunde?“

„Sie nannten sich so, waren es aber nicht!“

„Ein Weib?“

„Sie war eine Heuchlerin!

„Kinder?“

„Die hatte ich nicht, Allah sei tausendmal Dank dafür! Denn wenn ich auch Kinder gehabt hätte und von ihnen ebenso betrogen worden wäre wie von den anderen, so lebte ich schon längst nicht mehr und wäre infolge der Rache, die ich genommen hätte, von der Brücke des Todes in den Abgrund des Verderbens gestürzt. Glaubst du, daß ich nach allem, was ich erduldet habe, noch der Liebe fähig sein kann?“

„Ja.“

„Allah segne deinen guten Glauben, denn während du an mich zu glauben meinst, glaubst du an die Menschheit. Ja, ich halte die Liebe noch im Herzen fest, dieses einen wegen, bei dem ich Liebe gefunden habe. Er nahm sich in seiner selbstlosen Barmherzigkeit meiner an und hat mich dadurch vor der Verzweiflung, vor dem diesseitigen und dem jenseitigen Verderben gerettet. Seine Liebe ist es, die mir das bereits verlorene Vertrauen zur Menschheit und den Glauben an sie wiedergegeben hat. Ich habe nach Liebe vergeblich gesucht, solange ich denken kann. Ich habe sie gesucht bei Gott, bei den Menschen, im Leben, in der Kirche — — —"

„In der Kirche?" staunte ich.

„Ja, in der Kirche. Ich will es dir nicht verschweigen, daß ich Christ gewesen bin. Dir als Muslim ist es gleich, ob ich dem Islam seit meiner Kindheit oder erst seit kurzem angehöre."

„Was hat dich veranlaßt, aus der christlichen Kirche auszutreten?"

„Eben mein vergebliches Suchen nach Liebe. Lerne sie nur kennen, diese Christen. Wie sie sich getrennt haben in Konfessionen, Sekten und viele andersgenannte Abteilungen! Wie sie sich hassen und verfolgen! Dazu kam die Traurigkeit meines eigenen Schicksals. Ich mochte nichts mehr wissen von einem Glauben, der Liebe lehrt, während seine Bekenner, die ich sah, die lieblosesten Menschen des ganzen Erdballs sind. Die Bibel der Christen sagt, daß man den Menschen an seinen Werken erkenne, ich aber sagte voll Grimm, daß auch der Glaube an seinen Früchten zu erkennen sei, und da diese Früchte nichts als Haß, Neid und Selbstsucht waren, so war es kein schwerer Entschluß von mir, in der Moschee zu suchen, was ich in der Kirche nicht fand."

„Und hast du es da gefunden?" forschte ich.

Wie gern hätte ich ihn noch ganz anders gefragt und ihn einmal so recht in meine Obhut genommen! Hatte er wirklich nur lieblose Christen kennen gelernt? Aber ich mußte mich auf diese eine kurze Frage beschränken, denn zu weiten Auseinandersetzungen war jetzt keine Zeit, und da ich zu verschweigen hatte, daß ich ein Christ war, so mußte ich darauf bedacht sein, mein Herz nicht mit dem Verstand durchgehen zu lassen. Er war ein Überläufer, und man weiß ja, daß Unduldsamkeit und Glaubensschwärmerei bei den Abtrünnigen am gefährlichsten sind. — Er erwiderte erst nach einer Weile:

„Ich habe dieses Gespräch mit dir nicht begonnen, um das Christentum mit dem Islam zu vergleichen. Du hast schon gehört, daß ich nur einen einzigen Menschen gefunden habe, der mir das entgegenbrachte, was ich suchte — — — Liebe. Diesem Mann verdanke ich es, daß ich überhaupt noch lebe, er hat mich körperlich, geistig und seelisch neu geschaffen, und so habe ich mich ihm ergeben, mit allem was ich bin und was ich habe, mit meinem Körper, meiner Seele, meinem ganzen Leben."

„Und wer ist dieser Mann?"

„Abdilah."

„Der Schech el Hâre von Mekka, den man El Ghâni nennt?"

„Ja. Ich will dich etwas fragen. Darf ich?"

„Frage!"

„Ich habe vorhin die Stimme meines Wohltäters, meines einzigen Freundes, gehört", fuhr er fort. „Sag, ist er hier?"

„Ja", bestätigte ich.

„Warum kommt er nicht her zu mir?"

„Er und seine Begleiter hielten dich für tot, sie haben dich begraben und sind hierhergeritten. Sie erschraken, als sie dich so plötzlich sahen, sie hielten dich für einen Geist."

Wie unendlich leid tat mir dieser arme, alte, blinde Mann! Wohl war er ein Abtrünniger, der sein Christentum von sich geworfen hatte, aber er war irregeleitet und getäuscht und verdiente mein Mitgefühl. Ich suchte nach einer Weise, ihm die Wahrheit so schonend wie möglich mitzuteilen. Der Perser rückte indes auf seinem Platz ungeduldig hin und her. Er dachte jetzt nicht an die Pflicht gegen den Blinden, sondern nur an den Diebstahl und an die Behandlung, die ihm geworden war. Ich bat ihn durch einen Blick, sich zu beherrschen, fand aber leider keine Erhörung.

„Ich bin kein Geist, kein Gespenst", sagte der Blinde. „Ich will ihn bei mir haben, ihn, seinen Sohn und auch die anderen. Ruft sie her!"

Da brach der Basch Nâsir los: „Her zu uns? Fällt uns nicht ein."

„Nicht? Warum nicht?" fragte der Münedschi.

„Ehrliche Leute sitzen nicht mit Schurken zusammen!"

„Schurken? Wen meinst du mit diesem Wort?"

„Den Ghâni und seine Diebesbande."

„Diebs — — — ban — — — — de? Habe ich richtig gehört?"

„Du hast richtig gehört."

„Ein Schurke soll er sein? Ein Dieb?! Entweder treibst du einen grausamen Scherz mit mir, oder du befindest dich in einem Irrtum, wie es größer keinen geben kann."

„Ich treibe weder Scherz, noch irre ich mich. Ich spreche im Ernst, und was ich sage, das ist die volle Wahrheit, denn wir haben die Beweise in den Händen."

„Welche Beweise?"

„Die Sachen, die er gestohlen hat und die ihm von uns wieder abgenommen worden sind."

„Wo — — und was — — was soll er gestohlen haben?"

„Er hat den Kans el A'dhâ in Meschhed Ali beraubt. Ich, der Basch Nâsir dieses Schatzes, bin euch mit meinen Soldaten bis hierher nachgeritten und habe die Diebe und die Gegenstände hier erwischt."

Da war der Blinde still. Seine Finger bewegten sich

krampfhaft, als befinde sich zwischen ihnen etwas, das bis auf die kleinste Faser zerrissen und zerzaust werden müsse. Erst nach längerer Zeit wendete er mir das Gesicht zu, öffnete die strahlend scheinenden Augen und sagte:

„Effendi, bist du noch da?"

„Ja."

„Ich will mit dir reden, nur mit dir, mit diesem anderen kein Wort mehr. Ich beschwöre dich bei Allah, beim Kalifen, beim Koran, bei allem, was dir heilig ist. Wirst du mir die Wahrheit sagen?"

„Ja."

„So sprich! Befinden sich meine Begleiter wirklich als ertappte Diebe bei euch?"

„Leider, ja."

„Erzähle mir, wie das gekommen ist!"

Ich folgte dieser Aufforderung in der Weise, wie es die Rücksicht auf ihn mit sich brachte. Er hörte mir zu, ohne mich mit einem Wort zu unterbrechen, und saß, nachdem ich geendet hatte, wieder eine Weile still da. Ich sah, daß alle seine Glieder leise zitterten. Er war innerlich furchtbar aufgeregt. Ich wartete mit Spannung darauf, was für einen Entschluß er fassen werde. Da endlich sagte er:

„Effendi, wirst du tun, um was ich dich jetzt bitte?"

„Das kann ich doch nicht wissen."

„Ich werde um nichts bitten, was du mir nicht erfüllen kannst. Es ist sogar sehr leicht für euch."

„Sag es!"

„Der Ghâni ist euer Gefangener?"

„Ja."

„Erlaube, daß ich zu ihm gehe und auch gefangen bin!"

Ich hatte nichts anderes erwartet. Durfte ich ihm diesen Wunsch erfüllen? Als ich mit meinem Bescheid zögerte, fuhr er fort:

„Ich gebe dir meinen Schwur, daß ich tun werde, was ich will, obgleich ich blind bin und den Ghâni nicht sehen kann. Ihr könnt mich nur dadurch hindern, daß ihr mir Fesseln anlegt. Tut ihr das aber nicht, so gehe ich zu ihm. Ihr braucht ihn mir nicht zu zeigen. Ich rufe, und wenn er antwortet, wird mich seine Stimme zu ihm führen. Nun sag also, was du beschlossen hast!"

Da trat Halef herbei, der während des letzten Teils des Gesprächs zu uns gekommen war und den Wunsch des Alten gehört hatte.

Er entgegnete an meiner Stelle:

„Ich, Hadschi Halef, werde dir sagen, was geschehen soll. Sie sind gefangen, weil sie gestohlen haben, du aber bist ein ehrlicher Mann und also frei. Wir dürfen dich nicht hindern, zu tun, was dir beliebt. Willst du auch jetzt noch hinüber zum Ghâni?"

„Ja, ich will!"

„So stehe auf, und gib mir deine Hand! Mögest du nicht bereuen, was du jetzt tust! Ich werde dich hinüberführen."

Ich sah ihnen nicht nach, sondern erhob mich und ging zu Hanneh, die den Teppich zum Kaffeetrinken ausgebreitet hatte. Der Perser wurde eingeladen, mitzutrinken.

Als Halef wieder kam, setzte er sich an meine Seite und fragte mich, wie gewöhnlich, wenn er irgend etwas aus eigenem Entschluß ausgeführt hatte:

„Habe ich es recht gemacht, Sihdi?"

„Ja."

„Es freut mich, daß ich deine Zustimmung erhalte, über die Sache selbst freue ich mich nicht. Wir konnten nicht anders, denn der Blinde ist sein eigener Herr, und wir haben kein Recht, gegen seinen Willen über ihn zu verfügen. Was hätten wir mit ihm machen können, wenn er gezwungen gewesen wäre, bei uns zu bleiben?"

„Ihn mit nach Mekka nehmen."

„Und dort?"

„Ich zweifle nicht daran, daß es uns dort gelingen würde, ihn besser unterzubringen als bisher."

„Das denke ich auch. Und hätten wir keinen geeigneten Platz für ihn gefunden, nun, so gibt es unter den Zelten der Haddedihn genug Raum für einen blinden Mann, dessen Anwesenheit gar keine Opfer fordert. Dieser Münedschi wird nicht mehr lange leben, er steht dem Jenseits näher als der Erde. Seine Seele war ja bereits fast an der Brücke. Und was alles hätten wir von ihm noch erfahren können!"

„Bist du neugierig geworden?"

„Nicht neugierig, sondern wißbegierig."

„Und glaubst du, daß dieses Wissen dir und deinem Stamm Nutzen bringen würde?"

„Ja. Wenn das Erdenleben eine Vorbereitung für den Himmel bedeutet, so ist es Pflicht, jede Gelegenheit zu ergreifen, etwas über das Jenseits zu erfahren."

„Du meinst: etwas Wahres."

„Hältst du das, was wir gestern gehört haben, für Täuschung?"

„Ich kann mir darüber noch kein Urteil erlauben. Wenn der Blinde zu uns anstatt zu seinem vermeintlichen Wohltäter gehalten hätte, wäre uns wahrscheinlich mehr Stoff zu einem Urteil geboten worden. Wir wollen also den Gedanken an das Jenseits jetzt nicht weiter verfolgen und uns lieber mit dem Diesseits befassen."

„Ja, das ist für den Augenblick wohl ebenso nötig. Was soll zunächst geschehen?"

„Wir sind gewillt, die Diebe nicht zu bestrafen, werden sie also freigeben, selbstverständlich auch den Scheik der Beni Khalid. Doch darf das nicht so ohne weiteres geschehen. Wir müssen uns sichern, daß wenigstens so lange nichts gegen uns unternommen wird, als wir uns hier befinden."

„So schlage ich vor, daß wir den Scheik erst dann

loslassen, wenn er geschworen hat, hier jede Feindseligkeit gegen uns zu unterlassen."

„Das werden wir allerdings tun."

„Sag, Sihdi, gibt es für uns keine bessere Gewähr als nur seinen Schwur?"

„Nein, wenigstens ich weiß keine. Du etwa?"

„Nein."

„Oder Khutab Aga?"

„Auch ich weiß nichts anderes", meinte der Perser. „Ihr habt mich zu eurem Freund gemacht, und meine Dankbarkeit gehört euch, solange ich lebe. Darum kann es mir nicht gleichgültig sein, ob euch noch fernere Gefahren von seiten der Beni Khalid drohen. Sonst aber wäre ich mit meiner Angelegenheit hier zu Ende. Die gestohlenen Schätze habe ich zurückgenommen, und meine Asaker sind auch wieder frei. Wir brauchen also nur aufzusitzen und heimzukehren."

„Wann wirst du das tun?"

„Sobald ihr fortreitet, eher nicht."

„Nun, und wir, Sihdi?" warf Halef ein. „Wann reiten wir?"

„Wenn die Beni Khalid fort sind", entgegnete ich.

„Warum nicht früher?"

„Du scheinst mich nicht mehr zu kennen, Halef."

„Was? Ich dich nicht mehr kennen? Oh, Sihdi, was treibst du da für Scherz! Du weißt doch genau, daß ich dich besser kenne als mich selbst."

„Nach deiner letzten Frage muß ich das aber bezweifeln, denn du hast einen Brauch vergessen, der zu mir gehört, wie der Griff zum Säbel."

„Welchen Brauch?"

„Mich soviel wie möglich rückenfrei zu machen. Dieser Gewohnheit haben wir so viele Erfolge zu verdanken, lieber Halef, daß es mir nicht einfallen kann, hier, in dieser gefährlichen Wüste von ihr abzuweichen."

„Rückenfrei? In Beziehung auf die Beni Khalid?"

„Ja. Wenn wir eher fortreiten als sie, haben wir sie im Rücken und wissen nicht, was sie hinter uns vornehmen. Sind sie aber vor uns, so können wir sie, solange es nötig ist, derart im Auge behalten, daß es ihnen unmöglich wird, uns ernsthaft zu belästigen. Das siehst du wohl ein?"

„Welche Frage! Wenn ich das nicht einsähe, so wäre ich ein Fluß ohne Wasser, ein Pferd ohne Beine oder meinetwegen auch eine Hanneh ohne Halef. Nur weiß ich nicht, ob die Beni Khalid darauf eingehen werden. Wie willst du sie zwingen?"

„Dadurch, daß wir sie nicht an den Brunnen lassen. Wenn sie überzeugt sind, für ihre Kamele kein Wasser zu erhalten, so müssen sie sich beeilen, zu einem anderen Brunnen zu gelangen."

„Wo sie uns aber das Wasser wegnehmen, so daß wir dann, wenn wir hinkommen, keines finden."

„Das ist meine geringste Sorge. Erstens ist es doch noch gar nicht bestimmt, wohin sie sich und wir uns wenden werden. Die Gegend vor uns ist wasserreicher als die hinter uns liegende, wir haben es also nicht nötig, genau den Weg einzuschlagen, den die Beni Khalid reiten. Und zweitens verweise ich dich auf den Bir Hilu hier. Die Beni Khalid waren auch vor uns da, und wir haben nicht nur trotzdem Wasser bekommen, sondern wir sind sogar jetzt in der Wüste derart Herren des Brunnens, daß unsere Gegner ohne unsere Erlaubnis gar nicht herankommen dürfen. Bist du nun zufriedengestellt?"

„Ja, vollständig, Sihdi! Doch, schau hin zu den Mekkanern, wie der Ghâni so eifrig auf den Blinden einspricht! Er wird ihm alles ganz anders erzählen, als es sich zugetragen hat. Wir werden da dem Münedschi in einem Licht erscheinen, auf das wir, wenn es die Wahrheit wäre, nicht stolz sein könnten. Sieh, da kommt ein Posten mit einem Ben Khalid! Der Anfang des Endes wird beginnen."

Der Haddedihn, der den Boten zu uns brachte, sagte, daß die ganze Schar der Beni Khalid im Anrücken sei, um zum Brunnen zu gehen. Es habe Überredung gekostet, sie anzuhalten und zu bewegen, auf die Antwort ihres Scheiks zu warten.

„Was habt ihr als Grund angegeben, daß sie nicht her dürfen?“ erkundigte sich Halef.

„Den Willen ihres Scheiks“, lautete die Antwort. „Sie haben also diesen Boten geschickt, der mit ihm sprechen soll.“

„Das war richtig. Wir werden die Angelegenheit sofort in Ordnung bringen. Gehen wir hinüber zu Scheik Tawil?“

Die Frage war an mich gerichtet, ich antwortete, indem ich aufstand.

Der Perser erhob sich auch, und dann schritten wir, gefolgt von dem Ben Khalid, zum Brunnen, wo er seinen Scheik gefesselt liegen sah.

Der rief ihm, noch ehe wir ihn erreicht hatten, zornig entgegen:

„Da kommt nun endlich einer! Konntet ihr euch nicht eher um mich kümmern?“

Der Mann war sichtlich erstaunt, den Anführer seines Stammes als Gefangenen zu finden, sah sich mit unsicheren Blicken um und entgegnete:

„Du hast es so gewollt!“

„Das war kein Befehl, sondern nur eine Mitteilung von mir. Diesen Unterschied müßt ihr beherzigen. Wo habt ihr diese Nacht gelagert?“

„Auf dem Platz der Phantasia.“

Wir hatten keinen Grund, den Scheik in seinen Erkundigungen zu stören, und hörten alle mit Vergnügen zu.

„Mit den Soldaten?“ fragte er weiter.

„Ja.“

„Wo habt ihr sie?“

Tawils Augen funkelten bei dieser Erkundigung. Der Bote schlug die Augen nieder und erwiderte höchst verlegen:

„Sie sind fort."

„Wohin?"

„Das wußten wir nicht, jetzt aber sehe ich, daß sie hier sind."

„Natürlich sind sie hier, wenn ihr sie entwischen laßt. Ich hielt sie, als ich sie in der Nacht kommen sah, für Geister verstorbener Asaker, denn daß es die unsrigen seien, das mußte ich doch für unmöglich halten. Der Scheitan scheint euch blind und taub gemacht zu haben, auf eine andere Weise konnte es nicht geschehen, daß zwanzig Gefangene einer vielfach überlegenen Wächterschar entrinnen. Ihr hattet sie doch gefesselt?"

„Ja."

„Aber nicht gut bewacht?"

„Sogar sehr scharf. Sie lagen in unserer Mitte. Wir haben keine Vorsicht versäumt."

„Das ist nicht wahr! Ohne große Fehler von euch hätten sie nicht entkommen können. Ich werde diesen Fall untersuchen und die Schuldigen heim zu den alten Weibern schicken, mit denen sie Pantoffeln machen können."

Da begann der Ben Khalid einen anderen Ton anzuschlagen:

„Wir sind keine alten Weiber. Ich bin ein Ben Khalid, ein freier Beduine, und nur dem untertan, dem ich gehorchen will. Am Entweichen der Asaker ist kein einziger von uns schuld, sondern nur die Dschinn, die in großen Massen kamen."

„Was für Dschinn waren es?"

„Dunkle Gestalten, die wie Schatten aussahen. Ihnen voran kam das gestrige Gespenst."

„Welches?"

„Der Geist, der hierherkam und sprach."

„Allah!“ rief der Scheik, indem er seine Aufmerksamkeit verdoppelte. „Dieser Geist war es?“

„Ja.“

„Und ihr seid sofort ausgerissen?“

„Nein. Aber er hielt zwei flammende Irrlichter in Händen, aus denen Köpfe lebendiger Teufel hervorsprühten. Wir sind Gläubige des Koran und fromme Bekenner des Propheten, aber mit Geistern und Teufeln zu kämpfen, das darf uns niemand zumuten.“

„Ich werde bald erfahren, was für flammende Irrlichter das gewesen sind. Hattet ihr denn ein Feuer brennen?“

„Sogar zwei. Erst als der Geist sich dem ersten näherte, entfernten wir uns.“

„Und ließt die Asaker liegen?“

„Allerdings. Was hätten wir sonst machen sollen? Dann sahen wir aus der Ferne viele schattenhafte Gestalten über den Platz huschen, und als sie fort waren und wir zurückkehrten, fanden wir die Asaker nicht mehr vor, auch ihre Kamele waren fort. Sie sind uns von den Geistern entführt worden.“

„Ich will dir den größten dieser Geister zeigen. Schau dorthin! Wer sitzt da bei Abadilah, unserem Gast?“

Der Bote hatte den Münedschi noch nicht bemerkt. Als er ihn nun erblickte, rief er aus:

„Allah behüte mich vor dem gesteinigten Teufel! Da sitzt er ja! Das ist er!“

„Schau ihn an! Ist das ein Teufel, ein Gespenst oder ein Mensch?“

„Sollte — — sollte — — ist — — — sollte — — ist — — ?“

Der Mann war verblüfft und fassungslos. Der Scheik schrie ihn an:

„Wenn du jetzt, am hellen Tag, noch nicht weißt, woran du bist, so brauche ich mich allerdings nicht zu wundern, daß ihr in der dunkeln Nacht vor Angst den

Verstand verloren habt. Der Münedschi war es. Wer weiß, was für Flammen er in den Händen gehalten hat. Abadilah, mein Freund, ich bitte dich, ihn zu fragen."

Der Ghâni kam diesem Wunsch nach, indem er sich bei dem neben ihm sitzenden Blinden erkundigte:

„Hast du gehört, was jetzt gesprochen wurde?"

„Ja, jedes Wort", antwortete der Gefragte, der völlig munter war.

„Weißt du, daß du gestern abend an einem anderen Ort geweilt hast?"

„Ja."

„Wo?"

„Die Stelle kenne ich nicht. Ich wurde geführt und bekam dann zwei brennende Fackeln in die Hände."

„Von wem?"

„Vom Scheik der Haddedihn und dem Effendi aus dem Wadi Draa. Ich bin darauf eingegangen, weil das Weib sagte, es geschehe zu meinem Wohl."

„Hast du gewußt, worum es sich handelt?"

„Nein. Es wurde mir nicht mitgeteilt. Dieser Dieb deines Verzeichnisses und seine Hehler haben mich betrogen und mich schmachvoll hintergangen. Wären sie aufrichtig gewesen, hätte ich es um keinen Preis getan. Allah wird sie strafen."

„Kannst du dir denken, was für Schatten es waren, die bei dir gewesen sein sollen?"

„Wahrscheinlich waren es die Verbündeten der Betrüger, die Krieger der Haddedihn, denn auf dem Weg, den ich gehen mußte, hörte ich neben und hinter mir die Schritte vieler Menschen, die mich begleiteten. Und auf dem Rückweg sagte mir mein Ohr, daß sich Kamele hinter mir befanden. Ich bin zur Ausführung einer Schlechtigkeit benützt worden, von der ich keine Ahnung hatte. Aber Allah ist gerecht, er läßt keine Tat ohne Lohn oder Strafe, und diese Diebe und Betrüger werden einst nicht über Es Ssirât, die Brücke des Todes, hinüberkommen, sondern in den Abgrund des Verderbens stürzen."

„So ist also jetzt alles erklärt", zürnte der Scheik. „Das Licht der Fackeln hat eure Phantasie erhitzt und euch Teufelsköpfe vorgeflackert, wo gar keine waren. „Ihr habt die Haddedihn für Geister gehalten und seid vor ihnen ausgerissen, anstatt sie einfach niederzuschießen. Dadurch wurde die Befreiung der Gefangenen möglich, mit denen ich mir hier den Sieg erzwungen hätte. Ich werde mit euch abrechnen. Diesen alten, blinden, kindischen und unvorsichtigen Menschen werden wir unschädlich machen müssen, damit wir nicht noch Ärgeres mit ihm erleben. Der unerfahrenste Knabe muß meinen Grimm begreifen, daß ich mich dieser Fehler wegen unfähig zum Widerstand in den Händen derer befinde, über die wir hätten lachen können, wenn meine Absichten ausgeführt worden wären. Aber ich schwöre zu Allah und den Propheten, daß ich alles nachholen werde, was versäumt wurde!"

Diese Drohung war ein abermaliger Fehler, denn wenn wir nicht schon entschlossen gewesen wären, uns möglichst sicherzustellen, so hätte sie uns zur Vorsicht mahnen müssen. Viel mehr als sie beschäftigte mich die Beobachtung, daß es El Ghâni gelungen war, den Blinden von seiner Unschuld und infolgedessen von unserer Bosheit zu überzeugen. Der Münedschi befand sich schon nach kurzer Zeit wieder unter dem Einfluß dieses Schurken, den er für seinen Wohltäter und den besten Menschen hielt.

Halef hatte der letzten Ausführung des Scheiks mit wohlgefälligem Lächeln zugehört.

Jetzt sagte er zu ihm:

„Es freut mich, daß du zur Einsicht gekommen bist und so aufrichtig deine Ohnmacht eingestehst. Wir könnten sie in einer Weise ausnützen, die dich für alle Zeiten an uns denken lassen würde, aber in unserer berühmten

Güte haben wir den Beschluß gefaßt, mit euch so glimpflich zu verfahren, wie uns die Liebe gebietet, die wir zu allen Menschen und sogar zu unseren Feinden haben."

„Ich mag eure Liebe nicht!" brauste Tawil Ben Schahid auf.

„Du wirst sie nehmen müssen und ihr nicht widerstehen können, gleichgültig, ob du willst oder nicht."

„Und daß ich meine Ohnmacht eingestanden habe, davon weiß ich nichts. Noch habe ich meine Krieger, die euch vielfach überlegen sind."

„Die fürchten wir nicht. Zunächst sind wir in der Überlegenheit und werden dafür sorgen, daß wir sie auch behalten."

„Ich fordere meine Freilassung. Wenn ihr euch weigert, so schicke ich diesen Ben Khalid hier mit dem Befehl zu meinen Kriegern, sofort gegen euch zu den Waffen zu greifen."

„Versuch es doch, ihn fortzuschicken! Wenn er es wagen wollte, diesen Platz ohne unsere Erlaubnis zu verlassen, würden wir ihn durch eine Kugel für immer festhalten."

„Allah zerschmettere dich!" zischte der Scheik, der wußte, wie recht der kleine Hadschi hatte.

Dieser beachtete die Verwünschung nicht und fuhr fort:

„Khutab Aga, unser Freund, hat die Einbrecher, die den Kans el A'dhâ von Meschhed Ali geraubt hatten, verfolgt, er wollte sie ergreifen und in die heilige Stadt der Schiiten bringen, wo die Strafe des Todes sie erwarten würde. Nun aber hat er sich entschlossen, davon abzusehen. Er wird sie also laufen lassen, wie häßliches Gewürm, mit dem man sich nicht besudeln mag. Wir hatten über sie die Bastonade beschlossen, sehen aber auch hiervon ab, eben weil wir nicht weiter mit dem Schmutz, von dem sie starren, in Berührung kommen wollen."

„Sprich nur immer weiter!" fauchte ihn der Scheik an.

„Ich werde dir dann, wenn du fertig bist, sagen, was ich dir zu sagen habe."

„Schön! Ich gehorche dir, du mächtiger Gebieter dieses Lagers! Die Diebe sind also für uns abgetan, nun kommt die Reihe an dich. Auch dich werden wir freilassen. Bist du damit einverstanden?"

„Weiter!"

„Ist dir das noch nicht genug?"

„Es ist mehr als genug, nämlich der Arglist und Verschlagenheit, die euch von Anbeginn gekennzeichnet hat. Wie ergreifend du von eurer Güte zu sprechen weißt! Aber ich kenne den Abgrund der Verworfenheit, der hinter dieser angeblichen Nachsicht gähnt. Ihr seht von der Bestrafung der Diebe ab, weil ihr nur zu gut wißt, daß sie unschuldig sind. Erst wurde ihnen das Verzeichnis entwendet, und nun es euch gelungen ist, die Gegenstände selbst an euch zu raffen, wollt ihr euch mit der vorgegebenen Milde den Rückzug decken. So ist's, ihr Schurken!"

Ein höhnisches Lachen folgte diesen Worten, die so viel Unverschämtheiten enthielten, daß mein kleiner Halef rasch zu mir sich wendete und mit zornblitzenden Augen fragte:

„Sihdi, jetzt kann es doch keine Sünde sein, ihm mit der überzeugenden Entgegnung meiner Peitsche zu antworten."

„Wir schlagen nicht, Halef", erwiderte ich.

„Gut! So will ich meinen Grimm beherrschen."

„Sprich nicht von Grimm!" lachte der Scheik der Beni Khalid wieder. „Was du Grimm nennst, ist nur der Ärger darüber, daß ich euch durchschaue. Dazu kommt die Feigheit, die verächtliche Angst vor unserer wohlbewährten Tapferkeit."

„Feigheit?" fragte Halef in größtem Erstaunen.

„Leugne nicht! Du weißt nur zu gut, was ausgemacht worden war: es sollte um die Mekkaner gekämpft werden. Jetzt gebt ihr sie ohne Kampf frei. Ist das nicht Feigheit?!“

Der Hadschi konnte seinen Zorn kaum bemeistern. Er mußte sich die größte Mühe geben, möglichst ruhig zu antworten:

„Das ist eine Verdrehung der Tatsachen, die du dir ausgesonnen hast, um prahlen zu können.“

„Ich habe die Wahrheit gesagt.“

„Nein, du hast gelogen! Es war nicht beschlossen worden, um die Freigebung der Diebe zu kämpfen, sondern der Kampfpreis war der Besitz ihrer Personen. Sie befanden sich bei euch, und wir wollten sie haben. Deshalb wurde festgestellt, daß sie dem Sieger gehören sollten. Jetzt aber handelt es sich nicht um die Ergreifung ihrer Personen, denn die haben wir ja, sondern um ihre Freilassung. Wenn wir sie unbestraft entkommen lassen, so tun wir das aus Barmherzigkeit.“

„Du ereiferst dich ohne Erfolg. Es bleibt bei dem, was ich gesagt habe. Ihr wollt sie aus Angst vor mir freilassen, das Eigentum des Ghâni aber behalten.“

Wie ich meinen mutigen Hadschi kannte, dem Feigheit das Allererbärmlichste auf Erden war, war jetzt eine Übereilung von ihm zu befürchten, darum wollte ich schnell das Wort ergreifen, aber er sah das und forderte mich auf:

„Du bist jetzt still, Sihdi, ich bitte dich. Einen solchen Vorwurf läßt kein Krieger der Haddedihn auf sich sitzen.“

Da klang es hinter uns:

„Auch keine Frau der Haddedihn!“

Ich drehte mich um. Dort stand Hanneh mit blitzenden Augen und dunkelgeröteten Wangen. Die erregte Verhandlung war so laut geführt worden, daß sie drüben an der anderen Seite des Brunnenplatzes alles gehört hatte. Nun war sie herübergekommen, um auch ihrerseits die beschimpfende Anschuldigung zurückzuweisen, ein Vorgang, dessen Ungewöhnlichkeit eine augenblickliche Stille hervorbrachte. Dann rief Tawil Ben Schahid höhnisch:

„Ein Weib! Das beweist die Wahrheit dessen, was ich gesagt habe, denn wir hören nun, daß bei den Haddedihn die Frauen mutiger als die Männer sind."

Da ergriff Hanneh des Hadschi Arm, zog ihn mit einem kräftigen Ruck zu sich heran und sagte:

„Ich bin Hanneh, die Tochter der Ateïbeh, die Frau des Scheiks der Haddedihn vom Stamm der Schammar. Man hat uns den Vorwurf der Furchtsamkeit in das Gesicht geschleudert, obgleich dieser großsprecherische Scheik der Beni Khalid von meinem Knaben zur Erde geworfen und überwältigt worden ist. Wir werden diese Niederträchtigkeit bestrafen, und ich will haben, daß außer Omar Ben Sadek mein Gatte und mein Sohn es sind, in deren Hände man diese Aufgabe legt! Wir wollen nichts von diesen Menschen. Wir leisten Verzicht auf alles, was wir bisher errungen haben, sogar auf den gestohlenen und wiedererlangten Schatz der Glieder. Wir kämpfen um sie, aber wer uns nach unserem Sieg noch als Diebe bezeichnet, den geben wir den Hyänen und Schakalen zu fressen. Ich, das Weib, habe gesprochen, nun mögen die Männer handeln!"

Hanneh trat zurück. Die Wirkung ihres unerwarteten Auftretens und ihrer flammenden Worte war durchschlagend. Auch ich konnte mich diesem Einfluß nicht entziehen. Im Grund war ich allerdings gar nicht damit einverstanden, daß alles, was wir bis jetzt erreicht hatten, wieder auf die Entscheidung der Waffe gesetzt werden sollte, aber es war für uns Männer unmöglich, uns zu dieser mutigen und entschlossenen Frau in Widerspruch zu stellen, die hier nicht an ihre Gatten- und nicht an ihre Mutterliebe dachte. Schließlich kannte ich ja die drei Personen, um die es sich auf unserer Seite handelte, so genau, daß es mir nicht einfiel, Sorge zu haben. Halef stellte seinen Mann wie selten einer, das wußte ich, Omar

Ben Sadek hatte sich so oft bewährt, warum sollte dies nicht auch jetzt wieder geschehen? Seine körperliche und geistige Spannkraft war noch ganz wie einst. Und Kara Ben Halef? Nun, er war zwar noch jung und konnte also keine so reiche Erfahrung hinter sich haben wie wir, aber er hatte in seinem Vater den besten Lehrmeister gehabt, den es für ihn geben konnte, und sooft ich bei den Haddedihn gewesen war, hatte auch ich mich täglich über seine Gelehrigkeit, Geschicklichkeit, Kraft und Ausdauer zu freuen und oft sogar gewundert. Er hatte viele jener Griffe, Kniffe und Schlauheiten von mir gelernt, die auch im ehrlichsten Kampf erlaubt sind und die eigentliche Übermacht über einen sonst ebenbürtigen Gegner verleihen.

Niemand konnte der Vorschlag Hannehs so willkommen sein wie dem Scheik der Beni Khalid, dem er die Hoffnung wiedergab, in den Besitz der kostbaren Gliedernachbildungen zu gelangen.

Er wartete auch nicht, bis Halef das Wort ergriff, sondern kam ihm zuvor:

„Also doch noch Kampf! Die Frau gibt den Männern den Mut. Und nicht nur um die Mekkaner soll es gehen, sondern auch um den Schatz der Glieder!"

Es war, als sei Halef jetzt plötzlich ein anderer geworden. Seine zornige Aufregung hatte, nun es eine sichere Entscheidung für ihn gab, jener kalten Ruhe Platz gemacht, die gegen den nicht so kalten Widersacher den Sieg verleiht.

Es war ein selbstbewußtes, überlegenes Lächeln, das um seine Lippen spielte, als er beinahe gleichgültig antwortete:

„Ja, wir kämpfen auch um den Schatz der Glieder, und du sollst die Bedingungen vernehmen, von denen wir auf keinen Fall abgehen werden. Bist du mit ihnen einverstanden, so liegt es in euren Händen und an eurer Tapferkeit, uns wieder abzunehmen, was wir jetzt besitzen. Nimmst du sie aber nicht an, so bleibt es, wie es jetzt ist."

„Dann heraus mit ihnen!"

„Zuerst verlange ich, daß, die Entscheidung mag fallen, wie sie will, alle beleidigenden Reden vermieden werden. Wir sind keine Knaben, die im Bewußtsein ihrer Ohnmacht Worte an die Stelle der Taten setzen."

„Ich stimme bei."

„Sodann findet der Kampf auf der da draußen liegenden Sandebene statt, wo kein Felsen deine Beni Khalid und meine Haddedihn hindert, zuzuschauen. Beide Stämme stehen einander gegenüber, die Zweikämpfe gehen in der Mitte vor sich. Sie finden einzeln statt, zwischen drei Beni Khalid und drei Haddedihn. Gewonnen hat der Stamm, auf dessen Seite die Mehrzahl der Siege ist. Ihm gehört der Schatz der Glieder, der bis dahin in unserer Verwahrung bleibt. Die Besiegten müssen den Brunnen sofort verlassen und ihre Reise fortsetzen. Ist dir das recht?"

„Ja, doch setze ich voraus, daß ich jetzt freigelassen werde."

„Habe keine Sorge um deinen geliebten Körper! Wir können ihn nicht brauchen und geben ihn dir zurück. Doch mußt du vorher die Vereinbarung auf dein Hamâïl beschwören."

„Ich bin dazu bereit."

„In diesem Schwur ist eingeschlossen, daß beide Parteien für den heutigen Tag auf Hintergedanken verzichten."

„Für später aber nicht?" fragte der Scheik schnell.

„Nein."

„So bin ich auch hiermit einverstanden. Ich hoffe, daß dieser Kampf keine Spielerei sein, sondern um das Leben gehen soll."

„Gewiß! Macht nur ihr Ernst, uns ist es gleichgültig, ob wir nur zu spielen brauchen oder nicht."

„Mit welchen Waffen soll er geführt werden?“

Da antwortete mein in solchen Dingen geradezu einziger Halef unendlich wegwerfend:

„Das ist uns wirklich einerlei. Wir überlassen also diese Bestimmung euch. Suche die drei tüchtigsten Beni Khalid heraus, und jeder von ihnen mag die Kampfesart bestimmen, in der er am geschicktesten ist. Wir sind es nicht gewöhnt, uns über solche Nebensachen die Köpfe zu zerbrechen.“

„Stelle dich nicht so siegesgewiß! Der Schakal, der am ärgsten bellt, wird am ehesten vom Geier zerrissen. Ich bin bereit, zu schwören.“

Nun wurde er losgebunden. Halef setzte sich ihm gegenüber. Der Koran wurde zwischen sie gelegt, und, die Hände daraufhaltend, schwuren sie, jeder für sich und die Seinen, die eingegangenen Bedingungen ehrlich und treu zu halten. Dann hing sich der Scheik sein Hamâïl wieder um den Hals und stand auf, um sich zu entfernen.

Ehe er das aber tat, wendete er sich noch einmal um und sagte:

„Ich habe noch nie mein Wort gebrochen und werde es auch heute halten, aber wehe euch, wenn ihr dem eurigen nicht treu bleibt! Ich werde in kurzer Zeit einen Boten senden, um euch mitteilen zu lassen, welche Waffen gewählt worden sind. Aber daß ihr es mit den drei Siegessichersten meiner Krieger zu tun haben werdet, darauf dürft ihr euch verlassen. Ich gebe euch daher den Rat, schon jetzt drei Gruben zu machen, in die unsere Gegner zu liegen kommen.“

Nun ging er und nahm den Boten mit.

Aller Haddedihn hatte sich eine erwartungsvolle Stimmung bemächtigt. Ein Zweikampf auf Tod oder Leben, und zwar ein dreifacher, welch ein Ereignis für jeden Beduinen! Am wenigsten einverstanden mit dieser Wendung war der Perser, und das konnte man ihm nicht verargen. Er hatte sich schon am Ziel befunden und sah sich nun gezwungen, die schon erlangten Vorteile wieder aufzugeben und vom Erfolg der Waffen abhängig zu machen. Ich nahm mich seiner Sorge an, und es gelang mir, ihn so weit zu beruhigen, daß er darauf verzichtete, gegen den Kampf um den Inhalt des Gebetsteppichs Einspruch zu erheben.

9. *Waffengänge*

Der für den Kampf bestimmte Platz war die weite, sandige Strecke, über die wir gestern abend mit dem Münedschi von Ben Nûr geführt worden waren. Wir gingen hinaus und zeichneten unsere Stellung und die unserer Gegner mit Strichen in den feinkörnigen Boden. Halef wollte ihr die Richtung nach Norden und nach Süden geben, ich schlug die beiden anderen Himmelsgegenden vor und erklärte ihm, daß der Kämpfer im Vorteil sei, der die Sonne im Rücken habe, während sie den ihr mit dem Gesicht Zugekehrten blende.

Wir beschlossen also, den östlichen Teil des gezeichneten Kreises einzunehmen.

Es war das einer der erwähnten „Kniffe", die nicht als Unredlichkeiten gelten, obgleich man dabei ein Überlisten des Gegners im Auge hat.

Daß wir uns darüber kein Gewissen zu machen brauchten, zeigte sich, als der Bote der Beni Khalid kam, denn aus dem, was er uns zu sagen hatte, erfuhren wir, daß sie sich einer wenigstens ebenso großen Pfiffigkeit befleißigten wie wir, Halef, als unser Scheik, ließ ihn zu sich kommen und fragte ihn nach seinem Auftrag.

Er erhielt die Antwort:

„Tawil Ben Schahid, der Scheik der tapferen Beni Khalid, läßt dir sagen, daß geschossen, gerungen und mit dem Speer geworfen wird."

„Wird? Das klingt so befehlshaberisch, als hätten wir es nur so hinzunehmen, wie es ihm beliebt."

„So meint er es auch!" betonte der Bote.

„Ah?!"

„Ja. Er sagt, nur er allein habe die Waffen zu bestimmen, und ihr hättet nicht die Erlaubnis, Einwendungen dagegen zu machen."

„So! Die Wahrheit aber ist, daß ich ihm erlaubt habe, diese Bestimmung zu treffen, und so konnte er mir seinen Entschluß wohl in etwas höflicherer Weise mitteilen lassen. Also geschossen soll werden?"

„Ja, das ist der erste Gang."

„Womit?"

„Mit Flinten! Das ist doch selbstverständlich, warum fragst du also?"

„Mann, vergiß nicht, daß du vor Hadschi Halef stehst, dem Scheik der Haddedihn! Wenn du nicht weißt, in welchem Ton du zu mir zu reden hast, kannst du unverrichtetersache wieder gehen, und wir behalten, was wir haben. Ich habe mit Tawil Ben Schahid beschworen, daß nicht beleidigend gesprochen werden darf. Das bezieht sich nicht bloß auf die Wahl der Worte, sondern auch auf die Art und Weise, wie du mit mir redest. Merke dir das! Du hast dich mit deiner übel angebrachten Frage nur selbst bloßgestellt, denn du scheinst noch gar nicht zu wissen, daß es außer den Flinten noch andere Schußwaffen gibt. Hat er die Entfernung bestimmt?"

„Sechzig Schritte und jeder drei Schüsse."

„So sehr weit? Wer soll da sicher treffen können?"

Halefs Gesicht zeigte Enttäuschung, im Innern aber fühlte er sich höchst befriedigt, denn sein und auch Karas Gewehr waren jeder Beduinenflinte weit überlegen, ich hatte sie ihnen als Geschenke mitgebracht.

„Soll mit Churduk[1] oder mit Russâss[2] geschossen werden?" fuhr er vorsichtig fort.

„Natürlich nur mit Russâss!"

„Ich bin einverstanden. Doch sag deinem Scheik, daß die Kugeln vor dem Laden vorgezeigt werden müssen,

1 Schrot 2 Mehrzahl von Russâssa = Flintenkugel

damit nicht aus Versehen Churduk genommen wird. — Und sodann soll auch gerungen werden?"

„Ja, mit nacktem Oberkörper und einem Messer im Gürtel."

„Wozu das Messer? Das braucht man doch zum Ringen nicht."

„Weil es ein Ringkampf auf Tod und Leben sein soll. Sobald einer den anderen platt auf den Boden gebracht hat, besitzt er das Recht, ihn zu erstechen."

„Ihr scheint einen bedeutenden Ringer unter euch zu haben?"

„Ja", lächelte der Beni Khalid unbescheiden. „Unser Abu 'l Kuwwe[1] wird von keinem Menschen besiegt. Das hörst du auch dem Namen an, den wir ihm deshalb gegeben haben."

„Ist die Zeit bestimmt worden, wie lange das Ringen zu dauern hat?"

„Natürlich, bis der erste erstochen worden ist."

„Wieder ‚natürlich'! Bei dir scheint alles natürlich zu sein! Wahrscheinlich hältst du es auch für natürlich, daß unsere drei Krieger von den eurigen mit der größten Leichtigkeit abgeschlachtet werden! — Auch mit Speeren soll geworfen werden? Meinst du da die lange Lanze oder den kurzen Dscherîd[2]?"

„Den Dscherîd natürlich!"

„Schon wieder natürlich! Du bist wirklich ein vollständiger Abu el Ma'umât[3]! Es sind doch jedenfalls auch Bedingungen dabei?"

„Natür — — —" er hielt diesmal mitten im Wort inne und verbesserte sich damit: „Ja, ich muß sie dir mitteilen. Die Entfernung ist fünfundzwanzig Schritte. Jeder bekommt drei Speere."

„So! Ihr habt wohl auch einen sehr geschickten Speerwerfer unter euch?"

„Er trifft stets", bestätigte der Gefragte.

1 „Vater der Kraft"   2 Wurfspeer   3 „Vater der Selbstverständlichkeit"

„Du machst mich neugierig auf ihn. Ist das alles, was du mir zu sagen hast?"

„Ich soll besonders betonen, daß keine Schonung stattfinden wird. Es soll auf den Tod gekämpft werden. Blut wenigstens muß fließen, sonst gilt der Gang nichts. Wer so verwundet ist, daß er sich nicht vom Boden erheben kann, gilt als besiegt, und der Sieger hat das Recht, ihn vollends zu töten. Jetzt bin ich fertig."

„Ich aber nicht! Wann werdet ihr kommen?"

„Eine halbe Stunde nach meiner Rückkehr."

„So schlagt den Weg westlich des Felsens ein! Wir bleiben hier auf dem Punkt, wo wir jetzt stehen. Welche Waffe hat euer Scheik gewählt?"

„Der Scheik — — —?" fragte der Ben Khalid sehr erstaunt. „Du denkst, der kämpft mit?"

„Allerdings."

„O nein, das tut er nicht. Schon der Gedanke, daß er sich mit beteilige, ist eine Beleidigung für ihn. Ein Scheik ist kein gewöhnlicher Krieger, er kämpft natürlich nur mit Scheiks."

„Wie natürlich wieder! Wenn wir nicht ausgemacht hätten, daß nicht beleidigend gesprochen werden darf, würde ich ihm jetzt den Vorwurf der Feigheit zurückgeben, den er uns gemacht hat. Ich bin auch Scheik, aber ich kämpfe mit jedem Krieger, der meiner Tapferkeit würdig ist. Ich werde mich auch nachher beteiligen, denn ich setze meinen Stolz darauf, daß ich nicht aus der sicheren Ferne zusehe, wenn meine Krieger für den Ruhm ihres Stammes ihr Leben wagen. Ich weiß zwar noch nicht, ob ich die Flinte, den Dscherîd oder den Ringkampf wählen werde, denn ich muß mir da erst die Gegner ansehen, aber wenn — — —"

„Das darfst du nicht", fiel der Bote ein.

„Wie? Ich darf nicht wählen?"

„Nein."

„Wer will und kann mir das verbieten?"

„Unser Scheik. Er hat die Waffen zu bestimmen und auch die Bedingungen zu stellen."

„Von Bedingungen ist keine Rede gewesen, aber sprich nur weiter! Ich werde ja hören, was du sagst."

„Unser Scheik verlangt, daß eure drei Krieger losen müssen. Jeder von ihnen hat an dem Kampf teilzunehmen, für den ihn das Los bestimmt."

„Ihr aber habt den besten Ringer, den besten Speerwerfer und wahrscheinlich auch den besten Schützen gewählt?"

„Natürlich!"

„Höre, Mann, wenn ich dieses Wort ‚natürlich' nur noch einmal aus deinem Mund höre, so tu ich etwas, was dir ganz unnatürlich vorkommt! Eure Pfiffigkeit wäre lobenswert, wenn sie nicht ein so dummes Aussehen hätte. Ihr wählt für jede Waffe den besten Mann, und wir sollen uns dahin werfen lassen, wohin es dem Los beliebt. Das ist nicht klug von euch, sondern etwas anderes, was ich der Höflichkeit wegen nicht näher bezeichnen will."

Er machte eine Pause, während der er seine Augen von Kara auf Omar Ben Sadek und von diesem dann auf mich richtete. Ich wußte, was er dachte. Sein Sohn erriet es auch.

„Vater, tu es!" bat er.

„Was?" fragte Halef lächelnd.

„Wir fürchten uns doch nicht vor dem Los, und wenn du nicht darauf eingehst, so denken sie, es sei bei uns so wie bei ihnen."

„Wie denn, mein Sohn?"

„Bei ihnen weiß man wahrscheinlich wohl mit der einen Waffe umzugehen, mit der anderen aber nicht. Wir wollen ihnen jedoch zeigen, daß die Krieger der Haddedihn gelernt haben, in jedem Sattel festzusitzen."

Da ging der Ausdruck stolzer Vaterfreude über Halefs Gesicht, er wendete sich wieder zu dem Boten und sagte:

„Du hast die Worte Kara Ben Halefs, meines Sohnes, gehört und kennst nun den Grund, der mich veranlaßt, auf das Verlangen deines Scheiks einzugehen. Er mag nicht denken, daß er uns überlistet habe oder daß wir aus Scheu vor ihm das tun, was ihm seine Klugheit eingegeben hat. Die Ursache ist nur die, daß es uns gleich ist, welche Waffe wir in die Hand bekommen. Bist du fertig?"

„Ja."

„So kannst du gehen."

Während des letzten Teiles des Gespräches hatte sich Halef zu unserem Lagerplatz gewendet, und wir gingen nebenher, der Ben Khalid auch. Anstatt sich nun nach der Verabschiedung, die ihm von dem Hadschi geworden war, von uns zu trennen, blieb er noch und erkundigte sich:

„Du sagtest, o Scheik, daß du selbst mitkämpfen werdest. Wer sind die beiden anderen?"

„Weshalb fragst du?"

„Weil ich sie gern sehen möchte."

„Ihr alle werdet sie ja zu sehen bekommen."

„Ich will sie jetzt sehen."

Der Hadschi lachte kurz auf.

„Du willst? Allah! Das ist sehr gütig von dir, daß du willst! Erlaubst du mir vielleicht einmal, auch zu wollen?"

„Was?"

„Sie dir nicht zeigen! Also, du kannst gehen."

Wir waren beim Brunnen angekommen, auf dessen Rand der gefüllte Ledereimer stand. Der Ben Khalid folgte der Aufforderung nicht, er blieb zudringlich stehen und sagte:

„Ich wollte sie sehen, weil ich selbst es mit einem von ihnen zu tun bekommen werde."

Auf seinem Gesicht war die deutliche Aufforderung zu lesen, daß wir ihn bewundern sollten. Halef ließ einen forschenden Blick über die sehnige Gestalt des Beduinen gleiten.

„Bist du etwa der Mann mit den drei Speeren, die unbedingt treffen werden?"

Da warf der Gefragte den rechten Arm empor, daß der weite Ärmel von ihm zurückfiel und wir den starkentwickelten Muskelbau sehen konnten, und rief selbstbewundernd:

„Ja, der bin ich! Seht diesen Arm und diese Muskeln! Kein Speer ist mir zu schwer und keine Entfernung zu weit! Entferne dich vierzig Schritte von mir, hebe die Hand empor und sage mir, welchen Fingernagel ich treffen soll — — — ich treffe ihn!"

Das war eine Prahlerei, die dem Hadschi das Blut in die Stirn trieb. Seine Augen irrten zum Eimer hin, und er fragte:

„Du bist also überzeugt, nachher zu siegen?"

„Natürlich."

„So will ich deine glühende Einbildung etwas abkühlen!"

Halef ergriff schnell den Eimer, schwang ihn hoch empor und goß dem Ben Khalid den Inhalt mit solcher Geschicklichkeit über den Kopf, daß ihm das Wasser in gleichmäßigen Bächen an allen Seiten herunterlief, worüber die Haddedihn in ein schallendes Gelächter ausbrachen. Der Stolz des Beduinen kennt außer den tödlichen Beleidigungen nichts Schlimmeres, als der Lächerlichkeit preisgegeben worden zu sein. Der Ben Khalid stand für einige Augenblicke bewegungslos, dann aber riß er blitzschnell das Messer aus dem Gürtel, um es in Halefs Herz zu bohren. Der Hadschi wäre bei der Raschheit dieses Angriffes unbedingt getroffen worden, aber ich hatte seinen auf den Eimer gerichteten Blick gesehen und seine Absicht erraten, ich wußte, wie gefährlich es ist, einen Beduinen in solcher Weise zum Gegenstand der Belustigung zu machen, und hatte aufgepaßt.

Ich griff rasch zu, aber doch beinahe zu spät, es gelang mir einstweilen nur, dem bewaffneten Arm eine andere Richtung zu geben, so daß das Messer nur die Kleidung Halefs traf und da einen langen Schnitt verursachte. Dann aber nahm ich den Mann an den beiden Oberarmen fest, drückte ihm diese so an den Leib, daß er sich nicht bewegen konnte, und herrschte ihn an:

„Du hast gestochen! Du hast als Abgesandter eures Stammes die Waffe gegen einen von uns gebraucht! Weißt du, welche Strafe das Gesetz der Wüste auf eine solche Schändung deiner Unverletzlichkeit vorschreibt?"

Der Bote war sofort von unseren Kriegern umringt worden. Sie zogen ihre Messer und ließen drohende Worte hören. Er versuchte vergeblich, sich von mir loszumachen, und stieß dabei die abgerissene Entschuldigung hervor:

„Er hat — — — mich beleidigt — — mir Wasser — — — über — — —"

„Scheik Hadschi Halef hat nichts getan, als sein Versprechen erfüllt, das er dir vorhin gab, als er dich warnte, unsere Niederlage nicht für so ‚natürlich' zu halten. Das war eine Beleidigung für uns. Ein Abgesandter soll seinen Auftrag ausrichten und sich dabei jedes Wortes enthalten, das nicht zur Sache gehört. Du hast dich deiner Arme und ihrer Muskulatur gerühmt, jetzt fühlst du, was davon zu halten ist. Wenn ich will, drücke ich dir den Atem aus dem Leib. Wir haben, da du zur Waffe gegriffen hat, das Recht, dich ohne Beratung niederzuschießen, aber da wir neugierig auf dein unvergleichliches Speerwerfen sind, so wollen wir dich laufen lassen. Das Messer behalten wir zur Beweisführung hier, falls dein Scheik auf den Gedanken kommen sollte, uns dafür zur Rechenschaft zu ziehen, daß ich mich an dir, seinem Boten, vergriffen habe. Mache dich schleunigst fort, ehe es die anderen reut, daß ich dich entkommen lasse!"

Ich gab ihn frei. Er ließ das Messer, das ihm infolge meines Druckes aus der Hand gefallen war, liegen und entfernte sich rasch.

In einiger Entfernung blieb er stehen, hob drohend den Arm und rief uns zu:

„Das sollt ihr büßen! Für diese Nässe des Wassers fordere ich die Nässe eures Blutes."

„Natürlich, natürlich!" spottete Halef.

Als hierauf das Gelächter der Haddedihn abermals erscholl, zog jener es vor, zu schweigen und zu verschwinden.

Hanneh kam besorgt herbei und freute sich herzlich, als sie sah, daß der Messerstich kein Blut gekostet habe und mit Hilfe von Nadeln und Zwirn zu heilen sei.

Wir wußten nun zwar, welche Art von Kampf uns erwartete, aber leider das Nötigste nicht: welche Waffe auf jeden von den Dreien fallen werde. Es klang eigentlich rührend, als Halef, der doch so geübt und vielerfahren war, in bescheidener Weise zu mir sagte:

„Es wäre freilich besser, Sihdi, wenn wir in dieser Beziehung nicht im unklaren wären. Wir könnten mit dir darüber sprechen, und ich weiß, wenn die Rede auf solche Dinge kommt, so kann man immer noch von dir lernen."

„Schwerlich, lieber Halef! Denn was ich kann und weiß, das ist dir alles schon bekannt."

„Noch lange nicht! Weißt du, Sihdi, bei dir ist es nämlich so: während du über den Gebrauch dieser oder jener Waffe sprichst, fallen dir immer noch mehr und noch weitere Erlebnisse ein, bei denen du dich dieser Waffen bedient hast. Da ist jeder Fall anders, jede Anwendung und jeder Erfolg anders. Da werden Messer, Flinte und Pistole lebendig, da denken und berechnen sie, da sprechen sie förmlich mit!"

„Wie deine Peitsche", warf ich scherzend ein.

„Lache nicht über sie! Sie ist eine vornehme Haremsdame, die ihre guten Seiten, aber auch ihre Mucken hat. Doch wir reden jetzt nicht von ihr! Fällt dir nichts ein? Keine nützliche Verhaltungsmaßregel, die wir befolgen könnten?"

„Ihr wißt alles schon! Aber auf eines will ich euch doch aufmerksam machen: richtet eure Augen nur auf den Gegner; alles andere schadet, weil es zerstreut! Bei den Zuschauern kann geschehen, was nur immer will, es geht euch nichts an. Oft ist ein fester, unbeirrter Blick schon der halbe Sieg. Für das Gewehr habe ich keine Bemerkung, für die drei Dscherîd aber doch. Ich würde es folgendermaßen machen: ich ließe den Gegner seine Speere erst verschießen, weil ich da nur auf ihn und nicht auch auf mich aufzupassen hätte. Bei dieser ungeteilten Aufmerksamkeit ist es leicht, seinen Würfen auszuweichen. Hat er dann keinen mehr und mich auch nicht getroffen, so weiß er sich machtlos und mich ihm überlegen. Das gibt ihm ein Gefühl der Unsicherheit, das mir Vorteil bringt."

„Aber er macht es dann auch wie du: er braucht nur auf dich aufzupassen und weicht also deinem Speerwurf leicht aus."

„Diese Sicherheit nehme ich ihm, indem ich eine Zeitlang die Bewegung des Werfens mache, aber nicht werfe. Das erscheint ihm lächerlich, und er paßt weniger auf. Wenn ich merke, daß er bei diesen Finten ruhig stehenbleibt und nicht einmal mehr zuckt, dann werfe ich wirklich, und zwar die drei Speere schnell hintereinander."

„Maschallah! Alle drei? Warum das?"

„Er wird glauben, daß ich nur einen werfe und darum seine ganze Aufmerksamkeit nur auf diesen und nicht mehr auf mich richten. Während er den Bogenflug des Speeres verfolgt und aufwärts blickt, sieht er wahrscheinlich nicht, daß ich wieder werfe. Dieser zweite Speer wird ihn treffen, und wenn nicht, so doch gewiß der dritte. Es ist dazu freilich notwendig, daß man erstens ein guter Dscherîdwerfer ist und zweitens ein scharfes und geübtes Auge dafür hat, auf welche Seite der Gegner ausweichen will, denn auf diese Seite muß man den zweiten Wurf richten."

„Ich danke dir, Sihdi! Das ist eine Lehre, die ich mir merken werde. Ich wollte, das Los drückte mir die Speere in die Hände, ich würde es genau so machen, wie du uns jetzt geraten hast. Und wie würdest du dich beim Ringkampf verhalten?"

„Das käme auf den Gegner und auf die Art an, in der er stattfinden soll, und da ich beides nicht kenne, ist es mir unmöglich, einen Plan zu haben. Es gibt Ringkämpfe verschiedenster Art. Es handelt sich hier jedenfalls um den bei den Beduinen gewöhnlichen, daß man den Gegner ohne Befolgung irgendeiner Vorschrift so niederzubringen sucht, daß der Besiegte den Boden mit dem ganzen Körper berührt."

„Da wollte ich, daß dies mir zufiele!" wünschte Omar Ben Sadek. „Mir sollte der stärkste Ben Khalid nicht lange aufrecht stehen bleiben."

Omar war, wenn man ihn so stehen sah, scheinbar nicht geeignet, einem Gegner große Besorgnis einzuflößen, er besaß weder eine hohe noch eine ungewöhnlich breite Gestalt; aber wer ihn unbekleidet gesehen hatte und wußte, wie oft er seinen Mann gestellt hatte, der traute ihm gewiß mehr zu, als ihm anzusehen war. Im Ringen schienen seine Muskeln von Eisen und seine Sehnen von Stahl zu sein.

Wenn er sich mit auseinandergespreizten Beinen hinstellte, die Fäuste ballte und die Ellbogen fest an den Körper legte, mußten mehrere Männer sich anstrengen, um ihn von der Stelle fortzubringen. Seine Beine glichen dann Säulen, die nicht ins Wanken zu bringen sind. Und diese Zähigkeit besaß jedes einzelne Glied von ihm.

„Ja, um dich hätte ich da keine Sorge", stimmte Halef bei. „Dich bringt keiner nieder. Und deinen Griff zum langsamen Hinlegen dessen, den du gepackt hast, macht dir keiner von unseren Haddedihn nach."

„Das ist nicht ‚mein' Griff, denn ich habe ihn ja vom Effendi gelernt. Er ist sehr leicht, aber die Finger dürfen freilich, wenn sie sich einmal eingebohrt haben, keinen Augenblick nachgeben, das ist die ganze Kunst. Wenn dieses Los mir zufiele, könntet ihr unbesorgt um unsere Ehre sein. Aber, Effendi, wie hältst du es damit, daß der Kampf auf Tod oder Leben gehen soll? Die Beni Khalid werden uns freilich nicht schonen. Meinst du, daß wir ebenso streng mit ihnen verfahren?"

„Eigentlich ist diese Frage überflüssig", antwortete ich, „denn meine Ansichten in dieser Beziehung sind euch bekannt. Wenn ich einen Feind unschädlich machen kann, ohne ihm das Leben zu nehmen, so lasse ich es ihm. Das gebietet mir schon die einfachste Menschlichkeit, noch mehr aber mein christlicher Glaube. Freilich dürfen wir diese Rücksicht nicht so weit treiben, daß der Sieg in Frage gestellt wird. Es ist gesagt worden, daß wenigstens Blut fließen soll, das können wir nicht ändern, aber notwendig ist es nicht, daß die Verletzungen tödlich sind. Wenn die drei Beni Khalid nur verwundet werden, sind sie für uns ebenso unschädlich geworden, als lebten sie nicht mehr, die Hauptsache bleibt, daß sie sich nicht mehr vom Boden erheben können."

„Es ist aber doch bestimmt, daß der Besiegte platt an der Erde liegen soll", warf Halef ein.

„Das bietet keine besondere Schwierigkeit, denn wer zum Beispiel von einer Kugel so getroffen wurde, daß er in die Knie zusammenbricht, bei dem erfordert es nur noch einen Stoß der Hand, um ihn vollends hinzulegen. Ich würde also auf sein Bein, nicht auf den Kopf oder das Herz zielen."

„So wollte ich, der Kampf mit der Flinte wäre für mich

bestimmt!" sagte Kara. „Hadschi Halef, mein Vater, wird dir bestätigen, Sihdi, daß ein Fehlschuß bei mir etwas Seltenes ist. Doch schaut! Was will der Blinde?"

Der Münedschi hatte bei den Mekkanern gesessen. Jetzt war er mit einer raschen Bewegung aufgestanden und kam mit sicheren Schritten, als könne er sehen, auf die Stelle zu, wo wir standen.

„Effendi, komm mit mir! Du allein!" forderte er mich auf, indem er, ohne anzuhalten, zwischen uns hindurchging.

Das war erstaunlich. Woher wußte er, wo wir standen, und daß ich mit dabei war? Hatten die Mekkaner es ihm gesagt? Aber auch in diesem Fall wäre die von ihm gezeigte Sicherheit nicht zu erklären gewesen. Und er hatte nicht mit seiner, sondern mit Ben Nûrs Stimme gesprochen. Sein Gesicht zeigte Todesstarre, und als er sprach, hatte er die Lippen kaum bewegt. Er schritt auf den Felsen Ben Nûrs zu, und ich folgte ihm. Wollte er wieder hinauf? Es konnte kein Zweifel darüber bestehen, daß er seelisch abwesend war, jetzt, am hellen, lichten Tag! War das auch Schlafwandeln, Mondsucht?

Noch ehe er den Felsen erreicht hatte, blieb er stehen, drehte sich zu mir um und sagte, wieder mit fremder Stimme:

„Effendi, ich liebe dich. Ich liebe alle Wesen Gottes, doch sehe ich ein dem Gesetz der Liebe freiwillig geöffnetes Herz, so neige ich mich ihm mit besonderer Liebe zu. Die Worte der Güte, die du jetzt sprachst, habe ich gehört. Du willst das Leben eurer Feinde schonen und achtest also die ihnen gegebene Vorbereitungszeit, das wird dir für das Jenseits eingetragen und schon hier vergolten, denn ihr werdet Sieger sein. Doch warne ich dich vor dir selbst und vor Aschdar[1], der das Unheil der Menschen und auch dein Verderben will. Vor dir selbst: denn du bedrohst dich als dein eigener Feind."

1 Drache, persisches Wort

Er nahm meine Hand in seine Linke, strich mit der Rechten zärtlich darüber hin und fuhr fort:

„Sei nie stolz auf deine Liebe! Der Himmel hat sie dir geliehen, sie ist sein Eigentum, das du ihm, nachdem du sie hier wirken ließest, mit Zins und Zinseszins zurückgeben mußt. Sie ist das höchste Gut des Lebens, und darum hat der, der sie empfing, viel strengere Rechenschaft abzulegen als jene Seelen, denen weniger anvertraut worden ist. Denk nicht, du seiest ein besserer Mensch als sie! Vom armen Steppenstrauch wird nur bescheidenes Grünen, vom Baum am Wasser aber Frucht gefordert werden. Deine Pflicht ist's, sie zu bringen, und du darfst nicht meinen, Anspruch auf besonderen Lohn zu haben. Das ist der Grund, daß ich dich vor dir selbst warnen muß. Dein Schutzgeist bat mich, dir zu sagen, was du jetzt vernommen hast. Er leitet dieses Blinden Hand, deren Berührung eine Liebkosung ist für dich, dem er den rechten Weg zu zeigen hat."

Hierauf ließ er meine Hand los und sprach weiter:

„Und vor Aschdar warne ich dich auch. Du hast mit ihm gekämpft, solange du lebst, er hat dich oft zu Fall gebracht, doch standest du immer wieder auf, gehoben von deinem eigenen Willen und gehalten von der unsichtbaren Hand, die dich beschützt. Diese Hand ist ohne diesen deinen Willen schwach, mit ihm vereint aber wird sie riesenstark. Darum leiste auf dein Wollen nie Verzicht, es wird im Schutz des Himmels zum Vollbringen. Aschdar ist ein unermüdlicher Feind, der immerwährend auf der Lauer liegt. Auch dich hat er noch nicht freigegeben, er wartet nur, und kommt der Augenblick, an dem du eine Schwäche zeigst, so schlägt er seine Krallen ein, und dann beginnt der schwere Kampf mit seiner Macht von neuem. Ich sehe ihn hier lauern an deinem Weg, schon speit er seinen Geifer dir entgegen, es kommt mit ihm bald zum Zusammenstoß, darum sei auf der Wacht!"

Als der Greis jetzt innehielt, schwebte mir eine Erkundigung auf der Zunge. Als ob er diesen Gedanken lesen könne, sagte er:

„Wer dieser Drache ist, das möchtest du gern wissen?"

„Ja", antwortete ich.

„Der Abfall ist's von Gott. Aschdar ist die Abtrünnigkeit vom Reich, dessen Bürger du jetzt bist, zur Lieblosigkeit. Hab acht, daß du den ersten Schritt vermeidest! Ihm folgt der andre nach, und ehe du es merkst, daß du den Pfad verlassen hast, bist du schon fern von ihm. Ich wurde jetzt gebeten, dir zu sagen, daß du dem Drachen grad entgegengehst. Es ist ein Kampf mit ihm nicht zu vermeiden, und darum soll ich dir ein Zeichen geben, wenn er die Tatzen hebt, um dich zu fassen. Du wirst im Augenblicke der Gefahr das Wort ‚Aschdar' mich rufen hören. Sobald du es vernimmst, weich schnell zurück vor dem Entschluß, den du vollbringen willst; er würde dich ins unvermeidliche Verderben führen."

Er hatte so dringend gesprochen, als ob es sich wirklich um eine Gefahr für mich handele. Nun fuhr er mit weniger lauter Stimme fort:

„Der schwache Körper, der jetzt vor dir steht, ist durch Verführung dir zum Feind geworden, ich bitte dich, entzieh ihm dennoch nicht die Liebe, deren er so sehr bedarf, dahin zu kommen, wo er landen soll! Zusammen habe ich dich mit ihm geführt, zur Heilung ihm und dir zur schönen Übung. Verzeihe ihm, was er nur im Irrtum tut, und bleib ihm Freund trotz seines Widerstrebens! Ich weiß im heil'gen Mekka ein Gemach, in dem drei Decken des Gebetes liegen, von roter Farbe zwei, — die sind es nicht, der Grund der mittleren ist blau gefärbt, gestickt mit goldnen Sprüchen des Korans, das ist die richtige, dort findest du das Ziel zu deinen jetzigen Gedanken, das dir den Frieden bringt, dort findest du zugleich den Schlüssel für die Tat, durch die euch Rettung werden soll, und nicht nur euch, auch einem anderen. — Nun hab ich dir das Nötige gesagt. Geh hin, wo man dich schon erwartet! Halt fest an dem, was dir gegeben ist, und bleib ein guter Mensch! Leb wohl!"

Nach diesen Abschiedsworten verließ der Münedschi die Stelle, wohin er mich geführt hatte. Er schritt an mir vorüber und ging zurück, geradewegs wieder auf den Brunnen zu. Ich hatte mit dem Rücken zu dieser Gegend gestanden. Als ich mich umdrehte, sah ich die Beni Khalid im Westen des Brunnenfelsens kommen, also so, wie es dem Boten gesagt worden war. Meine Anwesenheit wart dort geboten. Hatte das der Blinde gemeint, als er sagte, ich solle dahin gehen, wo man mich schon erwarte? Sonderbar! Ich ging also, ohne Zeit zu haben, über das nachzudenken, was mir gesagt worden war. Freilich wollte sich mir besonders das einprägen, was ich über das ‚Gemach in Mekka' gehört hatte. Das war ja wie eine Prophezeiung gewesen! Drei Teppiche des Gebetes, der mittlere blau mit goldgestickten Koransprüchen! Dieser mittlere sollte es sein. Was denn? Meine Gedanken seien schon jetzt auf dieses Ziel gerichtet! Ich hatte allerdings die Überzeugung gewonnen, daß El Ghâni, der den Blinden so auszunützen wußte, auch schuld an den großen Verlusten sei, über die der Münedschi geklagt hatte. War etwa das angedeutet? Und Rettung sollten wir durch diesen Teppich finden? Rettung kann sich nur auf eine Gefahr beziehen. Erwartete uns eine solche? Denkbar war es allerdings, zumal nach dem Zusammentreffen mit El Ghâni und seinen Leuten! Und wer war der andere? Etwa der Münedschi? Und wer war ferner Aschdar, der Drache? Er lauere schon auf mich, und der Zusammenstoß mit ihm sei unvermeidlich.

Ich mußte dieses Grübeln aufgeben, weil mich jetzt die Wirklichkeit in Anspruch nahm.

Die Beni Khalid kamen geritten, sie brachten ihre Kamele und das ganze Gepäck mit. Daraus war zu schließen, daß sie sich des Sieges sicher wähnten und dann gleich den Platz des Brunnens besetzen wollten. Einstweilen ließen sie ihre Tiere jenseits des Felsens lagern und kamen dann herbei, um sich so aufzustellen, wie der Bote es ihnen sagte. Wenigstens sah ich, daß er sie an die Westseite des von uns gezogenen Kreises führte und dort hin und her ging. Es schien uns also gelingen zu sollen, die Sonne hinter uns zu haben. Ihr Scheik war in stolzer Zurückhaltung einstweilen noch bei den Kamelen geblieben. Unsere Haddedihn ordneten sich auch bereits auf unserer Seite. Sie hatten eine Decke ausgebreitet, auf der Hanneh saß, um dem Kampf zuzuschauen. So befand sich also zur Zeit niemand am Brunnen, denn auch die Mekkaner waren fort. Halef hatte ihnen gesagt, daß sie tun könnten, was ihnen beliebe, und so sah ich sie jetzt nach der Rückkehr des Münedschi mit ihm hinüber zu den Beni Khalid ziehen. Sie hatten ihre Tiere mit. Der Schatz, um den es sich handelte, befand sich in unserer Verwahrung.

Ich holte vor allem meinen fünfundzwanzigschüssigen Stutzen. Als Halef mich mit diesem Gewehr kommen sah, sagte er:

„Recht so, Sihdi! Der Scheik ist zwar eifersüchtig auf seinen Ruf, daß er sein Wort nie breche, aber man darf diesen Beni Khalid nicht trauen. Wenn sie nicht Sieger werden, kann die Aufregung sie zu Gewalttätigkeiten verführen, die er nicht zu verhindern vermag. Da ist dein Stutzen das beste Gegenmittel. Dein Platz ist hier neben Hanneh. Khutab Aga wird an ihrer anderen Seite sitzen."

Bei uns herrschte Ruhe, bei den Beni Khalid aber eine ungemeine Beweglichkeit und Aufregung, es dauerte lange, ehe sie sich gelegt hatte. Endlich hatten sie sich in einem großen Halbkreis niedergesetzt, in dem es, der fliegenden Kugeln und Speere wegen, eine Lücke gab, damit kein Nichtkämpfer verletzt werden könne. Nur drei saßen nicht. Sie gingen mit stolzen Schritten und herausfordernden Gebärden hin und her. Das waren unsere Gegner, der „Wassermann“ befand sich bei ihnen.

Nun nahte endlich auch Tawil Ben Schahid. Er betrat den Kreis und begab sich würdevoll in die Mitte. Seine drei Helden folgten ihm. Er erwartete, daß wir zu ihm kommen würden, und wir taten es. In seinem von den gestrigen Hieben geschwollenen Gesicht war Haß zu lesen, wenngleich hinter äußerer Ruhe versteckt.

„Es ist verboten, beleidigend zu sprechen“, hub er an. „Darum werden wir euch lieber unsere Taten zeigen.“

Er schien eine Antwort zu erwarten. Als wir nichts sagten, fragte er:

„Ihr kennt die Bedingungen?“

„Ja“, entgegnete Halef kurz.

„Es wird nicht geschont. Tot wollen wir euch sehen oder so schwer verwundet, daß ihr euch nicht vom Boden erheben könnt.“

„Du sprichst nur davon, was ihr tun werdet. Ich aber sage, daß wir euch schonen werden. Wir trachten nicht nach Mord und Blut.“

„Das kannst du wohl sagen, weil ihr nicht dazu kommen werdet, Schonung an uns zu üben. — Wir wollen losen! Wo sind eure Kämpfer?“

„Hier wir drei.“

„Dieser Knabe auch?“

„Ja.“

„Ihr seid verloren! Allah hat euch den Verstand so verfinstert, daß eure drei schwächsten Personen ausgesucht wurden. Die Lose habe ich hier, es sind drei Hölzchen, das längste ist die Flinte, das kürzeste das Ringen und das dritte der Dscherîd. Zieht!“

Tawil hielt ihnen die Hand hin, aus der die Enden der Lose hervorragten. Als sie gezogen hatten, sah mich

Halef fröhlich lächelnd an. Unsere Wünsche waren erfüllt, denn auf ihn fiel der Speer, auf Kara die Flinte und auf Omar der Ringkampf.

Der Scheik hatte das Lächeln bemerkt.

Er sagte:

„Laß deine Fröhlichkeit, du solltest lieber weinen, denn ihr habt die Lose des unvermeidlichen Todes gezogen. Ich werde den Kampf selbst überwachen. Erst wird geschossen, dann der Dscherîd geworfen und zuletzt gerungen. Wir beginnen sofort, denn wir haben keine Lust zu warten, in einer Viertelstunde seid ihr alle drei über die Brücke des Todes gegangen. Jetzt werde ich sechzig Schritte abmessen."

„Und die Kugeln vorzeigen", erinnerte Halef.

„Das tu ich nicht. Ich gebe euch mein Wort, daß nur mit Kugeln geschossen wird, und das muß euch genügen. Wir wollen nicht verwunden, sondern töten, da kann es uns gar nicht einfallen, Schrot zu nehmen."

Die Rede klang glaubhaft, und wir fügten uns deshalb seinem Begehr.

Die Entfernung wurde abgeschritten, und die beiden Schützen stellten sich auf. Der betreffende Ben Khalid schwang sein Gewehr und warf, wie das bei den Beduinen so gebräuchlich ist, seinem Gegner eine Menge Ausrufe zu, die sich auf seine angebliche Fertigkeit im Schießen bezogen. Kara schwieg.

Nun setzte ich mich mit dem Perser zu Hanneh. Sie schaute unbesorgt und munter drein und sagte:

„Sihdi, es gibt in mir eine Stimme, die mich immer warnt, wenn meinem Sohn etwas Unerwünschtes begegnen soll. Ich habe dann eine ungewisse Angst in mir, die mir die Ruhe raubt, bis das Ereignis vorüber ist. Da ich diese Stimme jetzt nicht vernehme, so bin ich überzeugt, daß Kara sich außer aller Gefahr befindet."

Nun gab Tawil Ben Schahid das Zeichen, daß das Schießen beginnen solle. Wann und in welcher Reihenfolge es zu geschehen habe, darüber war nichts gesagt worden. Es konnte sich jeder der beiden Gegner verhalten, wie ihm gutdünkte.

Der Ben Khalid hielt seinen Körper in einer herausfordernden Stellung, als erwarte er, daß zunächst auf ihn geschossen werde. Dies geschah aber nicht. Da wurde ihm die Zeit zu lang, er legte sein Gewehr an und zielte. Ich richtete nun meine Augen auf Kara, ob ein Zucken seines Körpers uns sagen werde, daß er getroffen worden sei. Der Schuß krachte. Kara stand still und machte erst nach kurzer Zeit, sich zu uns drehend, eine geringschätzige Handbewegung für die Gegner und beruhigend für uns. Die Kugel war vorbeigegangen. Halef, der mit Omar Ben Sadek neben uns stand, sagte mit väterlichem Stolz:

„Seht ihr ihn stehen? Wie eine Mauer! Er hat nicht mit einem Finger gezuckt, als der Schuß fiel. Wenn das der beste Schütze ist, den die Beni Khalid haben, so dürfen sie sich vor uns nicht sehen lassen."

„Ob unser Sohn ihm wohl den Schuß zurückgeben wird?" fragte Hanneh gespannt.

„Ich glaube es nicht, denn er hat das Gewehr an den Fuß genommen und rührt sich nicht. Wie stolz er blickt! Er zeigt, daß er einem Stamm angehört, dessen Kriegern eine pfeifende Kugel nichts ist. Schaut dagegen den anderen an!"

Ich konnte die Gefühle Halefs und seiner Hanneh wohl begreifen, war es doch das erstemal, daß ihr Liebling sich im offenen Zweikampf bewähren sollte! Wenn man die lebhafte Gemütsanlage des Beduinen in Rechnung zieht, so war die kalte Ruhe, die der Jüngling zeigte, sehr anzuerkennen. Ein anderer hätte seine Freude über die Vergeblichkeit des Schusses lärmend geäußert.

Diese Stille herrschte überhaupt auf unserer Seite. Nicht so bei den Beni Khalid, die in ein zorniges Geschrei der Enttäuschung ausgebrochen waren. Das mußte dem Schützen die notwendige Fassung rauben. Der Scheik rief ihm laut schallende Vorwürfe zu, die er mit ärgerlichen Entgegnungen beantwortete, indem er wieder lud.

Als er wieder schußfertig war, trat drüben Stille ein. Er forderte Kara auf, ihm nun auch eine Kugel zuzusenden; Kara erwiderte nichts und blieb so unbeweglich stehen, als sei er auf seiner Stelle festgewachsen. So verging längere Zeit. Da rief der Scheik dem Vertreter der Ehre seines Stammes zu:

„Dieser Knabe der Haddedihn getraut sich nicht zu schießen, oder er hat es nicht gelernt. Wir haben keine Zeit. Schieß du! Aber mach es besser als vorhin, sonst wirst du heimgeschickt!"

Tawil sagte sich nicht, daß er durch solche Drohungen den Mann aufregen müsse. Dieser antwortete mit einem unwilligen Ausruf und riß sein Gewehr wieder empor. Er zielte dieses Mal länger als vorher, dann knallte der Schuß — — — Kara war wieder nicht getroffen. Drüben erhob sich ein noch größeres Geschrei als vorher. Da drehte sich der unglückliche Schütze um und rief seinen Leuten zu:

„Haltet die Mäuler! Wer soll da ruhig schießen können, wenn euer Gebrüll die Arme zittern macht? Ich schwöre bei Allah, daß die dritte Kugel nicht vorübergehen wird! Jetzt gilt's, und darum wird sie treffen."

Der Ben Khalid lud sehr sorgfältig, legte das Gewehr sogleich wieder an und zielte diesmal viel länger als vorher, so lange, daß die Anlage unruhig werden mußte.

„Er trifft wieder nicht", sagte Hanneh.

„Der Mensch ist kein Schütze", lächelte Halef vergnügt. „Er müßte erst wieder absetzen, um den Arm ausruhen zu lassen. Doch nein, da — — — da — — !"

Der Schuß war gefallen, und auch diese dritte Kugel hatte ihr Ziel verfehlt.

„Hamdulillah!" rief Halef aus. „Hanneh, du lieblichster Abglanz meiner Seele, siehst du ihn stehen, unseren Herzenssohn? Unverletzt und ruhig, als habe er nur Luft vor sich gehabt, nicht aber den besten Schützen des Stammes der Beni Khalid! Ich bin stolz auf ihn, sehr stolz."

Auf der gegenüberliegenden Seite gab es andere Worte; da herrschte ein Lärm, der kein Ende nehmen wollte. Kara schob nun den einen Fuß vom anderen ab und stützte sich auf sein Gewehr, um zu warten, bis bei den Beni Khalid wieder Ruhe eingetreten sei.

„Sihdi", fragte mich Halef, „siehst du ihm nicht deutlich an, daß gleich seine erste Kugel sitzen wird, wo er will?"

„Kara wird keinen Fehlschuß tun", bejahte ich.

„Er hat sich das zu Herzen genommen, was du in Beziehung auf den Speerkampf sagtest, nämlich, daß du warten würdest, bis der Gegner keine Lanze mehr habe."

Drüben war es endlich wieder still geworden. Der Ben Khalid stand auf seinem Platz, und es war ihm anzumerken, daß er sich nicht recht behaglich fühle. Doch machte er mit dem Arm eine auffordernde Gebärde und rief:

„So schieß doch nur! Dir zittern wohl alle Glieder vor Angst, den Knall des Pulvers zu hören? Fürchte dich nicht, mein Knabe! Deine Kugel gilt ja nicht dir, sondern mir, und die Luft um mich her hat Platz genug für sie."

Da sagte Kara sein erstes Wort:

„Diese Luft hat keinen Raum für sie, denn die Stelle, wo meine erste Kugel sitzen wird, liegt in deinem Körper. Ihr trachtet nach unserem Leben, ich aber werde dir das deine schenken."

„Prahle nicht, sondern schieß!"

„Ich werde dir beweisen, daß ich es dir nehmen könnte, wenn ich wollte. Ich sage dir vorher, daß ich dich ins Bein schießen werde. Ebensogut aber würde ich dich in den Kopf oder ins Herz treffen."

„Schieß, sage ich! Ich warte mit Ungeduld darauf, dich dann auszulachen."

Das war nur eine Redensart, denn daß er Angst hatte, getroffen zu werden, zeigte er dadurch, daß er jetzt eine Stellung einnahm, die seinem Gegner so wenig wie möglich Körperfläche zum Zielen bot. Er kehrte ihm nämlich die Seite zu.

Als ich das sah, mußte ich an jenen Schuß denken, mit dem ich Tangua, dem Häuptling der Kiowa-Indianer, beide Knie zerschmetterte[1]. Tangua hatte damals diese Stellung gewählt, um nicht getroffen zu werden, und sie trotz meiner Warnung beibehalten; die Strafe für diese Unredlichkeit war, daß ihm meine Kugel durch beide Knie ging. Den gleichen Schuß konnte Kara jetzt tun, und ich traute ihm zu, gleichen Erfolg zu haben.

„Warum stellst du dich anders, als ich gestanden habe?" fragte Kara den Gegner.

„Ich tu, was ich will."

„Du fürchtest dich?"

„Laß dich nicht auslachen, unerfahrener Junge! Ich werde sogar selbst zählen! Also: Eins — — zwei — —!"

Da nahm Kara sein Gewehr auf, nicht langsam und bedächtig, um nach Beduinenweise zu schießen, sondern er bediente sich der schnellen Griffe der amerikanischen Westmänner, die er nach meiner Anleitung eingeübt hatte. Das Schießen auf diese Art scheint schwerer zu sein, ist es aber nicht. Es erfordert Fertigkeit, bietet dafür aber eine um so größere Treffsicherheit. Er warf, als der Ben Khalid „Eins!" sagte, das Gewehr empor, hatte es bei „Zwei!" im Anschlag, und bei „Drei!" krachte, gemäß dem höhnischen Zuruf, der Schuß. Fast im gleichen Augenblick warf der Ben Khalid beide Arme hoch in die Luft, taumelte hin und her und stürzte dann zur Erde, von der er sich nicht mehr erheben konnte. Kara hatte ihn wirklich in beide Beine getroffen, es war ein Meisterschuß gewesen. Alles war still, darum hörte man die stolzen Worte des Siegers:

1 Siehe: Karl May, „Winnetou", Bd. I

„Der unerfahrene Junge hat sein Wort gehalten. Es fließt das Blut, folglich ist dieser Kampf zu Ende. Der Besiegte gehört nun mir, aber ich schenke ihm die zweite und die dritte Kugel und mit ihnen das Leben. Kara Ben Halef ist ein Krieger, aber kein Mörder."

Hierauf drehte Kara sich um und kam mit freudestrahlendem Gesicht auf uns zugegangen. Drüben waren alle Beni Khalid aufgesprungen, sie rannten zu dem Verwundeten. Diese Hunderte von Stimmen vollführten einen wahren Höllenlärm. Halef drückte seinen Sohn ans Herz und als er sich vor der Mutter niederbeugte, legte diese ihm die Hand aufs junge Haupt und flüsterte ihm in überquellender Zärtlichkeit zu:

„Ich wußte, daß du siegen würdest. Mein Sohn, du hast unsere Hoffnungen erfüllt. Deine Eltern und der Stamm der Haddedihn sind stolz auf dich."

Ich drückte ihm nur still die Hand und nickte ihm anerkennend zu. Da sah er mir ernst in die Augen und sagte:

„Ich hatte keine Sorgen um mich, aber ich wußte, daß nicht ich es war, der dort stand, sondern der ganze Stamm meiner lieben Haddedihn. Und als ich dreimal nicht getroffen worden war, da hatte ich die feste Überzeugung, daß von meinen drei Kugeln zwei überflüssig seien."

„Ja, du hast diese Stunde zu einer des größten Stolzes für mich gemacht. Ich werde von ihr noch sprechen, wenn mir die Zunge des Alters zu anderen Erzählungen zu schwer geworden ist", bekräftigte der kleine Hadschi. „Nun wird der Kampf mit den Speeren gleich beginnen. Ich sage euch: ich hätte meinen Mann ohnehin gestellt, aber das Bewußtsein, der Nachfolger meines siegreichen Sohnes zu sein, wird mir Unüberwindlichkeit verleihen."

Diese freudige Zuversichtlichkeit war von nicht geringem Wert. Sie machte auch auf den Perser einen wohltätigen Eindruck, das ersah ich aus den Worten, mit denen er sich an mich wendete:

„Du kannst nicht glauben, wie besorgt ich war! Es geht ja um das Eigentum der heiligen Stätte, das schon in meinen Händen lag und wieder auf die Spitze des Wagnisses gelegt worden ist. Jetzt aber bin ich wieder ruhig geworden. Wir haben zwar erst einen Sieg errungen, doch wenn ich Halef so sprechen höre, ist es mir, als hätte er seinen Gegner schon in den Sand gestreckt. — Horch! Es soll losgehen."

Es war Tawil Ben Schahid gelungen, die Ruhe wieder herzustellen. Er hatte den Verwundeten hinter die Linie schaffen lassen und schritt nun die Entfernung ab, die zwischen den Speerwerfern zu liegen hatte. Der „Vater der Selbstverständlichkeit" stand schon bereit.

Einen Wurfspeer hat jeder Haddedihn, auch wenn er mit dem Gewehr bewaffnet ist, stets bei sich, meist zu Jagdzwecken. Gazellen zum Beispiel werden meist mit dem Scherîd und nur selten durch die Kugel erlegt. Die Spitze dieser Speere besteht in einem lang zugespitzten Eisen, der Schaft aus Palmenholz. Halef hatte sich die drei handlichsten und dem jetzigen Zweck entsprechendsten ausgesucht. Den Haîk trug er nicht; nun warf er auch die Jacke ab, und als hierauf die nackten Arme zu sehen waren und ich den Perser durch einen Wink auf sie aufmerksam machte, raunte er mir zu:

„Das ist allerdings beruhigend für mich. Solche Muskeln hätte ich diesem kleinen Mann nicht zugetraut!"

Halefs Gegner sprang, Probewürfe machend, hin und her. Der Hadschi schenkte ihm nur kurze Aufmerksamkeit und fällte dann sein Urteil über ihn:

„Er weiß nichts von der Dawarân[1], Sihdi! Indem er tut, als habe er die Absicht, mich bange zu machen und indem er mir seine Geschicklichkeit zeigt, will er seinen Arm für die Entscheidung vorbereiten. Das habe ich nicht nötig. Ich werde deinen Rat befolgen und ebenso wie Kara warten, bis er keinen Speer mehr hat."

1 Das Drehen, Schwunggeben

„Und dann die deinigen rasch nacheinander?"

„Ja."

„Dann paß auch auf seine Füße auf! Aus ihrer Stellung und der Neigung seines Körpers kannst du schließen, wohin er ausweichen will, dorthin wirfst du die beiden anderen!"

Jetzt erscholl die Stimme des Scheik Tawil, und Halef schritt langsam seinem Platz zu. Ich warf unwillkürlich einen Blick auf Hanneh. Sie lächelte und nickte mir zu.

Tawil Ben Schahid empfing unseren Scheik mit den Worten:

„Der Scheïtan[1] hat gewollt, daß der erste Gang zu euren Gunsten ausgefallen ist. Er hat unserem besten Schützen die Ruhe des Armes und die Festigkeit des Blickes genommen. Aber bildet euch nicht ein, daß ihr gewinnen werdet! Ich sehe die drei Lanzen schon in deinem Leib!"

„Was hast denn du hier herumzureden?" fragte ihn Halef. „Du hast dich vom Kampf ausgeschlossen, obwohl du als Scheik vor allem dich selbst hättest stellen müssen. Du gehörst nicht hierher."

Der Zurechtgewiesene stieß einen zornigen Fluch aus, zog sich aber zurück, ohne noch etwas zu sagen.

Nun standen sich die beiden Hauptpersonen in einer Entfernung von fünfundzwanzig Schritt gegenüber. Der Ben Khalid hatte zwei seiner Speere vor sich in den Sand gesteckt, den dritten hielt er federnd in der Hand, während er rief:

„Schau her! Hier steht der berühmteste Mann des Speers, vor dessen Kraft und Geschicklichkeit du dich verkriechen mußt!"

„Natürlich!" erwiderte Halef lachend.

„Mein Dscherîd wird dir mitten durch den Leib fahren!"

„Natürlich!"

1 Teufel

Erst jetzt erkannte der Prahler die spöttische Bedeutung dieses Wortes. Er wurde darüber zornig und schrie den Hadschi an:

„Du willst mich höhnen? Meine Antwort wird deinen augenblicklichen Tod bedeuten."

„Natürlich!" lachte Halef nun zum drittenmal.

„Das, das soll dein letztes Lachen sein! Paß auf, er kommt! — — —"

Während er das sagte, holte er aus und ließ den Speer fliegen. Die Waffe ging nahe an Halef vorbei und fiel hinter ihm in den Sand. Der Mann war ein beachtenswerter Gegner.

Es hatte ausgesehen, als müsse der Dscherîd den Hadschi treffen. Der Wurf war gut gezielt, und so ließ keiner der Beni Khalid ein Wort des Tadels hören, vielmehr erklangen die aufmunternden Rufe:

„Das war gut! Schnell noch einmal, ehe er selbst wirft!"

Der Mann folgte dieser Aufforderung. Er zog den zweiten Dchserîd aus dem Sand und wog ihn vor dem Wurf weit länger als den ersten in der Hand. Er sauste zwei Hände hoch über Halefs Kopf hinweg in den Sand.

Das war nicht schlechter, als das erstemal, aber nun wurde doch gezürnt, denn die Siegessicherheit war von drei Dritteln auf eins gefallen.

Es wurde dem Ben Khalid eine solche Menge von Ratschlägen zugerufen und so kräftige, moralische Rippenstöße versetzt, daß er sich zornig umdrehte und seinen Leuten zurief:

„Ich brauche euer Besserwissen nicht! Wenn ihr mehr könnt als ich, warum habt ihr euch nicht gemeldet? Kommt her, und macht es anders! Ich lasse mich von — — —"

Er wurde in seiner Rede durch einen scharfen Pfiff Halefs unterbrochen, dem er sich jetzt wieder zuwendete.

„Was fällt dir ein, dich umzudrehen?" tadelte ihn der

Hadschi. „Wenn ich das benutzt und geworfen hätte, wärst du jetzt eine Leiche."

„Warum hast du es nicht getan?!" hohnlachte der andere.

„Weil der Scheik der Haddedihn keinen Feind heimlich angreift. Meine Ehrlichkeit hat dich gerettet."

„Bilde dir das nicht ein! Wer weiß, wohin dein Speer geflogen wäre! So nahe wie ich dir, kommst du mir nicht."

„Natürlich!"

„Laß deinen Spott! Bis jetzt habe ich nur probiert, nun aber werde ich dich durchbohren!"

„Natürlich!"

„Es war klar, daß Halef durch die Wiederholung dieses Wortes seinen Feind in Aufregung versetzen und dadurch veranlassen wollte, auch den dritten Wurf zu tun. Diese Absicht erreichte ihren Zweck, denn der Ben Khalid schrie jetzt wütend:

„Ja, natürlich! Ich werde dir beweisen, daß es so ist!"

Er tat, um mehr Wucht geben zu können, einige Schritte zurück, holte aus und schleuderte, wieder vorwärtsspringend, den Speer mit solcher Kraft, daß wir sein summendes Zischen hörten.

Dann stand er bewegungslos, um mit weit vorgelegtem Oberkörper und stieren Augen den Flug der Waffe zu verfolgen, denn sie mußte treffen, weil sie die letzte war.

Halef hatte zwei Speere in der linken und den dritten in der rechten Hand. Er sah, daß die Waffe richtig gezielt war und genau auf ihn zugeflogen kam, es schien, als könne er sich nur durch einen Seitensprung retten. Aber der Hadschi war zu ehrliebend, als daß er hätte von sich sagen lassen mögen, daß er auch nur einen Finger breit von seinem Platz gewichen sei. Die rechte Faust bereithaltend, sah er der feindlichen Lanze scharf entgegen, die lebensgefährliche Abwehr gelang: wir hörten die Speere zusammenschlagen — — — der feindliche flog, seitwärts abgelenkt, vorüber.

Da erscholl nur ein einziger Schrei, der aus mehreren hundert Kehlen kam. Der Wurf war ausgezeichnet gewesen, er hätte auch unbedingt treffen müssen, wenn diese gewagte Ablenkung nicht gewesen wäre. Dazu kam, daß dies die letzte Waffe des zweiten Ganges war. Man kann sich also die Enttäuschung der Beni Khalid über dieses Mißlingen denken. So viele Männer sie zählten, so viele Stimmen schallten durcheinander, bis die des Scheiks Ruhe gebot.

„Seid still!“ rief er. „Der Gang ist noch nicht vorüber! Wenn der Haddedihn auch nichts trifft, so ist noch nichts verloren. Er mag nun zeigen, was er kann, oder vielmehr, was er nicht kann.“

Tawil sagte sich nicht, daß eine so meisterhafte Art der Abwehr auch in Beziehung auf den Angriff auf ein ungewöhnliches Können schließen ließ. Es trat wieder Ruhe ein, und der frühere Besitzer von drei Speeren ließ seine vor Wut heiserklingende Stimme erschallen, um dem Hadschi allerhand zu sagen, was nicht recht höflich war. Es war so, wie der Scheik gesagt hatte: der jetzige Augenblick lag auf dem Mittelpunkt der Waage. Wenn Halef gleiches Unglück hatte und der dritte Gang von den Feinden gewonnen wurde, so gab es keine Entscheidung, und es wurde noch einmal von vorn angefangen. Darum war bei den Beni Khalid die Spannung jetzt aufs höchste gestiegen.

Halef sah alle Augen auf sich gerichtet. Ich nahm an, daß er seinen Gegner nun für einige Zeit mit Finten beschäftigen werde, er tat dies aber nicht.

Er stand geraume Zeit unbeweglich und ließe alle Zurufe von sich abprallen. Aber dann fuhr gedankenschnell sein Arm mit dem Speer empor, der so lange erwartete Wurf geschah, und der Dscherîd flog im hohen Bogen so genau auf sein Ziel zu, daß der Ben Khalid verloren war, wenn er auf seinem Platz blieb. Aller Augen, außer den unsrigen, waren auf die fliegende Waffe gerichtet, und niemand achtete in diesem Augenblick auf Halef. Dieser sah, daß sein Gegner den Fuß hob, um sich durch einen Sprung nach rechts zu retten, und ließ darum schnell hintereinander auch die beiden übrigen Speere fliegen, sie um ein weniges in diese Richtung lenkend. Die erste Lanze kam, und der Ben Khalid machte die vorausgesehene Bewegung des Ausweichens, doch kaum hatte er das getan, so fuhr ihm die zweite, ihn niederreißend, in den oberen Teil der Brust, und die dritte nagelte ihm den Arm in den Sand.

Der Aufruhr, den dies bei den Beni Khalid hervorbrachte, ist nicht zu beschreiben. Der Sieger kümmerte sich nicht um diesen hörbaren Erfolg seiner Überlegenheit. Er kehrte ruhig zu uns zurück und sprach da nur die Frage aus:

„Hätte ich es besser machen können, Sihdi?"

„Nein", erklärte ich. „Du hast alle Erwartungen völlig erfüllt."

Hanneh sah lächelnd zu ihm auf und sagte nichts als:

„Ich wußte es!"

Auch der Basch Nâsir richtete das Wort an ihn:

„Hadschi Halef Omar, du hast mir den Schatz gerettet, denn nach dieser zweiten Niederlage haben die Beni Khalid keinen Anspruch darauf. Wahrscheinlich werden sie nun auf den dritten Gang verzichten."

Da entgegnete ihm Omar Ben Sadek, der sich schon bereit gemacht und seinen Oberkörper entkleidet hatte:

„Das darfst du nicht denken. Du siehst, daß ich schon kampfbereit bin. Dieser Gang wird ihnen zwar auf keinen Fall den Schatz der Glieder bringen, aber sie meinen sich rächen zu können, darum darfst du sicher sein, daß sie nicht auf ihn verzichten werden."

Der Perser betrachtete den jetzt nicht mehr verhüllten Oberkörper Omars.

Er wiegte den Kopf und sprach:

„Eure kriegerische Befähigung entdeckt man erst, wenn man euch ohne Hülle sieht. Du bist ja fast zweimal so breit wie ich."

„Das hast du noch nicht bemerkt?" lachte Omar vergnügt.

„Nein!"

„So paß nachher auf, wenn ich den Ben Khalid aus den Angeln hebe! Wir haben von unserem Effendi einen wunderbaren Griff unter das Schlüsselbein gelernt. Dazu gebe ich einen Stoß in die andere Achselhöhle, fasse an der Seite herunter in das Fleisch und lege, wenn dies rasch und mit voller Körperkraft geschieht, den stärksten Mann in den Sand."

„Also das ist auch vom Effendi?"

„Nein", fiel ich da ein. „Nur den Griff unter das Schlüsselbein habe ich gezeigt. Das andere hat Omar Ben Sadek hinzuprobiert und mir erst kurz vor unserer Reise gezeigt. Er ist also in diesem Kraftstück mein Lehrer, und ich bin neugierig, ob ich es ihm nachmachen kann. Heute werde ich es zum erstenmal im Ernst ausgeführt sehen."

Da ertönte die donnernde Stimme des Scheiks Tawil:

„Der Ringer her!"

Ich stand sofort auf und ging hinüber zu ihm. Diese Art uns anzuschreien, verdiente eine Lehre.

„Du hättest alle Veranlassung, höflich und bescheiden zu sein", sagte ich, „denn wir sind nicht nur bisher Sieger, sondern werden euch beweisen, daß wir es auch bleiben. Der Kans el A'dhâ gehört uns ohnedies schon, die Fortsetzung des Kampfes ist also überflüssig."

„Ihr fürchtet euch?!"

„Diese Frage ist nach dem bisher Geschehenen so lächerlich, daß ich sie nicht beantworte. Ich will nur klarlegen, daß wir, wenn wir auch den dritten Gang beenden, es nur freiwillig tun. Du bist nicht mehr klar im Kopf."

Diese Bemerkung brachte ihn so in Wut, daß er mich beim Arm faßte und mir ins Gesicht brüllte:

„Leiste sofort Abbitte, sonst zermalme ich dich mit meinen Fäusten!"

„Ich habe nichts abzubitten", entgegnete ich sehr ruhig. „Es ist ausgemacht, daß jede Beleidigung zu vermeiden sei, du aber hast uns angebrüllt, als seien wir räudige Hunde, du beleidigst jetzt auch mich, ja, du wagst es sogar, die Hand an mich zu legen. Du brichst also den Frieden. Paß auf, was ich dir jetzt sage! Achtest du nicht sofort auf meine Worte, so zeige ich dir, wer von uns beiden zermalmen kann! Also: weg mit deiner Hand von meinem Arm!"

„Hundesohn!" antwortete er, indem er auch den anderen faßte. „Ihr habt euch darüber aufgehalten, daß ich mich nicht mit am Kampf beteiligt habe. Jetzt will ich dir zeigen, ob — — —"

Tawil sprach nicht weiter, denn was jetzt geschah, raubte ihm die Sprache. Er hatte während seiner überlaut gebrüllten Worte versucht, mich niederzuwerfen, da aber bekam er den vorhin erwähnten Griff unters Schlüsselbein, was ihn zwang, mit der entgegengesetzten Hand mich loszulassen und herüberzulangen. Dadurch gab er die Achselgrube frei, in die sofort von unten herauf mein Hieb zu sitzen kam, der ihn auf die Seite warf. Nun fuhr ich mit derselben Hand schnell herunter und faßte ihn so rücksichtslos in der Weiche, daß er sogar das Schreien vergaß. So hob ich ihn aus und warf ihn auf die Erde nieder.

Das war in Zeit von kaum zehn Sekunden geschehen, so schnell, daß seine Leute ihn liegen sahen, ohne eigentlich zu wissen, wie das zugegangen war. Er wollte wieder aufspringen, konnte aber nicht. Es gelang ihm nur, sich unter schmerzlichem Ächzen sehr langsam zu erheben. Als er dann gebeugt vor mir stand, sprach ich ruhig wie vorher:

„Nun, wie steht es mit dem Zermalmen? Daß du mich einen Hundesohn genannt hast, das verzeihe ich dir. Aber du hast dich an mir vergriffen, und das bringt Schande über dich und deinen Stamm. Von nun an wird es heißen: Tawil Ben Schahid, der Scheik der Beni Khalid, der so stolz auf die Unverbrüchlichkeit seines Wortes ist, hat seinen auf den Koran geleisteten Schwur gebrochen.“

Nach diesen Worten ließ ich ihn stehen und ging an meinen Platz zurück. Von da aus sah ich ihn langsam forthinken.

„Das hast du recht gemacht“, sagte Halef. „Nun ist auch er besiegt. Wie wird er seinen Zorn verwünschen, der ihn zu diesem Fehler verführt hat!“

„Und ich habe da gleich Gelegenheit gefunden, den Kraftstreich auszuführen, den ich von Omar gelernt habe. Er ist ausgezeichnet und nimmt dem Gegner den Atem und die ganze Kraft zum Widerstand.“

„Das scheint der Fall zu sein“, bemerkte Halef, „denn Tawil Ben Schahid geht gebückt wie ein Greis, der den Stock zu Hilfe nehmen muß. Nun bin ich neugierig, was geschehen wird. Vielleicht hetzt er seine Krieger zum offenen Angriff gegen uns.“

„Das befürchte ich nicht“, war meine Meinung. „Ich halte den Stolz, den er auf die Unverletzlichkeit seines Wortes legt, für echt. Er wird die jetzige Niederlage so schwer empfinden, daß er gegen seine Leute darüber schweigt. Wenn mich meine Vermutung nicht täuscht, so tritt etwas ganz Unerwartetes ein.“

„Was?“

„Das kann verschiedenerlei sein, wahrscheinlich ein Rückzug ohne Beendigung des Kampfes.“

„Das wäre mir sehr unlieb“, bemerkte Omar Ben Sadek. „Ich will doch auch meinen Gegner haben.“

„Sei nicht unwirsch darüber! Du wirst später mehr als nur diesen einen finden. Unser Übereinkommen bezieht sich nur auf den heutigen Tag, von morgen an ist ihre Feindschaft doppelt unversöhnlich. Ich bin überzeugt, daß wir nach unserer Entfernung von hier nicht lange auf einen neuen, viel gefährlicheren Angriff von ihnen zu warten haben. Sie werden überhaupt nach Rache dürsten, und der Scheik wird im besonderen danach trachten, den Mund derer sprachlos zu machen, die erzählen können, daß er seinen Schwur gebrochen hat."

Die Vermutung, von der ich gesprochen hatte, ging wirklich in Erfüllung. Wir sahen, daß den Scheik die ansehnlichsten seiner Krieger um sich versammelte und mit ihnen beriet. Das dauerte eine geraume Zeit, dann kam er allein wieder über den Platz herüber und blieb, uns winkend, stehen. Ich ging mit Halef hin. Als wir ihn erreichten, versuchte er, seinem Gesicht nur den Ausdruck des Ernstes zu geben, aber er konnte doch nicht verleugnen, daß ein Vulkan des Hasses und der Rache in ihm lag.

„Hadschi Halef Omar und Akil Schâtir Effendi", begann er, „ich will euch mit dem Freimut eines berühmten Kriegers gestehen, daß ich eine Übereilung begangen habe, die ich hätte unterlassen sollen. Ich bitte euch, sie zu vergessen und gegen niemanden davon zu sprechen. Für die Erfüllung dieses Wunsches biete ich euch Entschädigung."

„Welche?" fragte ich.

„Wir verzichten zunächst auf die Fortsetzung des Kampfes."

„Das heißt, wir sollen auf den dritten Sieg verzichten, es sei! Doch weiter!"

„Wir brechen sofort auf und ziehen fort."

„Das müßtet ihr sowieso, denn der Besiegte ist dazu gezwungen. Weiter!"

„Wir lassen euch den Kans el A'dhâ."

„Den könnt ihr uns nicht nehmen, er ist dem Sieger zuerkannt, und wir haben gesiegt. Noch etwas?"

„Ihr macht keine Ansprüche auf die Mekkaner."

„Behaltet sie in Allahs Namen, denn wir sind herzlich froh, daß wir uns nicht mehr mit ihnen zu befassen brauchen."

„So seid ihr also einverstanden?"

„Das habe ich nicht gesagt. Du verlangst von uns das Geschenk der Verschwiegenheit und bietest uns dafür nur Dinge, die schon unser Eigentum sind. Das ist für dich freilich ein vorteilhafter Handel, bei dem du alles bekommst und nichts zu geben hast. Da wir nun keine geistig blinden Menschen sind, so wollen wir uns, ehe wir dir unser Wort geben, die Angelegenheit doch erst einmal näher betrachten. Wohin reitet ihr von hier?"

„Zur Ain Bârid[1]."

„Irre ich mich nicht, so liegt sie eine volle Tagereise im Südwesten von hier?"

„Ja."

„Und dorthin wollt ihr reiten? Ich habe bisher angenommen, daß der Pfad des Krieges, auf dem ihr euch befindet, euch nach Westen und Nordwesten führt. Doch geht uns das nichts an, denn eure Wege sind nicht unsere Wege, aber weil wir wünschen, daß sie nicht wieder zusammenführen, so hoffen wir, daß ihr auch wirklich zur Ain Bârid reitet. Es war ausgemacht, daß nach der Beendigung des Zweikampfes für heute Friede zwischen uns herrschen solle. Wie steht es damit?"

„Es bleibt dabei."

„Und später?"

„Wieder Kampf."

„Und da sollen wir dir Verschwiegenheit versprechen, für die du nichts weiter als nur Fortsetzung der Feindschaft bieten kannst? Du sollst auf deine Anfrage eine Männerantwort zu hören bekommen, und diese lautet folgendermaßen: ihr verlaßt den Bir Hilu sofort und gebt uns für heute den ausbedungenen Frieden. Wenn

1 Kalte Quelle

ihr das tut, so versprechen wir dir die gewünschte Verschwiegenheit für so lange, als uns nichts Feindliches von euch widerfährt. Das ist unser Entschluß, zu dem nichts getan und von dem auch nichts genommen wird."

„Gut, ich bin zufrieden."

„Du gibst dein Wort?"

„Ich gebe es."

„Reiche Hadschi Halef Omar, dem Scheik der Haddedihn, deine Hand, dann sind wir fertig."

Er tat es, hielt die Hand Halefs, sah ihm und dann auch mir fest in die Augen und wiederholte, jedes Wort einzeln und schwer betonend:

„Ihr schweigt. solange euch von uns nichts geschieht. Abgemacht. Wir reiten fort."

Hierauf drehte er sich um und ging hinüber zu seinen Leuten.

Halef sah mich fragend an und wiegte den Kopf.

„Weshalb wiederholte er diesen Satz und betonte ihn in solcher Weise, Sihdi?"

„Weil er ein unvorsichtiger Mann ist, der nicht ahnt, daß er uns seine Absichten damit verraten hat."

„Wieso?"

„Du glaubst doch, daß die Beni Khalid darauf brennen, sich an uns zu rächen?"

„Ja, unbedingt."

„So dauert also unsere Verschwiegenheit von heute an bis zum nächsten Angriff ihrerseits, da der Scheik aber unserer Schweigsamkeit nicht traut, wird er diese Zeit möglichst zu verringern suchen. Verstehst du mich?"

„Sehr gut. Du meinst, daß wir es baldigst wieder mit ihnen zu tun haben werden."

„Ja. Heute zwar nicht, denn Wort wird er halten, aber sehr wahrscheinlich morgen schon, und wenn das nicht, dann sicher übermorgen. Wir müssen uns also in acht nehmen! Das hat er uns verraten, ohne es zu wissen. Er wollte uns unsere Verpflichtung so tief als möglich einprägen und dachte dabei aber nicht, daß gerade in dieser Wiederholung für einen scharfsinnigen Mann die Aufforderung lag, zwischen seinen Worten die verborgenen Gedanken herauszulesen."

Omar Ben Sadek sah sich zu seinem Leidwesen gezwungen, auf seine Heldentat zu verzichten. Er versicherte, sich darauf gefreut zu haben, und wir alle glaubten ihm das gern. Eigentlich trug ich die Schuld an dieser Entsagung, denn wenn ich nicht auf den Gedanken gekommen wäre, dem Scheik der Beni Khalid die verdiente Lehre zu geben, so hätte der dritte Gang wohl noch ausgekämpft werden müssen.

Wir sahen mit Genugtuung, daß sich die Beni Khalid zum schnellen Aufbruch rüsteten. Daß sie nicht zur Ain Bârid reiten würden, stand für mich außer Zweifel. Ich hatte diese Quelle und ihre Lage, als er von ihr sprach, gekannt, weil sie auch unser nächstes Ziel war, wohin wir uns zu wenden hatten, gleichviel, ob die Beni Khalid hingingen oder nicht. Sie war die nächste Wasserstation auf unserer Richtung.

Immerhin konnten wir mit unserem Erfolg zufrieden sein. Wir hatten die gestohlenen Sachen bekommen und den Perser mit seinen Soldaten befreit, wir Fünfzig gegen eine uns so vielfach überlegene Schar. Ja, sogar den Kampfplatz hatten wir behauptet, während die Besiegten gezwungen waren, abzuziehen.

Als ihre Vorbereitungen beendet waren, sahen wir Tawil noch einmal herüberkommen. Hinter ihm ging zu unserem Erstaunen der Ghâni, der den Münedschi an der Hand führte. Daß dem Scheik noch etwas eingefallen war, was er uns nachträglich zu sagen hatte, das war leicht denkbar, aber was wollten die beiden anderen noch hier bei uns?

Sie blieben zunächst in einiger Entfernung vor uns stehen. Tawil Ben Schahid rief herüber:

„Ich komme nicht um meinetwillen, sondern nur

dieser beiden Männer wegen. Sie wollen von euch etwas holen und fürchten, von euch feindlich behandelt zu werden. Da sie als Gastfreunde unter meinem Schutz stehen, muß ich dafür sorgen, daß dies nicht geschehe, und sie daher begleiten. Dürfen sie zu euch hinkommen?"

„Ja", antwortete Halef.

„So habe ich meine Pflicht getan und werde hier stehenbleiben, um auf sie zu warten. Geht!"

Diese letztere Aufforderung war an den Ghâni gerichtet, der nun mit dem Blinden vollends zu uns herankam. Er deutete auf das Paket, das neben dem Perser lag und sagte:

„Ihr habt mir dieses mein Eigentum gestohlen, das ihr als Kans el A'dhâ bezeichnet, um euren Diebstahl —"

„Halt!" unterbrach ich ihn da. „Wir haben euch erlaubt, mit uns zu sprechen, und unser Wort gegeben, daß euch nichts geschehen soll. Wenn du es aber wagst, uns solche freche Beschuldigungen ins Gesicht zu werfen, so stehe ich für nichts. Sage kurz, was du willst, vermeide aber jedes unnütze Wort!"

El Ghâni schien sich nicht sehr eingeschüchtert zu fühlen, fuhr jedoch nun ohne weitere Beleidigungen fort:

„Die Sachen sind in meinen Gebetsteppich gewickelt. Ich muß sie euch lassen, weil der Scheik der Beni Khalid sie euch zugesprochen hat, aber den Teppich verlange ich zurück."

„Du irrst. Es hat uns niemand diese Gegenstände zugesprochen, sondern das Wüstengericht der Haddedihn hat erkannt, daß sie Eigentum des Kans el A'dhâ in Meschhed Ali sind, wo sie gestohlen wurden. Daß ein Teppich des Gebetes zur Umhüllung gestohlener Sachen benutzt wird, könnte man vielleicht von einem ungläubigen Abd el Asnâm[1], nie aber vom ‚Liebling des Großscherîfs' erwarten. Ihr habt da ganz Unglaubliches geleistet. Daß ein so entweihter Teppich wieder seine

1 Heide, Götzendiener

fromme Benutzung finden werde, halte zwar ich für ausgeschlossen, euch aber ist das allerdings wohl zuzutrauen — — —"

„Ibn Harâmi! Châ'in[1]" rief der Blinde laut dazwischen, indem er mit der Gebärde tiefsten Abscheus seine Hände emporwarf.

Ich wußte in diesem Augenblick nicht, wem das gelten sollte, und fuhr fort:

„Es fällt uns nicht ein, uns an diesem Stück zu bereichern, es wird dir gleich zurückgegeben werden."

„Ja, sofort", stimmte der Basch Nâsir bei. „Es ist mir lieb, wenn ich nichts mehr zu berühren brauche, was Eigentum von Dieben ist."

Khutab Aga wickelte das Paket auf, legte die Beutel einstweilen neben sich und warf dem Ghâni den Teppich samt der Schnur zu. Dieser hob beides auf.

„Seid ihr nun fertig?" fragte ich.

„Nein. Der Münedschi ist auch da", erwiderte der ‚Liebling'.

„Was will er?"

Da trat der Blinde, dem Klang meiner Stimme folgend nahe zu mir heran und sagte:

„Damit ich mich nicht irre, muß ich wissen, ob du der Effendi aus dem Wadi Draa bist. Du hast seine Stimme, ich könnte mich aber trotzdem täuschen. Was ich dir sagen will, ist für keinen anderen. Also du bist es?"

„Ja."

„Neige dein Gesicht nahe her zu mir! Du weißt, daß ich dich dann erkennen kann, weil die Sonne scheint."

Ich hatte keinen Grund, ihm diese Bitte abzuschlagen, und hielt ihm das Gesicht hin. Er hob die Hände, faßte hüben und drüben meinen Kopf, hielt ihn fest und — — spie mir ins Gesicht. Auf solch einen Angriff nicht gefaßt und von ihm mit allen Kräften festgehalten, gelang mir die Befreiung meines Kopfes nicht schnell genug, der

1 Schuft! Schurke!

Mißhandlung zu entgehen. Ein fünfzigfacher Schrei der Haddedihn ertönte rundum, und Halef packte mit beiden Fäusten den Blinden an der Brust.

„Wahnsinniger!" schrie er ihn an. „Was hast du getan! Du bist ein Greis und blind dazu, aber das soll mich nicht abhalten, dich zu Brei zu malmen!"

Er hatte ihn schon fast nieder, ich griff also, ohne mich abwischen zu können, schnell zu, riß ihn vom Münedschi weg und befahl mit lauter Stimme:

„Daß keiner den Blinden anrührt! Diese Beleidigung geht keinen anderen Menschen etwas an."

„Aber Sihdi, er hat es beabsichtigt!" rief Halef, noch immer höchst aufgeregt. „Er ist wach und völlig im Besitz seiner Sinne! Er hat also mit klarer Überlegung gehandelt, und da ist es eine so freche Besudelung deiner Person, daß die Strafe nicht schnell genug erfolgen kann."

„Das ändert nichts daran, daß nur ich allein darauf zu antworten habe. Er will sprechen, seid still!"

Hanneh war auch erschrocken aufgesprungen. Sie kam heran zu mir, wischte mir den Geifer aus dem Gesicht und liebkoste mir dann mit ihrer Hand die gekränkten Wangen. Während sie das tat, sprach der Münedschi:

„Das, das wollte ich dir sagen, denn das Anspeien ist die deutlichste der Sprachen. Du bist der armseligste Mensch, der mir jemals vorgekommen ist. Mit Worten der Liebe hast du dich in mein Herz gestohlen, während im deinigen nur der Haß herrscht. Du gabst dir den Anschein der Seelenreinheit, der Gedankenhöhe und wälzest dich doch in dem niedrigsten Schmutz des Verbrechens. Du hast das Kleid der Barmherzigkeit um dich geschlagen und hetzest doch die Menschen wie Hunde, die sich zerreißen sollen, aufeinander. Du heuchelst Wahrheit, Ehrlichkeit, Gerechtigkeit und Treue und bist doch voller Falschheit, Lug und Trug. Ja, deine Gelehrsamkeit ist groß, wohl größer als das Wissen, das ich mir mühsam erworben habe, aber du hast sie in den Pfuhl der sittlichen Verdorbenheit geworfen, aus dem heraus sie nur verderbend wirken kann. Du gibst vor, himmelan zu streben und stehst doch auf dem Weg zur Hölle. Du tust, als liege dir der Menschen Seligkeit am Herzen und bist doch ein Verführer zum Verbrechen und trägst die Schuld an all der Schlechtigkeit, die hier geschehen ist. Ihr sprecht von einem Kans el A'dhâ, der eine unverschämte Lüge ist, du aber hast einen Raub an mir begangen, hast meine Seele betrogen und bestohlen und mir einen inneren Verlust zugefügt, für den es keinen Ersatz gibt. Das mußte ich dir sagen. Nur darum ließ ich mich jetzt zu dir führen, um dich des Seelenmordes anzuklagen und um dir ins Gesicht zu speien, damit du erfährst, wie der von dir denkt, dem du das Herz nur öffnetest, um es noch ärmer und elender zu machen als es vorher war. Das erblindete Auge meines Körpers ist trocken, aber mein inneres Auge weint. Ich gebe dich der Strafe Allahs anheim und fordere für dich das ewige Verderben!"

Die Wucht dieser Anklagen wurden durch den Eindruck seiner Persönlichkeit und durch die Art verstärkt, wie er sie vorbrachte. Das waren wahre Keulenschläge, aber in die Luft geführt. Die Haddedihn waren so betroffen, daß sie nur erstaunte Blicke hatten. Halef schaute mich erwartungsvoll an, was ich nun sagen werde. Ich öffnete auch schon den Mund, um zu antworten, da trat der Ghâni auch zu mir heran und warf mir die Worte zu:

„Mein Schützling, der von meiner Barmherzigkeit lebt und unsere Unschuld kennt, hat mir aus dem Herzen gesprochen. Ich bestätige alles, was er gesagt hat, und zeige dir meine Verachtung in der gleichen Weise wie er, indem ich dich ansp — — —!"

Wahrhaftig, dieser Mensch war so frech und verwegen, gleichfalls spucken zu wollen! Vielleicht machte ihn meine Selbstbeherrschung, die ich dem Münedschi gegenüber zeigte, so vermessen. Aber er hatte das Wort noch nicht ausgesprochen, so bekam er von mir eine so gewaltige

Maulschelle, daß er unter die Haddedihn hineinflog. Sie waren sofort über ihn her, um das von meiner Hand begonnene Werk so tatkräftig fortzusetzen, daß seine heulende Stimme über den ganzen Platz schallte. Da sprang Scheik Tawil herbei. Er schlug, um ihn zu befreien, auf sie ein und schrie:

„Weg von ihm, weg! Er steht unter meinem Schutz! Indem ihr euch an ihm vergreift, brecht ihr die für heute getroffene friedliche Vereinbarung."

Halef aber erwiderte drohend:

„Zurück mit dir! Wer hat sie zuerst gebrochen, wir oder ihr? Das weiche Herz unseres Effendi hat den Münedschi geschont, weil der alte Mann blind und unzurechnungsfähig ist. Dem Ghâni aber, diesem Ausbund der Unverschämtheit, muß gezeigt werden, daß wir ihn nach Gebühr zu behandeln wissen. Ich an deiner Stelle würde mich schämen, hier noch von Schutz zu sprechen. Eure Dreistigkeit ist empörend."

Halef nahm sich aber doch des Gezüchtigten an, indem er ihn aus den Händen der Haddedihn befreite, was allerdings nicht allzu schnell vonstatten ging. Der Ghâni hinkte zum Münedschi und ergriff dessen Hand, um ihn fortzuführen.

Es geschah aber nicht, ohne daß er uns noch drohend zuzischte:

„Wartet bis Mekka, bis Mekka! Oder vielleicht noch viel eher, ihr Hundesöhne!"

Scheik Tawil entfernte sich mit schnellen Schritten. Sein „Schützling" krümmte sich, so gut er konnte, mit dem Blinden hinter ihm her.

„Ich habe schon viel erlebt", meinte Halef, „und so manchen von Gott verlassenen Menschen kennengelernt, aber so etwas hätte ich doch nicht für möglich gehalten. Doch, er hat für einstweilen seinen Lohn, und wahrscheinlich wird er uns noch besser kennenlernen. Aber Sihdi, du warst still. Warum hast du dem Münedschi kein Wort der Verteidigung gesagt? Nun ist er überzeugt, daß er recht habe."

„Erstens ging alles so schnell, daß es für mich keine Zeit zum Sprechen gab, und zweitens war es wohl genug von mir, daß ich überhaupt schwieg. Und wenn ich ihm eine stundenlange Rede gehalten hätte, so wäre sie doch ohne Erfolg geblieben. Ich habe ihm verziehen und denke, daß für jetzt nicht mehr erforderlich war. Betrachten wir diesen Angriff als ungeschehen!"

„Gut! Es ist wohl auch am richtigsten so. Wir haben jetzt an Dinge zu denken, die wichtiger sind als diese grundlosen Beschuldigungen aus dem Munde eines armen, mißgeleiteten, blinden Mannes. Ich hätte ihn in der ersten Hitze umbringen können, nun aber freue ich mich, daß du mich davon abgehalten hast, ihn zu züchtigen. — Was tun wir jetzt? Wann setzen wir unsere Reise fort?"

„Morgen früh."

„Erst? Warum nicht schon heute?"

„Weil wir erst an der Ain Bârid Wasser finden und sie heute nicht erreichen würden, denn die Beni Khalid sind zwischen uns und ihr. Ich vermute überhaupt, daß wir nicht so schnell, wie wir es wünschen, an diese Quelle kommen werden, Tawil Ben Schahids Rache hält uns auf. Darum müssen wir uns vor allen Dingen mit Wasser versehen und werden den heutigen Tag zur Füllung unserer Schläuche benutzen, doch nicht eher, als bis Khutab Aga dasselbe mit den seinigen getan hat."

„Warum ich?" fragte der Perser.

„Weil du sobald als möglich fortreitest."

„Nein, Effendi! Ich habe gesagt, daß wir diesen Ort nicht eher als ihr verlassen werden, und von diesem Vorhaben bringt mich niemand ab. Soll Dschafar, unser gemeinschaftlicher Freund, wenn ich ihn treffe, mir den erstaunten Vorwurf machen, daß ich mit Kara Ben Nemsi zusammengewesen bin und diesen Vorzug nicht bis zum letzten Augenblick ausgenützt habe?"

„So ist es meine Pflicht, dich zu warnen. Der Scheik der Beni Khalid hat ohne Zweifel die Absicht, dir den Kans el A'dhâ wieder abzunehmen. Jetzt, wenn du dich sobald als möglich von hier entfernst, muß er darauf verzichten, bleibst du aber bis morgen hier, so gibst du ihm Zeit, diese Absicht auf irgendeine Weise auszuführen. Das mußt du bedenken."

„Ich bedenke es und bleibe dennoch. Auf mein gestriges Zusammentreffen mit ihm war ich nicht vorbereitet, nun ich aber weiß, woran ich bin, kann es ihm unmöglich gelingen, mich zum zweitenmal festzunehmen. Also, ich bitte dich, rede mir nicht drein! Ich bleibe."

Er sagte das so bestimmt, daß ich die Vergeblichkeit jedes weiteren Einspruches einsehen mußte.

Bald darauf sahen wir die Beni Khalid mit ihren „Gastfreunden" abziehen, und einige Zeit später schickten wir ihnen zwei Haddedihn zur Beobachtung nach. Das war eine Vorsichtsmaßregel, deren Ausführung wir nicht versäumen durften.

10. Todesnähe

Nun waren wir allein und für den heutigen Tag wahrscheinlich sicher. Da machten es sich unsere Leute bequem. Der Platz und seine Umgebung wurden auf das genaueste durchforscht und die hiesigen Verhältnisse ebenso ausgiebig im Gespräch durchgenommen. Der Vormittag verlief vollends, ohne daß etwas Erwähnenswertes geschah, ebenso ein großer Teil des Nachmittags. Dann aber bekamen wir am Brunnen Besuch, nämlich zwei Beduinen, die auf Eilkamelen aus westlicher Richtung erschienen und, als sie den Brunnen besetzt sahen, von weitem halten blieben. Sie beobachteten uns eine Weile und kamen dann näher. Der Umstand, daß Soldaten bei uns waren, mochte ihr Mißtrauen zerstreut haben. Als sie uns erreicht hatten, stiegen sie nicht sogleich ab.

„Hidschdschâdsch!" sagte der eine von ihnen, weiter nichts.

Dieses Wort ist die Mehrzahl von Hadschi und sollte soviel heißen wie: „Wir sind Mekkapilger." Es gibt nämlich eine Vorschrift, nach der man gegen jeden Pilger, während er unterwegs ist, Frieden halten muß, selbst wenn er einem feindlichen Stamm angehört. Doch sind es gerade die Pilgerzüge, die sich vor den räuberischen Beduinen am meisten in acht zu nehmen haben. Daß diese beiden Männer hier Hidschdschâdsch seien, glaubten wir nicht, sie legten sich diese Eigenschaft nur bei, um von uns nicht feindlich aufgenommen zu werden. Halef antwortete:

„Seid uns willkommen, und steigt getrost ab! Wir haben Platz und auch Wasser für euch."

„Wer seid ihr?"

„Ich bin Hadschi Halef Omar, der Scheik der Haddedihn vom Stamm der Schammar."

„Und diese Asaker?"

„Sie sind in der hiesigen Gegend gewesen, um einen Flüchtling einzufangen, und kehren nun nach Meschhed Ali zurück. Und welchem Stamm gehört ihr an?"

„Wir sind Scherarat von der Ferka[1] Fawwâl und haben nicht die Absicht, lange hier zu verweilen. Erlaubt uns nur, unsere Kamele zu tränken, dann reiten wir wieder fort."

Das mußte auffallen. Wenn sie friedliche Pilger waren, so blieben sie hier, denn der nächste Brunnen war eine Tagesreise entfernt, und als Wallfahrer treibt man sich nicht des Nachts in einem unbekannten Abschnitt der Wüste herum. Ich erteilte also Halef die leise Aufforderung, seinen Leuten und den Soldaten den Befehl zu geben, sich nicht etwa ausfragen zu lassen. Er tat es so, daß die Fremden es nicht bemerkten.

Die Pilger hatten besondere Blicke für unsere Pferde und für das getüpfelte Hedschîn des Persers. Die Art, wie sie diese Tiere nur verstohlen, aber mit gieriger Bewunderung betrachteten und einander dann ansahen, fiel mir und Halef auf.

„Sihdi, das sind vielleicht Pferdediebe!" flüsterte er mir zu.

„Vom Stamm der Beni Lam", ergänzte ich seine Worte.

„Maschallah! Das ist möglich."

„Ich habe zwar keine Beweise dafür, möchte aber behaupten, daß ich mich nicht irre. Daß sie zu den Fawwâl der Scherarat gehören, ist eine Lüge, denn wären sie das wirklich, so führte sie der Weg nach Mekka immer den Tebuk-, Medain Salih und Medina-Karawanenpfad entlang, aber nicht so weit in die östliche Nefud-Wüste herüber. Der Scheik der Beni Khalid hat uns gesagt, daß

1 Unterabteilung

sein Kriegszug den Beni Lam gelte, und so scheint es mir klar, daß die zwei Beduinen Kundschafter dieses Stammes sind, die nach den Beni Khalid suchen."

Bald darauf wurde uns der Beweis geliefert, daß ich mit dieser Vermutung das Richtige getroffen hatte, denn als ihre Kamele getrunken hatten, fragte uns der eine:

„Wohin geht von hier aus euer Weg?"

„Zur Ain Bârid", entgegnete ich.

„Dahin reiten wir jetzt und ruhen uns dann dort aus. Ihr werdet uns also morgen abend dort wiedersehen."

Wie schlau! Er wollte nur wissen, wann wir von hier aufzubrechen beabsichtigten. Deshalb führte ich ihn irre:

„Die Freude, euch dort zu treffen, ist uns versagt, denn wir sind so ermüdet, daß wir diesen Brunnen hier erst übermorgen verlassen werden."

Da fragte der Spion unvorsichtig schnell:

„So seid ihr morgen den ganzen Tag noch hier?"

„Ja."

„Habt ihr vielleicht Begegnungen gehabt? Wir wurden vor den Beni Khalid gewarnt, die sich auf einem Kriegszug gegen die Beni Lam in der Gegend des Bir Hilu herumtreiben sollen."

Jetzt hätten wir die beste Gelegenheit gehabt, uns dadurch an den Beni Khalid zu rächen, daß wir die Beni Lam auf sie hetzten. Eine schnelle Bewegung Halefs sagte mir, daß er wirklich in diesem Sinne antworten wolle, ich kam ihm aber zuvor:

„Wir sind Hidschdschâdsch, genauso wie ihr, und bekümmern uns nicht um die Streitigkeiten fremder Leute."

„Aber Auskunft könnt ihr uns doch geben, ob ihr eine Spur der Beni Khalid oder gar sie selbst gesehen habt."

„Nein, denn ihr seid Beni Lam und keine Scherarat. Wir Haddedihn lassen uns nicht täuschen, und es fällt uns nicht ein, die Schuld am Blut anderer auf uns zu laden."

Da wollte er heftig werden, besann sich aber eines

Besseren und war still. Nach kurzer Zeit stiegen sie auf, grüßten kurz und ritten in westlicher Richtung fort, während der Weg zur Ain Bârid sie doch nach Süden geführt hätte. Sie hielten es also für überflüssig, noch einen Versuch zu machen, unsere Ansicht über sie zu ändern.

„Warum sagtest du ihnen nicht die Wahrheit über die Beni Khalid?“ fragte mich der Hadschi, als sie fort waren.

„Habe ich ihnen die Unwahrheit gesagt?“

„Nein. Du hast nur geschwiegen. Aber wie schön hätten wir uns der Rache Tawil Ben Schahids entziehen können, wenn wir ihm die Beni Lam nachgeschickt hätten, von denen ich jetzt überzeugt bin, daß sie da im Westen von uns irgendwo stecken.“

„Wir hätten dadurch einen blutigen Zusammenstoß zwischen ihnen verursacht.“

„Der aber doch auch ohne uns sicher geschehen wird.“

„Dann sind wir ohne Schuld, meine Mitteilung aber wäre eine solche unmittelbare Ursache gewesen, daß ich mir später die bittersten Vorwürfe gemacht hätte. Denke doch an El Mîzân, lieber Halef!“

„Ja, an die Waage der Gerechtigkeit! Du hast recht, Sihdi. Es wird Liebe von uns verlangt, hättest du aber die Frage dieses Kundschafters beantwortet, so würde es uns dereinst als Haß, als Rache angerechnet werden, und diese schwere Last wollen wir nicht auf unsere Seelen laden. Ich fürchte mich in meinem Leben zum allererstenmal, und zwar vor dieser schrecklichen Waage, die alles Verborgene an das Licht des Tages zieht.“

Wollte doch jedermann die Augen für die Beobachtung offenhalten, daß das Gute die Belohnung und das Böse die Bestrafung ohne alles Zutun des Menschen in sich trägt! Leider üben die meisten Menschen diese Aufmerksamkeit fast nie, und nur in ganz verblüffenden Fällen läßt man sich zu einer Art von Erstaunen herbei, denkt einen kurzen Augenblick darüber nach und hält dann die Sache mit dem geistreichen Endurteil ‚Sonderbarer Zufall!' für abgetan. Und doch gibt es keinen Zufall. Wenigstens für den gläubigen Christen ist durch dieses Wort ein dicker Strich gemacht. Sein Erfinder wußte von Gottes Weisheit und Gerechtigkeit nichts, und alle, die es nach ihm in den Mund nahmen, hatten ihr Augenmerk nicht auf die himmlische Erkenntnis gerichtet. Man spricht so schön gelehrt vom Makrokosmos und vom Mikrokosmos, der erstere bedeutet die ganze Welt, der letztere ist der Mensch. Nun ist man wohl bereit, jene sogenannte ‚große Weltordnung' zu bewundern, nach der alles zum Makrokosmos Gehörige sich auf streng vorgeschriebener Gesetzesbahn bewegt und keine einzige Welterscheinung für sich selbst bestehen kann, sondern sich in der innigsten Beziehung zum Ganzen befindet, weil sich das eine aus dem anderen mit lückenloser Folgerichtigkeit entwickeln muß. Das hat man wohl erkannt, und das gibt auch der Gottesleugner zu. Er gibt sogar zu, daß Gesetze von ähnlicher Unverbrüchlichkeit ebenso im Mikrokosmos, also im Menschen, walten, meint aber damit nur den irdischen Menschenleib; den für den Himmel bestimmten, den ich hier ‚Seele' nennen will, gibt es für ihn nicht. Und doch gibt es eine — — eine Seelenweltordnung, die wenigstens ebenso große Bewunderung verdient wie jene angestaunte Ordnung des Makrokosmos.

Wie das Leben der Einzelseele eine gottgewollte Entwicklung eng zusammenhängender Folgerichtigkeiten zeigt, so werden auch die Beziehungen der Seelen zueinander von Gesetzen beherrscht, von denen es keine Abwege und gegen die es kein Widerstreben gibt. Schau nur hinein in deine Seele, lieber Leser! Beobachte sie und ihre Regungen mit nachdenklicher Aufmerksamkeit! Du wirst bald wunderbare Entdeckungen machen und vor allen Dingen zu der Erkenntnis gelangen, daß dir deine Seele bisher eine völlig unbekannte Welt gewesen ist. Es ist mir einstmals ebenso gegangen. Aber als ich erst einmal mit Ernst angefangen hatte, mich zu beobachten, da wuchs meine Hingabe an diese meine innere Welt von Tag zu Tag, und es taten sich mir Ausblicke auf, die mich zum Weiterforschen begeisterten. Es begann zunächst eine große, leider so unendlich schwierige Reinigung, daß ich wohl einsehe, mit ihr in diesem kurzen Erdenleben nicht fertig werden zu können, aber es wurde doch wenigstens so viel Erdenschmutz überwunden, daß mir jetzt, wo ich bald sechzig Jahre zähle, das Weiterlernen und Weiterüben als die schönste Aufgabe der mir noch beschiedenen Tage erscheint. Wie herzlich wünsche ich, daß jeder meiner Mitmenschen ein so beseligendes Abendrot haben möge.

Könntest du, meine Freundin oder mein Freund, deine Seele in die Hand nehmen und beobachten wie eine Uhr, welch ein wunderbares, wohlgeordnetes Ineinandergreifen sämtlicher Regungen würdest du da bemerken. Du würdest sehen, wie sie reingehalten werden muß, wieviel hinderlicher Erdenstaub stets zu entfernen ist. Du würdest erkennen ‚daß jedes einzelne ‚Tick und Tack' darauf hinzielt, den Zeiger zur mitternächtlichen, letzten Zwölf zu leiten, nach der dir die Eins des Jenseits schlägt. Das hängt alles so innig zusammen, das kommt wie von selbst, da kannst du dir nicht eine einzige Sekunde ohne die vorhergehenden denken, da kann nicht eine einzige Minute als überflüssig weggelassen und zur zeitleeren Lücke werden. Genauso steht die leiseste Seelenschwingung im Zusammenhang mit dem Ganzen, und ob dein Leben ein Streben nach dem Himmel oder ein Sträuben gegen den Himmel sei, es ist nicht das kleinste seelische Stäubchen in dir zu finden, das unbeteiligt an diesem Streben oder Sträuben ist. Und wie in deinem Seelenmikrokosmos die treibenden Kräfte nur nach bestimmten Regeln und Geboten tätig sind, so herrschen auch im Seelenmakrokosmos, also auf dem Gebiet der Zusammen-, der Aufeinanderwirkung menschlicher Seelen, Vorschriften und Gesetze, die selbst die geringste Ordnungslosigkeit, also auch den Zufall, ausschließen. Es können zwei Seelen nicht, wenn auch noch so kurz, aneinander vorüberstreifen, ohne aufeinander zu wirken. Und wenn eine Seele die deinige nur einen Augenblick berührt, so wird diese Berührung einen Punkt in deinem inneren Leben schaffen, der sich zu einer für dich vielleicht nicht bemerkbaren Linie weiterbildet. So entstehen Beziehungen, einstweilen geheimnisvolle Fäden, die dich mit anderen unsichtbar, aber doch für immer vereinen und als einen notwendigen Teil mit der großen, unendlichen Welt der Seelen verbinden. Du gehörst restlos zu ihr, wie die einzelne Minute zur Stunde, zum Tag, zum Jahr, zur Ewigkeit, sie würde ohne dich nicht vollständig sein. Und wie sie auf dich und deinen Einfluß, mag er auch noch so winzig und unbedeutend sein, nicht verzichten kann, so stehst auch du und so steht auch jede andere Seele in fortwährender Beziehung zu ihr und ihren Gesetzen, die weit entferntliegende Ursachen an dir oder durch dich zur Tätigkeit bringen, so daß scheinbar plötzliche Handlungen entstehen oder vermeintlich zusammenhanglose Ereignisse eintreten, die man sich nicht erklären kann. Dieses Herüberwirken des Makrokosmos in die Welt der Seele, diese Folgen, deren Gründe und diese Schlüsse, deren Voraussetzungen im Verborgenen liegen, sind nicht etwa Unbegreiflichkeiten, sondern im Gegenteil, Beweise eines von der göttlichen Weisheit vorgeschriebenen, folgerichtigen Zusammenhangs der unsichtbaren mit der sichtbaren Welt. Wer die unsichtbare freilich leugnet, weil er unter dem Pantoffel seines gelehrten und geliebten Materialismus steht oder nicht gewohnt ist, nachzudenken, der weiß sich beim Eintritt solcher, für ihn zusammenhangloser Ereignisse nicht anders zu helfen, als daß er sie auf die Rechnung des ‚großen Unbekannten' und doch so Wohlbekannten schreibt, den man so wie jenen berüchtigten kriminellen Unbekannten an den Haaren herbeizieht, wenn man sich nicht mehr zu helfen weiß: auf die Rechnung des Zufalls nämlich.

Wenn ich mich des Wortes Materialismus bediene, so meine ich nicht nur die ungläubigen Materialisten. Es gibt auch gläubige Christen, und zwar sind es leider Millionen, die ich so nenne. Sie halten sich für das Material der Erlösung, des Heils, der Seligkeit. Unser Herrgott hat sie geschaffen, er wird sie auch erhalten. Er hat sie für den Himmel berufen und muß sie also nun auch hinaufführen. Sie beten, sie singen, sie sind fleißige Kirchenbesucher und fühlen sich behaglich dabei. Der himmlische Vater hat es nun einmal auf sie abgesehen. Die Überzeugung, seine Lieblinge zu sein, verleiht ihnen eine Befriedigung, die ihnen über die irdischen Freuden geht, und das halten sie für ein Verdienst, das er ihnen hoch anzurechnen hat. Sie sind geladene Hochzeitsgäste, und da sie damit einverstanden sind und gern kommen wollen, so wird man sie mittels Fuhrwerk abholen. Da sie das Material der Seligkeit sind, so ist diese Seligkeit ohne sie gar nicht möglich, welche Freude muß also im Himmel über sie sein! Alle Mühen und Beschwerden des Himmelsweges legen sie in Gottes Hand, er wird ihnen schon darüber hinweghelfen, und seine Diener müssen Vorspann leisten. Für ihn und sie bestehen diese Leute nur aus dem äußeren Menschen, dem die Auferstehung von den Toten und das ewige Leben verheißen ist.

Ihre Seele aber? Gibt es denn eine Seele? Wenn ja, nun so gehört sie zum Körper und muß doch mit ihm selig werden. Über diesen Punkt viel nachzudenken oder gar an dieser Seele zu arbeiten, das würde die ganze Behaglichkeit zunichte machen. Für diese Materialisten, diese Liebhaber der religiösen Bequemlichkeit gibt es keinen Zufall, denn daß sie so fromm sind und so selig werden, das ist doch wahrlich kein Zufall, sondern die unbedingte Folge ihres hohen geistigen Wertes, das ist doch leicht erklärlich. Und was sie nicht erklären können, das nennen sie nicht Zufall — denn dieses Wort paßt für einen guten Christen nicht — sondern: Gottes Schickung. Aber wie das Wort Schickung hier gemeint ist, bedeutet es eben auch nur Zufall, und zwar nicht nur ein blindes, sondern ein gewolltes Ungefähr, und das ist noch schlimmer. Das Wort Schickung in diesem Sinn bringt das allgerechte und allweise Walten der göttlichen Liebe um die ihr auf den Knien zu zollende Ehre. Geistige Güter sind in gewissem Sinn auch als materielle Gaben zu bezeichnen, und die Liebe Gottes teilt diese Geschenke nicht nach Willkür aus, sondern nach ihren eigenen Gesetzen, sie handelt nicht regellos. Ist doch gerade sie es, die jene geheimen Fäden in den Händen hält, die Seele mit Seele vereinen und Ursache mit Ursache verbinden, so daß die Wirkung dann als eine Schickung im wirklichen Sinn, nämlich als eine Fügung des allgütigen Ratschlusses Gottes erscheint. Wer gelernt hat zu sehen, der kann in seinem Leben Beweis um Beweis finden, daß das, was andere Zufall nennen, ein von der belohnenden, warnenden oder wohl auch strafenden Liebe herübergeleitetes Ergebnis seelischer Zusammenwirkung ist. Und wenn er eifrig sucht, wird er gewiß in seiner eigenen Seele den Berührungspunkt entdecken, der ihm erklärt, weshalb gerade ihn und keinen anderen diese Fügung traf, die dann für ihn nichts weniger als ein Zufall ist.

Warum aber hier diese Darlegung meiner Ansicht über den Zufall? Zunächst, weil es mir so sehr am Herzen liegt, so viele Menschen als möglich an dem sonnigen Glück teilnehmen zu lassen, das ich meinem Glauben verdanke. Und sodann, weil unser Zusammentreffen mit den beiden Beni Lam beim Bir Hilu und unser Gespräch mit ihnen in der Folge recht deutlich zeigte, daß dergleichen nicht zufällig geschieht, sondern nur mit Gottes Schickung. Es stand mit dem, was geschehen war und noch geschehen sollte, in so engem Zusammenhang, und gerade der Umstand, daß ich die Beni Khalid nicht verraten hatte, obgleich sie unsere Feinde waren und ihre Ablenkung von uns auf die Beni Lam vom größten Vorteil für uns zu sein versprach, lieferte uns dann später den augenfälligsten Beweis, daß eine jede Tat ihre guten oder bösen Folgen schon in sich trägt. Hätte ich nicht den guten Einflüssen in mir, sondern meiner kalten Berechnung und Klugheit gefolgt, so wären wir schon am nächsten Tag alle verloren gewesen.

Am Abend dieses Tages saßen wir zum letztenmal, wie wir alle meinten, mit dem Basch Nâsir beisammen. Wir hatten einige Wachen ausgestellt und unterhielten uns fast ausschließlich über das, was wir mit ihm gemeinschaftlich erlebt hatten. Später, als die Zeit zum Schlafen gekommen war, stellte er die Frage:

„Effendi, ich habe eine Bitte an dich. Wirst du sie mir erfüllen?"

„Recht gern, wenn ich kann", erwiderte ich.

„Ich möchte gern eines meiner Kamele mit einem von euch vertauschen."

„Warum?"

„Um ein Andenken zu haben."

„Ich habe kein Kamel, bezweifle es aber nicht, daß Halef auf deinen Wunsch eingeht."

„Das wird er gewiß tun, nur möchte ich gern wissen, ob du gewillt bist, das Tier von mir anzunehmen."

„Warum ich?"

„Weil es ein Andenken von mir sein soll. Ich gebe dir meine Hedschîn-Stute, und weil ich dann ein Kamel zu wenig haben würde, bitte ich mir dafür ein anderes aus."

Ich sah ihn an, ohne zunächst zu antworten. Diese herrliche, unbezahlbare Stute wollte er mit schenken! Es handelte sich um eine geradezu fürstliche Freigebigkeit, von der ich nicht wußte, wie ich mich zu ihr verhalten sollte. Ja zu sagen, widerstrebte meinem ganzen Wesen, und ein Nein hätte ihn schwer beleidigen müssen. Da fuhr er fort:

„Es würde mir eine stolze Freude sein, zu wissen, daß Kara Ben Nemsi Effendi auf meinem Hedschîn sitzt. Den Wert des Tieres darfst du nicht berücksichtigen, denn ich habe es nicht bezahlen müssen und kann mir von Tscharbagh zu jeder Zeit ein ähnliches erbitten. Dazu kommt, daß du mir das Leben gerettet und den Kans el A'dhâ entdeckt hast, ohne dich würde ich ihn nicht wiederbekommen haben. Du wirst also einsehen, daß das Geschenk dieses Kamels nichts ist gegen das, was ich dir zu verdanken habe. Ich will jetzt nicht in dich dringen, du hast eine ganze Nacht Zeit dazu, es dir zu überlegen."

Er wendete sich ab und schien also die Sache als für einstweilen erledigt zu betrachten. Darum sagte auch ich nichts mehr, aber Halef, der dabei gesessen hatte, raunte mir dringlichst zu:

„Sihdi, du wirst es annehmen, ja, du mußt sogar! Einen Freund darf man doch nicht durch die Zurückweisung eines Geschenkes beleidigen."

„Aber eines solchen!" antwortete ich.

„Es ist freilich höchst wertvoll; aber du mußt bedenken, daß du es zwar jetzt für dich, dann aber auch für uns bekommst."

„Ah! Du schaust aus diesem verborgenen Loch heraus?"

„Ja. In deiner Heimat ist dir dieses Hedschîn nutzlos, und so wirst du es mit ihm wohl ebenso machen, wie damals mit deinem herrlichen Rih: nämlich du wirst es bei uns lassen. Und nun denke dir unsere Freude, wenn wir für unsere Zucht eine fünfjährige tadellose Kamelstute von dieser Vortrefflichkeit erhalten. Wenn du es annimmst, erweisest du unserem Stamm einen Dienst, der uns dir gegenüber zur größten Dankbarkeit verpflichtet. Ich hoffe, daß du das einsiehst! Oder etwa nicht?"

„Doch, es wäre eine vortreffliche Erwerbung für euch."

„Schön, Sihdi! Es freut mich, daß du diese Einsicht besitzest. Sie ist aber nur die Nebeneinsicht, und ich hoffe, daß dir nun auch noch die Haupteinsicht kommt."

„Welche?"

„Daß du es annehmen mußt. Willst du?"

„Hm!"

Da wendete er sich rasch zum Perser:

„Mein Freund Khutab Aga. Es liegt mir sehr am Herzen, daß mein Sihdi deinen Wunsch erfüllt. Ich habe ihn jetzt in diesem Sinn bearbeitet und kann dir mitteilen, daß ich zufrieden bin; denn er hat soeben schon ‚ge-hmt'. Da ich ihn genau kenne, so weiß ich, daß man bei ihm von diesem unschlüssigen Hm bis zum schließlichen Ja nicht weit zu reiten hat. Es ist mir gelungen, ihn schon halb für deinen Vorschlag einzunehmen, und so darfst du der angenehmen Hoffnung sein, daß die zweite Hälfte sich bis morgen früh auch noch einstellen wird. Du wirst also einsehen, daß das Kismet dir und deinem Kamel nicht ungünstig gestimmt ist. Ihr werdet voneinander befreit werden."

Dieser kleine Pfiffikus! So schwer es ihm stets wurde, sich in die Verhältnisse und Anschauungen meines Vaterlandes zu versetzen, in das er den Orient fast stets übertrug: jetzt, wo es sich um die Aneignung des Hedschîn handelte, hatte er sich sofort daran erinnert, daß mir ein Kamel in der Heimat nichts nützen könne. Und dann die rasche und sonderbare Ausbeutung meines Hm. So etwas brachte nur mein Hadschi Halef fertig.

Am anderen Morgen gestand er mir, daß er wegen des Hedschîn die ganze Nacht nicht habe schlafen können, und daß ich es unbedingt annehmen müsse, wenn ich ihn nicht für den Rest seines Lebens um den Schlaf bringen wolle, was doch seinen schließlichen Tod zur Folge haben müsse. Dann zog er den Basch Nâsir heran, und ich wurde von ihnen, nach Halefs gestrigem Ausdruck, in der Weise „bearbeitet", daß ich schließlich wohl oder übel meine

Einwilligung erteilte. Das gab einen Jubel bei den Haddedihn. Ebenso kann ich von dem Perser sagen, daß er sich aufrichtig freute. Er hatte mir das Geschenk nicht in chinesischer Weise, auf die man mit der Nichtannahme antworten muß, angeboten, und diese seine Freude war mir ebenso lieb wie der Gegenstand seiner Freigebigkeit. Während die anderen das Kamel umringten und seine Vorzüge aufzählten, nahm er mich auf die Seite und sagte:

„Effendi, da du mich mit der Annahme meines Geschenkes beglückt hast, muß ich dir etwas sagen, was jetzt noch niemand außer dir zu wissen braucht. Es ist dir wohl bekannt, daß man den Kamelen nicht, wie den Pferden reinsten Blutes, ein ‚Geheimnis' geben kann, denn sie sind zu dumm dazu. Bei diesem Hedschîn aber ist es mir geglückt. Es besitzt eine Auffassungsgabe, die man bei seinesgleichen sonst vergeblich sucht, und ist so treu, anhänglich und willig wie ein Pferd. Da es nun dein Eigentum ist, will ich dir sein Geheimnis mitteilen. Das Tier heißt Maschhûra[1]. Um es vorher aufmerksam zu machen, mußt du diesen Namen zweimal nennen, worauf du dreimal hintereinander das Wort ‚Babûnadsch[2] sagst. Hast du das getan, so entwickelt es eine Eile, die dir die stille Luft als Wind erscheinen läßt, und hört nicht eher auf, als bis du ihm das Wort ‚Jawâsch!'[3] auch dreimal sagst. Da das Kamel das Pferd an Ausdauer überhaupt übertrifft, so hält Maschhûra unter dem Geheimnis viel länger aus als ein Pferd, was dich aus großer Gefahr erretten kann und jede Verfolgung nutzlos machen wird. Hast du dir das alles gut gemerkt?"

„Ja, ich danke dir. Aber sag, warum hast du gerade das Wort Babûnadsch gewählt?"

„Weil dieses Hedschîn eine auffällige Vorliebe für Kamillen hat. Ich habe darum, sooft ich es reite, einige

1 „Die Berühmte" 2 Kamille 3 „Langsam", „sachte"

von diesen Pflanzen in der Tasche. Ich reibe sie in der Hand, so daß sie nach ihnen riecht und liebkose dann das Maul und die Nase Maschhûras mit dieser Hand. Wenn du das tust, wirst du ihre Freundschaft schnell erwerben. Nur darfst du es keinem anderen verraten, dem es dann durch Anwendung dieses Mittels gelänge, die Anhänglichkeit des Tieres auf sich zu lenken. Ich habe auch jetzt Kamillen mit und werde sie dir geben. Sie sind trocken geworden, duften aber noch stark genug."

Ein Kamel mit einem „Geheimnis"! Das hatte auch ich bisher für unmöglich gehalten. Wenn es sich bewährte, so war diese Stute allerdings unbezahlbar. Khutab Aga gab mir die Pflanzen, die ich in die Satteltasche steckte, und erteilte dann seinen Asakern den Befehl, sich zum Aufbruch zu rüsten.

Als das geschehen war, verabschiedete er sich von uns in der herzlichsten Weise. Man sah ihm an, daß er uns liebgewonnen hatte; die Tränen standen ihm in den Augen.

Ich forderte ihn zur größten Vorsicht auf und bat ihn, wenigstens für heute den Weg zu meiden, den er, und wir nach ihm, hierhergeritten war. Er versprach das auch, doch leider nicht in der bestimmten Weise, wie ich es wünschte, und ich merkte wohl, daß er die ihm von den Beni Khalid drohende Gefahr nicht für so bedeutend hielt wie ich. Er glaubte, seinen Kans el A'dhâ sicher zu haben, denn sie waren ja nach Süden gezogen, während er nach Norden ritt. Als er sich schon in Bewegung gesetzt hatte, rief ich ihm meine Warnung noch einmal dringend nach. Er drehte sich um und nickte mir lächelnd zu, doch gerade dieses Lächeln wollte mir nicht gefallen.

Es verstand sich von selbst, daß Halef ihm eines unserer besten Hudschun gegeben hatte, das zwar nicht den Wert von Maschhûra besaß, aber doch verläßlich war. Als sich die Reiter so weit entfernt hatten, daß wir sie nicht mehr sehen konnten, beschäftigte ich mich mit der Stute. Sie hatte ihrem bisherigen Herrn sehr lange nachgesehen, eine Anhänglichkeit, die von uns noch bei keinem Kamel beobachtet worden war. Als ich ihr mit meiner nach den Kamillen duftenden Hand über die Nase strich, sog sie den Geruch mit sichtbarer Wonne ein, streckte die Lippen wie Fangschalen so weit aus, daß ich darüber lachen mußte, und ließ die Hand vollständig im Maul verschwinden. Dabei begann sie, das Gebiß nur ganz sanft auflegend, an ihr zu saugen wie ein Kind an einem Zuckerstück. Ich sah, daß es mir nicht schwerfallen werde, ihre Zuneigung zu gewinnen, und ließ ihr meinen Sattel auflegen, denn ich ritt sie von jetzt ab selbstverständlich täglich.

Nun konnten auch wir den Bir Hilu verlassen, den wir wohl nicht wiedersehen würden. So dachten wir, weil wir uns für die Heimkehr von Mekka einen anderen Weg vorgenommen hatten; doch es steht geschrieben: „Denn meine Gedanken sind nicht eure Gedanken, noch meine Wege eure Wege, spricht der Herr.“ Unsere Schläuche waren voll. In dieser Hinsicht waren wir darauf vorbereitet, die Ain Bârid heute abend schon besetzt zu finden. Wir hatten Wasser für mehrere Tage.

Als wir den Brunnenplatz verlassen hatten, waren die Spuren der Beni Khalid so deutlich zu sehen, daß wir ihnen mühelos folgen konnten, was wir auch taten. Wir mußten wissen, woran wir mit ihnen waren. Nach vielleicht einer Stunde kamen wir aus der Wüste der zerstreuten Felsengruppen heraus auf den offenen, ebenen Sand. Die Fährte führte in der Richtung der „kalten Quelle“.

Nach einer zweiten Stunde bog die Spur nach Westen ab. Das war ein Umstand, der uns auffallen mußte. Es kam uns nicht bei, unsere bisherige Richtung innezuhalten, sondern wir blieben der Fährte der Beni Khalid treu. So ritten wir vielleicht zwei Stunden lang nach Sonnenuntergang und sahen dann am Gesichtskreis vor uns eine dunkle Linie auftauchen, von der unser Führer, der Ben Harb, vermutete, daß sie ein langgestreckter Höhenzug sei, von dem er wohl gehört hatte, dessen Namen er aber nicht kannte. Wenn er sich nicht irre, müsse die Wüste nun wieder steinig werden.

Dies war auch wirklich der Fall. Je näher wir dieser Höhe kamen, desto gerölliger wurde der Sand, dann trat der nackte, unbedeckte Felsen zutage, auf dem wir nur noch mit Mühe die Spuren entdecken konnten.

„Weshalb mögen die Beni Khalid von ihrem Weg abgewichen und hierhergeritten sein?" fragte Halef. „Ob das mit uns zusammenhängt, Sihdi?"

„Zunächst wohl mit dem Perser und dann auch mit uns", erklärte ich. „Mir wird jetzt angst um ihn, und ich wünsche von Herzen, daß meine Vermutung sich nicht bestätigen möge. Die Beni Khalid haben ihre neue Richtung in so auffälliger Weise eingeschlagen, daß die Absicht, wir möchten ihnen folgen, für mich bewiesen ist. Wahrscheinlich stecken sie an einer verborgenen Stelle dieser Höhe, um uns zu überfallen. Aber es gibt auch wieder einen Grund, dies nicht anzunehmen. Ich bin nämlich überzeugt, daß Tawil Ben Schahid nicht auf den Kans el A'dhâ verzichten will. Er weiß, daß ihn der Perser hat, von dem er ihn nur dadurch erlangen kann, daß er ihm unterwegs auflauert. Wenn er diese Absicht verfolgt, kann er nicht hier stecken, sondern ist in einem weiten Bogen um den Bir Hilu zurückgeritten, um sich jenseits davon dem Basch Nâsir in den Weg zu legen. Wir haben es also mit zwei verschiedenen Annahmen zu tun: entweder sind die Beni Khalid hier, um uns aufzulauern, oder sie sind jetzt nördlich vom Bir Hilu zu suchen."

„Aus welchem Grunde wären sie da aber hierhergeritten?"

„Des felsigen Bodens wegen, auf dem die Spuren schwer zu lesen sind. Sie halten unsere Augen nicht für besser als die ihrigen und sind darum überzeugt, daß wir ihre Fährte hier verlieren werden. Zugleich haben sie wohl an den Vorteil gedacht, den sie über uns erringen, wenn sie sich zuerst den Perser holen; denn dadurch kommen sie uns in den Rücken, während wir glauben, sie vor uns zu haben. Es ist auch ein dritter Fall möglich, nämlich der, daß der Scheik seine Leute geteilt hat. Wenn dies geschehen sein sollte, so werden wir von der einen, größeren Abteilung hier erwartet, während er selbst mit der anderen Khutab Aga sucht. Ich werde mir sogleich darüber Klarheit verschaffen. Wir halten jetzt hier an, und ich suche, ob es eine Spur gibt, die zurück nach Norden führt."

„Das wird hier auf diesem harten Felsen lang dauern."

„Nein, denn ich gehe bis zur Grenze des Sandes hinüber. Reite ich daran entlang, so muß ich die Eindrücke, wenn es überhaupt welche gibt, unbedingt finden. Lang dauert das nicht, weil ich weiß, auf welche Seite sich Tawil gewendet hat, ich muß also nicht die ganze Höhe umreiten."

„Darf ich mit?"

„Ja. Wir nehmen aber unsere Pferde. Die Kamele sind mir zum Spurensuchen zu hoch. Komm!"

Halef bestieg seinen Barkh, ich meinen Assil Ben Rih. Wir ritten seitwärts ab, bis wir den Sand erreichten, und bogen dann linksum, wodurch wir auf die Spur einer etwa nach Norden gerittenen Beni-Khalid-Schar treffen mußten. Mich zur Seite des Pferdes möglichst tief herunterneigend, um die Augen dem Boden nahe zu bringen, ließ ich meinen Rappen schlank vorwärtsfliegen und hatte bald die Genugtuung, ihn anhalten zu müssen, denn wir trafen auf eine deutliche Fährte, die von der Höhe hierher und dann in nördlicher Richtung weiterführte. Wir stiegen ab, um sie zu betrachten. Diese Beni Khalid waren so eng zusammen geritten, daß die Einzelspuren nicht auseinandergehalten werden konnten; es gelang uns also nicht, sie zu zählen, doch glaubte ich, der Wahrheit nahe zu kommen, wenn ich über dreißig und höchstens vierzig Reiter schätzte. Diese Zahl war allerdings ausreichend, den Perser mit seinen zwanzig Soldaten zu überwältigen.

Jetzt wurde es auch dem Hadschi angst.

„Sihdi, deine Befürchtung ist eingetroffen", meinte er. „Was tun wir? Sag es schnell!"

„Es kommt alles darauf an, ob er meine Warnung beachtet hat, den Herweg zu meiden. In diesem Fall kann er den Beni Khalid entgangen sein."

„Ich befürchte, er hat sie nicht befolgt. Denkst du, daß er noch zu retten ist?"

„Vielleicht. Steig schnell auf! Wir müssen alle umkehren."

Während wir zu unseren Leuten zurückjagten, teilte ich ihm meinen Entschluß mit:

„Wir reiten so schnell als möglich zurück zum Bir Hilu. Von dort aus halten wir uns auf der Spur des Persers und werden dann bald erfahren, wie es mit ihm steht. Da ich das Schlimmste befürchte, so reite ich voraus, denn wenn es notwendig ist, halte ich mit meinem Henrystutzen die ganze Beni-Khalid-Schar in Schach. Ihr braucht nur meiner Spur zu folgen."

„Warum wir hinterher und nicht gleich mit?"

„Weil eure Tiere nicht schnell genug sind; sie müssen zurückbleiben, denn ich nehme Maschhûra, die Hedschînstute. Selbst wenn ihr den Pferden das Geheimnis sagt, könnt ihr nicht mit mir fort, denn sie hält länger aus als jedes Pferd. Hütet euch nur vor einem plötzlichen Zusammentreffen mit den Beni Khalid, denn sie nehmen ihren Rückweg auf alle Fälle über den Bir Hilu, und so ist es möglich, daß ihr schon auf sie stoßt, während ich dem Perser nacheile."

Wir hatten nun unsere Leute erreicht.

Ich schwang mich vom Pferd sofort in den Sattel des

Kamels und ritt fort, dem Hadschi die Erklärung meiner Eile überlassend.

Ich ließ Maschhûra einige hundert Schritte langsam gehen, dann trieb ich sie an, sie gehorchte, es ging ja zum Brunnen zurück. Wir waren vom Bir Hilu aus erst in gerader Strecke zwei Stunden lang, und dann in einem rechten Winkel über zwei Stunden geritten. Das machte zusammen einen Weg von viereinhalb Stunden. Dieser Weg bildete die zwei Nebenseiten eines rechtwinkligen Dreiecks, auf dessen Hauptseite ich nun zurückkehrte. Sie war also nach der von uns bis jetzt innegehaltenen Schnelligkeit ungefähr drei Stunden lang. Aber Maschhûra griff so erstaunlich aus, daß ich den Bir Hilu schon nach drei Viertelstunden erreichte.

Die Beni Khalid konnten freilich schon hier sein. Ich hatte aber keine Zeit, mich von diesem Gedanken aufhalten zu lassen, denn wenn sie sich am Brunnen befanden, so lag für mich gerade in der Schnelligkeit der beste Schutz vor ihnen; ich kam an ihnen vorüber, ehe sie nur daran denken konnten, etwas gegen mich zu unternehmen. Der Platz war aber leer.

Maschhûra hatte einen wunderbar leichten, geschmeidigen Gang. Ich thronte wie in einem unbeweglichen Stuhl. Sie besaß die hochgeschätzte Eigenschaft, die der Beduine mit dem Worte „raumverzehrend“ bezeichnet, und dabei ließ sie nicht die Spur von Anstrengung bemerken.

Als ich den Brunnen hinter mir hatte, war ich gespannt darauf, ob der Basch Nâsir einen anderen Weg eingeschlagen hatte oder nicht. Im ersteren Fall durfte ich hoffen, daß er von den Beni Khalid verfehlt worden sei, im letzteren aber war anzunehmen, daß sie ihren Zweck erreicht hatten.

Bekanntlich waren wir bei unserem Weg zum Brunnen östlich ausgewichen. Ich konnte also erst, nachdem ich diesen Bogen abgeschnitten hatte, auf unsere alte Fährte treffen. Das geschah bald, und da bemerkte ich denn, daß der Perser meine Warnung nicht befolgt hatte, seine Spur führte auf der früheren zurück.

Nun gab es nur noch eine, obgleich sehr kleine Hoffnung: wenn er langsam geritten war und der Hinterhalt der Beni Khalid in bedeutender Entfernung vom Brunnen lag, so war es möglich, daß er sie noch nicht erreicht hatte. Freilich waren seit seinem Fortritt schon über fünf Stunden vergangen, die ich nun einholen mußte. Welch ein Glück, daß der Perser mir das Geheimnis der Stute mitgeteilt hatte! Denn nur durch dessen Anwendung konnte ich meine Absicht ausführen.

Ich gab nun dem Hedschîn das Zeichen. Zweimal rief ich seinen Namen und dann, als es aufhorchte, dreimal das Wort Babûnadsch. Der Erfolg war, daß es mit den Ohren spielte und in seinem bisherigen Schritt verblieb. Ich wartete eine Weile und wiederholte es dann — — — mit gleichem Mißerfolg.

Ich hatte genau getan, was mir von Khutab Aga gesagt worden war. Hatte er bei seiner Mitteilung etwas vergessen?

Es wurde mir heißer und heißer mit meiner Angst um den Perser. Wie konnte ich ihn retten, wenn mir das Kamel nicht gehorchte? Ich wiederholte den Versuch, doch vergeblich. Da dachte ich an den Umstand, daß mich das Hedschîn fast noch nicht kannte. Vielleicht war das schuld an seiner Weigerung. Ich hielt also an, stieg ab, rieb mir die Hand mit den Kamillen ein und hielt sie ihm dann hin. Sie wurde mit Begierde ins Maul genommen und dort festgehalten. Ich hatte nur acht oder zehn Pflanzen bekommen, die schon ganz abgebraucht waren, beschloß aber dennoch, einige davon zu opfern. Maschhûra schnappte mit Wonne zu, ich bekam die Hand frei und stieg wieder auf. Zunächst trieb ich sie an, und als sie gehorcht hatte, wartete ich nicht länger, den letzten Versuch zu machen:

„Maschhura, Maschhûra — — —! Babûnadsch, babûnadsch, babûnadsch — — —!“

Da bekam ich einen Ruck, der mich fast aus dem Sattel warf, und dann — — — ja, dann ging es los. Es war so, wie der Perser gesagt hatte: die stehende Luft, die wir durchschnitten, wurde für mich zum Wind. Ich war früher einigemale gezwungen gewesen, bei meinem Rapphengst Rih das „Geheimnis“ anzuwenden, und muß der Wahrheit nach gestehen, daß Rih damals noch schneller gewesen war als das Hedschîn jetzt; aber es kam nun darauf an, auf wessen Seite die größte Ausdauer war, ob auf der des Pferdes oder des Kamels! Der Basch Nâsir hatte dem letzteren den Vorzug gegeben.

Das war jetzt kein Ritt, kein Jagen mehr, sondern ein Fliegen zu nennen. Die Felsengruppen schossen an uns vorüber. Dann kamen wir hinaus auf die steinige Serîr, wo ich sehr aufpassen mußte, um die Fährte nicht zu verlieren. Doch gehorchte Maschhûra trotz der ungeheuern Schnelligkeit selbst der leisesten Berührung mit dem dünnen Mitrak[1]. Auf dieser Ebene brauchte das Hedschîn zehn Minuten, um eine Strecke zurückzulegen, für die auf dem Herweg im Schritt eine ganze Stunde notwendig gewesen war. Und diese unbeschreibliche Eile blieb sich stetig gleich, auch als wir die Serîr hinter uns hatten und in den Sand kamen, bei dessen Schilderung ich vom „Mahlen“ der Hufe sprach. Aber er strengte mehr an als der Felsenboden. Maschhûra begann zu schwitzen.

Dann wuchsen die schon beschriebenen Dünenreihen aus dem Sand empor. An der ersten hatte, wie ich aus den Spuren sah, der Perser aus irgendeinem Grund längere Zeit gehalten. Es war mir der Gedanke gekommen, das Hedschîn hier verschnaufen zu lassen, aber beim Anblick dieses Halteplatzes unterließ ich es, denn durch die hier gemachte Pause war auch das Zusammentreffen des Basch Nâsir mit den Beni Khalid verzögert worden, und

1 Lenkstab

dadurch vergrößerte sich für mich die Möglichkeit, ihn doch noch vorher einzuholen.

Es war eine böse Anstrengung, die das brave Tier überwinden mußte. Auf der einen Seite sich an den steilen Sandbergen in rasenden Sätzen emporschnellend, schoß es an der anderen gleitend wieder hinab, um die nächste Düne in eben dieser Weise zu überwinden. Der Schweiß zeigte sich stärker, schon bildete sich ein weißer Schaumrand an den Lefzen, und — — ja, da hörte ich den ersten hastigen, lauten Atemstoß. Es war Zeit, innezuhalten.

„Jawâsch, jawâsch, jawâsch!" rief ich.

Maschhûra fiel sofort in eine langsamere Gangart, in der ich sie aus Vorsicht noch eine Strecke gehen ließ, bis sich wieder ruhiger Atem zeigte und der Schaum verschwunden war. Dann hielt ich an, stieg ab, liebkoste sie, denn sie hatte weit mehr als ihre Pflicht getan, und gab ihr die Datteln, die ich für Assil Ben Rih eingesteckt hatte. Die Art, wie sie mich dabei ansah, war rührend. Ein solches Kamelauge hatte ich noch nicht gesehen. Es schien, als wolle sie mich fragen, ob ich mit ihr zufrieden sei. Wahrlich, der Mensch sollte stets beherzigen, daß das Tier auch Gefühl besitzt und Liebe und Härte vielleicht tiefer empfindet, als wir denken. So habe ich Beobachtungen gemacht, daß der Hund ein schärferer Menschenkenner ist als der Mensch selbst. Und doch, wie gefühllos verfährt der Mensch gegen seine Mitgeschöpfe, die ebenso wie er ihr Dasein der Güte des Alliebenden verdanken! Ich bin ein Menschenfreund und darum auch ein Tierfreund, weil ich als Christ nicht anders kann. Wer als Tierquäler über diesem Christentum erhaben steht, der mag immerhin über mein schwaches, gefühlvolles Herz lächeln, ich aber bin froh, daß ich dieses und kein anderes habe. Doch weg von dieser Abschweifung, die vielleicht Entschuldigung findet, weil sie aus dem Herzen kam.

Ich gab dem Hedschîn noch einige der Babûnadschpflanzen und stieg dann wieder auf, denn nach dieser notwendigen Schonung des braven Tieres durfte keine weitere Minute versäumt werden. Wir begannen im Schritt wieder, worauf ich das Geheimnis abermals wirken ließ. Maschhûra gehorchte diesmal sofort.

Es tat mir leid, sie zum zweitenmal in dieser Weise anstrengen zu müssen, aber es handelte sich um viele Menschenleben, und so außerordentlich ihre Leistung war, das, was man „Schinden" nennt, war es doch nicht. Sie ging freiwillig; sie trug keinen Stangenzügel, kein schmerzendes Gebiß, und sie wurde von keinem Peitschenschlag getrieben.

So flogen wir wieder bergan und bergab wie vorher. Wie oft wich der Sand unter ihren Füßen; wie häufig war sie dem Sturz, dem Überschlagen nahe, ohne daß ich sie, wie bei einem Pferd, mit Hilfen unterstützen konnte! Wohl kam sie zum Straucheln, doch nie zum Fall. Sie hielt aus, sie war ein unvergleichliches Tier.

Da kam ein Augenblick, an dem eine ungewöhnlich hohe, aber auf dieser Seite nicht steile Düne zu nehmen war. Sie stieg langsam empor, und Maschhûra fegte im rasenden Lauf hinauf; hätte ich auf dem Herweg gewußt, daß und in welcher Weise ich wiederkommen würde, so wäre ich wohl so aufmerksam gewesen, mir die gefährlichen Stellen gut zu merken. Es schwebte mir jetzt eine vor, wo die nördliche Kante einer Düne oben eingefallen war; es gab da einen steilen Sandsturz, den wir, um auf die Höhe zu gelangen, hatten umreiten müssen. Jenseits war es dann um so weniger schroff, fast bequem, hinabgegangen. Sollte das die jetzt vor uns liegende Höhe gewesen sein?! Es ging ja hier auf der südlichen Seite leicht hinan! Herrgott! Dann stand uns ein schwerer Fall bevor!

„Jawâsch, jawâsch, jawâsch!" schrie, nein, brüllte ich.

Aber das Hedschîn war schon hinauf, es wollte gehorchen, konnte es aber nicht so schnell, wie es erforderlich war. Ja, ein Pferd, das man an den Zügeln hat, das reißt man auf die Seite. Aber hier saß ich im hohen Kamelsattel und hatte weder im Mitrak noch in der Maulleine ein Mittel, das Tier rasch von der gefährlichen Richtung abzubringen. Mein Ruf bewirkte zwar sofort eine Verringerung der vorwärtstreibenden Spannkraft, doch schon zu spät. Ich sah nicht hinüber nach der nächsten Höhe und auch nicht hinunter in das zwischen ihr und uns liegende Dünental, ich hatte keine Zeit dazu, denn das, was jetzt geschah, vollzog sich in einem einzigen Augenblick. Ich bemerkte, als wir die Kante oben erreichten, nur den vor uns gähnenden Sandsturz, weiter nichts, zog das linke Bein auf die rechte Seite und warf mich vorwärts, vom Kamel herab und in das Loch hinunter. Das war das einzige, was ich zu meiner Rettung tun konnte, während das im Schuß befindliche Tier hinaus in die Luft sprang. Nur die Weichheit des Sandes, auf den mein Sturz gerichtet war, konnte mich retten.

Ich fiel — — fiel tiefer und tiefer. Doch das war kein Fallen mehr, sondern ein Niedersinken, das kein Ende nahm. Ich hatte die Augen zu und fühlte keinen anderen Schmerz als nur einen scharfen Druck in den Hand- und Fußgelenken. Es war ein eigenartiger Zustand. Hörte denn dieses Sinken gar nicht auf? Welche Tiefe war es denn, in die ich mich hinunterbewegte? Ich öffnete die Augen, um es zu sehen. Die Lider gehorchten dem seelischen Antrieb ohne Widerstreben. Da sah ich — — —

Ja, was ich da sah, das brachte mich zu der Überzeugung, daß dieses Gefühl der unaufhörlichen Abwärtsbewegung Täuschung, daß ich betäubt gewesen war. Nur eines hatte mich nicht betrogen, nämlich der Schmerz an den Händen und den Füßen. Sie waren gebunden. Vor mir saß Scheik Tawil Ben Schahid, zu seiner Rechten der Ghâni und zu seiner Linken dessen Sohn. Neben dem Vater sah ich den Münedschi, der wach und munter war. Die drei anderen Mekkaner saßen seitwärts.

Indem ich weiter um mich blickte, bemerkte ich oben

den Sandrutsch, in den ich mich hatte werfen wollen. Der Schwung aber, den ich mir gegeben hatte, war im Verein mit der Beharrungskraft des ungestümen Ritts zu groß gewesen, und so war ich darüber hinausgefallen und den steilen Abhang hinunter ins Tal gerollt. Da lagen die Soldaten zerstreut umher, alle tot, jeder in einer Lache von Blut. Der Überfall war den Beni Khalid geglückt, und ich hatte den Ritt zur Rettung des Persers und seiner Leute nicht nur vergeblich, sondern zu meinem eigenen Unheil unternommen. Die Kamele der Soldaten standen nicht weit von uns, und etwas abseits davon lag — — mein Hedschîn, gemächlich wiederkäuend und mit den roten Augen hell um sich blickend. Es hatte den Sturz ebenso überstanden wie ich, nur infolge des tiefen, weichen Sandes, der sich unter der betreffenden Stelle aufgehäuft hatte.

Ich wendete den Kopf, um mich nach dem Basch Nâsir umzuschauen, und erblickte ihn, oder vielmehr nur seine Beine, die hinter einer niedrigen Sandwehe hervorragten. War auch er tot? Ich nahm an, daß er noch lebte, denn seine Füße waren zusammengebunden wie die meinigen, was bei einem Leblosen doch nicht notwendig ist. Auch saßen fünf Beni Khalid bei ihm, wahrscheinlich, um ihn zu beaufsichtigen. Hinter ihnen lagen vielleicht ein Dutzend Kamele, die den Beni Khalid gehörten. Wo aber waren die anderen Menschen und Tiere? Die von uns untersuchte Fährte hatte doch auf wenigstens dreißig schließen lassen. Später wurde es mir klar, daß der Scheik sie fortgeschickt hatte, um möglichst wenig Zeugen für das zu haben, was hier geschehen sollte. Auch wollte er den Kans el A'dhâ nur mit wenigen Personen zu teilen haben. Weshalb hatte er die Mekkaner, die doch den ersten Anspruch darauf erhoben, mit hierhergenommen?

Jedenfalls war die ganze Abteilung der Beni Khalid hier beisammengewesen, um dem Perser aufzulauern. Oben hatten wahrscheinlich Posten gestanden, um seine

Ankunft zu melden. Sie waren mit einer Salve empfangen worden, und wer dann noch lebte, wurde, den Basch Nâsir ausgenommen, durch weitere Schüsse abgetan. Der seinen Soldaten voranreitende Perser hatte ebensowenig wie ich an den Sandrutsch gedacht, er war, wenn auch in weniger gefährlicher Weise, herabgestürzt und den Beni Khalid in die Hände gefallen.

Man kann sich meine Stimmung denken. Nicht etwa, daß ich mich verloren gab, o nein! Selbst wenn ich nicht meine Haddedihn hinter mir gewußt hätte, wäre es mir nicht eingefallen, der Hoffnung auf Rettung zu entsagen. Aber der Anblick der zwanzig hingemordeten Asaker erfüllte mich mit Grauen. An diesem Scheik der Beni Khalid schien nur das eine Gute zu sein, daß er sein Wort heilig hielt. Weiter aber nichts.

Als er bemerkte, daß ich die Augen geöffnet hatte und mich bewegte, ging ein höhnisch grausames Lächeln über sein Gesicht. Er deutete mit der Hand auf mich und sagte zu El Ghâni:

„Schau! Er lebt, er hat also den Hals nicht gebrochen. Allah hat mir ihn aufgehoben. Jetzt muß er sagen, warum er hierhergekommen ist. Wenn er es nicht gesteht, werden wir ihn zu zwingen wissen. Du hast meine Worte gehört. Nun sprich, Hundesohn!"

Diese Aufforderung galt mir. Ich erwiderte, ohne auf den „Hundesohn" zu achten:

„Ich habe keinen Grund, zu schweigen. Es fiel mir ein, daß ihr den Basch Nâsir überfallen könntet, um ihm den Kans el A'dhâ wieder abzunehmen, da bin ich ihm auf seinem Hedschîn, das er mir geschenkt hat, nachgeritten, um ihn zu warnen."

„Wo sind die Haddedihn?"

„Auf dem Weg, der von hier zur Ain Bârid führt."

„Sie werden dich nicht wiedersehen, aber uns, denn wir holen sie ein, um sie zu vernichten. Also das Hedschîn hat der Perser dir geschenkt? Es ist liebreich von dir, daß du es mitgebracht hast. Ich werde es behalten, und eure Pferde, die ihresgleichen suchen, kommen auch in Besitz meines Stammes, ihr aber lauft alle in die Krallen des Teufels, dafür werde ich sorgen."

Während er sprach, waren seine Augen in einer Weise auf mich gerichtet, daß ich einsehen mußte, bei ihm keine Spur von Erbarmen zu finden. Der Münedschi horchte aufmerksam auf jedes Wort. Jetzt, als der Scheik schwieg, wendete sich der Blinde an ihn:

„Das ist der Effendi aus dem Wadi Draa, der hier gefangen vor uns liegt?"

„Ja", antwortete Tawil.

„Was werdet ihr mit ihm tun?"

„Er wird gleich hier erschossen! Hast du etwas dagegen einzuwenden?"

„Nein. Ihn zu schonen, wäre die größte Sünde, die ihr auf euch laden könnt. Er gehe in die Hölle!"

Da ließ sich auch El Ghâni hören:

„Das ist so, als ob ich es gesagt hätte. Ich gebe auch meine Zustimmung."

„So? Ihr stimmt also bei!" fragte der Scheik spöttisch wegwerfend, daß ich vermutete, das Verhältnis zwischen ihm und seinen „Gastfreunden" sei nicht mehr das frühere. „Es ist prahlerisch und lächerlich, mir eure Einwilligung anzubieten. Ich tue hier, was mir beliebt. Ihr wißt, wie wir zusammen stehen. Bildet euch nicht ein, daß ich mich nach euren Wünschen richte!"

„Ich wünsche nichts, sondern ich fordere mein Recht! Vor allem verlange ich den Perser, den von Allah verdammten Schiiten, für mich. Es darf ihn keine andere Kugel treffen, als die meinige."

„Dagegen habe ich nichts", lachte der Scheik, „wenn es dir Spaß macht, ihn mit deiner eigenen Hand in die Hölle zu schleudern. Du kannst es sofort tun, denn unsere Zeit hier ist abgelaufen."

Tawil stand auf, der Ghâni auch. Sollte das im Ernst

gemeint gewesen sein? Das wäre fürchterlich. Ich erhob meine Stimme, um gegen diesen Mord Verwahrung einzulegen, erhielt als Antwort aber nur ein höhnisches Gelächter. Da hörte ich die Stimme des Basch Nâsir:

„Ich bitte dich, gib dir keine Mühe, Effendi! Ich habe wahrgenommen, daß jedes Wort umsonst ist. Mein Tod ist beschlossen. Ich bin selbst schuld daran, denn ich habe deine Worte in den Wind geschlagen und werde nun dafür bestraft. Aber bindet mir die Füße los! Ich will die Kugel stehend empfangen! Tut mir wenigstens diesen Gefallen! Ich fliehe nicht, ich gehe keinen Schritt von der Stelle, von der aus ich durch die Pforte des Todes treten soll."

Da lachte der Scheik abermals:

„Diesen Wunsch werde ich dir gern erfüllen, denn ich bin ein menschenfreundlicher Mann, und es wird doch dein letzter sein."

Er ging zu ihm hin und gab ihm die Füße frei. Der Perser stand auf, kam langsam auf mich zu und sah mir ins Gesicht. Er mochte darauf lesen, was in mir vorging, denn er wiegte den Kopf und sagte:

„Denk nicht darüber nach, wie mir zu helfen wäre! Wir können nichts tun, als mit Würde sterben. Ich bin nicht nur schuld an meinem, sondern auch an deinem Tod. Hier bitte ich dich nicht um Verzeihung, denn die Ohren der Meuchler sind es unwert, solche Worte anzuhören. Du wirst nur wenige Minuten nach mir durch die große Mauer, die Ben Nûr uns zeigte, nach dem Ort der Sichtung kommen, und da erwarte ich dich, um dich zu bitten, mir meine Unbedachtsamkeit zu verzeihen. Wie ich dich kenne, werde ich nicht umsonst bitten."

„Ich verzeihe dir schon jetzt", antwortete ich. „Das Leben der Menschen steht in einer höheren Hand, die uns noch im letzten Augenblick retten und sogar die Kugeln lenken kann. Ihr wollen wir uns anvertrauen."

„Tut das, wenn es euch beliebt!" lachte der Scheik wiederum. „Da ihr glaubt, dort drüben so schön vereinigt zu sein, will ich euch zuliebe dafür sorgen, daß ihr es schon hier sein werdet. Wir graben jetzt ein Loch, in das wir euch nebeneinanderlegen. Die Leichen der Asaker mögen die Geier fressen, sie bleiben liegen, euch aber sollen nur die Würmer bekommen. Das ist der einzige Unterschied, den wir zwischen zwei Arten von Halunken machen. In der Hölle trefft ihr doch mit ihnen zusammen."

Seine Beni Khalid machten sich auf seinen Befehl daran, ein Grab in den Sand zu wühlen, nicht weit von uns und gerade vor unseren Augen, so daß wir zusehen konnten. Das gab einen Aufschub, wenn auch nur einen kurzen, aber jede Minute war kostbar, denn es stand außer Zweifel, daß Halef sich der größten Eile befleißigen werde. Ich wußte zwar nicht, wie lange ich betäubt gelegen hatte, aber da mein Hedschîn sich indessen so ruhig niedergelegt hatte und von den Beduinen trotz der Erregung, die unser Erscheinen hatte hervorbringen müssen, nicht mehr beachtet worden war, so durfte ich annehmen, daß die Besinnungslosigkeit von längerer Dauer gewesen sei. Die Hoffnung, daß die Haddedihn noch rechtzeitig zu unserer Rettung eintreffen würden, war also nicht unbegründet.

Das hätte ich dem Perser gern gesagt, aber der Scheik und auch der Ghâni hielten uns so scharf unter ihren Augen, daß mir kein leises Wort ermöglicht war. Sie hinderten aber den Basch Nâsir nicht, laut zu sprechen:

„Effendi, da unser Geschick sich in dieser Weise geändert hat, will ich dir eine Mitteilung machen, die wichtig sein wird. Ich habe bisher darüber geschwiegen, weil ich glaubte, daß du Dschafar Mirsa zürnen werdest."

„Warum?"

„Er hat mir ein Geschenk gemacht, das er erst von dir erhalten hat."

„Darüber kann ich doch nicht zornig sein. Das Geschenk gehört ihm, und er konnte darüber verfügen, wie es ihm beliebte. Wir haben uns gegenseitig wiederholt mit Gaben erfreut. Welches Geschenk meinst du?"

„Das kleine Buch in persischer Sprache Arba'bes schâjir[1]. Ich habe mit ihm in innigerer Beziehung gestanden, als ich dir bisher gesagt habe. Du weißt, sein Leben war geheimnisvoll, und darum schwieg ich gegen dich. Er hat das Buch gelesen und jede Zeile in sein Herz gegraben. Dann schenkte er es mir, damit auch ich erleuchtet werde. Ich las täglich darin, auch heute früh wieder. Da schlug ich die Stelle auf, die lautet: ‚Ich aber sage euch: liebet eure Feinde, tut Gutes denen, die euch hassen, und betet für die, die euch verfolgen und verleumden, auf daß ihr Kinder eures Vaters seid, der im Himmel ist, der seine Sonne aufgehen läßt über die Guten und Bösen und regnen läßt über Gerechte und Ungerechte!' Es lebte jedes Wort in mir, das wir von Ben Nûr gehört hatten, als die Summe seiner ganzen Rede nur die Liebe war. Ich dachte an unser Verhalten gegen diese unsere Feinde hier, denen wir für den Haß die Liebe gaben. Es schien mir der Güte allzuviel gewesen zu sein, und darum schlug ich diese Stelle auf, um meiner Schwachheit Kraft zu geben. Nun scheint es aber doch, als hätten wir besser gehandelt, wenn wir schwach geblieben wären, denn wir werden unseren Gehorsam gegen die Liebe mit dem Leben bezahlen."

„Nein, das glaube ich nicht", entgegnete ich, tief ergriffen von diesem unerwarteten Glaubensbekenntnis des dem Tod Geweihten. „Das Leben hat dieselbe Ewigkeit wie die Liebe. Wir sterben nicht, vielleicht nicht einmal leiblich. Der von dir forderte, deine Feinde zu lieben, als du heute die Stelle lasest, hat die Macht, dich gerade durch diese Liebe zu erretten. Sein Evangelium ist ein fester Schutz und Schirm im Leben und in der

1 Die vier Evangelien

größten Todesgefahr. Wenn du auf ihn vertraust, ist seine Hilfe vielleicht näher als du denkst."

„So wollen wir uns beeilen, dieser Hilfe schnell zuvorzukommen!" höhnte der Scheik. „Das Loch ist fertig."

„Ja, es ist fertig, und meine Kugel ist bereit", fügte El Ghâni entschlossen hinzu. „Nun wird nicht länger gezaudert."

„Stell dich hierher!"

Bei diesem an den Perser gerichteten Befehl deutete der Scheik neben das Grab, Khutab Aga gehorchte und rief mir zu:

„Effendi, ich sage kein Lebewohl zu dir, denn wir trennen uns doch nur für einige Augenblicke. Sprich in deiner Seele ein Gebet für mich, daß ich an El Mîzân, der Waage der Gerechtigkeit, die Hand des Engels fassen darf, der mich hinüberführt!"

Bei dieser Bitte erhob sich eine bisher unbekannte, dämonische Kraft in mir, die, keinen Widerstand achtend, zum rücksichtslosen Ausbruch trieb. Da, vor mir stand der Freund, mitten unter den Mördern, in einer roten Lache des vergossenen Soldatenblutes. Mußte es geschehen? Durfte es geschehen? Konnte ich denn nicht helfen?

„Du sollst noch nicht diese Hand erfassen!" schrie ich auf. „Ich befreie mich, ich komme! Steh nicht still, sondern wehre dich! Du hast ja die Füße frei! Stoß zu, tritt sie nieder!"

Ich zog und drehte an meinen Fesseln, obgleich ich fühlte, daß sie mir ins Fleisch schnitten, ich bäumte und schnellte mich auf, stürzte aber sofort wieder hin, doch nicht, ohne daß der um die Fußgelenke geschlungene Strick zerriß. Er hatte der Kraft des Falles nicht widerstehen können.

„Drauf auf ihn! Der Hund macht sich wirklich frei", rief der Scheik.

Tawil, die Beni Khalid und die drei Mekkaner warfen

sich auf mich. Ich stieß mit den noch gefesselten Händen und den freigewordenen Füßen gegen sie, schnellte mich hin und her: — — vergeblich. Es war ein zu ungleicher Kampf, und da — — — da fiel der Pistolenschuß des Ghâni, ich sah aus der Umschlingung, in der ich mich befand, heraus, daß der Perser mit ausgebreiteten Armen hintenüberstürzte, da war mein Widerstand dahin, ich streckte mich aus, ließ mir ruhig die Füße wieder zusammenbinden und gestehe, daß ich dabei bitterlich weinte. Ich wußte nur zu gut, welch eine Schande mir dieser Weinkrampf machte, aber es war eben ein Krampf, der sich nicht unterdrücken ließ. Es war mir das noch nie widerfahren, doch da die beispiellose Aufregung, die sich meiner bemächtigt hatte, nicht auf anderem Weg hatte losbrechen können, tat sie es in diesem Schluchzen, das bei denen, die es hörten, ein schallendes Gelächter hervorrief.

Auf den Hohn, mit dem ich nun beworfen wurde, achtete ich nicht. Bald lenkte übrigens der Ghâni die Aufmerksamkeit der anderen von mir auf sich. Er kniete nämlich bei dem Basch Nâsir nieder und begann, dessen Taschen zu durchsuchen.

„Halt! Was fällt dir ein!" störte ihn der Scheik.

„Soll das, was er bei sich hat, etwa mit ihm begraben werden?" entgegnete der Ghâni.

„Nein, aber dir gehört es nicht."

„Dieser Schiit ist mein Eigentum. Sein Besitz gehört also nur mir."

Ich sah da einen Streit kommen, der mir Rettung bringen konnte. Dieser Gedanke wirkte wohltätig auf mich, ich wurde innerlich wieder ruhig.

„Sollen wir dich ebenso auslachen, wie diesen weinenden Hund?" fragte Tawil Ben Schahid. „Wer hat den Angriff hier geleitet, wer die Soldaten besiegt, du oder ich? Wer ist also Besitzer alles dessen, was sich hier befindet?"

Er stand drohend vor dem Ghâni, und seine Beni Khalid näherten sich, ihre Gewehre in den Händen, den Mekkanern in einer auffallenden Weise. Das sah aus, als sollte jetzt etwas geschehen, was der Scheik vorher mit seinen Leuten heimlich verabredet hatte.

In dieser Vermutung wurde ich durch die Beobachtung bestärkt, daß sie ihre Augen nur auf ihn gerichtet hielten, als warteten sie auf ein mit ihm vereinbartes Zeichen.

„Etwa du?" rief der ‚Liebling des Großscherîfs.' „Warum hast du den Kans el A'dhâ dort neben dein Kamel gelegt? Willst du mich um ihn betrügen? Ich habe schon gestern während des ganzen Tages gemerkt, daß du etwas gegen uns im Schild führst. Ist es ein Betrug, eine Verräterei, so denke nicht, daß ich sie dulden werde! Meine Macht reicht weiter als die deinige."

Seine Augen funkelten, der Scheik antwortete um so kälter:

„Wie weit deine Macht reicht, wirst du sofort erfahren. — — — Jetzt!"

Dieses Wort, das den erwarteten Befehl enthielt, galt seinen Leuten. Wie von einer einzigen Hand gehoben, flogen die Kolben ihrer Gewehre empor und krachten auf die Köpfe der Mekkaner nieder, die auf eine solche Überrumpelung nicht vorbereitet waren und durch weitere Hiebe niedergeschlagen wurden. Daß diese Tat vorher besprochen worden war, bestätigte sich dadurch, daß die zum Binden der Mekkaner nötigen Stricke sofort bei der Hand waren. Es war für mich ein unendlich widerlicher Vorgang, der mich empören mußte, obwohl die so verräterisch Behandelten meine Feinde waren. Nur für wenige Augenblicke betäubt, wandten und krümmten sie sich nun schreiend und heulend hin und her. Der Scheik stand eine Weile stumm dabei, um ihre erste Wut vorübergehen zu lassen, aber als ihm das zu lange dauerte, zog er seine Pistole und gab sein Wort als

Schwur, daß er jeden, der nicht sofort ruhig sei, erschießen werde. Das wirkte.

Hatte ich mich vorhin in einer beispiellosen Aufregung befunden, so fühlte ich mich jetzt von einer ebenso großen Spannung ergriffen. Indem die Ereignisse der letzten Tage an mir vorüberflogen, wurde es für mich gewiß, daß der Tod der Mekkaner für den Scheik eine beschlossene Sache sei. Er wollte den Kans el A'dhâ haben und mußte sich aller Zeugen dessen, was dabei geschehen war, entledigen. Aber seine Leute? Wie stand es mit diesen? Durften sie alles wissen?

Es zeigte sich, daß es eine Frage war, die Tawil schon vorher im stillen beantwortet hatte: er gab ihnen den Befehl:

„Jetzt könnt auch ihr fort, ich komme nach. Ich will diesen früheren Freunden und jetzigen Feinden einige gute Lehren erteilen, ehe ich sie wieder freigebe. Zum Bir Hilu dürfen sie auf keinen Fall wieder. Der Effendi bekommt von mir selbst eine Kugel."

Die Beni Khalid gehorchten, wenn auch sichtlich widerstrebend. Sie schienen, wenigstens in Beziehung auf den Kans el A'dhâ, auch ihre Wünsche zu haben. Wahrscheinlich durchschauten sie den Scheik, hielten es aber für klug, ihm einstweilen alles zu überlassen und erst später mit ihren Forderungen hervorzutreten. Sie gingen zu ihren Kamelen, stiegen auf und ritten fort, und zwar nicht auf dem Weg, den ich gekommen war, sondern auf dem, der sie hierhergeführt hatte, denn sie waren einen weiten Bogen um den Bir Hilu geritten und so vorsichtig gewesen, erst hier auf die Strecke zu stoßen, auf der ihrer Ansicht nach die Rückkehr des Persers erfolgen mußte. Das war ein für mich günstiger Umstand, da ich nun nicht zu befürchten brauchte, daß sie mit Halef zusammentreffen würden.

Der Scheik hatte für mich einstweilen keine Beachtung mehr, womit ich begreiflicherweise sehr einverstanden war. Jetzt, da seine Leute sich entfernt hatten, war meine Lage unerwartet hoffnungsvoll geworden. Ich hatte es mit ihm allein zu tun und hielt es für nicht unmöglich, mit ihm fertig zu werden, ohne Halefs Hilfe abzuwarten. Die Hauptsache dabei war, ihn nahe an meine Hände zu bekommen.

Auf seine Flinte gelehnt, hatte er dagestanden, bis seine Beni Khalid verschwunden waren. Nun wendete er sich dem Ghâni zu:

„Ihr seid unbeschreiblich dumme und dabei ebenso freche Menschen. Es ist eine Unverschämtheit sondergleichen, mir zuzumuten, euch für unschuldig zu halten. Allah weiß es, und ich auch, daß der Schiit dort in seinem Recht war. Ich sage euch das in Gegenwart dieses Effendi, den ich dem Perser nicht nachschicken will, ohne ihn vorher zu überzeugen, daß ich euch durchschaut habe. Das tue ich, weil ich mich bisher vor ihm zu schämen hatte, denn er mußte annehmen, daß ich verbrannte Dattelkörner anstatt des Gehirns im Kopfe habe."

„Wir sind — — —!" wollte der Ghâni beginnen.

„Schweig!" wurde er unterbrochen. „Ich werde dir sagen, wenn du zu sprechen hast."

„Aber ich muß — — —!"

Er hielt sofort wieder inne, denn der Scheik richtete den Lauf der Pistole auf ihn. „Du scheinst gern reden zu wollen. Gut, du sollst es dürfen, aber ja nicht mehr, als ein einziges Wort!"

Tawil trat hart an ihn heran, näherte die Waffe seinem Herzen und fuhr fort:

„Wenn du eine Lüge antwortest oder mehr als nur ein einziges Wort, auch wenn du auf den Gedanken kommen solltest, nicht zu antworten, also in jedem dieser drei Fälle trifft dich meine Kugel augenblicklich und ebenso sicher, wie die deinige dort den Unschuldigen getroffen hat. Also: habt ihr den Kans el A'dhâ gestohlen? Ja oder nein!"

„Ja“, würgte der Ghâni, als sei er am Ersticken, hervor.

„Daran habe ich keine Sekunde lang gezweifelt. Ich kannte dich, Ghâni, schon früher. Ihr kamt zu uns an den Brunnen. Ihr wart also meine Gäste, und wir haben mehr als unsere Pflicht gegen euch getan. Sogar das Leben wagten wir wiederholt, zuletzt im Zweikampf, den wir um euretwillen forderten. Dann aber war euch genug von uns geschehen. Als wir vom Brunnen reiten mußten, erklärte ich, daß wir uns von euch trennen müßten. Ihr weigertet euch, zu gehen. Ich sagte euch, daß ich euch nicht mehr als Gäste betrachten dürfe. Ihr bliebt dennoch bei uns. Als wir hierherritten, befahl ich euch, zurückzubleiben. Ihr gehorchtet nicht, sondern kamt uns nachgeritten. Wir mußten euch dulden, weil ihr sonst zu den Feinden geritten wärt, um zu verraten, daß wir dem Perser auflauern wollen. Ihr seid also nicht als meine Freunde mitgeritten, sondern als zudringliches Ungeziefer, dessen man sich entledigt, wenn es zu frech geworden ist. Und das tue ich jetzt. Was den Kans el A'dhâ betrifft, so ist diese Angelegenheit durch den Zweikampf für euch erledigt worden. Er gehörte euch nicht, denn ihr hattet ihn gestohlen, und er wurde dem rechtmäßigen Besitzer zugesprochen. Wolltet ihr ihn wiederhaben, so konntet ihr ihn zum zweitenmal stehlen, dagegen hatte ich nichts, und es war allein eure Sache, ihr hättet euch also von uns trennen sollen. Ebenso hatte ich das Recht, ihn mir zu holen. Ich habe das unternommen, und der Fang ist mir gelungen, nun seid ihr an der Reihe, nichts dagegen zu haben. Anstatt dessen aber sehe ich, daß ihr es wagt, mich um den wohlerworbenen Lohn zu bringen. Ihr seid trotz eurer Erbärmlichkeit so dreist, ihn mir streitig zu machen. Ihr bezahlt meine Güte mit Feindschaft, meine Gastfreundlichkeit mit Undank, es ist für mich also Pflicht der Selbsterhaltung, daß ich mich gegen euch sicherstelle.

Da ich euch weder durch Güte noch durch ernste Vorstellungen loswerden konnte, muß ich zu einem anderen Mittel greifen, mich eurer zu entledigen. Indem ich euch den Weg von der Erde zeige, befreie ich die Menschheit von einer Anzahl Schurken, die der allerärgsten Verbrechen fähig sind."

Es war gewiß eine sonderbare Folgerung, die dieser langen Rede zugrunde lag. Macht es die Plötzlichkeit, mit der der Scheik seine Feindseligkeit enthüllte, oder die Angst vor der angedrohten Kugel, kurz, es ließ keiner ein Wort der Entgegnung hören. Auch der Münedschi, der einzige, der von den Beduinen vorhin nicht niedergeschlagen worden war, war still. Seine blaustrahlenden Augen standen weit auf, und sein Gesicht schien plötzlich versteinert zu sein, denn kein Zug desselben, kein einziges Haar seines Bartes wollte sich bewegen. Er hatte das Geständnis des Ghâni gehört, ebenso alles, was von dem Scheik gesagt worden war, und mußte nun also wissen, was es mit dem Kans el A'dhâ für eine Bewandtnis hatte.

Während ich den Blick auf ihn gerichtet hatte, sah ich, daß die Starrheit aus seinen Zügen wich. Er stand auf, sehr langsam, wie jemand, der aus einem tiefen Schlaf zur Wirklichkeit erwacht.

„Darf ich reden?" fragte er.

„Du? — Ja", erwiderte der Scheik.

„Ich hörte alles, was du sprachst. Ich bitte dich bei Allah und allem, was dir heilig ist, mir die Wahrheit zu sagen. Haben meine Gefährten wirklich den Kans el A'dhâ in Meschhed Ali gestohlen?"

„Ja."

„Der erschossene Perser hatte recht?"

„Vollständig recht!"

„Du bereitest mir mit deinen Worten das größte Weh, das es für einen Bewohner dieser Erde geben kann. Der Ghâni ist also nicht nur Dieb, sondern auch Mörder?"

„Beides. Überhaupt, wenn du diesen deinen ‚Beschützer‘, der so oft mit seinen dir erwiesenen Wohltaten prahlt, für einen guten Menschen gehalten hast, so ist dieser dein Irrtum nur mit deiner Blindheit zu entschuldigen. Auf ihn, nicht auf den Effendi, paßt das Wort, das du diesem ins Gesicht warfst, nämlich, daß er ein höchst gefährliches Raubtier sei, von dem man die Menschheit erlösen müsse.“

„So hat also dieser Effendi aus dem Wadi Draa nicht gelogen?“

„Nein. Er ist mit euch unbegreiflich gütig verfahren. Ein anderer an seiner Stelle hätte euch ohne Gnade getötet.“

„O Allah! Er hat mich vom Grab errettet! Er hat mir Liebe und Barmherzigkeit geschenkt! Und ich, ich — — — ich habe ihm ins Gesicht gespien! Welch eine Sünde, welche Undankbarkeit!“

Er schlug die Hände zusammen und sah dabei aus, als ob er vor Scham in die Erde sinken wolle. Tawil Ben Schahid erwiderte:

„Wäre ich er gewesen, als du ihn anspucktest, so hätte ich dich zerrissen.“

„Welch eine Selbstbeherrschung, welcher Edelmut von ihm! Und ist er hier?“

„Ja. Da liegt er, nur fünf Schritte von dir.“

„Er hat alles, was hier geschehen ist, gesehen? Er hört auch, was ich jetzt sage?“

„Jawohl! Er hält seinen Blick auf dich gerichtet.“

„So erbarme sich Allah meiner! Was habe ich getan, was habe ich getan!“

Nach diesem Ausruf sank der Greis wieder nieder, legte die Arme auf die angezogenen Knie und verbarg das Gesicht in die Hände. Jetzt durfte ich mich über meine ihm gegenüber geübte Schonung freuen. Er hatte die richtige Antwort auf seinen tätlichen Angriff ohne mein Zutun erhalten. Es gibt eine Gerechtigkeit, die hoch über der menschlichen steht und mit unnachsichtlicher Strenge darüber wacht, daß sich nach dem großen, ethischen Weltgesetz des Allgerechten die Strafe aus der Sünde zu entwickeln hat. Nicht ein einziges menschliches Gesetz ist fähig, eine solche Übereinstimmung von Schuld und Sühne zu erreichen.

Der Scheik setzte nun seine Rede an den Ghâni fort, doch hörte ich nicht, was er sagte, denn meine Aufmerksamkeit war jetzt von ihm ab und auf die Höhe der Düne gelenkt worden. Ich sah zwei Reiter oben erscheinen, dann einen dritten — — — Halef, Kara und Omar Ben Sadek. Sie rissen, als sie uns sahen, ihre Pferde zurück, wodurch sie aus der gefährlichen Nähe des Sandsturzes kamen. Ein schneller Blick unterrichtete sie über die Lage, in der ich mich befand, dann verschwanden sie wieder.

Hatte ich schon seit dem Fortritt der Beni Khalid nichts mehr für mich befürchtet, so war ich nun erst recht meiner Sache gewiß. Das Blatt sollte sich für den Scheik gefährlich wenden.

Jedenfalls waren die drei unseren Haddedihn eine Strecke vorausgeritten, sie saßen auf unseren Pferden, die schneller als die Kamele waren. Jetzt berieten sie wohl, ob sie auf das Herankommen unserer Krieger warten sollten oder nicht. Wie ich meinen ungeduldigen Halef kannte, stimmte er gegen den Verzug. Sie hatten es nur mit einem einzelnen Gegner, dem Scheik, zu tun. Und wie ich gedacht hatte, so geschah es: ich sah sie wieder erscheinen, seitwärts von der gefährlichen Stelle. Sie kamen, um dem Ben Khalid keine Zeit zum Besinnen zu geben, trotz der Steilheit des Geländes in einer Weise heruntergejagt, daß es mir um sie und die Pferde hätte angst werden mögen.

„Allah, Allah!" rief der Ghâni, der sie zuerst erblickte. Seine Augen waren mit einem Ausdruck auf die Höhe gerichtet, der den Scheik aufmerksam machen mußte. Er drehte sich rasch um und sah sie kommen.

„Die Haddedihn!" schrie er auf. „Die führt der Teufel her! Aber sie haben sich getäuscht."

Tawil hatte seine Pistole noch in der Rechten und das Gewehr in der Linken. Die erstere auf mich richtend, drückte er ab. Ich schnellte mich zur Seite und wurde nicht getroffen. Ohne es in seinem Eifer zu bemerken, legte er das Gewehr auf Halef, der der vorderste war, an und schoß. Auch diese Kugel ging fehl. Nun sprang er zu den Gewehren der Mekkaner, die in meiner Nähe lagen. Ich mußte annehmen, daß sie geladen seien, und es lag noch so viel Raum zwischen ihm und meinen Helfern, daß es für ihn, ehe sie ihn erreichen konnten, genug Zeit zu mehreren Schüssen gab, denn das, was er tat, geschah so schnell, daß es in dem winzigen Zeitraum einiger Sekunden lag.

Jetzt war es an mir, ihm den Gebrauch dieser Waffen unmöglich zu machen. Das war nicht allzu schwer, denn indem er sich zu ihnen niederbückte, kehrte er mir den Rücken zu. Ich stemmte die Hände und die Füße ein und arbeitete mich mit einigen kräftigen Stößen zu ihm hin. Als ich ihn erreichte, hatte er sich schon wieder aufgerichtet und das ergriffene Gewehr im Anschlag. Ich konnte trotz der Fesseln den Fuß packen, auf den er den Schwerpunkt legte. Ein Ruck, und er stürzte nieder, wobei er das Gewehr fallen ließ. Im Begriff, sich wieder emporzuraffen, sah er, wer ihn zu Fall gebracht hatte, und machte den Fehler, den ihm noch zustehenden Augenblick mit mir zu versäumen. Er schleuderte sich herum, faßte mich mit der Linken an der Brust und griff mit der anderen Hand zum Messer.

„Du lebst noch, Hundesohn!" schrie er. „Also zuerst dich!"

Es kam mir darauf an, ihn beim Hals nehmen zu können, darum gab ich ihm in die Ellbogenbeuge einen Stoß, der seinen Arm zusammenklappte und seinen Oberkörper zu mir niederbrachte. Sofort hatte ich ihn bei der Kehle und preßte sie ihm so zusammen, daß es ihm alle Kraft benahm. Das Messer blieb stecken, sein Körper fiel vollends nieder, und seine Arme und Beine bewegten sich krampfhaft in der Todesangst.

„Halte ihn fest, Sihdi! Ich bin schon da!" rief da der kleine Hadschi.

Er hatte mich erreicht, zügelte sein Pferd, sprang ab und griff auch mit zu.

„Ich halte ihn fest. Bindet ihn!" sagte ich.

„Mit Wonne und mit Stricken!" lachte er.

Nun standen auch Kara und Omar da. Sie banden mir die Fesseln los, die zu den Händen und Füßen des Scheiks hinüberwanderten. Erst jetzt, als ich mich ganz aufgerichtet hatte und die Arme streckte, fühlte ich den ganzen Schmerz meiner verletzten Handgelenke.

„Allah erbarme sich!" klagte Halef nun, indem er rund umherblickte. „Alle Soldaten tot!"

„Und dort der Basch Nâsir auch!" machte ich ihn aufmerksam, indem ich auf die in der Blutlache liegende Leiche zeigte.

Sie lag mit dem Rücken nach oben. Der Hadschi ging hin, zog sie auf das Trockene, drehte sie um und untersuchte sie.

„Mich schaudert, Sihdi", stöhnte er. „Warum hat Khutab Aga dir nicht gefolgt? Der Ärmste ist ganz vom Blut durchtränkt. Hier sehe ich das Loch im Gewand. Die Kugel ging ihm in die Brust, gerade in das Herz. Und dieses Gesicht, so todesstarr und bleich. Ich kann es nicht länger ansehen."

Der Hadschi wendete sich ab.

„Und nicht etwa im Kampf erschossen, sondern als Gefangener von dem Ghâni mit Bedacht ermordet", erklärte ich.

Halef sah mich stumm an, dann trat er zu dem Mekkaner hin und sprach:

„Ungeheuer! So also dankst du es ihm und uns, daß

wir euch eine Nachsicht zeigten, die man fast für unmöglich halten sollte. Mit dieser deiner Kugel hast du nicht nur ihn, sondern auch dich selbst erschossen. Du wirst in kurzer Zeit eine Leiche sein wie er."

Halef kehrte sich mit der Gebärde des Abscheus wieder von ihm ab, betrachtete die umherliegenden Leichen, wiegte traurig den Kopf und fuhr dann fort:

„Es ist mir, als könne ich nicht daran glauben. Wie ist das nur gekommen? Zwanzig Asaker tot, und doch nur der Scheik mit den Mekkanern hier, die noch dazu gefesselt sind. Das ist mir unerklärlich. Und wie bist du in die Hand dieses Teufels gefallen, der im Körper des Scheiks der Beni Khalid steckt? Erzähl es doch, Sihdi!"

„Wann kommen unsere Krieger?" fragte ich.

„Sie werden gleich hier sein. Unser Vorsprung vor ihnen war nicht groß."

„So will ich mit meiner Erzählung warten, bis sie da sind, sonst müßte ich sie dann wiederholen. Kara mag auf die Höhe steigen und sie auf die eingesunkene Stelle aufmerksam machen, weil es sonst, wenigstens den Vorderen von ihnen, so wie mir gehen kann. Ich bin nämlich mit dem Hedschîn abgestürzt."

„Oh! Und darum konnten sie dich erwischen, nur darum?"

„Ja. Ich hatte dem Kamel das Geheimnis gegeben, und so entwickelte es eine Schnelligkeit, die es mir unmöglich machte, mitten im Lauf vor dem Abgrund anzuhalten."

„Und da mußten diese Halunken auch gerade hier unten sein!"

„Wahrscheinlich hatten sie nur dieser Stelle wegen sich für hier entschieden. Freilich weiß ich nicht, ob sie sie vorher kannten."

„Sie werden auch stürzen, und zwar von der Brücke des Todes hinab in El Halâk, den Abgrund des Verderbens. Denn das versteht sich doch von selbst, daß wir von jetzt an nur die größte Strenge walten lassen. Blut um Blut, Leben um Leben! So, wie sie hier liegen, werden sie erschossen, und dann suchen wir die Beni Khalid auf. Wir sind zwar nur fünfzig Mann, aber auch wenn sie tausend zählten, würde ich nicht eher ruhen, als bis für jeden ermordeten Soldaten wenigstens zwei oder drei von ihnen tot am Boden liegen."

Jetzt kamen unsere Haddedihn, deren Kamelen man es ansah, daß sie zur größten Eile angetrieben worden waren. Am meisten schwitzten die beiden, die den Tachtirewan zu tragen hatten. Dieser Ritt, immer auf und nieder, war eine große Anstrengung für Hanneh gewesen.

Auf sie, die Frau, machte der Anblick der Leichen noch einen ganz anderen Eindruck als auf die rauhen Männer, und doch gab es auch unter diesen wohl keinen, der das Verlangen nach Vergeltung nicht empfunden hätte.

Als die Haddedihn abgestiegen waren, lagerten sie sich, um meine Erzählung zu hören, in einem Kreis, der die Gefangenen umschloß. Diese wagten kaum, eine Bewegung zu machen, und vom Sprechen war erst recht keine Rede. Auch der Münedschi war still. Er saß aufrecht und mit geschlossenen Augen da wie ein lebloses Bild, er war nach der Aufregung von vorhin wieder in seinen Zustand der Versunkenheit gefallen.

Ehe ich meinen Bericht begann, schickte ich einen Haddedihn auf die Höhe, um dort Wache zu stehen. Da sie die anderen Dünen überragte, hatte er einen weiten Fernblick und mußte also jede Annäherung so rechtzeitig bemerken, daß wir nicht überrascht werden konnten. Es war zwar für jetzt kein Grund vorhanden, unsere Sicherheit für gefährdet zu halten, aber wir hatten annehmen müssen, daß die Hauptabteilung der Beni Khalid sich an dem westlichen Bergeszug befand, in dessen Nähe wir umgekehrt waren. Da war es denn leicht möglich, daß sie uns beobachtet hatten. Ihr Scheik war mit einer kleinen Schar nordwärts geritten, und da auch wir in dieser Richtung zurückgingen, konnten sie sich denken, daß wir dies in der Absicht taten, ihm zu folgen. Sie wußten ihn also von uns bedroht, und so wäre es eine unverzeihliche Nachlässigkeit von ihnen gewesen, wenn sie unterlassen hätten, uns eine hinreichend starke Rotte nachzuschicken. Hatten sie das aber getan, so war die von mir getroffene Vorsichtsmaßregel nicht überflüssig, zumal wir nicht wußten, wohin die Begleiter des Scheiks geritten waren, deren größter Teil sich schon vor meinem Eintreffen von hier entfernt hatte, während der Rest nach dem Angriff auf die Mekkaner von ihm fortgeschickt worden war.

Meine Erzählung fand vielfältige Ausrufungen des Beifalls, des Staunens und des Abscheus. Die Empörung gegen die Mörder wuchs immer mehr, und als ich geendet hatte, waren die braven Haddedihn kaum vor sofortiger Gewalttätigkeit zurückzuhalten.

Während die Stimmen der aufgeregten Leute wirr durcheinanderklangen, geschah etwas, was so unerwartet und außerordentlich war, daß ich es noch heute, nach Jahren, so deutlich vor mir sehe, als habe es sich erst vor einigen Minuten ereignet. Das Stimmengeschwirr wurde von einem lauten, schrillen Schrei unterbrochen: Hanneh hatte ihn ausgestoßen. Sie saß mit blutleeren Wangen und weitaufgerissenen Augen da und deutete mit der Hand in die Richtung, nach der auch ihr starrer Blick gerichtet war. Auch wir sahen hin. Es erklangen mehrere Schreie des Entsetzens, dann trat tiefste Stille ein.

11. Die Sterbestunde

Das, was wir sahen, wäre uns vorher undenkbar gewesen. Khutab Aga nämlich, der Totgeglaubte, war aufgestanden und kam mit langsamen, taumelnden Schritten auf uns zu. Wir mußten uns ja sagen, daß es auf natürliche Weise zugehe, daß sein Tod eine Täuschung gewesen sei, und doch gab es wenige unter uns, die sich nicht eines Grauens zu erwehren hatten. Wir blieben alle sitzen, so groß war der Einfluß, den das Wiederaufleben des Erschossenen auf unsere Bewegungsnerven ausübte.

Mit blutleerem Gesicht kam er uns Schritt um Schritt näher, zuweilen den Kopf hebend, den Mund öffnend und mit der Hand zum Herzen greifend, als werde ihm das Atmen schwer. Dabei wankte er bei jedem Schritt wie ein Kind, das noch nicht die Fertigkeit des Gehens besitzt. Ich sprang auf, um ihn zu unterstützen. Er aber hob die Hand, winkte mir ab und sagte:

„Bleib — — —! Ich — — — komme — — — hin — — — zu — — — dir — — —! Ich will — — — neben — — — dir sitzen!"

Das klang dumpf und hohl. Ich blieb stehen, bis er bei mir stand und sich bückte, um sich niederzusetzen. Er verlor dabei das Gleichgewicht und wäre vornüber gestürzt, wenn ich ihn nicht gehalten hätte. Dann kam er mit meiner Hilfe zum Boden, und ich setzte mich an seine Seite. Niemand hatte ein Wort gesagt, und auch jetzt schwiegen alle. Ich hatte eine ganze Menge von Fragen auf der Zunge, behielt sie aber zurück, denn ich sah dem Perser an, daß er nicht wünschte, angeredet zu werden. Er hatte etwas Fremdes, Geisterhaftes an sich, was keine Neugierde aufkommen ließ, sondern zum Schweigen mahnte. Wenn er sprach, bewegte er bloß die Lippen, das Mienenspiel schien erstarrt zu sein. Auch seine Augen waren nicht dieselben wie vorher, sie hatten das Aussehen, als sei ihr Blick vor Grauen gestorben.

Ich suchte die Stelle, wo die Kugel eingedrungen war. Das Loch befand sich genau in der Gegend des Herzens. Da mußte er doch tot sein. Und dennoch war zwar die Kleidung blutig, aber es schien kein Tropfen mehr zu fließen. Jetzt wendete er mir das Gesicht zu und sagte mit tonloser Stimme:

„Effendi, ich war dort!"

„Wo?" fragte ich, indem ich eine Art von Schauer fühlte.

„Dort!"

Khutab Aga senkte den Kopf, hob ihn nach einer Weile wieder und fügte hinzu:

„Wo der Münedschi mit Ben Nûr war!"

„In der Phantasie?"

„Nein, wirklich! Ich bin soeben erst von dort zurückgekommen. Da wachte ich auf und sah mich im Blut liegen. Es fiel mir ein, daß ich erschossen worden bin, und ich fragte mich, ob ich gestorben oder lebend sei. Ich dachte nach, und da kam ich zu der Überzeugung, daß ich nicht mehr tot sei, denn ich bin ja nur wieder ich allein und nicht mehr ich und mein Leib."

„Ich verstehe dich nicht."

„Vielleicht lernst du mich erst dann verstehen, wenn du gestorben bist. Ich weiß nicht, wie ich es deutlich machen soll. Mein Sterben war folgendermaßen —"

Er legte wieder beide Hände auf das Herz, holte schmerzlich Atem und fuhr dann langsam und stockend fort:

„Ich sah dich mit den Beni Khalid ringen, ich sah, daß der Ghâni seine Pistole auf mich richtete und schoß, ich hörte den Schuß und fühlte die Kugel in mein Herz dringen. Doch schnell war dieser Schmerz vorüber, denn nur der Körper fühlt diese Art von Qual, ich aber war nicht mehr in ihm, sondern ich stand als Seele bei ihm. Ich sah ihn liegen, ich sah euch alle, dieses Tal, die beiden Höhen, den Himmel darüber, die Mekkaner, die Beni Khalid und auch dich selbst, der seine Füße befreit hatte und den sie nun wieder banden."

„Das, das hast du gesehen?" fragte ich betroffen.

„Alles."

Was sollte ich da denken? Der Schuß, der ihn niederwarf, war schon längst gefallen, als ich wieder gefesselt wurde. Wie also konnte er davon wissen? Man denke, mit der Kugel im Herzen!

„Ja", fuhr der Aga fort, „ich stand mitten unter euch und sah meinen Körper, meine Leiche liegen. Ich war also Seele, als Mensch gestorben, als Seele aber weiterlebend."

„Konntest du diese deine Seele sehen?"

„Ja, denn ich besaß alle meine Sinne noch und mein Seelenkörper glich genau dem irdischen. Zuvor hatte ich mich nicht vor dem Tod gefürchtet, ich war voller Mut und bot der Waffe des Ghâni ruhig meine Brust. Kaum aber war mein Körper tot, so erfüllte mich der Gedanke, gestorben zu sein, mit Entsetzen. Ich dachte an die Mauer mit den vielen Todespforten — — — Allah, Allah, kaum hatte ich an sie gedacht, so war ich schon dort. Während der Mensch auf Erden nur langsam zur Einsicht kommt, gelangte ich, da ich nun Seele war, sofort zu der Erkenntnis, daß Gedanke und Tat, Wunsch und Wirklichkeit in jenem Leben nur eins ist. Kaum dachte ich an den Ort der Sichtung, so war ich schon da. Und als mir El Mîzân, die Waage der Gerechtigkeit, einfiel, stand ich auch schon davor. Was Ben Nûr dem Münedschi zeigte, muß ein Gesicht, eine Übertragung gewesen sein, denn in Wirklichkeit vollzieht sich alles mit Gedanken schnelligkeit. Nur die Zeit vor der Waage dünkte mir eine Ewigkeit zu sein. Mich schauert noch in diesem Augenblick vor ihr."

Er schüttelte sich, wobei die Blässe seines Gesichtes erschrecklich wurde. Was sollte ich von ihm und von dem, was er sagte, denken? Es war kein Zweifel daran zu setzen, daß ihn die Kugel ins Herz getroffen hatte. Ich selbst sah ja das Loch in seinem Gewand. Um mir Klarheit zu verschaffen, sprach ich jetzt die Bitte aus:

„Du hast viel geblutet und blutest wohl jetzt noch. Erlaube mir, daß ich einmal nach deiner Wunde sehe!"

„Warte jetzt noch!" antwortete er. „Das Bluten hat aufgehört. Ich habe keinen Schmerz. Was ich fühle, ist nichts als ein Druck, der mir das Atmen erschwert. Wahrscheinlich verblute ich mich, sobald die Wunde wieder berührt wird, aber doch ist mir auch gesagt worden, daß ich noch länger leben muß. Mag es nun das eine oder das andere sein, so will ich zunächst meine Seele von der Last erleichtern, die sich an der Waage der Gerechtigkeit mit zermalmender Schwere auf sie gelegt hat."

Khutab Aga bat um Wasser, trank einen Schluck und sprach dann weiter:

„Der Münedschi scheint eine wirkliche Waage gesehen zu haben. Vielleicht haben bei ihm an jenem Abend die seelisch gemeinten Gegenstände eine körperliche Gestalt angenommen. Ich habe keine wirkliche Waage, kein Werkzeug zum Wiegen gesehen, aber dennoch war diese Waage da. Hast du, Effendi, schon einmal gehört, daß in der Todesstunde das ganze Leben des Sterbenden mit allem, was er längst vergessen hat, an ihm vorüberziehe?"

„Ja. Das hat man schon öfters behauptet."

„Diese Behauptung ist entsetzlich wahr! Als ich an die Waage der Gerechtigkeit dachte, stand ich sofort vor ihr. Ich wußte auch, daß viele Seelen sich bei mir befanden, konnte sie aber nicht sehen, denn meine Seele hatte nur mit sich selbst zu tun. Ihr Denken, Fühlen und Tun war mit ihr eins. Außer ihr gab es nichts als ihr vergangenes Leben. Und dieses Leben war doch auch wieder nur sie selbst. Es lag nicht außerhalb von ihr, nicht in der Vergangenheit, sondern sie war der Inbegriff alles dessen, was sie getan, gedacht und empfunden hatte, so wie zum Beispiel das Meer die Summe all der unzähligen Tropfen ist, die hineingeflossen sind. Ebenso war meine Seele. Die Rinnsale, Bäche, Flüsse und Ströme, das waren die Stunden, Tage, Wochen und Jahre meines Lebens. Das Wasser in ihnen, das waren die der Prüfung entgegenfließenden, zahllosen Tropfen meiner Regungen, Entschlüsse und Ausführungen, und das große Meer selbst war meine Seele, in der jeder einzelne Tropfen lebte und sich geltend machte. Dieses Erkennen geschah nicht mit dem Auge, dem Ohr, dem Gefühl, denn ich stand nicht außerhalb mir selbst, und doch wußte ich alles, und doch begriff ich alles, weil ich dieses alles selbst war. Ich kann euch das nicht sagen, nicht beschreiben, der Ausdruck mangelt mir, und indem ich vergeblich danach suche, stelle ich das jetzt Gesagte mit dem Frühern in Widerspruch. Diese Unklarheit gab es vor der Waage nicht, sondern es herrschte da eine Deutlichkeit, für die der Ausdruck „zum Erschrecken“ viel zu wenig sagt. Ich kannte jedes Wort, das ich in meinem Leben gesprochen habe, mochte es nun nützlich, schädlich oder gleichgültig sein. Aber diese Bezeichnung ‚gleichgültig‘ ist eine irdische, vor der Waage der Gerechtigkeit gibt es nichts Gleichgültiges, denn keine Silbe kann ohne Wirkung bleiben, weil sie in einem Zusammenhang steht, der unzerreißbar ist. Ich kannte alles, was ich getan hatte, denn nichts war vergessen, weil es überhaupt kein Vergessen gibt. Das, was wir Vergessen nennen, ist nur das einstweilige Verschwinden des einzelnen im ganzen, in der Summe, aber dann, wenn dieses Ganze im Augenblick der Prüfung offenbar wird, muß das Verschwundene im Zusammenhang wieder erscheinen. Gäbe es doch eine Sprache, in der ich euch das alles begreiflich machen könnte, was zwischen dem Schuß und meinem Erwachen in mir und mit mir vorgegangen ist. Es beginnt ja schon jetzt, sich in mir selbst zu verwischen. Darum eben soll vorher nichts geschehen, und darum sollst du, Effendi, nicht meine Wunde nachsehen, ehe ich nicht, so gut ich kann, davon gesprochen habe. Ich will es euch ohne Aufschub von dem ‚Ort der Sichtung' herüberbringen. Jeder Augenblick löscht mehr davon aus."

Der Aga hatte in wiederholten Pausen gesprochen. Jetzt ruhte er sich länger aus.

Wir waren still, denn jeder von uns hatte das Gefühl, daß laute Worte auf seinen Gedankengang störend wirken müßten. Als er sich gesammelt hatte, begann er wieder:

„Es ist mir unmöglich, euch das nun folgende in der richtigen Weise zu sagen: es gab keine sichtbare Waage, denn auch diese Waage war ich selbst. Der Gewogene, die Waage und der Wägende, das war in mir vereint. Ich stand vor Gericht und war zugleich der Ankläger und der Richter. Es wurde jeder meiner Gedanken in mir laut. Über einige wenige durfte ich mich freuen, die unendliche Zahl der anderen aber machte mich erzittern. Es zeigte sich, daß jeder Ton, der über meine Zunge gegangen war, von ewiger Dauer sei. Der irdische Klang ist nur die Wirkung der Luftbewegung, ist sie vorüber, so ist er nicht mehr vorhanden. Aber der seelische Teil des Menschen, der in diesen Ton gekleidet wurde, um zu wirken, der ist unvergänglich und bleibt ihm angehörig für die Ewigkeit. Was alles hatte ich da gesprochen! Die entsetzliche Erkenntnis, daß auch nicht eine Silbe vernichtet sei, hätte mich zum glühenden Wunsch der Selbstvernichtung bringen können, wenn es überhaupt Vernichtung gäbe. Gegen die brausende Sintflut all dieser wiedererklingenden Worte gibt es keine andere Hilfe als den sie übertönenden Schrei nach Gnade. Und so wachten auch all meine Taten auf. Es war keine von ihnen verschwunden, denn auch sie waren Teile meines Lebens. Ich bestand aus ihnen, sie bildeten mein seelisches Gerippe, jeder Tropfen meines Blutes war eine Tat oder eine Folgerung meiner Taten. Ich konnte also jede von ihnen in mir nach ihrem Wert oder Unwert empfinden. Und da war ich denn so voller Aussatz und voller Schwären, daß ich, der ich doch berufen war, ein Ebenbild Gottes zu sein, in fürchterlichster Angst mir sagen mußte, es wäre besser für mich gewesen, nicht gelebt zu haben. So sprach die Waage. Sie mußte so sprechen, weil meine Seele zwar ein Dasein, aber kein Leben gelebt hatte. Das einzige Licht der Seele ist die Liebe, die einzige Nahrung der Seele ist die Liebe, die einzige Luft, die sie zu atmen vermag, ist die Liebe. In Liebe soll sie sich kleiden, sich mit Liebe schmücken, und wenn sie in Liebe tätig gewesen ist, soll sie auch in Liebe ruhen. Mein Dasein aber hatte nur mir gegolten, ich war liebeleer gewesen und hatte also nicht gelebt. Und was ich als Leben bezeichnet hatte, das war eine Aufeinanderfolge von Gedanken. Worten und Taten gewesen, die mich jetzt hinab in den Abgrund des Verderbens ziehen mußten. Ich brach zusammen und stöhnte in meiner Angst und Not: ‚Oh, hätte ich Liebe gehabt, mehr Liebe! Könnte ich noch einmal zurück, wie wollte ich lieben und leben, wie wollte ich leben und lieben!' Und kaum hatte ich das gesagt, so wurde es licht um mich her, eine helle Gestalt stand neben mir, sie faßte mich an der Hand und gab mir den himmlischen Trost: ‚Dein Gebet sei erhört, denn der letzte Tag deines Erdenlebens ist Liebe gewesen, Liebe selbst für den Feind. Lebe sie weiter, diese Liebe, damit, wenn du hier wieder erscheinst, die Waage dann anders spreche, als sie jetzt gesprochen hat.' Beseligt von dieser Barmherzigkeit, fragte ich ihn: ‚Bist du vielleicht Ben Nûr, der am letzten Tag meines Lebens bei uns war?' Er lächelte gütig und sprach: ‚Hier gibt es nur Liebe, die namenslos ist, und darum für ihre Boten auch keine Namen. Wenn einer ihrer Strahlen sich einen Namen gab, so tat er das nur für euch. Nenne mich immerhin Ben Nûr, denn ich bringe dir das Licht, um das du hier flehtest!' Während er so sprach, wurden wir von einer unbekannten Kraft empor- und über die Mauer der Trennung hinübergetragen. Ich befand mich also an seiner Hand wieder diesseits der Sterbestunde." —

Da er eine Pause machte, fragte ich ihn:

„Das war wohl der Augenblick, in dem du erwachtest?"

„Nein. Ich kehrte noch nicht in meinen Körper zurück, sondern ich wurde mit ihm durch eine Unermeßlichkeit getragen, wo es keine Schranken gab. Ich sah die Welten, die Sonnen und die Sterne, aber ich sah sie anders, als ich sie von der Erde aus gesehen hatte, denn mein Auge war das meiner Seele, nicht das irdische, dem die Herrlichkeit, durch die wir schwebten, verborgen ist. Wir befanden uns in einem Ozean des Lichts, das so rein und so klar war, daß mein Blick die fernste aller Fernen schauen konnte. Ich sah, daß alle diese Welten bewohnt waren, so wie die Erde das Geschlecht der Menschen trägt. Das kam mir so selbstverständlich vor, daß ich mich wunderte, früher daran gezweifelt zu haben. Ich sah, daß alle diese Kinder des Lichts herrlich gestaltet waren und aber doch auch wieder keine Gestalt hatten, denn sie besaßen keine sich durch den Stoffwechsel immer erneuernde und dem Tod verfallende Form, sondern sie waren: — — sie selbst. Der Mensch aber ist, solang er seinen sich stetig verwandelnden Körper trägt, in keinem Augenblick er selbst, er ist niemals wahr, diese aber waren es, sie wohnten in Wahrheit und Klarheit, ja, sie bestanden aus ihr. Warum und auf welche Weise ich das sah und auch so mühelos begriff, das kann ich nun nicht sagen, da ich wieder in den Leib zurückgekehrt bin, mein Unsterbliches ist wieder eingehüllt in ihn, und darum der Klarheit beraubt, in der ich mich befand. Die Augen meiner Seele sind trübe geworden und mit ihnen die Gedanken, darum ist das Licht, das ich euch mitbringen möchte, nun nichts als ein Nebelschein, den auch ich nicht mehr durchdringen kann. Dort aber gab es eine wunderbare, ununterbrochene Helligkeit, die auch mich selbst durchdrang und mir ein Gefühl der Seligkeit verlieh, das ich nicht beschreiben kann. Darum sprach die Engelsgestalt an meiner Seite: ‚Ich halte dich an meiner Hand, und deshalb dringt die Wonne, die dich durchflutet, zu mir herüber. Was dich jetzt umleuchtet, es ist nicht Licht, es ist nicht Wärme, nicht Äther und nicht Luft, denn diese Bezeichnungen gehören nur der Erde an, es ist die Liebe. Ihr kennt einstweilen fast nicht mehr als nur das Wort, noch aber nicht sie selbst in ihrer ganzen Fülle und Unendlichkeit. Ihr sprecht von Liebe und sprecht auch vom Leben, doch beides ist dasselbe, nur eure Worte sind verschieden. Und weil sie das Leben ist, wird jede Lebensform und jede neuentstehende Welt aus ihr geboren. Hat diese Welt ihren Zweck erfüllt, die ihr anvertrauten Wesen zur Liebe zu erziehen, so übergibt sie diese der Seligkeit und löst sich auf, um für die gleiche Aufgabe dann wieder zu erstehen. Dies ist der Zweck auch eurer Erdenwelt. Das Dasein auf ihr soll zum Leben, soll zur Liebe werden. Und dieses Ziel wird erreicht, denn was ist euer Sträuben gegen die Allmacht dessen, der es will? Ob ihr es leugnet oder eingesteht, es ist doch wahr, daß ihr in Liebe atmet und in Liebe lebt. Die größte Selbstsucht ist mit allen Regungen, die ihr entspringen, doch nichts als Liebe, wenn auch nur Liebe zum eigenen Ich. Daß dieses Ich ohne die anderen Ichs unmöglich wäre, da ist der zwingende Grund, der im Verlauf dessen, was ihr als Zeit bezeichnet, die Liebe zu sich selbst zur Bruder- und zur Menschenliebe macht.

Dieser Mangel an Erkenntnis, dieses Sträuben des ‚Ich' gegen das ‚Wir', umhüllt die Erde mit dem Dunkel, welches das auf ihr ruhende Auge der Seligen betrübt, obgleich wir wissen, daß es sich in Licht verwandeln muß. Sobald wir diesem Dunkel nahen, scheide ich von dir, doch höre vorher meine Bitte: Laß es wenigstens in dir und auch um dich hell werden! Streu Liebe aus! Je mehr die Zahl der Menschen wächst, die dieses tun, desto mächtiger wirkt das Licht auch auf die anderen, und desto eher erreicht das Geschlecht der Sterblichen das Ziel — — die Seligkeit!' — — — Nachdem er das gesprochen hatte, war es, als vermindere sich die Helle um mich her. Wir kamen durch ein immer mehr sich dämpfendes Licht, die unermeßliche Ferne, in die ich vorher zu schauen vermochte, trat mir immer näher und näher, und im gleichen Maß ging mir auch die Gabe verloren, die Worte des Engels und alles, was ich gesehen hatte, ohne Mühe zu begreifen. ‚Das ist die Erdennähe!' lächelte er wehmütig. ‚Du hast die Furchtbarkeit der ‚Waage' empfunden, vergiß sie nicht! Laß alle die wiedergeschenkten Tage so sein, wie dein letzter war, dem du die Rückkehr zu verdanken hast, weil er der Liebe zum Feind gewidmet war. Du wirst erfahren, daß es die Liebe war, die dich beschützte, sei ihr dankbar dadurch, daß du in ihr die einzige Herrscherin deines weiteren Lebens anerkennst.' — — Ich weiß nicht, sah ich ihn schwinden, oder war ich es, der sich von ihm entfernte. Es wurde immer dunkler um mich her und auch in mir selbst, ich sah nichts mehr, ich hörte nichts mehr und fühlte einen drückenden Schmerz auf meinem Herzen. Dann, als ich angstvoll lauschte, hörte ich eure Stimmen und öffnete die Augen. Ich lag neben einer Blutlache und besann mich auf alles wieder, an das ich nicht mehr gedacht hatte. Ich versuchte aufzustehen, und es gelang mir trotz des Drucks auf meiner Brust. Jetzt hat er sich vermindert, es ist mir wohler geworden. Und nun ich euch erzählt habe, was ich nicht aufschieben wollte, bitte ich dich, Effendi, nach meiner Wunde zu sehen."

Ich hatte ihm mit so gespannter Aufmerksamkeit zugehört, daß ich mich erst besinnen mußte, um seiner Aufforderung nachzukommen. Auf meine Bitte legte er sich zurück, dann knöpfte ich ihm die Mintake[1] und das Quämîs[2] auf und — — — konnte mich eines lauten Ausrufes des Staunens nicht erwehren. Es gab keine Wunde, seine Brust war unverletzt. Ich sah nur eine dunkelgefärbte, unregelmäßig verlaufende Stelle, die auf einen starken Druck oder Prall schließen ließ. Welch ein Wunder! Es war gar nicht anders möglich, als daß sich auf der Brust ein Gegenstand befunden hatte, von dem die Kugel aufgehalten worden war. Ich griff an die geöffnete Mintake und fühle in der Tasche einen viereckigen Gegenstand. Ich nahm ihn heraus.

„Was suchst du da?" fragte er verwundert. „Das ist mein Arba 'beschâjir[3], das stets in der Satteltasche steckte. Heute, als ich die Stelle von der Liebe zu den Feinden gelesen hatte, tat ich es aber in die Brusttasche der Mintake. Warum ich das tat, weiß ich nicht, es fiel mir gerade so ein."

„Aber ich weiß es. Dein Schutzengel war es, der dir diesen Gedanken eingegeben hat. Das Buch hat dir das Leben gerettet."

„Wie? — Das Leben gerettet?"

„Ja, steh auf und betrachte es! Du brauchst nicht liegen zu bleiben, denn du bist nicht verwundet. Der Schmerz, den du auf der Brust fühlst, ist alles, was der Schuß dir hinterlassen hat."

Das gab nun eine allgemeine Verwunderung. Dschafar Mirsa hatte das ihm von mir geschenkte kleine Evangelienbuch in Metall binden und ein silbernes Lesezeichen dazu fertigen lassen. Das Buch hatte verkehrt, ich meine,

[1] Breiter Gürtel mit Gold- und Silberstickerei [2] Hemd
[3] Vier Evangelien

mit der Anfangsseite dem Körper zu, in der Tasche des Basch Nâsir gesteckt und war von dem Geschoß also auf die rückwärtige Platte des Einbandes getroffen worden. Da die Platte dünn war, hatte sie der Kugel nicht genug Widerstand geleistet, sie war hindurchgeschlagen und auch so weit durch die Blätter gegangen, bis das Lesezeichen sie aufgehalten hatte. Dort steckte sie noch jetzt, nicht breitgeschlagen, sondern ein wenig abgeplattet. Der Schuß hatte also keine große Kraft gehabt. Es war, wie sich dann herausstellte, eine Pistole alter Bauart, und wahrscheinlich hatte auch das Pulver nicht viel getaugt. So war der durch das Buch verminderte Prall nicht stark genug gewesen, eine Rippe zu verletzen. Schmerzhaft freilich war die Quetschung, der Perser litt längere Zeit daran.

Das Buch ging aus einer Hand in die andere, denn jeder wollte es genau betrachten. Als das geschehen war, ließ ich es mir wiedergeben und sah nach der Seite, in der das Zeichen gesteckt hatte. Welch eine Fügung! Die Kugel war fast durch das ganze Buch gedrungen, denn das Lesezeichen hatte ziemlich weit vorn, nämlich in der Bergpredigt, im fünften Kapitel des Matthäus, gesteckt, wo durch den verbogenen Rand des Zeichens ein kleiner Einschnitt enstanden war, der die letzte im Buch sichtbare Wirkung des Schusses bildete. Und wo befand sich diese Stelle? Ich hielt sie dem Perser hin und bat ihn:

„Lies!"

„Es ist dasselbe, was ich heute früh gelesen habe: ‚Ich aber sage euch: Liebet eure Feinde, tut Gutes denen, die euch hassen, und betet für die, die euch verfolgen und verleumden, auf daß ihr Kinder eures Vaters seid, der im Himmel ist, der seine Sonne aufgehen läßt über die Guten und die Bösen und regnen läßt über Gerechte und Ungerechte!' Hierher habe ich das Zeichen gelegt."

„Und was siehst du hier, gerade neben diesen beiden Versen?"

„Ein kleines Loch, wahrscheinlich von dem verbogenen Zeichen."

„Ja, aber für mich ist es mehr, und auch für dich muß es mehr sein."

„Was?"

„Du hast mir gesagt, dir sei heute früh der Gedanke gekommen, daß wir viel zu gütig gegen unsere Feinde gewesen seien, um dieser deiner Schwachheit Kraft zu verleihen, habest du hier diese Stelle aufgeschlagen und gelesen. Und hier steht der Befehl: Liebet eure Feinde! Vorhin erzähltest du, der Engel wünsche, daß dein ganzes noch folgendes Leben so sei wie der letzte, hier vergangene Tag. Und hat er nicht auch ausdrücklich gesagt, daß es die Liebe sei, die dich beschützt hat?"

„Ja, das war eines seiner Abschiedsworte."

„Nun, der Drang nach dem Gebot der Feindesliebe gab dir dieses Buch in die Hand. Aus Gehorsam für dieses Gebot schlugst du diese Stelle auf und legtest das Zeichen hinein. Genau bis hierher ist die Kugel gedrungen. Hier an dem Wort der Liebe hat sie ihre Macht verloren. Ist das ein Zufall?"

„Allah, Allah! Nein, gewiß nicht!"

„Ich denke das auch. Und jetzt fallen mir meine Worte ein, die ich dir über das Evangelium sagte, kurz, ehe du erschossen werden solltest. Kannst du dich besinnen?"

„Nein."

„Ich versicherte dir, daß Gott, der von dir die Liebe zu den Feinden fordere, auch die Macht habe, dich durch diese Liebe zu retten. Ich sagte, sein Evangelium sei ein starker Schutz und Schirm selbst in der größten Todesgefahr, und vielleicht stehe dir die Hilfe näher, als du denkest."

„Ja, das ist sonderbar, Effendi."

„Nicht nur sonderbar. Ich sprach vom Schutz des Evangeliums, ohne eine Ahnung davon zu haben, daß dieses Buch in deiner Brusttasche steckte. Und dazu kommt noch mehr. Besinne dich nur! Als du davon sprachst, daß du mich im Jenseits um Verzeihung bitten werdest, sagte ich dir, daß ich dir schon verziehen habe, und fügte hinzu, daß Gottes Hand dich noch im letzten Augenblick retten und die Kugel lenken könne."

„Ich besinne mich. Ja, so sagtest du."

„Entweder müssen wir uns für Propheten halten", fuhr ich fort, „oder wir sind der Überzeugung, daß wir unter einer alliebenden und allweisen Führung stehen, die für uns das Unheil in Heil, das Unglück in Glück verwandelt. Da wir uns aber nicht anmaßen, mit der Gabe der Weissagung ausgerüstet zu sein, so ist für uns nur die zweite Annahme möglich. Wir stehen hier an einem Ort, den wir wohl nie vergessen werden, an der Stelle eines Ereignisses, das nicht bloß für Khutab Aga, unseren Freund, sondern auch für uns alle von der größten Wichtigkeit ist. Wir haben hier abermals eine Kijâme, eine Auferstehung von den Toten, erlebt. Sie mag uns nicht nur auf unsere einstige Auferstehung von dem leiblichen Tod hinweisen, sondern uns zu einer Auferstehung schon jetzt erwecken: zu einem Erwachen alles dessen was noch tot und fruchtlos in uns liegt, zu einem Lebendigwerden besonders der Liebe, die uns gegeben ist, damit wir sie von uns hinausstrahlen lassen auf jedermann, auf Freund und Feind, der mit uns in Berührung kommt. Ihr habt durch den Mund des Basch Nâsir die Worte seines Engels gehört, der sagte, daß dies der Weg sei zum klaren Licht, zum wirklichen Leben und zur Seligkeit. Und in diesem Sinn wollen wir uns jetzt zusammensetzen, um Gericht zu halten über jene, die sich so schwer gegen uns vergangen haben, daß sie nach dem Gesetz der Wüste nur den Tod erwarten dürfen."

Es antwortete hierauf niemand. Selbst mein kleiner, sonst so sprechfertiger Halef war still. Die allgemeine Stimmung zeigte überhaupt eine Feierlichkeit, die in diesem Grad und bei diesen Menschen nur bei höchst seltenen Gelegenheiten zu bemerken war. Mochte die Quelle, aus der die Reden des Persers geflossen waren, sein, welche sie wollte, der Eindruck war nachhaltig. Der Orientale ist für ein solches Hereinragen des Übersinnlichen ins Sinnliche besonders empfänglich, und ich bin überzeugt, daß auch ein Abendländer, der dem Basch Nâsir zugehört hätte, wohl schwerlich so unverständig gewesen wäre, über ihn und seine Erzählung zu lächeln. Ich bin kein Orientale, und das Leben hat mich gelehrt, allem, was mir unbekannt erscheint, zunächst kühl und forschend gegenüberzutreten, aber das, was wir erst von Ben Nûr und nun von dem Perser gehört hatten, kam mir denn doch nicht wie das Erzeugnis eines kranken Gehirns oder wie die Folge eines äußerlichen Drucks auf die Herzgegend vor. Der Gelehrte wird zwar da gleich von Krankheit sprechen. Ja, krank war der Münedschi, das ist nicht zu leugnen, und den Basch Nâsir hatte eine Kugel hingestreckt: aber der Perser war nach seinem Erwachen aus der Ohnmacht geistig völlig gesund, und was den Blinden betrifft, so gibt es genug Gelehrte, die behaupten, es sei nicht durchgängig wahr, daß eine kräftige Seele nur in einem kräftigen Körper wohnen kann: es habe sich umgekehrt sehr häufig erwiesen, daß die Seele gerade dann ihre Kräfte voll entfalten könne, wenn die körperlichen Bande, in denen sie gefesselt ist, schwach und darum weniger hinderlich geworden sind.

Was unsere Gefangenen betrifft, so hatten auch sie alles gesehen und gehört. Das Erwachen des Persers hatte bei ihnen gewiß das gleiche Erstaunen hervorgebracht wie bei uns. Wahrscheinlich freuten sie sich nun darüber, denn sie glaubten wohl, der Umstand, daß die Kugel unschädlich gewesen sei, müsse uns zur Milde stimmen. Gesagt aber hatte keiner von ihnen etwas. Der Münedschi saß mit geschlossenen Augen bei ihnen, er rührte sich nicht, und wenn er eine Bewegung machte, so war es die des Rauchens, obgleich er seine Pfeife nicht in den Händen hatte.

Was mit ihm geschehen werde, das hing vom Schicksal seiner mekkanischen Gefährten ab.

Dem Perser konnte ich in unserer gegenwärtigen Lage nur einen kalten Umschlag raten, der von Zeit zu Zeit erneuert wurde. Er war schon sonst ein ernst angelegter Mann, jetzt aber schien sich dieser Ernst verdoppelt zu haben, und ich will gleich bei dieser Gelegenheit bemerken, daß während unseres späteren Beisammenseins nur sehr selten ein Lächeln auf seine Lippen kam. Die Wirkung der „Waage der Gerechtigkeit" war bei ihm keine vorübergehende.

An der Beratung über die Strafe, die die Schuldigen treffen sollte, hatten folgende Personen teilzunehmen: Halef, Kara, der Perser, Omar Ben Sadek und ich. Es galt vor allen Dingen, festzustellen, wer sich im Kampf gegen die Soldaten beteiligt hatte. Khutab Aga behauptete, gesehen zu haben, daß nicht bloß die Beni Khalid, sondern auch die Mekkaner geschossen hätten. Um sich Gewißheit zu verschaffen, ging Halef hin zu ihnen und fragte den Ghâni:

„Hast du auf die Soldaten geschossen?"

„Nein", antwortete er.

„Einer deiner anderen Gefährten?"

„Auch nicht. Warum hätten wir uns am Kampf beteiligen sollen? Es waren ja genug Beni Khalid da."

„Glaubt ihm nicht!" rief da der Scheik dazwischen. „Er hat mehrere Male geschossen."

„So!" meinte Halef. „Sein Sohn etwa auch?"

„Ja. Sie haben alle geschossen. Nun aber sind sie so feig, es zu leugnen."

„Und du sagst dies, um nicht der einzige zu sein, den die Strafe trifft. Du willst uns mit dir ins Verderben ziehen", rief der Ghani.

Der Scheik antwortete ihm wieder, und so entspann

sich ein Hin und Her von Schimpfworten, dem ich dadurch ein Ende machte, daß ich ihnen befahl:

„Seid still! Ich werde gleich sehen, wer die Wahrheit sagte."

Ich untersuchte ihre Flinten. Sie waren alle geladen, aber auch ebenso alle vor kurzem abgeschossen worden. Um sicher zu gehen, richtete ich die Frage an den Ghâni:

„Eure Flinten sind noch geladen, das spricht für euch, denn der Kampf ist sehr kurz gewesen, und wenn ihr euch an ihm beteiligt hättet, so wären die Läufe leer. Ist es so?"

„Ja, so ist es. Du hast das Richtige getroffen, Effendi", erwiderte er.

„Was hättet ihr auch in den letzten Tagen zu schießen gehabt? Ich wüßte nichts."

Er ließ sich durch den beistimmenden Ton irre machen und bestätigte:

„Nichts, Effendi! Wir haben weder gejagt, noch sonst eine Gelegenheit zum Schießen gehabt."

„Auch nicht auf eurem gestrigen Weg?"

„Nein! Du siehst, daß wir unschuldig sind."

„Ich sehe vielmehr, daß ihr schuldig seid. Es sind alle eure Flinten erst vor kurzem abgeschossen worden, und da du mir jetzt soeben erklärt hast, daß dies nirgends anderswo geschehen ist, so ist es hier geschehen."

Da lachte der Scheik höhnisch auf und rief ihm zu:

„Dummkopf! Hörtest du es denn diesem Effendi nicht an, daß er von vorn ganz ungefährlich tat, weil er dich von hinten packen wollte? Das ist ein schlauer Teufel, an den du nicht reichst, auch wenn du das Gehirn von hundert solchen Kerlen, wie du bist, unter deinem Schädel hättest. Nun hat er dich gefangen, und ich habe recht behalten. Ich wiederhole, und ich sage keine Lüge: ihr habt vier oder fünf von den Soldaten erschossen. Ich gebe mein Wort darauf, und da ist es wahr."

Der Ghâni war still, und das genügte. Wir setzten

uns zusammen. Die Haddedihn lauschten, damit ihnen kein Wort entgehen möge. Auch Hanneh hatte sich aus dem gleichen Grund in unserer Nähe niedergelassen. Ihr gütiges Gesicht strahlte vor Stolz, ihren Sohn zum erstenmal in der Dschemm'a, der „Versammlung der Ältesten", zu sehen und sprechen zu hören. Sein Vater war nicht weniger von Genugtuung erfüllt. Kara selbst gab sich sehr ernst und würdevoll, was dem Jüngling gar nicht übel stand.

Halef ergriff zuerst das Wort. Die Anwesenheit seiner Frau und seines Sohnes war für ihn eine zwingende Ursache, eine seiner berühmten Reden zu halten.

Ich kann den Anfang hier übergehen und bringe nur den Schluß:

„Ihr wißt, wie gern ich meine Peitsche sprechen lasse, aber nach dem, was wir von Ben Nûr vernommen haben, will ich ihr von jetzt an weniger als früher das Wort geben, und hier, wo es sich um den Tod von so viel Menschen und auch außerdem um eine große Anzahl von Sünden und Verbrechen handelt, hat sie überhaupt zu schweigen. Eine Untersuchung ist nicht notwendig, denn die Taten liegen deutlich vor unseren Augen. Es kann sich nur um den Tod handeln. Den haben sie mehr als verdient. Stimmen wir schnell ab! Das ist zwar nur eine Förmlichkeit, die aber doch erfüllt werden muß. Dein Urteil, Sihdi?"

„Ich will der letzte sein", antwortete ich.

„So mag es nach der Reihe gehen. Khutab Aga, du sitzest neben mir. Also sag! Nicht wahr, den Tod?"

Der Perser sah in die Weite hinaus, als erwarte er von dorther einen Rat. Dann erwiderte er:

„Nein!"

„Was — —? Nicht den Tod?" rief Halef erstaunt.

„Ich begnadige sie. Sie mögen laufen! Ich weiß, daß sie der Strafe nicht entgehen können, aber ich will nicht der sein, der das Tuch über ihnen zerreißt. Ich habe die

‚Waage' kennengelernt und will erst selbst besser werden, ehe ich über andere richte."

„Ich kann dich nicht zwingen und wünsche nur, daß du es nicht bereuen magst. Jetzt du, Omar Ben Sadek!"

„Ich stimme für den Tod."

„Jetzt du, Kara Ben Halef, mein Sohn", fuhr der Hadschi fort.

Es war ein jugendlich freundliches Auge, das Kara jetzt auf mich richtete. Daß er gerade mich ansah, das war mir erklärlich, denn ich wußte, daß er schon als Knabe stets gesagt hatte, er werde sich alle Mühe geben, so zu sein wie Kara Ben Nemsi Effendi. Ich war selbst neugierig auf das Wort, das wir aus seinem Mund hören würden.

„Ich begnadige sie", klang es mild und fest.

„Allah! Du auch, mein Sohn?" fragte Halef. „Wahrscheinlich hast du es dir nicht recht überlegt?"

„Ich habe es überlegt. Allah verlangt Liebe, und ich werde sie geben, solange ich lebe."

Da konnte ich nicht anders. Ich langte zu ihm hinüber und drückte ihm die Hand. Und von dem Platz her, wo seine Mutter saß, erklang der anerkennende Ruf:

„Kara, mein Sohn, ich bin stolz auf dich."

„Nun habe ich mein Wort zu sagen", erklärte Hadschi Halef. „Ich stimme für den Tod und füge hinzu, daß das Urteil sofort zu vollstrecken ist, denn wir haben keine Zeit zum langen, nutzlosen Verweilen. Jetzt bist noch du als der letzte übrig, Effendi. Es sind zwei Stimmen für und zwei Stimmen gegen den Tod. Bei dir liegt also die Entscheidung. Darf ich vorher noch ein Wort sagen?"

„Ja, doch kurz!"

„Ich sehe nämlich ein, daß wir uns in Gefahr befinden, Taten, die geradezu zum Himmel schreien, unbestraft zu lassen. Das hat Ben Nûr nicht gesagt und auch nicht gewollt. Er hat von Richtern gesprochen, die selbst im ärgsten Verbrecher noch den Menschen suchten, um ihrem Urteil Milde verleihen zu dürfen, aber daß ein zwanzigfacher Mord keine Strafe finden soll, daß wir diese Menschen nach all den schweren Anschlägen, die sie gegen uns hegten, frei zu lassen haben, das will selbst El Mîzân nicht. Was wird geschehen, wenn wir ihnen nicht die verdienten Kugeln geben? Sie reiten fort und lauern uns wieder auf. Und können sie uns nichts anhaben, so leben sie in ihrer Weise weiter, und alle schlechten Taten, die sie dann begehen, haben wir zu verantworten, wenn wir dereinst durch die Pforte des Todes gehen. Gebe ich mir Mühe, ein guter Mensch zu sein, so will ich mich doch auch hüten, durch die Taten anderer doch noch hinabgerissen zu werden in den Abgrund des Verderbens. Das mußt du bedenken, Sihdi. Überlege es dir wohl, ehe du das entscheidende Wort auf die Lippen nimmst!"

Der Hadschi hatte in seinem Leben wohl viel Überflüssiges gesprochen, das jetzt aber war ein Wort zur rechten Zeit. Ich gestehe, daß auch ich beabsichtigt hatte, Gnade walten zu lassen, nicht etwa aus falscher Liebesduselei oder um meinen Standpunkt als Christ besonders hervortreten zu lassen, sondern aus dem Grund, der für mich in dem Namen Ben Nûr lag. Ich sage aufrichtig, daß ich noch unter dem Eindruck seiner Reden stand, und gerade hier, nicht fern dem Ort, an dem er gesprochen hatte, widerstrebte es mir, das Blut von sechs Menschen zu vergießen, die, mochten sie noch so schlecht gehandelt haben, doch die Entschuldigung für sich hatten, Angehörige einer Bevölkerung zu sein, die den Raub als ein ritterliches Handwerk betrachtet. Aber die ernste und sehr begründete Vorstellung Halefs war zu beherzigen. Ich überlegte. Leider sollte nur eine Strafe gelten: die Todesstrafe. Wäre diese Bedingung nicht gemacht worden, so hätte sich wohl ein Weg finden lassen, die Sühne ohne Blutvergießen mit der Schuld ins Gleichgewicht zu bringen. Die Hauptschuldigen waren unbedingt der Scheik und der Ghâni, wenn diese — — — ja, das war es! Auf diese Weise konnte ich hier der Strenge und dort der Milde gerecht werden: diese beiden sollten bestraft, die anderen aber begnadigt werden. Als Halef, dem mein Nachsinnen zu lang dauerte, mit einem: „Nun, Sihdi?“ drängte, beschloß ich, demgemäß zu sprechen.

Ich achtete dabei kaum darauf, daß der alte Münedschi aufgestanden war und sein Gesicht mit geschlossenen Augen nach uns gerichtet hatte.

„Mein Entschluß ist folgender“, sagte ich, „der Scheik der Beni Khalid und Abadilah el Waraka, den man El Ghâni nennt, sollen miteinander — — — —“

„Aschdâr — — —! Aschdâr — — —! Aschdâr — — —!“ schrie da, mich unterbrechend, der Münedschi mit aller Kraft seiner Stimme herüber.

Trotz der hohen Tageshitze überlief es mich eiskalt. Niemand sah auf mich, aller Augen waren auf den Blinden gerichtet, der mit hocherhobenen Händen dastand, als wolle er uns vor einer großen Gefahr warnen. Halef, Kara, Hanneh und der Perser kannten die Bedeutung dieses Wortes, denn Halef war neugierig gewesen und mit seinen Fragen so lange in mich gedrungen, bis ich ihm erzählt hatte, warum ich kurz vor dem Zweikampf vom Münedschi fortgeführt, und was mir da gesagt worden war.

„Aschdâr! Der Drache!“ sagte Halef, indem er mich betroffen anschaute. „Er hat es dreimal gesagt. Weißt du noch, was das bedeuten soll?“

„Ja, ich weiß es“, antwortete ich.

„Wenn dir der Drache droht, will Ben Nûr im Augenblick der Gefahr dreimal das Wort Aschdâr rufen. Welche Gefahr aber soll das jetzt sein? Ich sehe keine.“

„Aber ich!“

„Wo?“

„Hier, in unserer Dschemm'a. Ich stand im Begriff, eine Entscheidung zu treffen, die nicht nach dem Sinn der Liebe ist. Es scheint, wir sollen uns vor Blutvergießen hüten."

„Höre, Sihdi, werde nicht bedenklich! Was kann es uns persönlich schaden, wenn wir der Gerechtigkeit Genüge tun?"

„Vielleicht ist eine persönliche Gefahr dabei, vielleicht auch nicht, das ist jetzt Nebensache. Die Hauptsache besteht darin, daß ich vor dem Drachen der Lieblosigkeit gewarnt worden bin."

„Vielleicht bezieht sich diese Warnung nicht auf das Urteil, das wir hier fällen sollen."

„Ich beziehe es darauf. Horch!"

Der Blinde begann wieder zu sprechen. Es war unmöglich, daß ein Wort von uns zu ihm gedrungen war, denn ich hatte, und Halef ebenso, halblaut gesprochen. Dennoch rief der Münedschi jetzt zu uns herüber:

„Ja, es ist das Urteil gemeint, streitet euch nicht! Es gibt ein großes Gesetz der Gerechtigkeit, dessen Walten euch verborgen ist. Dasselbe Gesetz stellt neben die Gerechtigkeit die Gnade. Wenn die Gnade spricht, ist die Gerechtigkeit erfüllt. Ihr habt euch zu Richtern gesetzt des vergossenen Blutes wegen. Wer unter euch besitzt das Recht dazu? Nur einer, denn den anderen haben diese Toten ferngestanden. Und dieser eine hat sich für das Wort der Gnade entschieden. Woraus schöpft ihr anderen die Pflicht, die Ausführung seines dem Himmel wohlgefälligen Entschlusses unmöglich zu machen? Ruft das, was euch getan wurde, eine blutige Rache heraus? Es ist Aschdâr, dessen Stimme ich in eurem Urteil höre. Vermeßt euch nicht, in den Gang der höheren Gerechtigkeit einzugreifen! Sie hat die Faust schon hoch erhoben zum wohlverdienten Schlag. Wenn ihr sie stört, trifft dieser Schlag euch, darum weicht zurück, jetzt ist noch Zeit dazu! Der Mund, der die Berechtigung dazu besitzt, hat

Gnade ausgesprochen, nun laßt sie walten! Ich fordere es von euch."

Das war mit der Stimme Ben Nûrs gesprochen worden. Nun setzte sich der Blinde wieder und war so teilnahmslos wie vorher, ein Werkzeug, das nicht weiß, was es getan hat.

Halef holte tief Atem und sah mich bedenklich an.

„Sihdi, du hast es gehört?"

Ich nickte bejahend.

„Und auch verstanden?"

„Wahrscheinlich! Sag, Halef, wer war wohl mit dem gemeint, der allein zum Urteil berechtigt ist?"

„Hier Khutab Aga."

„Ja. Und es ist richtig. Gehen wohl uns die Soldaten etwas an? Sind wir ihre Vorgesetzten, ihre Offiziere gewesen?"

„Allerdings nein."

„Sie gehörten zu Khutab Aga, nicht zu uns."

„Aber sie sind mit uns zusammengetroffen; sie waren unsere Gefährten, und so haben wir sie zu rächen. So lautet das Gesetz der Wüste, nach dem wir uns hier richten müssen, Sihdi."

„Ja, sie waren unsere Gefährten. Khutab Aga aber war ihr Gebieter; darum steht seine Bestimmung über der unsrigen. Ich weiß jetzt genau, was ich zu sagen habe."

„Nun was?"

„Ich stimme für Gnade."

Der Hadschi senkte den Kopf; die anderen waren alle still. Dann, als er ihn wieder hob, war in seinem Gesicht keine Spur von Enttäuschung zu sehen. Er lächelte vielmehr zustimmend, indem er sagte:

„Wahrscheinlich hätte ich es auch genauso gemacht wie du. Ich war für die größte Strenge, denn ich glaubte, dazu verpflichtet zu sein. Da dies aber nicht der Fall ist, so soll Khutab Aga seinen Willen haben. Jetzt sag mir, ob du an den Hieb glaubst, Sihdi?"

„An welchen Hieb?"

„Ben Nûr sprach doch von der Faust, die bereits zum Schlag erhoben sei. Das scheint eine Prophezeiung zu sein. Ob sie wohl in Erfüllung geht?"

„Halef, wir haben mehr zu tun, als uns mit solchen ungewissen Dingen zu beschäftigen. Du weißt nun, wofür ich meine Stimme abgegeben habe. Ich denke, wir haben nichts weiter zu beraten."

„Ja. Ich erkläre die Dschemm'a für geschlossen. Die Mörder sind begnadigt, weil nicht wir es sind, die den Tod der Soldaten zu rächen haben. Und was die Halunken gegen uns gesündigt haben, das wollen wir aus dem Buch der Vergeltung streichen. Sie sind arme, machtlose Würmer gegen uns."

Die Haddedihn hörten das. Es war keiner unter ihnen, der durch irgendein Zeichen zu verstehen gegeben hätte, daß er mit diesem unerwarteten Ausgang der Beratung nicht einverstanden sei. Erstens verbot ihnen das die Achtung, die sie uns nie versagten, und zweitens standen sie unter dem Einfluß der Rede, die der Münedschi gehalten hatte. Er galt bei ihnen für das, was auch sein Name bedeutete, für einen Hellseher, und die Drohung mit der schon erhobenen Faust hatte einen besonderen Eindruck auf sie gemacht.

Die Verbrecher hatten von unserem Entschluß nichts gehört. Als sie sahen, daß wir aufstanden, ruhten ihre Blicke mit ängstlicher Erwartung auf uns. Halef ließ es sich nicht nehmen, ihnen die betreffende Mitteilung selbst zu machen.

Er trat zunächst vor den Ghâni hin, nahm seine allerfreundlichste Miene an und fragte ihn:

„Mein heißgeliebter Waffenbruder, was denkst du wohl, was über dich, den Liebling des Großscherîfs, beschlossen wurde?"

Der Gefragte sah ihn forschend an. Er wußte nicht, was er aus dieser strahlenden Freundlichkeit zu machen hatte. Wahrscheinlich war sie Hohn, und darum zog er vor, keine Antwort zu geben. Halef fuhr fort:

„Warum willst du mich denn nicht mit dem ersehnten Ton deiner Stimme beglücken? Ich schmachte nach ihm. Also sei so gut und sprich!"

„Spotte nicht!" würgte der Mekkaner hervor.

„Spotten? Ich deiner? Was denkst du von mir? Ich kenne alle Gesetze der Höflichkeit und trachte stets mit Eifer danach, sie zu erfüllen. Du bist als Schech el Hâre der berühmte Gebieter eines ganzen Stadtviertels von Mekka, und so weiß ich, was ich dir schuldig bin. Dein Fuß wandelt täglich im größten Heiligtum Mohammeds, des Propheten, und die Blicke von tausend frommen Pilgern sehen auf deine erhabene Gestalt, wenn sie über den Sûq el Lêl[1] oder durch den Schi'b el Maulid[2] spaziert. Genauso bin auch ich erfüllt von Ehrfurcht und Bewunderung für dich, das unerreichbare Vorbild aller derer, die das Glück haben, dich in den Strahlen deiner unzählbaren Tugenden kennenzulernen. Und da meinst du, daß ich deiner spotte? Ich bin im Gegenteil von Seligkeit erfüllt, dir mitteilen zu können, daß du dich über das Ergebnis unserer Beratung freuen darfst."

Das Gesicht des Mekkaners wurde immer dümmer.

„Freuen? — Wieso?" fragte er.

„Wir haben alles, was für dich und was gegen dich sprach, miteinander verglichen und sind zu dem Ergebnis gelangt, daß du unschuldig bist."

„Hadschi Halef, du begehst eine große Schlechtigkeit, denn was du sagst, ist nichts als Spott."

„Mein Freund, wie wenig kennst du mich! Es tut meinem Herzen bitter weh, daß ich gerade von dir so falsch beurteilt werde."

„Aber — — unschuldig?!"

„So unschuldig, wie der Frosch daran unschuldig ist,

1 „Nachtmarkt" in Mekka
2 Straße mit dem Geburtshaus Mohammeds

daß er im Wasser naß wird. Du bist unendlich rein von allen deinen Fehlern."

Der Ghâni stieß, ohne auf den Doppelsinn dieser letzten Worte zu achten, den Einwand hervor:

„Ich habe aber doch auf den Perser geschossen!"

„Ja, das hast du allerdings. Nun sag, in welcher Absicht du das tatest!"

„Ich wollte ihn töten."

„Schön! Aber ist er tot?"

„Nein, er lebt."

„Bist du daran schuld, daß er lebt?"

„Nein."

„So liegt die Sache doch klar. Sei so herablassend, mir noch zu sagen: bist du schuld an seinem Tod?"

„Nein! Er ist ja gar nicht tot."

„Nun, so denke doch nach! Du bist nicht schuld an seinem Tod, und du bist nicht schuld daran, daß er noch lebt, also bist du doppelt unschuldig."

Die Verblüffung des Ghâni hatte jetzt ihren höchsten Grad erreicht. Er wußte nicht, was er sagen sollte, ohne sich lächerlich zu machen, und zog es darum vor zu schweigen.

Halefs Gesicht strahlte vor Vergnügen. Er fuhr freundlich fort:

„Da also erwiesen ist, daß nicht die geringste Schuld auf dich fällt, so haben wir kein Recht, dich länger festzuhalten, und ich bitte dich um dein gütiges Einverständnis, daß ich dich befreie."

„Allah, Allah!"

Ein weiteres Wort als diesen Ausruf fand er nicht. Halef bückte sich nieder und band die Fesseln los. Da sprang der alte Sünder auf und rief beglückt:

„Also frei! Wirklich frei!"

„Ja, denn Unschuldige bestrafen wir nicht."

„Und mein Sohn?"

„Wird auch frei."

„Und meine anderen Gefährten?"

„Ebenso! Wenn du mir eine Liebe erweisen willst, so befreie sie selbst von ihren Banden! Du wirst dir dadurch ihre Dankbarkeit erwerben."

Das ließ sich der Ghâni nicht zweimal sagen. Er kniete nieder und machte sich mit zitternden Händen an die willkommene Arbeit. Als seine Leute den freien Gebrauch ihrer Glieder wiedererhalten hatten, holte er tief Atem und fragte:

„Dürfen wir aber auch fort?"

„Jawohl", bestätigte Halef.

„Mit allem, was uns gehört?"

„Ja. Wir sind keine Räuber."

„Und wie steht es mit dem Kans el A'dhâ?"

Da bekam das Gesicht Halefs plötzlich einen anderen Ausdruck. Er riß die Peitsche aus dem Gürtel und entgegnete drohend:

„Halunke! Noch eine solche Frage, so zerhaue ich dir das Gesicht, daß die Fetzen bis nach Mekka fliegen! Schlägst du dir den Kans el A'dhâ nicht völlig aus dem Kopf, so wird er dir trotz aller unserer Barmherzigkeit doch noch zum Verderben."

„Ich verzichte, ich verzichte! Wir dürfen uns also unsere Waffen nehmen?"

„Ja. Aber unsere Gewehre werden auf euch gerichtet sein, bis ihr aus unseren Augen verschwindet. Und ich warne euch, laßt ab von allen weiteren Plänen gegen uns! Von diesem Augenblick an bringt euch die kleinste Bewegung eines Fingers, die ihr gegen uns wagt, den Tod. Weiter habe ich euch nichts zu sagen."

Wir hatten den Kans el A'dhâ schon längst an uns genommen und uns auch überzeugt, daß nichts davon fehlte. Die Mekkaner nahmen den Blinden auf und gingen mit ihm zu ihren Kamelen. Er war geistesabwesend und ließ sich führen, ohne zu wissen, was geschah. Sie beeilten sich, in die Sättel zu kommen, denn sie mochten dem Landfrieden doch nicht recht trauen. Ihrem Anführer aber fiel, ehe er aufstieg, noch etwas ein.

Er kam eilfertig zu Halef gelaufen und richtete an ihn die Frage:

„Wie steht es aber nun mit dem Scheik der Beni Khalid?"

„Warum fragst du?" antwortete der Hadschi.

„Weil ich wissen möchte, was ihr über ihn beschlossen habt."

„Geht dich das etwas an?"

„Sehr viel sogar! Er hat den Tod verdient. Was er gegen euch unternommen hat, wißt ihr ebenso wie ich. Schon das muß ihn ums Leben bringen. Außerdem wollte er auch uns hier ermorden, um sich in den Besitz des Schatzes zu setzen. Ich brauche das nicht zu beweisen, denn der Effendi aus Wadi Draa hat alles mit angehört. Darum muß ich von euch verlangen, daß er ohne Gnade getötet wird. Er ist der größte Schuft, den es gibt. Er hat uns, seine Freunde, betrügen und umbringen wollen. Ihr müßt ihn erschießen!"

Da brauste der Hadschi zornig auf:

„So wagst du also, uns zuzumuten, die Henker zu sein, die deine Befehle ausführen sollen? Du selbst bist der größte Schuft, den es gibt! Ja, du bist noch mehr als das, nämlich eine Bestie in menschlicher Gestalt! Wir haben dich mit Gnade und Barmherzigkeit überschüttet; ein anderer hätte dafür Allah gedankt und in seinem Herzen den Schwur getan, von nun an ein besserer Mensch zu werden. Du aber hast als Antwort auf all diese Liebe nur den Haß und forderst das Blut dessen, der dein Helfer war. Eigentlich sollten wir nun unseren Gnadenspruch zurücknehmen; aber es graut uns so vor dir, daß wir nur den einen Wunsch haben, dich nicht mehr zu sehen. Pack dich rasch fort!"

Der Ghâni hatte ihm mit gespanntem Blick jedes einzelne Wort sozusagen aus dem Mund gezogen. Nun er erfahren hatte, was er wissen wollte, machte er seinem Grimm rücksichtslos Luft:

„Es scheint also, ihr wollt ihn auch begnadigen. Dieser Hundesohn, dieser Verräter, dieser Mörder seiner Gastfreunde soll entkommen? Und warum? Ich weiß es wohl und will es euch sagen: Aus Liebe!"

Er lachte höhnisch auf, warf die Arme mit einer verächtlichen Bewegung hoch empor, und fuhr dann fort:

„Ich muß sprechen, und wenn es mir das Leben kosten sollte! Ich saß bei euch und habe eure verrückten Reden über diese Liebe anhören müssen! In dieser eurer Liebe bildet ihr euch ein, etwas Höheres und Besseres zu sein als andere Menschen. Wegen dieser eurer Liebe sollen die Bewohner dieses Landes, sollen ihre Sitten und Gebräuche, sollen ihre Gedanken und Taten sich plötzlich verändern. In dieser Liebe glaubt ihr Wunder zu tun, und wenn man diese Wunder näher betrachtet, so sind sie erbärmliche Knabenstreiche, über die man nur lachen kann. In dieser eurer Liebe scheint ihr sogar zu glauben, daß wir euch für eure Milde danken sollen. Ich fordere euch um Allahs willen auf, dem Gedanken zu entsagen, daß ihr mich damit anders macht, als ich gewesen bin und auch für immer bleiben werde! Ihr habt in mir nur Ekel erregt, weiter nichts. Hier seht mich an, ob ich nicht ein anderer Mann bin als ihr alle. Hier stehe ich! Ich habe euch, ohne mich vor euch zu fürchten, den ganzen Inhalt meines Herzens ausgeschüttet. Nun schießt mich nieder! Denn so viel Gerippe wird euer Charakter doch noch haben, daß ihr euch nicht auch noch jetzt hinter dieses schwache, von Angst zitternde Weib, die Liebe, steckt. Ich wiederhole: Hier stehe ich, nun schießt mich nieder!"

Der Grimm, mit dem er seine Rede begonnen hatte, war von Satz zu Satz gewachsen. Sein Gesicht hatte sich verzerrt, und seine Lippen geiferten. Dieser Mensch hatte uns alle Veranlassung gegeben, ihn für einen Feigling zu halten, und er war es auch. Die treibende Kraft seines jetzigen Auftretens war nicht etwa das Selbstbewußtsein, der Mannesmut, sondern die unbezähmbare Wut darüber, daß wir ihn nicht am Scheik rächen wollten. Gerade daß er diese Wut nicht beherrschen konnte, war ein Beweis seiner Schwachheit. Wer für das Leben der Seele ein aufmerksames Auge besitzt, wird die Erfahrung gemacht haben, daß Leute, die einen in dieser Weise ausbrechenden Todesmut zeigen, eigentlich feig und zaghaft sind. Der wahre Mut ist ruhig und weiß sich in jeder Lage zu beherrschen.

Darum konnte mich der Anblick dieses aus dem Gleichgewicht gebrachten Mannes nur mit Mitleid erfüllen. Die Haddedihn drängten sich drohend zu ihm hin. Der Perser blieb ruhig stehen; aber er schaute finster drein. Halef war dunkler im Gesicht geworden. Ich sah, daß er Mühe hatte, sich zu beherrschen. Deshalb übernahm ich die Antwort, indem ich mich dem Wütenden näherte und zu ihm sagte:

„Du willst wirklich, daß wir dich erschießen?"

„Ja, ich will!" donnerte er mir zu.

„Mach uns doch nichts weis! Wir kennen dich da besser! Du bist ein Feigling, wie ich fast noch niemals einen gefunden habe. Was du jetzt zeigst, ist nicht Mut; sondern das Gefäß, in dem du Rache gegen den Scheik kochst, ist umgestürzt, und nun brodelt, dampft und stinkt sie auf. Was du von unserer Liebe denkst, kann uns gleichgültig sein. An diese Liebe kannst du so wenig rühren, daß sie selbst zu deinem jetzigen Angriff nur lächelt. Es war doch törichter als ein Knabenstreich, der unerfahrenste Junge hätte ihn unterlassen. Wir erlauben dir zu gehen und geben dir unser Mitleid mit. Entferne dich!"

Das Feuer seiner Wut war schon fast niedergebrannt, seine Haltung hatte nicht mehr das Herausfordernde wie vorhin. Jedoch bei meinem Wort Mitleid brauste er rasch wieder auf:

„Behaltet euer Mitleid für euch selbst! Und da ihr

davon so sehr viel braucht, so lasse ich euch dazu das meinige zurück. Eure ‚Liebe' macht mir so unendlichen Spaß, daß ich, sooft ich an sie denke, die Tränen des Gelächters über sie vergießen werde."

„Lache immerhin! Doch will ich dir auch etwas Ernstes mitgeben: sei darauf bedacht, daß aus diesen Lachtränen nicht etwa Tränen der Reue und des Schmerzes werden! Die Liebe, die dir jetzt so spaßhaft vorkommt, lächelt nicht immerwährend. Sie wohnt in jedem Menschen, auch in dir. Halte sie fest und lache nicht zu lange über sie, sonst könnte sie sich von dir wenden, und dann ist es mit dem Gelächter aus."

Er hielt mir seine Hand entgegen, mit der inneren Fläche nach oben, und dann drehte er sie schnell um. Die Gebärde bedeutet in der Zeichensprache der Beduinen Verachtung. Dazu rief er höhnisch aus:

„Ich mag nichts von ihr wissen, sie mag sich von mir wenden, ich hasse sie! Desto fester halte ich die Rache! Da mir die Beni Khalid nicht mehr helfen werden, so bin ich jetzt zu schwach gegen euch, aber wehe euch, wenn ihr nach Mekka kommt! Sobald ihr das Gebiet der heiligen Stadt betretet, habt ihr den ersten Schritt in euer Verderben getan. Ich schwöre es bei Allah und dem Propheten."

Er erhob die Hand zum Schwur, drehte sich um und ging.

Wir sahen, daß der Münedschi im Sattel festgebunden wurde, eine Vorsichtsmaßregel, die bei seinem eigenartigen Zustand geboten war. Er schien das nicht zu bemerken, doch als sein Kamel sich in Bewegung setzte, wendete er uns sein Gesicht zu, in dem die Augen geschlossen waren, und rief mit der Stimme Ben Nûrs:

„Lebt wohl für kurze Zeit! Aschdar hungerte vergeblich nach euch. Nun wird er seine eigenen Kinder verzehren. Das Lächeln der Liebe ist verschwunden, nun wird sie streng und — — —"

Mehr hörten wir nicht, denn der Ghâni versetzte dem Blinden einen Hieb, daß er schwieg.

Halef hatte vorhin gesagt, daß unsere Gewehre auf die Abziehenden gerichtet sein würden, denn es war doch möglich, daß einer von ihnen auf den Gedanken kommen könne, uns aus der Entfernung einen Schuß zuzusenden. Sie waren aber so klug, keinen Versuch dazu zu machen. Wohin sie ritten, war uns zunächst gleichgültig, aber wenn die Worte Ben Nûrs so wie bisher eintrafen, so war uns ein Wiedersehen mit ihnen gewiß.

Nun wendete Halef sich dem Scheik Tawil Ben Schahid zu. Sein Gesicht wurde wieder freundlich, und seine Stimme klang wie die eines aufmerksamen Freundes, als er zu ihm sagte:

„Du hast vielleicht geglaubt, daß ich dich vergessen habe. Entschuldige mich! Ich fühlte mich verpflichtet, zunächst meinen lieben, alten Ghâni mit der Wonne meiner Freundschaft zu beleuchten. Du hast wohl gehört, was ich zu ihm sagte? Bitte, sprich dich doch aus!"

Der Scheik gab sich Mühe, weder Hoffnung noch Befürchtung in seinem Gesicht sehen zu lassen. Er erwiderte möglichst gleichgültig:

„Ich habe alles gehört."

„Was sich dieser Liebling des Großscherîfs nicht alles einbildet. Wir sollten für ihn die Henker sein. Was sagst denn du dazu?"

„Daß es ganz recht war, daß ihr euch nicht dazu hergegeben habt."

„Ja, richtig! Es ist zwar wahr, daß du erschossen wirst, doch davon braucht der Ghâni nichts zu wissen. Wir tun das bloß für uns."

„Erschossen? — Ich?"

„Ja, du. Wer anders?"

„Ich dachte — — — dachte — —!"

„Ich bitte dich, gewöhne dir das unnötige Denken ab!"

„Aber du willst doch mit mir sprechen?!"

„Allerdings."
„So muß ich auch antworten?!"
„Das wünsche ich sogar."
„Du lässest mich aber doch nicht dazu kommen."
„Nicht? Tröste dich! Weißt du, wenn es auch nicht gleich auf der Stelle sein muß, im Verlauf des heutigen Tages oder spätestens morgen kommst du schon noch dazu."
„So sag doch, was ihr eigentlich mit mir vorhabt!"
„Wir nehmen dich mit nach Mekka, um dich dort dem Pascha auszuliefern."
Der Scheik erschrak, schwieg eine Weile und sagte dann:
„Das wäre teuflisch von euch! Ich würde gehenkt werden, und hierauf würde er einen Rachezug gegen meinen Stamm unternehmen."
„Ja, das würde er. Denke nur, wie gut das für die Beni Khalid ist! Wie sie da beweisen können, daß sie tapfer sind! Denn, unter uns gesagt, bisher hat man davon noch nichts gesehen."
„Hadschi Halef, du treibst dein Spiel mit mir."
„Wie der Löwe mit der Maus, meinst du, und da der Löwe großmütig sein soll, so will ich es auch sein, indem ich dir verrate, daß wir dich nicht mit nach Mekka nehmen wollen."
„Ja, so sprich doch endlich! Was wollt ihr mit mir beginnen?"
„Dich erschießen."
„Ich bin nicht schuldiger, als die Mekkaner es waren, und die habt ihr entkommen lassen. Meßt ihr mit zweierlei Maß?"
„Nein. Aber wenn wir gemessen haben, tun wir dann, was wir wollen. Sag mir aufrichtig: hast du den Tod verdient?"
„Nach den Gesetzen der Wüste, ja."
„Schau, diese Bestätigung ist schön von dir!"
„Aber denke auch an meine Beni Khalid, die jetzt

wieder am Bir Hilu liegen! Wenn ihr mich erschießt, so rächen sie mich."

„Damit hast du uns schon öfters gedroht, ohne daß es eingetroffen ist. Woher weißt du übrigens, daß sie dort sind? Sie sind doch, die abgerechnet, mit denen du hierhergeritten bist, vier Stunden hinter dem Brunnen an der Höhe zurückgeblieben."

„Um euch dort zu erwarten. Da ihr, wie ich jetzt höre, dort gewesen und wieder umgekehrt seid, so sind sie euch gefolgt. Ich meinte aber nicht einmal diese große Abteilung, sondern die kleine, die ich von hier zum Brunnen geschickt habe."

„Ja, du wolltest den Kans el A'dhâ nicht mit so vielen teilen."

„Da mein Haupttrupp wieder zurückgekehrt ist, hat er den kleineren am Brunnen getroffen. Es sind also alle beisammen. Ich mache dich auf diese Gefahr für euch aufmerksam."

„Das ist sehr freundlich von dir. Ich danke dir, mein Freund."

„Spotte nicht!"

„Wenn du meinst, daß ich spotte, so mußt du annehmen, daß wir uns nicht fürchten. Was sagst du zu dem Einfall, den ich jetzt habe: wir erschießen dich und reiten dann gar nicht zum Brunnen, wo deine Leute sind? Es ist nicht notwendig, daß wir sie wieder mit unserer Gegenwart belästigen."

Da konnte der Scheik seinen Zorn nicht mehr bemeistern.

Er schrie Halef zornig an:

„Ihr seid Schurken! Ihr habt wahrscheinlich schon vergessen, was der alte Münedschi von der Gnade sagte."

„Du bittest also auch um Gnade?"

„Bitten? Nein! Ich verlange sie!"

Halef zeigte schnell wieder sein ernstes Gesicht und warnte:

„Scheik Tawil Ben Schahid, der Ton, in dem du sprichst, gefällt mir nicht. Höre, was ich dir jetzt sage!"

Er winkte einen Haddedihn herbei und befahl ihm:

„Du zielst jetzt auf das Herz dieses Mörders, der glaubt, die Gnade müsse ihm gehorchen. Sobald ich die Hand hebe, gibst du ihm die Kugel!"

Hierauf richtete der Hadschi sein Wort wieder an Tawil:

„Du siehst die Folgen deines Verhaltens. Ich gebe dir zwei Minuten Zeit. Hast du bis dahin nicht gesprochen, so hebe ich die Hand."

Es trat eine tiefe Stille der Erwartung ein. Die Hälfte der Frist verlief, dann aber wirkte die Drohung.

„Nehmt die Flinte weg!" bat der Scheik.

„Du willst Gnade?" fragte Halef.

„Ja."

„Das Wollen ist noch kein Bitten."

„Allah zerschmettere euch! So sei es denn: ich bitte um Gnade."

Da lachte der Hadschi:

„So war es recht, o Scheik der Beni Khalid! Aber ich will dir trotzdem mitteilen, daß ich das Zeichen auf keinen Fall gegeben hätte. Es war beschlossene Sache, auch dich laufen zu lassen. Ich wollte nur hören, wie es klingt, wenn ein Scheik um Gnade bittet."

Tawil erwiderte nichts. Als er losgebunden worden war, stand er auf, ging zu der Stelle, wo sein Gewehr lag, hob es auf, schritt zu seinem Kamel hin, setzte sich in den Sattel, gab ihm das Zeichen, sich zu erheben, und ritt fort. Wir sahen ihm ebenso still nach. Fast war er so weit gekommen, daß er um den Fuß der Düne biegen und dann verschwinden mußte, da lenkte er um, kam im schnellen Lauf wieder hergeritten, hielt vor uns an, maß uns mit stolzen, grausamen Augen und sagte:

„Auch ich lache über eure Liebe. Zwischen mir und euch gibt es nichts als nur die Rache. Ich schwöre bei

Allah und bei der heiligen Kaaba: die Wüste, die hier um uns liegt, richtet zwischen uns! Entweder verlaßt ihr oder verlasse ich sie nicht. Ihr seid fünfzig, und ich bin nur einer, aber in den Augen der Rache zähle ich ebensoviel wie ihr. Ich rufe die Wüste auf, sich entweder für euch oder für mich zu öffnen! Von diesem Augenblick an gähnt zwischen uns ein Grab. Wen es aufnehmen soll, ob mich oder euch, das möge der entscheiden, bei dem ich geschworen habe!"

Schon stand er im Begriff, sein Kamel zu wenden, da stieß er noch ein spöttisches Lachen aus und fügte hinzu:

„Oder mag das auch die Liebe, eure angebetete Götzin, entscheiden, ich habe nichts dagegen."

Hierauf ritt er fort, ohne sich noch einmal umzusehen. Wir blickten ebenso wortlos wie vorhin hinter ihm drein.

So ein Schwur ist eine eigene Sache. Es wäre mir unmöglich gewesen, die eingetretene Stille durch ein alltägliches Wort zu unterbrechen.

Aber so war es nicht nur mir, sondern auch den anderen. Einige der Haddedihn nahmen sich der verwundeten Militärkamele an, und die übrigen taten, was an den Leichen der Soldaten zu erledigen war. Das alles geschah, ohne daß man ein lautes Wort hörte. Diese Lautlosigkeit hatte ihren obersten Grund in dem Umstand, daß überall, wo der Tod einzieht, sich mit ihm auch jene fromme Scheu, jenes andächtige Grauen einfindet, über dessen Ursache sich so wenige Menschen klarwerden. Und doch ist es etwas sehr Einfaches! Der Mensch scheint, solange er lebt, sein eigener Herr zu sein. Er kann tun und lassen, was ihm beliebt, er kann glauben oder bezweifeln, was er will, er kann gut oder böse handeln, wie er sich entschließt. Da plötzlich streckt sich die Hand des Todes nach ihm aus. Der „Herr und Gebieter" liegt im Staub vor Gott. Er hat nun Rechenschaft abzulegen über sein ganzes Leben. Jede Sekunde seines Lebens tritt als Zeugin für oder gegen ihn auf. Der Herrgott hält Gericht, zu seinen Seiten sitzen die Gerechtigkeit und die Gnade. Tief vor ihm hingestreckt liegt auf seinem Gesicht der zu Richtende im Gefühl seiner Ohnmacht. Er kann nichts mehr für sich tun. Wer wird nun das entscheidende Wort sprechen, die Gnade oder die Gerechtigkeit? Geh während der Verhandlung in einen Gerichtssaal! Du wirst unwillkürlich leise auftreten und auch leise sprechen. Warum? Du kannst nicht anders, die Ehrfurcht vor dem Gesetz, vor dem Gericht dämpft deine Schritte und deine Stimme. So trittst du auch in ein Sterbezimmer! Ob du es ahnst oder nicht, du hast den Ort des ewigen Gerichts betreten, das mit dem Augenblick des Todes seinen Anfang nimmt. Es ist der unsichtbare Richter, der hier waltet, du siehst ihn nicht und trittst doch so unhörbar als möglich auf. Es ist die Ehrfurcht vor dem Gesetz des Ewigen, nach dem hier über dem Dahingeschiedenen das Urteil gesprochen wird. Es ist diese Ehrerbietung, die dich zwingt, dein Haupt zu entblößen, das deutliche Bewußtsein, daß auch du selbst über kurz oder lang so ohnmächtig daliegen wirst, um auf der Waage der Gerechtigkeit gewogen zu werden. Das ist die Ursache des Grauens, das jeder nicht ganz verdorbene Mensch in der Nähe einer Leiche empfindet und nicht von sich abzuwehren vermag.

Und wir hatten zwanzig Tote hier, und diese Toten waren ermordet worden! Es wurde ihnen ein tiefes, gemeinsames Grab bereitet. Dahinein legten wir sie, einen neben den anderen. Als wir die Sterbegebete über sie gesprochen hatten, gaben wir eine dreimalige Salve ab, legten einem jeden seinen kleinen Gebetsteppich auf das Gesicht, und warfen das Grab zu. Während dieser Handlung weinte Khutab Aga still vor sich hin. Da tauchte wohl in manchem von uns die Frage auf, ob wir nicht mit den Mördern zu mild verfahren seien, und es gesellte sich der Vorsatz hinzu, nun aber streng zu sein, wenn wir wieder mit ihnen zusammenstoßen sollten. Und daß es geschehen werde, hatte uns der Scheik der Beni Khalid schon angedroht.

Darüber waren wieder mehrere Stunden vergangen, und als wir nun diesen unvergeßlichen Ort verlassen konnten, war die Hälfte des Nachmittags vorüber. Aber wohin jetzt? Weit kamen wir für heute nicht. Zum Glück waren wir mit Wasser versehen, und so beschlossen wir, den Weg der Sanddünen, den wir nun schon einmal hin und her geritten waren, zum drittenmal zurückzulegen und dann im Tal zwischen der letzten und vorletzten Düne zu übernachten. Solch ein Tal war mit wenigen Posten am leichtesten zu bewachen und gewährte uns den besten Schutz. Morgen früh wollten wir uns dann nach den Umständen richten.

Der Plan wurde ausgeführt. Der Weg wurde langsam und vorsichtig zurückgelegt, und wir erreichten die betreffende Stelle, als es eben dunkel werden wollte.

Wenn ich von der letzten und vorletzten Düne sprach, so meinte ich die letzten bedeutenden Höhen, nicht die kleineren, die dann, nach und nach immer niedriger werdend, in die flache Sandwüste übergingen, in der unsere Kamele „gemahlen" hatten. Das Tal paßte sehr gut zum Lagerplatz. Die Höhen, zwischen denen es lag, vereinigten sich auf der einen Seite, während sie auf der anderen so nahe nebeneinander herliefen, daß ein Einzelposten genügte, diesen Zugang zu bewachen.

Heute mußten die Militärkamele von den Haddedihn mit bedient werden, die also mehr als bisher zu tun hatten. Was den Perser betraf, so konnte er nicht daran denken, den Rückweg nach Meschhed Ali allein anzutreten. Er mußte bei uns bleiben und einstweilen mit uns weiterreiten, bis wir auf einem der Hauptwege eine Karawane treffen würden, der er sich anschließen konnte. Er war außergewöhnlich still und beteiligte sich nicht an unserem Gespräch. Wenn einmal eine Frage an ihn gerichtet wurde, so beantwortete er sie so kurz als möglich, oft nur mit einem einzigen Wort. Das war so auffällig, daß ich ihn nach dem Grund dieser Einsilbigkeit fragte:

„Meine Asaker!“ seufzte er. „Ich muß nur immer an sie denken.“

„Ich tue das auch; aber kannst du das Geschehene dadurch ändern?“

„Nein. Dich braucht das freilich nicht zu bedrücken.“

„Etwa dich mehr als mich?“

„Ja, denn ich bin schuld an ihrem Tod. Zwanzig Seelen, die durch meine Schuld unvorbereitet an die Waage der Gerechtigkeit treten. Dieser Gedanke ist unerträglich schwer.“

„Wieso trägst du die Schuld?“

„Weil ich deine heutige Warnung ebensowenig beachtet habe wie deinen gestrigen Rat. Du sagtest, ich solle sofort heimkehren, ich blieb aber trotzdem. Wenn wir gestern gleich nach dem Zweikampf fortgeritten wären, so hätten die Beni Khalid keine Zeit gehabt, mir einen solchen Hinterhalt zu legen. Ich muß also die Schuld tragen! Denn ich bin wiederholt gewarnt worden und habe nicht darauf geachtet. Wie unendlich schwer wird mich das dereinst belasten, wenn für mich die Zeit da ist, Rechenschaft abzulegen!“

Die Vorwürfe, die er sich machte, waren leider nicht unbegründet, doch sagte ich alles, was ich konnte, ihm das Herz leichter zu machen, es gelang mir nicht so, wie ich wollte.

Wir hatten die Kamele in den Hintergrund geschafft, wo die beiden Höhen zusammenstießen. Dort war kein besonderer Wächter für sie nötig. Wir lagerten so vor ihnen, daß sie eingeschlossen waren. Zu unserer Sicherheit waren drei Posten erforderlich: nämlich auf der vor uns und auf der hinter uns liegenden Höhe, und der dritte rechts in der schon erwähnten Enge unseres Tales. Es schien also eine Überrumpelung unmöglich zu sein, und in diesem Gefühl legten wir uns zeitig schlafen, um früh gut ausgeruht zu haben, denn infolge der Drohung des Scheiks mußten wir annehmen, daß der morgige Tag anstrengend und gefährlich für uns sein werde. Dieser Mann tat jedenfalls alles, seinen Schwur baldigst in Erfüllung gehen zu lassen.

Wir hatten einen wunderbaren Sternenhimmel, es war sehr hell, und so hätten unsere Wächter blind oder sehr nachlässig sein müssen, um den Beni Khalid einen Überfall zu ermöglichen. Überhaupt war diesen letzteren die Stelle, an der wir lagen, wahrscheinlich nicht bekannt.

12. „Die Wüste richtet zwischen uns!"

Ich schlief tief und traumlos, bis ein Ruf mich weckte. Noch aber hatte ich die Augen nicht geöffnet, so vervielfältigte sich dieser Ruf zu einem vielstimmigen Geschrei, das von den Lippen sämtlicher Haddedihn kam. Ich wollte aufspringen, konnte aber nicht, denn es hatten sich vier Gestalten auf mich gestürzt, die alle ihre Kräfte anwandten, mich niederzuhalten.

Der Schlaf war mir völlig aus den Augen vertrieben. Es wimmelte von Beduinen rund um uns her, es waren ihrer so viele, daß Widerstand geradezu Wahnsinn gewesen wäre und uns nur zum Untergang hätte führen müssen. Darum schrie ich so laut als möglich:

„Ergebt euch, ihr Haddedihn! Ich, Akil Schâtir Effendi, sage es euch. Ich ergebe mich auch."

„Ich auch!" erschallte hierauf Halefs Stimme. — „Wehrt euch nicht! Ich befehle es euch."

Hierauf streckte ich mich aus und ließ mich binden. Es gab noch ein kurzes Durcheinander rundumher, dann war es still. Die Haddedihn, die der Widerstand von ihren Plätzen getrieben hatte, wurden wiedergebracht. Wir lagen alle beisammen, und unsere Besieger setzten sich so, daß sie uns in ihrer Mitte hatten. Nun, da ich unbehindert Umschau halten konnte, sah ich, daß bei dem Tachtirewan, der sich an einer abseits liegenden Stelle befand, drei Beduinen standen, die ihn in Schutz genommen hatten. Das war eine Rücksicht, die man den Beni Khalid, besonders aber ihrem Scheik, nicht hätte zutrauen sollen.

Ein Mann kam auf uns zu. „Welcher von euch ist der Scheik der Haddedihn?"

„Ich bin es", erwiderte Halef.

„Welcher ist der fremde Effendi?"

„Ich", sagte ich.

Seine Stimme klang anders als die Tawil Ben Schahids. Er fuhr fort:

„Welcher ist der Basch Nâsir aus Meschhed Ali?"

„Hier liege ich", rief der Perser.

„Hört, was ich euch sage: wenn ihr drei mir euer Ehrenwort gebt, nichts ohne meine Erlaubnis zu unternehmen, so lasse ich euch wieder losbinden. Antwortet mir!"

Das war ja wunderbar. Dieser Mann hatte nicht Tawils Stimme und — das bemerkte ich erst jetzt — auch nicht seine Gestalt. Wer war er? Ich dachte bei dieser Frage an die Kundschafter, die kurze Zeit bei uns am Brunnen gewesen waren.

„Sprich du zuerst, Sihdi!" forderte mich Halef auf.

Ich entgegnete:

„Ich gebe mein Ehrenwort, doch einstweilen nur für so lange, wie wir uns an diesem Ort befinden. Für länger können wir uns nicht verpflichten, weil wir nicht wissen, wer diese Leute sind, warum sie uns überfallen haben und was sie mit uns beabsichtigen. Verhalte dich also wie ich!"

„Gut! Auch ich gebe mein Ehrenwort, aber auch nur für die Zeit, die der Effendi jetzt angedeutet hat", erklärte Halef.

Und der Perser folgte diesem Beispiel:

„Ich ebenso."

„Das genügt mir", sprach der Anführer. „Bindet diese drei Männer wieder los!"

Sein Befehl wurde von dreien seiner Leute ausgeführt, während er unbeweglich vor uns stand. Als es geschehen war und wir uns zum Sitzen aufgerichtet hatten, setzte er sich uns gegenüber nieder und machte uns die Mitteilung:

„Ich bin Abd el Darak[1], der Scheik der Beni Lam."

Er machte eine Pause, um seinen Worten Zeit zu lassen, die beabsichtigte Wirkung auf uns auszuüben. Diese Wirkung blieb nicht aus. Also mit den Beni Khalid hatten wir es nicht zu tun. Aber konnten wir nicht aus dem Regen in die Traufe gekommen sein? Die Beni Khalid hatten wir kennengelernt, die Beni Lam noch nicht. Allein, daß gerade uns, den Anführern, die Fesseln wieder abgenommen worden waren, das gab uns doch die Berechtigung, unsere Lage für nicht allzu schlimm zu halten. Diese Beni Lam befanden sich in einer so bedeutenden Anzahl hier, daß wir uns bei ihnen, den Feinden der Beni Khalid, gegen diese im vortrefflichsten Schutz befanden. Übrigens hatte Abd el Darak die Absicht, jetzt mit uns zu sprechen, und da mußte es sich zeigen, welchen Zweck er mit dem wohlgelungenen Überfall auf uns verfolgte.

„Ihr werdet keine Ahnung davon gehabt haben, daß sich eine so große Schar der Beni Lam in der Nähe des Brunnens Hilu befand", begann er.

„O doch", antwortete ich.

„Also ist es trotzdem so, wie ich dachte. Dieser Tawil Ben Schahid hat euch gesagt, daß er es auf uns abgesehen hatte?"

„Ja."

„Ich sandte zwei Kundschafter an den Brunnen, sie haben mit euch gesprochen. Für was habt ihr sie gehalten?"

„Für das, was sie waren, für deine Späher."

„Warum gabt ihr ihnen keine Auskunft über die Beni Khalid, an denen ihr euch dadurch nicht nur hättet rächen, sondern von denen ihr euch auch hättet befreien können?"

„Wir sind ehrliche Krieger, keine Verräter. Wir handeln nach dem Grundsatz, daß Allah den Frieden, nicht aber den Krieg zwischen seinen Kindern will. Jetzt

1 „Diener der Einsicht, des Verständnisses"

befinden wir uns als Pilger auf dem Weg zur heiligen Stadt und sind als solche verpflichtet, uns stets nur von der Hand der Friedfertigkeit leiten zu lassen."

„Ja", bemerkte er nachdenklich, „du überhaupt bist ein Abd el Musâlaha[1]."

„Wie kommst du dazu, mich so zu nennen?" fragte ich verwundert.

„Ich weiß mehr von euch, als ihr denkt. Es gibt Personen, die mir von euch erzählt haben."

„Darf ich fragen, wer diese Personen sind?"

„Zunächst meine beiden Kundschafter. Es hat mich sehr von euch gefreut, daß ihr eure Feinde nicht verraten habt. Ich sage euch, wenn ihr das getan hättet, wäre euch dasselbe Los wie ihnen beschieden gewesen; denn der Verräter ist ein stinkender Dîb[2], den man vernichten muß."

Da stieß mich Halef mit dem Ellbogen an. Ich wußte, was er meinte. Er hatte mir Vorwürfe gemacht, weil ich gegen die beiden Späher so verschwiegen gewesen war. Nun sah er ein, wie richtig dieses Verhalten gewesen war.

Abd el Darak fuhr fort:

„Der Scheik der Beni Khalid glaubte, uns unvorbereitet zu finden; aber Allah schützt die Guten und verdunkelt die Augen der Bösen. Er fügte es, daß ich das Unternehmen unserer Feinde zur rechten Zeit erfuhr. Ich rüstete meine Krieger und zog den Beni Khalid entgegen, um die Entscheidung zwischen uns und ihnen in die Wüste zu legen, damit nicht die Wohnungen friedlicher Leute dabei verwüstet würden. Meine Späher standen von fern und lauschten. Ich hörte, daß sie nach Süden gezogen seien, und folgten ihnen nach. Sie waren von dort zurückgekehrt, hatten aber einen Mann zur Beobachtung zurückgelassen, den wir festnahmen. Er mußte uns alles erzählen, was am Brunnen geschehen war. So erfuhren wir von euch, von dem Kans el A'dhâ, von seinen Dieben und von dem Kampf um ihn. Der Schatz hat einen großen Wert;

1 Diener der Versöhnlichkeit 2 Wolf

ich beschloß, ihn in meine Hände zu bringen und euch zu überfallen. Darum ließ ich euch beobachten, ohne daß ihr eine Ahnung davon hattet. Auch die Beni Khalid merkten nichts davon."

„Bi Châtir-i-Chuda — um Gottes willen", rief da der Perser aus. „Nun soll ich den Kans el A'dhâ schon wieder hergeben!"

„Das sollst du nicht", lachte der Scheik, doch es war ein freundlich klingendes Lachen. „Wir haben ihn doch schon."

„Ja, das Bündel ist fort."

„Dort liegt es bei dem Tachtirewan und wird mit dem Harem des Scheiks der Haddedihn sehr gut bewacht."

„Ihr werdet es behalten?"

Der Scheik stellte sich, als ob er diese Frage nicht gehört habe und sprach weiter:

„Abadilah el Waraka, den man El Ghâni nennt, trat vor einigen Monaten eine Reise an, die von Mekka nach Meschhed Ali gehen sollte. Auf dieser Reise kam er nach Oneïseh, der großen Stadt. Er hatte seinen Sohn mit, drei andere Begleiter und auch einen alten Mann, den man El Münedschi nennt, weil er die Gabe der Weissagung besitzt. Dieser Münedschi verkehrt mit einem Engel des Himmels, der Ben Nûr heißt und ihm alle Geheimnisse des Lebens entdeckt. Darum ist alles wahr, was der Münedschi sagt. Er muß sehr reich sein, denn es kommen Tausende von Pilgern zu ihm und gehen nicht, ohne eine Gabe der Dankbarkeit zurückzulassen. Zu derselben Zeit war auch ein junger Krieger unseres Stammes in Oneïseh, um Blei und Pulver einzukaufen. Er hieß Ibn Kurbân[1] und war der einzige Sohn von Abu Kurbân[2], des reichsten Mannes unseres Stammes. Er hatte diamantene Ringe an den Fingern, und seine Waffen waren mit edlen Steinen besetzt. Als er mit seinen drei Begleitern die Stadt verließ, schloß er sich dem Ghâni an, weil er

1 Sohn des Opfers 2 Vater des Opfers

eine Zeitlang den gleichen Weg mit diesem hatte; aber er ist nicht heimgekehrt, und auch seine Gefährten hat man nicht wiedergesehen. Abu Kurbân reiste nach Oneïseh, um nachzuforschen. Er erfuhr, daß die Verschwundenen mit dem Ghâni fortgeritten seien. Der Weg war gegen El Kasab gegangen. Er ritt dorthin und erfuhr, daß weder sein Sohn noch der Ghâni hier gewesen seien, aber es waren ein junger Mann mit drei älteren Männern gekommen, die drei Reit- und vier Lastkamele, viel Pulver und auch Waffen verkauft hatten, denen man ansah, daß sie mit Steinen verziert gewesen waren, die man aber ausgebrochen hatte. Diese Waffen besaß der Händler noch, auch zwei von den Kamelen waren noch vorhanden, und Abu Kurbân überzeugte sich, daß sie seinem Sohn gehört hatten. Wer die vier Fremden gewesen seien, das wußte man nicht. Der jüngere Mann hatte zwar einen Namen nennen müssen, doch war anzunehmen, daß er sich eines falschen bedient habe. Der Händler konnte sich nur noch erinnern, daß dieser Mann eine gewöhnliche und eine stärkere, buschige Hâdschib[1] gehabt habe. Weiter konnte er nichts sagen. Es stand fest, daß die vier Beni Lam ermordet worden seien, aber wer die Mörder seien, das konnte man zwar vermuten, doch nicht eher beweisen, als bis es möglich war, sie den Personen zu zeigen, von denen sie in El Kasab gesehen worden waren."

„O nein", rief da Halef aus. „Ihr braucht nicht so lang zu warten. Ich weiß schon jetzt, wer sie waren."

„Nun, wer?" fragte der Scheik.

„Der Sohn des Ghâni hat solche Brauen. Ihr Unterschied ist so groß, daß er mir sogleich aufgefallen ist. Diese Schurken haben den Kans el A'dhâ geraubt, und so ist es ihnen auch zuzutrauen, daß sie diesen Raubmord begangen haben. Sie sind allein nach El Kasab gegangen, der Ghâni hat mit dem Münedschi einstweilen gewartet,

1 Augenbraue

denn wenn diese beiden auch mitgegangen wären, hätten sie dadurch die Entdeckung sehr erleichtert. Diese Mekkaner sind gestern nachmittag von uns fort. Sie können sich noch nicht weit von hier entfernt haben, und wenn du dich beeilst, so kannst du sie wahrscheinlich noch einholen."

Da rief der Scheik einem seiner Leute einige Worte zu, worauf dieser sich nach rechts entfernte, wo in der Enge unser Posten gestanden hatte. Als dieser Ben Lam fort war, sprach der Scheik:

„Ich werde euch etwas zeigen, doch müßt ihr eine kleine Weile warten. Inzwischen will ich euch eine Frage beantworten, die euch wahrscheinlich auf den Lippen liegt, nämlich wie es uns möglich gewesen ist, euch zu überraschen, obgleich ihr drei Wachen ausgestellt hattet."

„Ja", stimmte Halef bei, „wir bitten dich, uns das zu sagen."

„Wir haben in unserem Stamme einige vorzügliche Läufer, die ich als Späher verwende. Sie laufen ebenso schnell wie die Kamele, sind aber nicht so weit zu sehen wie diese. Diese Läufer sind dem Scheik Tawil gefolgt, als er mit vierzig seiner Leute wieder nach Norden ritt, um euch einen Hinterhalt zu legen. Sie haben die nördliche Grenzhöhe des Tales erstiegen und sich dort so in den Sand eingegraben, daß sie nicht bemerkt werden konnten. Sie sind Zeugen alles dessen gewesen, was dort geschehen ist. Auch haben sie das meiste von dem verstanden, was gesprochen wurde. Zuerst waren die Beni Khalid allein da; sie sprachen davon, daß sie auf den Perser und seine Soldaten warteten, um ihm den Kans el A'dhâ abzunehmen. Da ich aber diesen Schatz auch haben wollte, so machte sich einer der Läufer sofort auf, um mich zu benachrichtigen. Der Weg zu mir war weit, und so bekam ich diese Kunde so spät, daß es mir unmöglich war, zur rechten Zeit zu kommen. Aber ein zweiter Läufer war euch gefolgt und der dritte und letzte hatte gewartet, bis ich eintraf. Er erzählte mir alles und nannte mir auch Zeit und Ort, wann und wo der zweite wieder zu uns stoßen wollte, um mir zu sagen, wo wir euch während der Nacht finden würden. Dorthin ritten wir und trafen dabei auf die Fährte von sechs Kamelen, die genau in unserer Richtung lief."

„Maschallah!" rief Halef aus. „Gewiß die Spur des Ghâni!"

„Ja. Doch davon später! Als es dunkel geworden war, stieß der zweite Läufer zu uns und beschrieb mir euren jetzigen Lagerplatz. Ihr seid sehr vorsichtig gewesen, er aber auch. Er hat sich so eingerichtet, daß er stets erst dann eine Höhe erklomm, wenn ihr euch im übernächsten Tal befandet."

„Das war klug von ihm", lobte Halef. „Dieser Krieger wäre wert, ein Haddedihn zu sein."

„Ich kann ihn auch gut brauchen!" lachte der Scheik. „Dieser Läufer führte uns später bis in die Nähe eures Lagers hier, und ich gab meinen zwei gewandtesten Kundschaftern den Auftrag, sich das Lager anzusehen."

„Aber unsere Posten?" fragte Halef.

„Es handelt sich bloß um den von ihnen, bei dem sie vorüberkamen, und der hat nichts gesehen."

„Welcher war es? Ich werde ihn so bestrafen, daß —"

„Sei still!" unterbrach ihn der Scheik. „Gerade weil du ihn bestrafen willst, werde ich dir nicht sagen, welcher es gewesen ist. Du selbst würdest auch nichts bemerkt haben."

„Ich — — —?" fragte der Hadschi gekränkt.

„Ja, du! — Wenn du nachts kundschaften gehst, so kommt es auf die Farbe des Sandes an. Lege also möglichst viele Haïks ausgebreitet in den Sand. Den, dessen Farbe am meisten mit der des Sandes übereinstimmt, nimmst du um. Wenn du dann recht leise am Boden hinkriechst und dabei den Haïk soweit als möglich ausbreitest, kann man dich nur sehr schwer bemerken. Auf diese Weise erfuhr ich also, daß auf der hinter dem Tachtirewan aufsteigenden Steilung, wo die beiden Talwände zusammenstoßen, keine Wache stehe, und entschloß mich, auf dieser Stelle herunterzukommen."

„Aber die fällt ja jäh ab."

„Wo man nicht klettern kann, da rutscht man, der Sand eignet sich dazu vortrefflich, und das geht so schnell, daß wir unten waren, ehe das Geräusch des abstürzenden Sandes euch aufgeweckt hatte."

„Erlaube mir, dir in der aufrichtigsten Höflichkeit mitzuteilen, daß es mir unendlich lieb wäre, wenn ihr alle dabei die Hälse gebrochen hättet!"

Ich aber bat den Scheik:

„Gib mir deine Hand! Ich muß sie drücken. Das ist eine Kühnheit gewesen, die mich zur Hochachtung zwingt."

Ich mußte diesen Mann wirklich achten. Daß er den Kampf in die Wüste verlegt hatte, um die Bewohner der bebauten Gegend zu schonen, und daß er den nachlässigen Posten nicht verraten hatte, das waren zwei Züge, die ihm meine Zuneigung gewannen, obwohl er nach dem Kans el A'dhâ trachtete.

„Ich danke dir, Effendi", erwiderte er. „Du wirst noch weiter hören, daß ich nicht so schlimm bin, wie ich euch erscheine. Doch still! Da kommen sie. Schaut hin, denn das ist etwas für euch!"

Es nahte nämlich von der Talenge her ein kleiner Zug. Voran gingen zwei Beni Lam, hinterher auch zwei. Zwischen ihnen sahen wir zwei Kamele. Auf dem ersten saß ein einzelner Mann, das zweite aber schien zwei Personen zu tragen. Man konnte das noch nicht deutlich erkennen, weil sie nicht nahe genug waren. Der erste Reiter saß zusammengedrückt im Sattel. Plötzlich aber richtete er seinen Oberkörper geradeauf, breitete die Arme aus und rief:

„Seid mir gegrüßt, ihr Folgsamen der Liebe! Hier

bringe ich euch den Mann, den sie gerichtet hat, die höhnisch er verlachte. Ihr habt das gute Teil erwählt und er für sich die Strafe."

Welche Überraschung für uns! Ja, er war es, der alte Münedschi, der auch wieder mit der Stimme Ben Nûrs gesprochen hatte. Die Kamele knieten nieder, der Blinde wurde abgebunden und auf eine ausgebreitete Decke gesetzt. Der andere, oder vielmehr die anderen, denn es waren wirklich zwei, waren auch angebunden. Auch sie wurden losgemacht, und da sahen wir, daß nur einer von ihnen sich bewegte, der andere hing unbeweglich auf seinem Rücken.

„Wer sind diese zwei?" fragte Halef.

„Geh hin, und schau sie an!" antwortete der Scheik.

Der Hadschi tat es.

Kaum war er dort, so rief er aus:

„Der Ghâni! Und der andere ist sein Sohn! Er trieft von Blut und ist an ihn festgebunden. O Sihdi, Sihdi, ich glaube, er ist tot."

Entsetzlich. Es war mir, als streiche mir jemand mit einer in kaltes Wasser getauchten Hand über den Rücken.

Der „Liebling des Großscherîfs" mußte sich zwischen zwei Beni Lam setzen, die seine Wächter waren. Das tat er mit der hinten festgebundenen Leiche seines Sohnes. Es war so grauenhaft anzusehen, daß ich mich abwendete. Er gab keinen Laut. Sein Gesicht konnte ich in der Dunkelheit nicht erkennen. Halef kam wieder her und sagte bewegt:

„Wie mich das gepackt hat, Sihdi, das kann ich dir nicht sagen. Es ist mir, als ob ich an der Waage der Gerechtigkeit stände und selbst gewogen werden sollte. Nichts Böses tun, nur nichts Böses tun! Ich wollte, die ganze Menschheit stände hier, um diesen niederschmetternden Beweis zu sehen, daß Allah seiner nicht spotten läßt! Horch! Was war das?"

Es war vom Tachtirewan her ein Schluchzen geklungen, dem man anhörte, daß es zurückgehalten werden sollte, aber doch nicht unterdrückt werden konnte.

„Das ist Hanneh, die weichherzigste aller Frauen. Sie fühlt sich tief ergriffen. O Sihdi, früher habe ich oft mit ihr gestritten, weil ich als Muslim behauptete, daß die Frauen keine Seelen haben. Und jetzt geht mir die ihrige über alle Reichtümer der Welt. Wenn ich mir den Mann dort vorstelle, wie er geifernd vor uns stand, um unsere Liebe zu schmähen, wie er sie lästernd herausforderte, ihn zu strafen, und ihn nun zusammengebrochen unter der fürchterlichen Last seines toten Sohnes dort hocken sehe, so habe ich das Gefühl, als sollten mir alle meine Nerven einzeln aus dem Leib gezogen werden. Ich möchte es hinausschreien über alle Länder und Meere, daß es außer dem Glauben für die Seele keine andere Luft zum Atmen gibt, und daß die Liebe das einzige Licht im Himmel und auf Erden ist."

Scheik Abd el Darak saß noch neben uns. Er hörte Halefs Worte, machte eine Bewegung der Hände, um unsere Aufmerksamkeit wieder auf sich zu ziehen, und sagte dann:

„Es hat auch für mich einsame Stunden gegeben, in denen ich hinabgetaucht bin in die Fluten meines Innern, um zu sehen, was ich da unten finden werde, ob Perlen oder häßliches Getier. Meist war es das letztere. Und es hat wieder Stunden gegeben, in denen ich hinausgeschaut habe auf die Fluten des Lebens, auf die Segel, die den heimatlichen Hafen verlassen, um nach der fremden Stätte getrieben zu werden. Ich sah die Güter, die sie trugen, vor Allah wertlose Lasten, und wunderte mich nicht, daß sie dann im Sturm sanken oder an Riffen zerschellten. Ich bin ein Bewohner der Wüste, und die ist voller Gedanken. Ich erhielt meinen Teil davon, doch machten sie mich nicht glücklich. Es wohnte ein Verlangen in mir, eine laut aufschreiende Sehnsucht, die keine Erhörung fand, soweit mein Leben reicht. Ich wußte nicht, was das war, es machte mich elend und krank. Da hörte ich es heute zum erstenmal, das herrliche Wort von der Liebe, von der Liebe, die Himmel und Erde verbindet und die Menschen zu Brüdern, zu Kindern Gottes macht. Das ist es, wonach ich suchte, ohne es zu kennen. Ich muß es haben, darum bin ich hierhergekommen, denn ihr besitzt es. Ihr habt diese Liebe, ihr übt diese Liebe, und nur von euch kann ich sie bekommen. Darum habe ich euch überfallen. Nicht den Kans el A'dhâ will ich jetzt. Ja, erst wollte ich ihn, und ich hätte ihn mir geholt, wenn ich alle Beni Khalid und alle Haddedihn hätte erschießen müssen. Nun ich aber von eurer Liebe gehört habe, verzichte ich auf diesen armseligen ‚Schatz der Glieder' und will nur sie. Sagt, kann ich sie bekommen? Wollt ihr sie mir geben?"

Er war aufgesprungen und hatte nach und nach immer lauter und lauter gesprochen, als wollte er seine Sehnsucht über alle Berge und Täler hinausschreien.

Seine Worte hatten uns so ergriffen, daß keiner von uns sogleich eine Antwort wußte. Da wiederholte er seine Frage:

„Sagt, kann ich sie bekommen? Wollt ihr sie mir geben?"

„Ja, von Herzen gern", erwiderte ich nun.

Da drehte er sich um und warf seinen Leuten den Befehl zu:

„Macht sie frei! Bindet sie alle los!"

Es war gewiß nicht vorher besprochen worden, aber so schnell, als sei es so verabredet worden, beeilten sich die Beni Lam, dieser Weisung nachzukommen. Im Handumdrehen waren alle unsere Haddedihn ihre Fesseln los.

Dann rief der Scheik:

„Diese tapferen Krieger der Haddedihn sind von diesem Augenblick an die Gäste unseres Stammes. Ihre Freunde gelten als unsere Freunde, und ihre Feinde werden als die unsrigen behandelt. Ich habe es gesagt, Abd el Darak, der Scheik der Beni Lam."

Er reichte uns seine Hand, die wir ihm fest drückten. Wer solche Szenen nicht erlebt hat, der ahnt nicht, welche Reichtümer ein Menschenherz in sich trägt. Und seine Leute taten mit. Das war ein Drücken der Hände, das kein Ende nehmen zu wollen schien. Als sich die frühere Ruhe einigermaßen wieder eingestellt hatte, ergriff unser neuer Gastfreund wieder das Wort:

„Ihr werdet die Ursachen meines Verhaltens nur halb verstehen, ich will es euch aber ganz erklären. Ihr wißt, daß wir die Spur des Ghâni fanden und ihr folgten. Dort sitzt er und hört alles, was ich sage, das mag eine Verschärfung seiner Strafe sein, und Allah gebe, daß die Härte seines Herzens unter ihr nun endlich zu schmelzen beginne! Nach längerer Zeit führte diese Fährte zwar von unserer Richtung ab, aber so wenig, daß wir auf ihr blieben. Schaut hinüber zu dem ‚Liebling' des Großscherîfs! Der alte Mann, der eng an seiner Seite sitzt, ist Abu Kurbân, der Vater des Ermordeten, und der fast ebenso alte Krieger an der anderen Seite ist der Oheim der drei Brüder, die mit ermordet wurden. Es ist dunkel, darum könnt ihr nicht sehen, wie tief der Gram um den Verlust des einzigen Kindes sich in das Gesicht Abu Kurbâns eingefressen hat, und wie sehr ihn der Gedanke quälte, daß diese Missetat im Buch der Rache noch zu durchstreichen sei. Als beide hörten, wen wir vor uns hatten, taten sie den Schwur, sich Blut für Blut zu nehmen, falls es ihnen gelingen sollte, sich von der Schuld zu überzeugen. Sie haben diesen Schwur gehalten, denn sie mußten es. Der Ghâni hatte sich mit seinen Begleitern zwischen zwei niedrigen Ausläufern der Dünenwüste gelagert. Sie erschraken, als sie uns erblickten, denn wir waren über sie gekommen, ehe sie die Anwesenheit einer so großen Schar nur ahnen konnten. Wir umringten sie. Wir sahen den Sohn des

Ghâni, er besaß die Verschiedenheit der Brauen, und so stand es fest, daß er und die drei anderen es gewesen sind. Ich zögerte nicht, ihnen das Verbrechen sofort in die Gesichter zu werfen. Sie erbleichten vor Angst, leugneten aber. Da sahen wir einen Ring am Finger des Sohnes. Abu Kurbân betrachtete ihn und tat einen Eid, daß er Ibn Kurbâns Eigentum gewesen sei. Wir durchsuchten die Mörder und fanden die anderen Ringe und Steine. Einer der drei glaubte, er könne sich durch den Verrat der anderen retten. Er erzählte, wie die Tat sich zugetragen hatte. Die vier Mörder hatten zunächst ohne das Wissen des Ghâni gehandelt, ihm aber nach dem Mord gleich alles mitgeteilt. Auf seinen Rat waren sie dann nach El Kasab geritten, in dessen Nähe der Alte mit dem Münedschi auf sie wartete. Was hatten die Mörder verdient? Sag es mir, Scheik Hadschi Halef Omar!"

„Den Tod", antwortete Halef.

„Hättest du sie begnadigt?"

„Nein."

„Trotz der Liebe, deren Kinder und Söhne ihr seid?"

„Nicht nur trotz, sondern infolge dieser Liebe. Du darfst nicht glauben, daß sie eine Beschützerin der Sünde sei. Kann sie nicht durch Güte wirken, so greift sie zur Rettung durch die Strenge. Sie ist nachsichtig und barmherzig, solange sie glauben darf, daß dies zum Ziel führt, zwingst du sie aber zum Gegenteil, so wird sie zur Mutter, die ihr Kind straft, weil sie es liebt."

Das hatte der Hadschi vortrefflich gesagt, aber weil er weggelassen hatte, was hier für diesen Fall die Hauptsache war, fügte ich hinzu:

„Und hat sie ein Kind, das auch der Strenge nicht gehorcht, so trennt sie es von den anderen, damit diese nicht auch verderben. Das ist die Strafe des Todes, die hart erscheint, aber als Folge einer gebieterischen Ursache entspringt."

„Also auch du hättest für den Tod dieser Mörder gestimmt?“ fragte mich der Scheik.

„Ja.“

„Aber ihr habt doch heute Mörder begnadigt.“

„Sie standen uns nicht so nahe, daß die Strenge unsere Pflicht gewesen wäre. Und, was wichtiger ist, es wurde uns der Befehl, Liebe walten zu lassen.“

„Ja, ich weiß es, denn meine Späher haben es gehört und mir dann erzählt. Ben Nûr sprach zu euch. Er hat dann auch zu mir gesprochen.“

„Vor dem Urteil?“

„Nein, sondern nach seiner Vollstreckung. Bis dahin war der Münedschi still, ganz so in sich versunken, wie er jetzt dort sitzt, als ob er schlafe. Desto mehr aber sprach der Ghâni. Er schwor alle Himmel auf die Erde herab, er wollte Allah zwingen, die Lüge zu beglaubigen, er zog alles, was heilig ist, herbei auf seinen falschen Eid, und als er sah, daß diese Lästerungen keinen Erfolg hatten, wurde er zum Rasenden. Dieser verlorene Mensch hat nur sich selbst und seinen Sohn geliebt, nie ein anderes Wesen. Wir hörten das aus seinen verzweiflungsvollen Reden. Er hielt ihn fest, er umklammerte ihn, und als wir beide auseinanderrissen, heulte er auf wie ein Tier, verfluchte sich, verfluchte die Himmel und schwor, wenn sein Sohn schuldig sei, so wolle er seine Schuld auf sich nehmen und tragen in alle Ewigkeit. Das war so schrecklich, daß ein heiliger Grimm über uns alle kam. In diesem Zorn verurteilte ich ihn, den Sohn diese Nacht tragen zu müssen, um nur eine Ahnung davon zu bekommen, was es heiße, ihn und seine Schuld durch die endlose Nacht der Ewigkeit zu schleppen. Die Mörder sind erschossen worden, schnell, ohne sie zu quälen. Drei von ihnen haben wir begraben, den vierten seht ihr dort, wie ich euch sagte. Der Alte hat alle seine Sünden nur für den Sohn begangen, nun liegen sie, und nun liegt auch der Sohn auf ihm. So will es die Gerechtigkeit. Vielleicht hätte ich ihm das nicht angetan, denn Grausamkeit wohnt nicht in meinem Herzen, aber meine Kundschafter, die heimlich Zeugen seiner letzten Tat waren, haben ihn auf die Asaker schießen sehen und dann gehört, wie er gegen euch und gegen eure Liebe wütete. Das hat mich gegen ihn unerbittlich gemacht. Es war heute überhaupt ein Tag der Abrechnung, ein Tag, an dem wir Gericht gehalten haben. Ihr sollt jetzt noch nichts wissen, doch wenn es Tag geworden ist, so werdet ihr es sehen."

„Bist du etwa mit den Beni Khalid zusammengestoßen?" fragte Halef.

„Ja", antwortete der Scheik.

„Ihr habt mit ihnen gekämpft?"

„Nur kurze Zeit. In wenigen Minuten war es aus", klang es verächtlich.

„Allah, Allah! Ihr habt gesiegt?"

„Mein Freund, säßen wir hier, wenn wir nicht Sieger wären? Es währt nicht lange mehr, so wird es Tag. Dann werdet ihr die Spuren des Kampfes an uns sehen. Den Platz des Sieges zeige ich euch."

„Wo liegt er?"

„Da, wo ihr gelegen habt, am Bir Hilu. Diese Beni Khalid haben seit dem Tag, an dem Tawil Ben Schahid ihr Gebieter wurde, niemals Ruhe gehalten. Der Stamm der Beni Lam litt unter ihren Raubzügen so, daß ihm die Armut drohte. So faßte ich endlich den Entschluß, daß es mit einem großen Schlag zwischen uns und ihnen zur Entscheidung kommen solle. Ich bereitete mich vor und wartete nur auf den nächsten Angriff ihrerseits. Da wurde mir vor kurzer Zeit die Kunde, daß sie sich wieder zu einem Überfall rüsteten, sie wollten ihren Weg über den Bir Hilu nehmen, um, wenn wir etwas erfahren sollten, uns glauben zu machen, daß dieser Zug nicht uns gelte. Es wurde mir auch die Anzahl ihrer Krieger gesagt. Um es kurz mit ihnen machen zu können, zog ich ihnen mit einer bedeutend größeren Schar entgegen, die ich des Wassers wegen teilen mußte. Drei Brunnen waren es, westlich vom Bir Hilu, die wir besetzten. Ich schickte dem Feind meine Läufer entgegen, die nicht leicht zu entdecken sind. Als diese mir das Nahen der Beni Khalid meldeten, zog ich die drei Scharen zusammen. Dann lagen die Läufer in der Nähe des Brunnens, tief im Sand eingewühlt und beobachteten euch. Nach dem Zweikampf schickte ich zwei Kundschafter zu euch, nicht etwa, um zu erfahren, ob ihr euch noch am Brunnen befändet, sondern ich wollte wissen, wie ich euch zu behandeln hätte. Euer Kans el A'dhâ sollte unser werden, ich fragte mich, ob ich euch dabei schonen solle oder nicht. Da hörte ich, daß ihr eure Feinde nicht verraten hättet. Ich traute meinen Ohren nicht, denn ein solcher Edelmut war mir noch nicht vorgekommen. Als ihr dann nach Süden rittet, wurdet ihr von den Beni Kahlid erwartet. Ich wollte das benutzen, um sie und euch zugleich zu fassen. Sie sollten geschlagen, ihr aber mit Zurücklassung des Schatzes wieder freigelassen werden. Ich wußte nicht, daß die Soldaten mit ihm nach Norden reiten sollten. Da kehrte Scheik Tawil mit einer kleinen Schar zurück. Ich schickte ihm meine Läufer nach, und so entging es mir, daß sich der Perser von euch trennte. Dann rittet ihr auch nach Süden, kehrtet aber ebenso wieder um, die Beni Khalid folgten euch. Was nun geschah, wißt ihr zum kleinen Teil, das andere sollt ihr erst dann erfahren, nachdem ihr es gesehen habt. Der Osten scheint sich schon lichten zu wollen. Sobald es hell wird, brechen wir auf von hier."

„Wohin?" fragte Halef.

„Zum Bir Hilu."

„Nehmt ihr den Ghâni mit?"

„Ja."

„Und was geschieht dann mit ihm?"

„Wir jagen ihn fort."

„Allah! Ihr werdet ihn nicht erschießen?"

„Nein. Er ist an dem Mord, den wir rächen mußten, nicht beteiligt, sondern nur später der Hehler gewesen, hat also nicht das Blut eines Ben Lam vergossen, wir dürfen ihm also auch nicht das seinige nehmen. Was er gegen euch und die Asaker getan hat, das ist eure Sache. Auch ist ein einsames Alter ohne seinen Sohn für ihn eine größere Strafe, als es ein rascher Tod sein würde."

„Das ist wahr. Er hat die Liebe von sich gestoßen, sie ist von ihm gegangen, nun muß er ohne Liebe dem Grab entgegenwanken. Er hat es so gewollt."

„Um so fester werden wir sie, und besonders werde ich sie halten", sagte Abd el Darak sehr ernst. „Schon aus den Beobachtungen, die ich am Bir Hilu an euch machen ließ, ergab sich ein Verhalten, das mich zunächst befremdete. Ihr wenigen Leute fürchtetet euch nicht vor einer großen Übermacht von Feinden, die ihr sogar noch schontet. Dann hattet ihr für die Mörder der Soldaten Gnade anstatt Rache. Eure Reden wurden mir berichtet, auch wie ihr die Toten bestattet und über ihrem Grab geschossen habt. Das tut kein Ibn Arab[1]. Dazu kommt noch etwas anderes: als einer meiner Läufer beim Brunnen im Sand steckte, um euch zu beobachten, entfernten sich von dort vier Männer, die nah an ihm vorübergingen. Er schlich ihnen nach. Sie stiegen auf einen Felsen. Der Münedschi ist bei ihnen gewesen. Er sprach lange mit lauter Stimme. Mein Späher hat zugehört und mir alles berichtet, auch das, was ihm zu schwer gewesen ist, es zu begreifen. Sein Bericht ist unvollständig und wohl auch in vielem falsch gewesen, aber ich habe doch so manches davon tief in mein Herz geschlossen, wo es mir die Ahnung dessen brachte, was ich im Leben besitzen muß, um den Tod in Leben zu verwandeln. — Wißt ihr, wer die anderen drei gewesen sind?"

1 Araber

„Der Effendi, Khutab Aga und ich", antwortete Halef.

„Könnte ich diese Reden von euch ausführlicher erfahren?"

„Ja. Wir sind sehr gern bereit dazu."

„Ich danke dir schon jetzt."

Er gab dem Hadschi die Hand und sprach dann weiter:

„Ich habe euch schon gesagt, daß der Münedschi still war, bis das Urteil an den vier Mördern vollzogen worden war. Gleich nach dem letzten Schuß aber stand er auf und sprach mit geschlossenen Augen längere Zeit so tiefsinnige Worte von dem Leben und dem Tod, von der Liebe und der Gerechtigkeit, daß wir alle so andächtig lauschten, wie ich in meinem ganzen Leben noch keinem Chatîb[1] zugehört habe. Es war, als ob der Engel der durch ihn sprach, die Absicht hätte, alles aus meinem Herzen zu treiben, was sich gegen euch noch darinnen befand. Ich beschloß, auf den Kans el A'dhâ zu verzichten, auch auf eure Pferde und auf das Hedschîn, auf das ich es noch mehr als auf den ‚Schatz der Glieder' abgesehen hatte. Aber sonderbarerweise gab es eine Stimme in mir, die mir riet, euch zu zeigen, daß wir Krieger sind, die eure Achtung verdienen. Darum nahm ich mir vor, euch zum Schein zu überfallen, und zwar so, daß ich euch überwältigte, ohne daß einem von euch ein Leid geschehen durfte. Das war freilich nur dadurch möglich, daß wir den gefährlichen Abstieg dort von der Sandwand herunterwagten. Es ist niemand von uns dabei verunglückt, und ihr werdet zugeben, daß auch das übrige gelungen ist. Den Ghâni und den Münedschi ließen wir mit ihren Wächtern einstweilen in der Nähe zurück, und dort stehen auch unsere Kamele, auf denen wir hergeritten sind. Nun wird es hell. Wir werden aufbrechen können. Ihr reitet doch mit?"

„Das brauchst du nicht erst zu fragen", erwiderte

1 Mohammedanischer Prediger

Halef. „Du hast sehr recht daran getan, dir zunächst unsere Achtung zu erwerben. Sie ist euch geworden, und die Liebe ist auch schon unterwegs."

„Das wünsche ich. Es gibt ein reiches Feld für sie überall, vor allen Dingen aber hier in diesem vom Haß zerrissenen Land. Allah will das Glück der Menschen, er bietet es ihnen an, schon seit es Menschen gibt, sie greifen aber nicht zu, es von ihm zu nehmen. Sie suchen es an Orten, die fern von seinen Wegen liegen."

Ich verwunderte mich im stillen immer mehr über diesen seltenen Mann. Er war ein Suchender, und wer sucht, der findet, so lautet die Verheißung. Ich sah, da es nun heller wurde, sein Gesicht. „Das ist Petrus!" sagte ich mir. Und es war so. Je mehr es tagte, desto bestimmter trat seine Ähnlichkeit mit diesem Jünger, wie er auf dem bekannten Abendmahlsbild von Leonardo da Vinci zu sehen ist, hervor.

Welch ein anderes, geradezu fürchterliches Gesicht war dagegen jetzt dasjenige des Ghâni! Der „Liebling des Großscherîf"! Er sah nichts weniger als wie ein Liebling aus. Sein aufgedunsenes Antlitz wirkte abstoßend, seine Augen waren mit Blut unterlaufen, seine Lippen blau. Er bot einen mehr tierischen als menschlichen Anblick dar. Sein Gewand war mit Blut getränkt. Und die Leiche auf seinem Rücken — es war schrecklich!

Halef betrachtete ihn auch. Er bemerkte es, und da brach er brüllend los:

„Hundesohn, schau nicht her! Euch habe ich dieses Elend zu verdanken, nur euch allein! Ich verfluche euch beim Himmel und der Hölle — — —"

Was nun noch folgte, kann unmöglich wiedergegeben werden. Als Halef annahm, daß er sich ausgetobt hatte, sagte er ihm:

„Schieb die Schuld nicht auf uns, du trägst sie ganz allein, wie du die Leiche deines Sohnes trägst. Der Effendi hat dir vorher gesagt, daß dein Gelächter sich in das Gegenteil verkehren wird. Nun ist es so eingetroffen. Die Last, die auf dir liegt, hast du dir — —"

Weiter konnte der Hadschi nicht sprechen, denn er wurde von einem neuen Ausbruch des Ghâni unterbrochen. Ich bat Halef zu schweigen, und er gab mir recht. Wir überließen diesen Auswurf den Beni Lam und nahmen uns des Münedschi an, der von dem immerwährenden Hin- und Herreiten so geschwächt war, daß er nicht mehr zu sich kam. Wir richteten ihm den Sitz im Sattel so bequem als möglich her, banden ihn fest und ließen ihn dann, als wir aufgebrochen waren, zwischen uns reiten.

Es ging zu der erwähnten Enge hinaus und nach der Stelle, wo sich die Kamele der Beni Lam befanden. Hierauf setzte sich ihr Scheik an die Spitze und führte den Zug hinauf auf die offene Sandwüste, wo wir auf die schon zweimal gerittene Linie einlenkten. Später ging es über den Serîr, die Wüste des glatten Steins, bis wir die Wüste der Felseninseln durchritten, in der der Bir Hilu lag.

Noch ehe wir diesen ganz erreicht hatten, trafen wir auf einen ausgestellten Beni-Lam-Posten, der dem Scheik meldete, daß sich nichts Neues ereignet habe und die Grube zur Aufnahme der Leichen bereit sei. Was für eine Grube und was für Leichen gemeint seien, das sahen wir zu unserem Grausen, als wir den Platz erreichten, auf dem der Zweikampf zwischen uns und den Beni Khalid stattgefunden hatte.

Dieser Platz war von über dreihundert Beni Lam belebt, von denen eine Anzahl verwundet war. Sie empfingen uns still, was wohl eine Folge der Tätigkeit war, die sie hier zu verrichten gehabt hatten. Nämlich der Felsen, der den Platz im Norden begrenzte, der gleiche, den wir mit dem Münedschi erstiegen hatten, besaß eine nicht sehr breite, aber tiefeinschneidende Bucht, die von dem Wind bis oben mit Flugsand vollgeweht worden war. Das hatten wir früher wohl gesehen, aber nicht beachtet. Dieser Sand nun war herausgeschafft und vor dem Felsen aufgehäuft worden. Man hatte auch noch den Boden möglichst tief ausgeworfen, so daß eine bedeutende Grube entstanden war, die an drei Seiten von den aufragenden Felswänden eingeschlossen wurde. Vor dieser Spalte lagen die aus dem ganzen Umkreis zusammengetragenen Leichen der Gefallenen. Die erschreckend große Zahl dieser Toten bewies, daß das Wort „gewütet“ keine Übertreibung war. Nun erst erfuhren wir, wie es sich zugetragen hatte.

Als wir, von Süden zurückkehrend, um dem Perser nachzureiten und ihn zu retten, am Brunnen vorüber waren, hatten die Beni Lam den Platz besetzt und, hinter den Felsen Stellung nehmend, auf die Beni Khalid gewartet. Diese waren zwar vorsichtig herangekommen, weil es doch in der Möglichkeit gelegen hatte, daß wir hiergeblieben waren, doch daß auch andere Feinde hier stecken könnten, dieser Gedanke war ihnen nicht gekommen. Sie hatten auf dem Brunnenplatz kurz halt gemacht, und da war es gewesen, wo von allen Seiten her die Schüsse unerwartet gekracht hatten und die Beni Lam auf sie eingedrungen waren. Scheik Abd el Darak hatte zu uns richtig gesagt: „Nur kurze Zeit, in wenigen Minuten war es aus!“ Ja, es war aus gewesen, und wie mochte es dann auch ausgesehen haben! Der Boden war noch jetzt rot vom Blut. Jetzt lagen die erbeuteten Kamele da. Auch sahen wir einen ganzen Haufen Waffen und allerlei Gegenstände liegen, die den Toten aus den Taschen genommen worden waren. Die nicht oder nur leicht verwundeten Beni Khalid waren schon nach kurzer blutiger Gegenwehr in wilder Flucht davongejagt, viele hatten sich nur zu Fuß retten können. Voraussichtlich würden nun lange Jahre vergehen, ehe sie daran denken konnten, für diese Niederlage Rache zu nehmen.

Die Leichen zu zählen unternahmen wir nicht, denn schon der bloße Anblick tat weh. Sie lagen in einem großen, weiten Halbkreis um die Felsengrube. Da, wo wir standen, sahen wir auch einen Bekannten liegen, nämlich den speerwerfenden „Vater der Selbstverständlichkeit."

Er war auch gefallen.

Da zeigte Abd el Darak auf die andere Seite.

„Kennt ihr den?" fragte er.

Da erblickten wir, sitzend aufgerichtet und mit dem Rücken an den Felsen gelehnt, den Scheik Tawil Ben Schahid. Er hatte mitten in sein schon von Halefs Peitsche gezeichnetes Gesicht einen Kolbenhieb bekommen, der ihn fast unkenntlich machte, den Tod aber hatte ihm eine Brustwunde gebracht. Er war während des Hauptkampfes nicht zugegen gewesen, sondern später ebenso abgefangen worden wie die vierzig Mann, die er in zwei Abteilungen zurückgeschickt hatte, um den Kans el A'dhâ für sich allein zu haben. Ohne diese Selbstsucht hätte er sich mit seiner Truppe vielleicht retten können.

„Das Grab zwischen uns und ihm!" sagte Halef, indem er erst auf ihn und dann auf die Grube deutete. „Sind dir diese Worte, die er sagte, noch gegenwärtig, Sihdi?"

„Ja", erwiderte ich.

„Wie lauteten sie doch?"

„Ich schwöre bei Allah und bei der heiligen Kaaba, die Wüste, die hier um uns liegt, richtet zwischen uns! Von diesem Augenblick an gähnt zwischen uns ein Grab. Wen es aufzunehmen hat, ob mich oder euch, das möge der entscheiden, bei dem ich geschworen habe — — oder mag es auch die Liebe, eure angebetete Götzin, entscheiden!"

„Ja, sie hat entschieden, und er kann nun nichts dagegen haben. Ist es nicht sonderbar, daß solche Reden schon wiederholt fast wörtlich in Erfüllung gegangen sind?!"

„Es ist mehr als sonderbar. Es ist mir einigemale mit meinen eigenen Worten geschehen, und es möchte mir fast vor mir selber grauen. Ich sage nichts Derartiges mehr. Komm, wir wollen gehen! Dieser Anblick tut mir sogar körperlich weh."

Wir eilten zum Brunnen, wo man den Münedschi hingesetzt hatte. Er war nicht allein. Der Ghâni befand sich bei ihm. Dieser war beschäftigt, drei Kamele zu tränken, nämlich das seinige, das des Blinden und auch das, das die Leiche seines Sohnes hierhergetragen hatte, er war nur für die Nacht mit ihr zusammengebunden und dann früh, bevor wir aufbrachen, von ihr befreit worden.

„Es scheint so, als will er den Toten mit sich nehmen", sagte Halef zu mir.

„Und den Münedschi wohl auch."

„Dulden wir das?"

„Hm! Eigentlich gehört der Blinde zu ihm."

„Jetzt nicht mehr, denn der Ghâni hat sich als ein Mensch erwiesen, dem so ein armer Mann unmöglich anvertraut bleiben darf. Bist du einverstanden, daß wir uns seiner annehmen?"

„Sehr gern sogar."

„Gut, ich werde sofort mit dem Blinden sprechen."

Dieser war jetzt bei voller Besinnung. Wir traten zu ihm, und Halef fragte:

„Weißt du, Münedschi, wo du bist?"

„Ja, mein Beschützer hat es mir gesagt."

„Dein Beschützer? Hältst du ihn auch jetzt noch dafür?"

„Er wird es bleiben, solange ich lebe. Ich weiß, daß unsere Gefährten erschossen worden sind, aber ich bleibe bei ihm und reite mit ihm heim nach Mekka."

„Bist du vollständig wach und munter?"

„Ich bin im Besitz meiner vollsten Selbständigkeit. Deiner Stimme nach bist du der Scheik Hadschi Halef Omar?"

„Ja, der bin ich."

„Wo ist der Effendi aus dem Wadi Draa?"

„Er steht hier neben mir."

„So muß ich ihm ein Wort sagen! Effendi, ich weiß, daß ich dich verkannt habe, und bitte dich um Verzeihung. Wirst du sie einem alten, blinden Mann versagen?"

„Nein. Ich habe dir überhaupt nicht gezürnt", erklärte ich. „Das kann ich dir durch die Mitteilung beweisen, daß wir uns entschlossen haben, dich mit uns nach Mekka zu nehmen."

„Ich danke euch für diese Güte, kann sie aber nicht annehmen, weil ich beim Ghâni, meinem Beschützer, bleibe."

„Bei diesem — — —"

„Sag nichts weiter!" unterbrach er mich. „Wenn du wüßtest, wie wehe du mir damit tust, würdest du gewiß schweigen. Mein Herz hängt an ihm. Sei gut mit mir, und dränge nicht in mich, ihn zu verlassen!"

„Du bist also überzeugt, dich ihm auch ferner anvertrauen zu dürfen?"

„Vollständig! Wenn ihr mich mit Gewalt von ihm nehmen wolltet, müßte ich mich so nach ihm grämen, daß ich mein Unglück mehr als doppelt fühlen würde."

„Wenn du so sprichst, dürfen wir nicht weiter in dich dringen. Wann will er fort?"

„Sobald die Kamele getrunken haben. Laßt uns nicht hungern, gebt uns Essen mit, und auch Tabak für mich!"

„Das sollst du haben. Wir reiten hinter euch drein, und ich denke, daß wir uns sehr bald wiedersehen. Wehe dann ihm, wenn wir erfahren, daß er dich leiden läßt!"

Während dieses Gesprächs hatte der Ghâni sich gestellt, als ob er sich nicht um uns kümmere. Jetzt drehte er sich nach uns um und rief uns mit einer Stimme, die vor innerem Ingrimm heiser klang, zu:

„Ja, du hast recht, wir sehen uns wieder. Aber dann — — — dann — — — !"

Er fletschte die Zähne und schüttelte drohend die Fäuste. Wir erwiderten hierauf nichts und entfernten uns. Er rief uns noch nach:

„Drei Kamele kann ich bloß mitnehmen. Bezahlt mir die anderen drei, ihr Hundesöhne!"

Abd el Darak stand in der Nähe. Er hörte das und meinte:

„Abu Kurbân könnte ihm alle sechs nehmen, als Ersatz für die geraubten, die in El Kasab verkauft worden sind. Hört nicht mehr auf diesen Menschen!"

Wir befolgten diesen Rat, doch als ich nach einiger Zeit sah, daß der Blinde von seinem „Beschützer" auf das Kamel gesetzt und dort festgebunden wurde, ging ich doch noch einmal zu ihm, um ihm für voraussichtlich kurze Zeit Lebewohl zu sagen. Tabak und Mundvorrat hatte ich ihm vorher geschickt. Sie ritten miteinander und mit der Leiche auf dem dritten Tier fort, ohne daß sich jemand um sie kümmerte, ausgenommen Halef, Hanneh, Kara und der Perser. Diese sahen ihnen nach, bis sie hinter dem nächsten Felsen verschwunden waren. Im stillen war mir um den Münedschi angst.

Die Toten wurden in die Grube gelegt. Obenauf kamen die wenigen Gefallenen der Beni Lam zu liegen. Dann wurde der aufgeworfene Sand auf sie geschüttet, bis er eine hinreichende Decke über ihnen bildete. Dadurch wurde der Riß im Gestein so vollständig geschlossen, daß niemand außer dem Eingeweihten wissen konnte, was er enthielt. Der Scheik hatte vorher die Gebete des Todes gesprochen, und jetzt befahl er, daß fünfzig Krieger dreimal schießen sollten, ganz so, wie wir es über das Grab der Soldaten getan hatten. Dieser militärische Brauch hatte ihm gefallen.

Diese Bestattung hatte längere Zeit in Anspruch genommen, und dann gab es noch so viel zu verrichten, daß die Beni Lam nicht mehr daran denken konnten, den Bir Hilu heute schon zu verlassen. Die Mehrzahl von ihnen mußte des Wassers wegen allerdings fort. Aus dem gleichen Grund mußten sie den Heimweg in mehreren Abteilungen über verschiedene Brunnen nehmen, um nicht Mangel leiden zu müssen. Der Scheik blieb bis zuletzt, und da es bis zu unserem nächsten Ziel, der Ain Bârid, eine ganze Tagesreise war und wir, auch schon der Spur des Ghâni wegen, nicht des Nachts unterwegs sein wollten, so hatten wir uns entschlossen, diesen Weg erst morgen früh anzutreten.

Aber es kam anders, als wir uns vorgenommen hatten.

Da Abd el Darak die Beschäftigungen seiner Leute nur überwachte und sich nicht selbst daran beteiligte, so hatte er Zeit, bei uns zu sein, und das nützte er so reichlich aus, daß er sich fast keinen Augenblick von uns entfernte. Gesprächsstoffe waren überreich vorhanden. Am meisten wurde über sein und unser Zusammentreffen mit den Beni Khalid gesprochen, und das brachte uns immer wieder auf den Münedschi, auf Ben Nûr und auf die von ihnen erhaltenen Lehren zurück. Der Scheik gehörte zu den nicht sehr zahlreichen Menschen, denen die Religion Herzenssache, ja die wichtigste Sache ihres Lebens ist. Nun hatte er hier von Ben Nûr einen so wichtigen Fingerzeig bekommen, der ihn auf den Grund aller Gründe, die Liebe, aufmerksam machte. Er hatte mit Feuereifer zugegriffen und fühlte sich von der entdeckten Neuheit so begeistert, daß er Hunderte von Fragen hatte, deren Beantwortung selbst für einen, der diesen Stoff beherrschte, eine Kunst gewesen wäre. Diese seine Begeisterung riß auch uns mit sich fort, und so fragten und antworteten wir uns immer mehr ineinander hinein, bis wir, als wir am späten Abend endlich doch aufhören mußten, bemerkten, daß wir uns herzlich liebgewonnen hatten. Nicht nur seine inneren Vorzüge, auch sein Äußeres, sein Petrusgesicht, hatten es mir angetan. Er fühlte diesen Zug der Herzen ebenso wie wir und sagte lächelnd:

„Es scheint ganz so zu sein, wie Hadschi Halef heute früh verkündigt hat: ‚Die Achtung ist euch geworden, und die Liebe ist auch schon unterwegs.' Ja, die Liebe hat sich wirklich eingefunden, wenigstens was mich betrifft. Ich möchte so gern weiter fortschreiten in ihr und bin so unbeholfen. Ich möchte sie gern so fest haben, daß sie mich nimmer wieder verlassen kann, ich möchte sie meinem ganzen Stamm verleihen und weiß doch nicht, wie ich das anfangen soll, ich bin noch zu ungeschickt dazu. Ich brauche euch, ich muß euch noch haben, wenn auch nur für kurze Zeit. Und darum spreche ich die Bitte aus: kommt für einige Tage mit uns! Seid unsere lieben Gäste! Ich weiß, daß euch ein schnelles Nein auf den Lippen liegt, aber ich flehe euch an, es nicht auszusprechen. Ihr bringt Glück in unsere Zelte, und wer Glück spenden kann, der darf es nicht unterlassen. Sagt also ja, ich bitte euch von Herzen."

Wir sahen einander an, und während wir uns so anschauten, ließ jeder ein vergnügtes Lachen hören. In dieses hinein ertönte Hannehs Stimme:

„Wir nehmen die Einladung an, wir gehen mit, ich will die Frauenzelte der Beni Lam kennenlernen!"

Da war das große Wort ja schon gesprochen. Wir waren nicht abgeneigt, die Bitte des Scheiks zu erfüllen, und hätten es wahrscheinlich nach einigen Wiederholungen derselben getan, aber da es eine solche Fürsprache gab, lachte Halef noch lauter als vorher, sprang auf und rief:

„O Hanneh, du Retterin aus der schwersten Not der Unentschlossenheit, gesegnet sei dein Wort! Nie schlage ich dir eine Bitte ab, auch diese nicht. Du sollst die Zelte kennenlernen, nach denen du dich sehnst!"

Als wir am anderen Morgen aufbrachen, schlugen wir

den kürzesten Weg ein, den es zum Gebiet der Beni Lam gab. Das war eine äußerst selten von einem Wanderer benützte Richtung, wie uns der Scheik sagte, und darum wunderten wir uns, als wir um die Mittagszeit auf eine Spur trafen, die quer über die unsrige ging und in eine Gegend lief, wo es mehrere Tagereisen weit keinen Brunnen gab.

Die Stapfen deuteten auf drei Kamele und auf die Zeit von gestern. Als wir eine Viertelstunde geritten waren, kehrte diese Spur zurück. Da blieb Abd el Darak halten und sagte:

„Das ist auffallend. Wer so in die trockene Wüste reitet und so stracks wieder umkehrt, den kann nur ein bestimmter Grund geführt haben. Und dieser Grund ist, daß es in der Einöde da einen verborgenen Brunnen gibt, den der, der ihn braucht, mit einem Fell und mit Sand bedeckt, damit ihn weiter niemand finde. So ein Wasser ist von größter Wichtigkeit, und ich schlage vor, wir reiten hin, um uns zu überzeugen. Weit von hier fort geht es nicht, das sieht man an den Spuren."

Halef zeigte ein bedenkliches Gesicht; nach der Ursache gefragt, erklärte er:

„Mir will es nicht gefallen, daß es gerade drei Kamele sind. Ich muß an den Ghâni denken. Die Spur kommt aus der Gegend seines Wegs. — Was sagst du dazu, Sihdi?"

„Ich bin deiner Ansicht", stimmte ich bei. „Wir folgen schnell der Fährte. Wer weiß, was er vorgehabt hat, wenn er es gewesen ist. Etwas Gutes jedenfalls nicht."

Es ging nun quer vom Weg ab, in die Wüste hinein, und zwar viel schneller als bisher. Unsere Spannung wuchs, je weiter wir kamen. Es vergingen zwei Viertelstunden und auch fast noch die dritte, da erblickten wir endlich einen Gegenstand, der mitten in der tiefsten Einsamkeit im Sand lag. Näherkommend, sahen wir, daß er sich bewegte, und als wir ihn erreichten, erscholl ein Schrei der Empörung aus aller Mund, es war ein Mensch, es war — — der Blinde.

Er lag abseits von dem Ende der Fährte. Er war gebunden, und wir sahen, daß er sich in seiner Todesangst von ihr fortgewälzt und immer weitergewunden hatte bis hierher, wo er nun lag. Die Augen hatte er geschlossen, ein Zeichen, daß er in diesem Augenblick geistesabwesend war. Seine Bewegungen, die wir beobachtet hatten, schienen unwillkürlich gewesen zu sein. Jetzt lag er still.

Das war eine Tat von höchster Grausamkeit. Später erfuhren wir von ihm das Nähere. Der Ghâni hatte ihn ausgefragt, wen er für den Dieb des Kans el A'dhâ halte.

„Dich", hatte er geantwortet. „Auch die Soldaten hast du mit gemordet. Aber ich bleibe trotzdem bei dir, denn du bist mein Wohltäter, den ich nicht verlassen darf."

Das war am Brunnen geschehen, ehe ich mit Halef hinkam. Der Ghâni sah also in dem Münedschi einen Zeugen seiner Verbrechen, der ihn in Mekka verraten konnte, und den er darum unschädlich zu machen beschloß. Für einen unmittelbaren Mord zu feig, beschloß er, ihn in der Wüste auszusetzen, und führte diesen gräßlichen Vorsatz, wie wir nun sahen, aus.

Wir flößten dem beklagenswerten Mann Wasser ein, das ihn sichtlich erquickte, doch wachte er dabei nicht auf. Als wir ihn auf irgendwelche Verletzungen untersuchten, fanden wir keine, er hatte einfach verschmachten sollen.

„In Mekka, in Mekka!" knirschte Halef. „Ghâni, Ghâni, für dich wäre es besser, du selbst wärest hier verhungert und verdürstet, als daß wir kommen, um dich in der heiligen Stadt in deinem Ruhm zu stören."

In gleicher Weise sprachen sich auch die anderen aus. Ich aber sagte nichts. Ich hatte keinen solchen Grimm wie sie, ich fühlte nichts als eine tiefe Traurigkeit. Auswurf der Menschheit und Gottes Ebenbild, welche Stufen gibt es zwischen dieser Tiefe und dieser Höhe! Welche von ihnen ist's, auf der wir selber stehen?

Der Blinde bekam das ruhigste Kamel und den besten Platz, den wir ihm schaffen konnten. Dann ritten wir zurück. Er bewegte sich nicht. Sein tief eingefallenes Gesicht war das eines Toten. Aber als wir die Stelle, an der wir abgebogen waren, erreichten und uns unserer ursprünglichen Richtung zukehrten, da hob er den Arm, deutete dorthin, wo wir ihn gefunden hatten und sagte im tiefen Ton Ben Nûrs:

Schaut noch einmal zurück, und merkt euch diese Stelle, denn ihr kommt wieder her, wenn abgerechnet wird — — —!"

Den Abschluß der vorliegenden Reiseerzählung bildet das Buch

IN MEKKA

Karl Mays Gesammelte Werke Band 50

Diese Reiseerzählung stammt aus der Feder Franz Kandolfs. In ihr fährt Kara Ben Nemsi mit jenen Schilderungen fort, die er im vorliegenden Buch begann, aber nicht vollendete. Kandolf hat sie unter dem Titel „In Mekka" nach den Leitgedanken des toten Dichters ausgeführt.

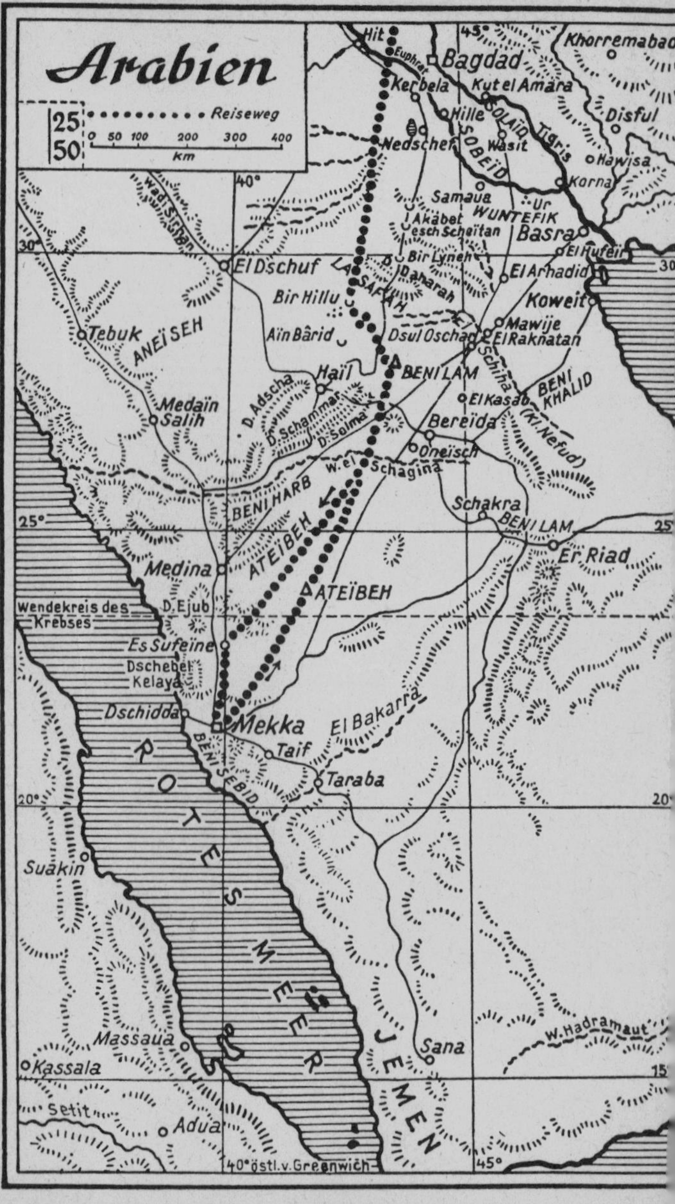
Arabien
Reiseweg
25
50
0 50 100 200 300 400
km
Hit
Euphrat
Bagdad
Khorremabad
Kerbela
Kut el Amara
Hille
Disful
Nedschef
Wasit
SOLAÏJ
SOBEÏD
Tigris
Hawisa
Korna
Samaua
Ur
WUNTEFIK
Akäbet esch Scheïtan
Basra
El Dschuf
Bir Lyneh
El Hufeir
Daharah
El Arhadid
LA SAFFAH
Bir Hillu
Koweit
Mawije
El Raknatan
Tebuk
ANEÏSEH
Aïn Bârid
Dsul Oschad
Schiha
BENI LAM
Haïl
BENI KHALID
D. Adscha
El Kasab
Medaïn Salih
D. Schammar
D. Solma
Bereïda
Kl. Nefud
Oneïsch
W. el Schagina
BENI HARB
Schakra
BENI LAM
ATEÏBEH
Er Riad
Medina
ATEÏBEH
Wendekreis des Krebses
D. Ejub
Es Sufeïne
Dschebel Kelaya
Dschidda
Mekka
El Bakarra
BENI SEBID
Taif
Taraba
ROTES MEER
Suakin
W. Hadramaut
Massaua
Sana
Kassala
JEMEN
Setit
Adua
40° östl. v. Greenwich
30°
25°
20°
15°
40°
45°